COLTRANE
UND DIE JUNGEN WILDEN

COLTRANE UND DIE JUNGEN WILDEN

Die Entstehung des New Jazz

Valerie Wilmer

aus dem Englischen übersetzt von Dr. Rüdiger Hipp
mit einem Nachwort von Harald Justin

hannibal

Titel der Originalausgabe:
Valerie Wilmer – As serious as your life

© 1977, 1992 Valerie Wilmer
Erstveröffentlichung 1977, Allison & Busby Limited
Erstveröffentlichung dieser Ausgabe 1992, Serpents Tail

© 2001 der deutschen Ausgabe:
Verlagsgruppe Koch GmbH/Hannibal, A-6600 Höfen

Lektorat: Harald Justin
Titelfoto: Valerie Wilmer
Buchdesign und Produktion: bw-works, Michael Bergmeister
Druck: Druckerei Theiss GmbH, A-9400 Wolfsberg
ISBN: 3-85445-193-8

Dieses Buch widme ich Ed Blackwell,
Dollar Brand, Don Cherry und dem
(inzwischen verstorbenen) Jimmy Garrison
zur Erinnerung an einen unvergesslichen Abend
bei Ornette, an dem mich die Musik von
meinem New-York-Blues heilte.

Inhalt

VIERTER TEIL
Die Rolle der Frau

FÜNFTER TEIL
Die Verschwörung und was dagegen
unternommen wird

Jeder verfügt über eine Trommel, nämlich über den eigenen Herzschlag. Derjenige, dessen Herz aufhört zu schlagen, swingt natürlich nicht mehr. Manche Leute vertragen keinen Rhythmus oder Beat außer ihrem eigenen und sind deshalb unempfänglich. Jeder, der ein Herz im Leibe hat, sollte einfach aufgeschlossen sein für Rhythmen.

— Pat Patrick

Wenn jemand nicht Schritt hält mit seinen Begleitern, mag das auch daran liegen, dass er eine andere Trommel hört. Lasst ihn im Takt der Musik, die er hört, voranschreiten, wie gemessen oder verträumt sie auch klingen mag.

— Henry David Thoreau

Vorbemerkung der Autorin

Diese Musik vom Beginn der Sechzigerjahre an mitzuerleben war für mich eine einzigartige Erfahrung. Während meines Aufenthalts in New York lernte ich die Musiker kennen und interviewte sie für den *Melody Maker* und andere Zeitschriften. Ihr grenzenloses Engagement machte einen tiefen Eindruck auf mich. Ich fing an, dieses Buch zu schreiben, weil ich bestimmten Verpflichtungen nachkommen musste, aber dann machte ich aus Liebe zur Sache weiter. Seit der Erstveröffentlichung im Jahr 1977 wurden Korrekturen sowie kleinere Veränderungen vorgenommen. Da es sich jedoch um eine sozialgeschichtliche Arbeit handelt, die aus einer bestimmten Epoche stammt, bin ich der Meinung, dass weitere Aktualisierungen unangebracht wären. Die Zeiten ändern sich, und die Meinungen ebenfalls. Im Großen und Ganzen stehe ich jedoch nach wie vor zu dem, was ich ursprünglich geschrieben habe, und glaube fest, dass der Zeitpunkt kommen wird, an dem diese Künstler für die Innovationen, die sie individuell oder gemeinschaftlich eingeführt haben, genauso verehrt werden wie die Giganten früherer Epochen.

Seit der Ausgabe von 1987 sind folgende Musiker gestorben: James Black, Edward Blackwell, Lester Bowie, John Carter, Dennis Charles, Don Cherry, James Clay, Earl Cross, Donald Rafael Garrett, John Gilmore, Beaver Harris, Julius Hemphill, Fred Hopkins, John Shenoy Jackson, Jimmy Lyons, Steve McCall, Charles Moffett, Pat Patrick, Don Pullen, Sonny Sharrock, Charles „Bobo" Shaw, Guitar Shorty, Sun Ra, Charles Tyler, Frank Wright und Phillip Wilson. Obwohl keine Einzelheiten bekannt sind, nimmt man an, dass Henry Grimes in den Siebzigerjahren in Kalifornien gestorben ist.

Valerie Wilmer
London, im Oktober 1999

Einleitung

Eine geistige Verfassung

Weißt du, schwarze Musik ist so wie unser Leben und so,
wie wir die Umwelt sehen und mit ihr umgehen. Sie entspricht
einfach einer geistigen Verfassung.

Jerome Cooper

Im Sommer des Jahres 1972 saß ich neben einem Tabakfeld in North Carolina in einer Holzhütte und hörte einem Mann zu, der Guitar Shorty genannt wurde. Er sang und spielte den Blues. Manche seiner Worte waren ihm eben erst eingefallen, andere waren so alt wie die Musik selbst. Wo auch immer seine Wendungen herkommen mochten: Sie stammten alle aus dem reichen musikalischen Erbe des schwarzen Amerika. Was Shorty auf dem Instrument spielte, war ebenfalls eine Kombination aus Erinnertem und Erfundenem, zudem besaß seine Musik reichlich Dynamik und war voller Überraschungen. Für denjenigen, der sich ernsthaft mit dem Blues befasst hatte, lag jedoch eines im Argen: Der Gitarrist schien die klassischen acht-, zwölf- und sechzehntaktigen Strukturen der gebräuchlichsten Bluesformen überhaupt nicht zu kennen. Er zerhackte den Takt und wechselte die Akkordfolgen, wann immer er es für richtig hielt. Einen meiner Begleiter, einen einheimischen Gitarristen weißer Hautfarbe, brachte dieses kecke Gebaren zu dem begeisterten Ausruf: „Shorty ist ein echter Gitarrist der freien Form! Nichts spielt er, wie sich's gehört."

In jener Nacht fing ich auf dem Rückweg nach New York an, mir Gedanken zu machen über die Freiheit in der Musik. Wie kam es, dass eine Hauptstärke der afroamerikanischen Musik darin lag, dass sie sich nicht an vorgegebene (europäische) Muster hielt? Ganz gleich, wer sie ausübt, ob ein Hausmädchen am Sonntag in der Kirche Zeugnis ablegt oder ein Gitarrist am Samstagabend in einer Bar den Blues spielt: Diese Musik ist nie berechenbar. Ob sie nun von höchster Verfeinerung ist oder ganz elementar, ob Duke Ellington seine Bandmitglieder zu den majestätischen Klangkaskaden anstachelt, die sein Markenzeichen waren, ob Eddie Kendricks mit seinem herrlichen Falsett hoch über den Temptations singt, ob Albert Ayler aus „Summertime" Bedeutungen herausquetscht, die sich Gershwin nie hätte träumen lassen – was zählt, ist das überraschende Klangerlebnis. Die afroamerikanische Musik ist zusammen mit dem Film die bedeutendste Kunstform des 20. Jahrhunderts. Es gibt so gut wie keinen, der nicht mir ihr in Berührung gekommen wäre.

Freiheit war stets kennzeichnend für die Musik der schwarzen Amerikaner. Mir scheint, dass den weißen Kritikern und den Medien daran gelegen ist, diese Musik in Ketten zu legen.

Leo Smith, ein junger Trompeter, der im Mississippidelta aufwuchs, hat die Haltung der Musiker folgendermaßen umrissen: „Für mich war der Blues nie zwölftaktig, ich habe ihn nie als geschlossene Form betrachtet. Im Gegenteil, meinem Verständnis nach ist der Blues eine freie Musik." Für Smith, der ein Verfechter totaler Improvisation ist, bildete der Blues den Hintergrund all seiner musikalischen Aktivitäten, ganz gleich, was die Kritiker dazu meinten. „Die sagten, was wir spielten, sei eigentlich überhaupt nichts. Das machte mir nichts aus, denn ich habe meinen Rückhalt im Blues. Mir ist klar: Wenn man einen bestimmten Kurs eingeschlagen hat, soll man sich nicht Gedanken machen, was dabei herauskommt, weil es schließlich die eigene Entscheidung war." Smith und Guitar Shorty hatten einiges gemeinsam. Die Kritiker waren diejenigen, die abseits standen.

Als Anfang der Sechzigerjahre eine Reihe von Aufnahmen von dem jungen, aus Texas stammenden Altsaxofonisten Ornette Coleman erschien, wurde die als Jazz bekannte Musik erstmals als „freie" Musik bezeichnet. Zusammen mit dem Pianisten Cecil Taylor und dem Tenorsaxofonisten John Coltrane sowie später mit dem Schlagzeuger Sunny Murray gab Coleman anderen Musikern, die der überlieferten musikalischen Restriktionen überdrüssig waren, die Chance, mehr Freiheit zu erlangen. Die drei Innovatoren hatten unterschiedliche Vorgehensweisen, aber ihre Botschaft war im Grunde dieselbe: Ein Musiker brauchte sich nicht mehr auf eine einzige Tonart zu beschränken oder bei seinen Improvisationen feste Akkordfolgen zugrunde zu legen. Er musste sich auch nicht an bestimmte Tempovorgaben halten oder, bei Fehlen eines regelmäßigen Taktschlags, an Taktstriche. Die New Music, wie sie bei Musikern hieß, eröffnete jedem neue Perspektiven.

Die Improvisation hatte es dem Jazzmusiker ermöglicht, jedes Mal, wenn er ein bestimmtes Stück spielte, eine etwas andere Perspektive zu wählen. Im Jazz ist der ausübende Musiker praktisch ein Komponist, der spontan neue Kompositionen hervorbringt. Einem Musiker, der abendländische sinfonische Musik spielt, ist dies verwehrt; er muss sich an die Noten halten. Für den Afroamerikaner ist die der Improvisation innewohnende Freiheit ein Geburtsrecht. Folglich hätten die Möglichkeiten, die sich durch ein Außerkraftsetzen vorgegebener Formen für die Musiker ergaben, begrüßt werden müssen.

Bei den etablierten Kritikern war jedoch genau das Gegenteil der Fall. Für sie war es das Signal für eine beispiellose Attacke. Von wenigen Ausnahmen abgesehen, griffen sie die Entwicklungen, die ihnen fremd waren, scharf an. Daran ist an sich nichts Neues: In allen Kunstformen werden Avantgardisten oftmals als „Anarchisten" oder „Scharlatane" abgetan. In diesem Fall gibt es die Musik jedoch schon seit zwei Jahrzehnten, und es liegt an den Leuten selbst, dass sie sie noch nicht richtig wahrgenommen haben. Die so genannte New Music ist von vielen Kritikern sträflich vernachlässigt worden. Ich bin der Meinung, dass dies nicht vorgekommen wäre, wenn Weiße diese neue Musikrichtung initiiert hätten.

Der Trompeter Lester Bowie brachte die Sache auf den Punkt, indem er auf einen virtuosen Instrumentalisten verwies, der zu den bedeutendsten zeitgenössischen Musikern zählt und ironischerweise auch als ein Komponist tätig ist, der auf herkömmliche Weise Noten zu Papier bringt. „Schauen Sie mal Anthony Braxton an!", sagte er. „Weil er ein ‚schwarzer Jazzmusiker' ist, kann er seine Kompositionen nur unter Schwierigkeiten zur Aufführung bringen. Wenn er Leonard Bernstein hieße, hätte er diese Probleme nicht. Braxton spielt jedoch Jazz, und der gilt eben nicht als ernst zu nehmende Musik."[1]

Obwohl es kaum jemanden gibt, der die Musik so ernst nimmt wie Braxton, ist der Vergleich mit Bernstein nicht sehr treffend, da zwischen den beiden ein Altersunterschied von mehr als zwanzig Jahren besteht. Ob ein Musiker in seiner Karriere gefördert wird, hängt allerdings nicht von dessen Langlebigkeit, sondern von dessen Hautfarbe ab. Als Duke Ellington siebenundsechzig Jahre alt war, wurde beschlossen, dass er für einen Pulitzerpreis nicht infrage komme. („Die Schicksalsgöttin meint es gut mit mir", sagte er spöttisch. „Sie möchte nicht, dass ich zu früh zu berühmt werde.") Im Zusammenhang mit Braxton ereignete sich Folgendes: Als sich seine britischen Sponsoren bemühten, ihn als „Konzertkünstler" einstufen zu lassen, um das von der englischen Musikergewerkschaft durchgesetzte rigide „Austausch"-System nicht befolgen zu müssen, wurde der Saxofonist trotz seiner einzigartigen Reputation abgelehnt. Die Gründe lagen auf der Hand. Wer das Pech gehabt hatte, als Schwarzer zur Welt zu kommen, konnte nichts anderes als ein Jazzmusiker sein, also ein „Entertainer", auch wenn er noch so viele Instrumente beherrschte und für seine Kunstfertigkeit gepriesen worden war. In diesem Fall nützte sogar die Unterstützung weißer Kritiker und Komponisten nichts. (Natürlich wäre es einem weißen Instrumentalisten angesichts eines Systems, das Musiker als austauschbare Arbeitskräfte behandelt, nicht viel anders ergangen. Die Grundtendenz ist jedoch letztlich rassistisch.)

Gegenüber den musikalischen Schöpfungen der Schwarzen gibt es einen grenzenlosen Mangel an Respekt. Ornette Coleman, der bei seinem ersten

Besuch in New York von Bernstein mit höchstem Lob bedacht worden war, reiste nach London, um sein sinfonisches Werk *Skies of America* aufzunehmen. Kurz nach Beginn unterhielten sich zwei Cellisten, die dem London Philharmonic Orchestra angehörten, über die Partitur. „Wenn man das so auf dem Papier sieht, kommt es einem fast wie Musik vor", sagte einer der beiden. Einige der Musiker, die engagiert worden waren, um Colemans Musik zu spielen, kicherten boshaft, als der Dirigent die einzelnen Teile des Stücks durchging. Coleman, der sich normalerweise nicht aus der Ruhe bringen ließ, hatte schließlich genug. Er packte sein Saxofon und spielte die ganze Passage, um die es gerade ging, vom Anfang bis zum Ende. Als die Anwesenden merkten, wie gut die einzelnen Teile zusammenpassten, verschwand das süffisante Lächeln aus den skeptisch dreinschauenden Gesichtern. Ein verlegenes Schweigen trat ein.

Als Anthony Braxton fünf Tubaspieler für einen Aufnahmetermin engagierte, spielte sich etwas Ähnliches ab. Die Musiker wollten seine Ideen einfach nicht ernst nehmen. Bei einer Probe für eine Fernsehsendung, an der eine von dem Schlagzeuger Beaver Harris geleitete Gruppe teilnahm, sagte ein Toningenieur zu seinem Kollegen: „Sorg dafür, dass die von der Bühne runtergehen, damit wir die Mikrofone aufstellen und eine Tonprobe machen können." Der andere erwiderte: „Ach, da reicht es doch schon, wenn man misst, welche Fonstärke dieser Lärm hat." Der Vorfall spielte sich in den Studios des New-Yorker *Bildungs*fernsehens ab.

Ein zeitgenössischer amerikanischer Komponist weißer Hautfarbe, der sich mit einigen britischen Musikern unterhielt, nahm kein Blatt vor den Mund und beschrieb einen Instrumentalisten, mit dem er zusammengearbeitet hatte, als „einen der wenigen Schwarzen, mit denen ich reden kann". Außerdem gab er den versammelten „Ausländern" den folgenden Hinweis: „Nicht zu fassen, wie sich die Schwarzen in den Staaten aufführen." Was dahinter stand, war klar: Dass die Afroamerikaner verlangten, ihnen und ihren Werken Respekt entgegenzubringen, hatte ihn aus dem Gleichgewicht gebracht. Der Komponist verwendete ein System, bei dem wiederkehrende Patterns phasengleich gespielt wurden, bis sie sich fast überschnitten. Er hatte eben ein Perkussionsstück eingespielt, dessen Gesamtsound eine auffallende Ähnlichkeit mit der *Balafon*-Musik der Menschen in Lawra im Nordwesten Ghanas hatte, die er vor einiger Zeit mit seinem Besuch beehrt hatte.

In diesem Zusammenhang könnte man noch hinzufügen, dass die Verwendung von Phasenpatterns und Tonbandschleifen lediglich eine mechanische Annäherung an die kaum wahrnehmbaren Improvisationsverschiebungen darstellt, die sich bei einem westafrikanischen Trommelchor ergeben, wenn er über einen längeren Zeitraum hinweg spielt.

Manchmal sieht es so aus, als gäbe es eine Verschwörung, die darauf abzielt, die Entwicklung der neuen schwarzen Musik zu behindern. Wer das für übertrieben hält, sollte sich mit den Tatsachen befassen. Der Jazz erfreue sich zunehmender Beliebtheit, heißt es, und die Flut neuer Schallplatten sowie die Eröffnung neuer Nachtklubs bestätigen dies. Von einigen „Musterexemplaren" neuer (das heißt mit der Avantgarde in Verbindung stehender) Musiker abgesehen, deren Gesichter in die Klubs passen, gibt es dort jedoch kaum Arbeitsmöglichkeiten für die vielen guten Musiker. Bis diese anfingen, die Sache selbst in die Hand zu nehmen, hatten sie allenfalls bei sich zuhause spielen können. Im Schallplattengeschäft ist die Lage etwas besser, doch die Vorschüsse, die den Musikern gezahlt werden, sind nach wie vor völlig unzureichend. Es gab eine Zeit, in der von Untergrundmusik die Rede war. Die New Music, der *New Jazz*, ist jedoch die wahre Untergrundmusik.

Leider verlief die Entwicklung der schwarzen Musik so schnell, dass der Exponent des neuen Sounds von gestern in vielen Fällen zum Gegner des neuen Sounds von heute wurde. Obwohl gesellschaftspolitisch engagierte Journalisten bemüht waren, die Errungenschaften der Schwarzen einem breiteren Publikum näher zu bringen, sind sich viele „Kritiker" der sozialen Situation nicht bewusst, in der die afroamerikanische Musik entsteht, und sie nehmen deren Wert nicht wahr. Sie haben dazu beigetragen, dass weithin die Ansicht vorherrscht, seit den Neuerungen von John Coltrane habe es in dieser Musik keine Fortschritte gegeben.

Selbst in Teilen der Fachpresse herrscht hinsichtlich der New Music eine erstaunliche Ignoranz. Wollte man bestimmten Journalisten Glauben schenken, ist der faszinierende, innovative Künstler Rahsaan Roland Kirk, der seine Ausdruckskraft auf mehr als einem Instrument praktiziert, durch „Firlefanz" (weil er drei Blasinstrumente gleichzeitig spielt) und „ausgeflippte" Effekte berühmt geworden. Kirk entwickelte vor längerer Zeit eine Technik, die Melodielinie zu „growlen", die er gleichzeitig auf der Flöte spielte. Diese Technik wurde von vielen nachgeahmt. Da man Kirk für einen zum Mainstream gehörenden Musiker hielt, akzeptierte man dies. Als Dewey Redman, ein Musiker im selben Alter, dessen Wurzeln ebenso tief gehen, durch sein Saxofon sang, während er es spielte, wurde diese Neuerung barsch verworfen. Da Redman durch seine Zusammenarbeit mit Ornette Coleman mit der „Avantgarde" in Berührung gekommen war, galt er als Radikaler. Somit war er ein „Freak", der keine besondere Beachtung verdiente. Redman entwickelte die Fähigkeit, zu seinem Saxofonspiel entweder eine darauf bezogene Melodielinie zu singen oder eine, die keinen Bezug dazu hatte. Der Effekt war verblüffend. Es erinnerte an die Ausdrucksformen zweier miteinander wetteifernder Saxofone in einer aufgeheizten Bluesband. Doch wie äußerten sich die Kritiker dazu? „In den Besprechungen, die ich zu Gesicht bekam, hieß es meist, ich hätte in das Instrument hineingekreischt und hineingeschrien", sagte Redman. „Ich habe keine Besprechung gefunden, bei der ich den Eindruck bekam, dass der Verfasser begriffen hatte, was ich anstrebe. Immer ist davon die Rede, dass ich komische Effekte einsetze oder Gekreisch und Geschrei verwende. Aber das ist doch kein Zufallsprodukt, ich habe mich lange damit befasst, und ich habe das von niemandem sonst gehört."

Ein weiteres Beispiel lieferte ein Magazin, das auf Schlaginstrumente spezialisiert ist. Monat für Monat brachte es Interviews mit Schlagzeugern, die im Jazz, in der Rockmusik oder als Studiomusiker tätig sind. Ich rief den Herausgeber an und machte ihm ein Angebot, das ich für äußerst verlockend hielt: ein Interview mit drei herausragenden Drummern. Er zeigte verhaltenes Interesse. Als ich die Namen der betreffenden Musiker nannte, gab er zu, dass er sie nicht kannte. Das war ungefähr so, als hätte der Herausgeber eines Filmmagazins nie von Godard, Truffaut und Chabrol gehört. Von diesen Drummern übten zwei zusammen mit einem dritten Mann einen prägenden Einfluss auf eine ganze Schlagzeug-Ära aus.

Anthony Braxton gilt als einer der wichtigsten jungen Saxofonisten. Dass ein durchschnittlicher amerikanischer Jazzklub Braxton engagiert, ist dennoch schwer vorstellbar. Er trat früher durchaus in Nachtklubs auf, in denen ein Abklatsch des Jazz gespielt wird, lässt sich aber heutzutage auf keine Kompromisse ein. Anderen bleibt dies nicht erspart.

Insgesamt gesehen war es die hingebungsvolle Haltung der Musiker, die mich dazu brachte, dieses Buch zu schreiben. Es soll die neuen Musiker vorstellen. Es soll auch zeigen, dass manche von ihnen gezwungen sind, Kompromisse einzugehen, dass aber viele andere dazu nicht bereit sind, obwohl es schwierig ist, mit der New Music seinen Lebensunterhalt zu bestreiten.

Vor allem soll dieses Buch zeigen, dass die Musiker Menschen aus Fleisch und Blut sind und nicht bloß Gestalten auf einer Plattenhülle, die sich für jeden ins Zeug legen, der die Schallplatte kauft. Noah Howard, der ebenfalls zu den jüngeren Saxofonisten gehört, meinte dazu: „Wenn die Leute die Musik anhören, erwarten sie, dass der Typ sie vom Hocker reißt, dass sie wirklich was erleben. Na gut, ich kann ihnen das nicht verübeln, sie haben ja Geld dafür hingelegt. Aber manchmal ahnt kein Mensch, was der Typ gerade durchmacht. Ich hab Leute gesehen, die auf der Bühne standen und spielten, obwohl sie eben am Telefon erfahren hatten, dass ihr Vater oder ihre Mutter gestorben war. Musiker sind auch Menschen. Ich glaube, die Leute sind manchmal ein bisschen unfair und wollen das nicht einsehen. Sie behandeln die Musiker wie eine Jukebox: Geld reinwerfen, laufen lassen, wieder abstellen."

Die kulturellen Effekte der politischen und sozialen Lage wirken sich auf die Musiker und ihre Musik zeitlebens aus, sei es bei den Arbeitsmöglichkeiten oder bei den persönlichen Beziehungen. Es ist die soziopolitische Situation der Schwarzen in Amerika, die sich in ihrer Musik spiegelt, die ihren Alltag bestimmt und aus der sich sogar ergibt, welche Instrumente sie spielen und an welchen Orten ihre Musik gehört werden kann. Was die afroamerikanische

Musik betrifft, hat die Tatsache, dass deren Schöpfer in einer kolonialistischen Gesellschaft die Kolonisierten sind, nachhaltige Auswirkungen darauf, wie die Welt mit ihr umgeht und wie die Künstler behandelt werden. Die Realität zu ignorieren und sich weiterhin nur der Musik zu widmen ist meiner Meinung nach nicht nur beleidigend, sondern auch dumm.

Noah Howard hatte Folgendes zu sagen: „Gehen wir mal zurück zu Al Jolson: Er kam zu Geld, weil er sein Gesicht schwarz anmalte. Elvis Presley sahnte ab, indem er sich bei Little Richard bediente. Die Rolling Stones kamen nach Amerika und machten in dreißig Tagen fünf Millionen Dollar, indem sie *den Blues* spielten. Aus der Geschichte dieses Landes habe ich manches gelernt."

Der Jazz gilt als „Amerikas Beitrag zur Musikgeschichte", wobei dessen *afro*amerikanische Ursprünge geflissentlich ignoriert werden. In den meisten Werken über die Geschichte des Jazz fehlt eine soziopolitische Interpretation der Entwicklungen, weil diese Bücher in einer Zeit entstanden, in der man die Errungenschaften der Schwarzen selten gründlich erforschte. Wie diese Musik entstand und wie sie sich entwickelte, kann jedoch auf zweierlei Weise untersucht werden. In der Regel fangen die Jazzhistoriker in der Gegend von New Orleans an, bei emanzipierten Sklaven, die zu Instrumenten greifen, welche die aufgelösten Militärkapellen am Ende des Bürgerkriegs zurückließen. Die soziopolitische Interpretation versucht jedoch zu ergründen, wieso die einzigen Trommeln, die bei einem Volk, das aus einer von Trommeln bestimmten Kultur gekommen war, von Militärkapellen stammten. Tatsache ist, dass kein einziges afrikanisches Schlaginstrument die Zeit der Sklaverei überstand.

Im Gegensatz zu den Inseln, die unter französischer und spanischer Herrschaft standen, und mit Ausnahme eines speziellen Falls, nämlich des Congo Square in New Orleans, war die Trommel in Amerika und auf den Westindischen Inseln verboten. Die Briten waren der Meinung, dass sie zur Anstachelung von Revolten verwendet werden könnte. Die Trommel stellte außerdem eine emotionale Verbindung zu Afrika her. „Sobald du zur Trommel greifst, denkst du an den schwarzen Mann", sagte Milford Graves, einer der Neuerer auf diesem Instrument. „Du denkst an Afrika und glaubst, dass das seine Kultur ist. Genauso wie alles andere von den Schwarzen stammende unterdrückt wurde, hat man ihnen auch die Trommel genommen. Sie spielte in Afrika eine große Rolle, sie gehörte dort zu ihrem Leben, und deswegen hat man sie verboten."

Die dem Schlagzeug gewidmeten Kapitel sollen eine gewisse Wiedergutmachung für die Versäumnisse der Vergangenheit darstellen. Ich habe den Werdegang von Ed Blackwell detailliert nachgezeichnet, weil er ein Musterbeispiel für die Vernachlässigung ist, die ein wichtiger Künstler erfährt, wenn die Bedeutung seines Instruments nicht begriffen wird. Das Trommeln des Schlagzeugs ähnelt dem Herzschlag, und Milford Graves hat außerdem auf Folgendes hingewiesen: „Wenn man die Anatomie des Ohrs untersucht, erkennt man, dass das Trommelfell nichts anderes als eine Membran ist und der so genannte Hammer nichts anderes als ein Trommelstock." Beaver Harris meinte: „Das Schlagzeug ist die Kraft, die auf die Musiker einwirkt."

Eine weitere Kraft, die auf die männlichen Musiker einwirkt und deren Bedeutung selten anerkannt wird, stellen die Frauen dar, die mit ihnen zusammenleben. Freiberufliche Musiker hatten schon immer ein kümmerliches Dasein. Ihre wirtschaftliche Notlage wird noch schlimmer, wenn sie keine Kompromisse eingehen wollen und nicht im Nebenberuf für den Broterwerb sorgen. Deswegen brauchen sie im Allgemeinen die Unterstützung einer Frau. Die meisten Musiker streiten dies zwar ab, doch ändert dies nichts daran, dass sie von ihrer Ehefrau oder Freundin in spiritueller und materieller Hinsicht über Wasser gehalten werden. Der Mann, dem seine Frau und seine Familie wichtiger sind als seine Musik, wird jedoch von der Subkultur meist abgelehnt. Im Interesse der Ausgewogenheit habe ich nicht nur eine Anzahl von Musikern befragt, welche Rolle Frauen in ihrem Leben spielen; ich habe auch mit den Frauen selbst gesprochen.

Ich behaupte nicht, dass dieses Buch eine umfassende Geschichte der New Music darstellt. Es war unmöglich, alle zu erwähnen, die zur Entwicklung beigetragen haben. Die europäischen Beiträge konnten auch nicht berücksichtigt werden. Als Einführung wird das Buch jedoch von Nutzen sein. Ich habe des Öfteren weniger bekannte Musiker als Informationsquelle benutzt, weil ich der Meinung bin, dass ihre Erfahrungen wirklich typisch sind und deshalb zum Verständnis der schwarzen Musik beitragen können. Den Werdegang der bedeutenden Neuerer und deren Beiträge hat man bereits ausführlich behandelt und gewürdigt. Der Umfang der Kapitel über Coltrane, Taylor und Coleman steht in keinem Verhältnis zu deren gewaltigen Leistungen.

Sofern nichts anderes vermerkt wurde, stammen alle Zitate aus Gesprächen, die ich mit den betreffenden Musikern geführt habe. Meine Haltung wurde durch die Analysen beeinflusst, die ich von Musikern wie Andrew Cyrille, Milford Graves, Billy Harper, Archie Shepp, Clifford Thornton und Charles Tolliver erhalten habe. (Auf ähnliche Weise wurden meine Hörgewohnheiten durch den Umgang mit allen Formen schwarzer Musik geprägt, den ich seit nahezu fünfundzwanzig Jahren pflege.)

In der Neuauflage [1992] habe ich Irrtümer beseitigt, im Schlusskapitel Ereignisse in einen Kontext eingeordnet und damalige Einstellungen einer kurzen Analyse unterzogen. Einige neue biografische Abrisse wurden hinzugefügt, aber aus Platzgründen konnte ich nicht alle Musiker berücksichtigen, die ich gern erwähnt hätte.

„In manchen Ländern darf man sein, was man sein möchte, aber in anderen darf man nur bis zu einem bestimmten Punkt gehen und nicht weiter. In manchen Teilen der Welt werden wir anerkannt und gewürdigt, weil wir so sind, wie wir sind. Aber hier in den USA nehmen sie uns das weg, was uns gehört. Sie bringen dafür einen Ersatz, der nicht so gut ist wie wir, aber auf den ersten Blick so ähnlich, dass das Publikum drauf reinfällt. Kurz gesagt: Sie beanspruchen die Gaben, die wir von Gott erhalten haben, für sich. Das ist den Negern auf vielen Gebieten passiert, und im Jazz ist es in den vergangenen fünfzig Jahren kontinuierlich geschehen. Ich will es mal ganz unverblümt ausdrücken: Viele weiße Nachahmer des schwarzen Jazz – ich rede hier nicht von den talentierten weißen Musikern, die mit Leib und Seele dabei sind – werden als große Jazzmusiker angesehen, während die wahren Schöpfer des echten Jazz für ein Butterbrot arbeiten müssen, wenn sie überhaupt was zu tun bekommen! Es ist eine Schande."[2]

Diese Bemerkungen könnten sehr wohl von einem der jüngeren, politisch aktiveren schwarzen Musiker stammen. Die Erkenntnisse sind nichts Neues. Dass sie von einem Mann stammen, der am Anfang des 20. Jahrhunderts geboren wurde, bestätigt meiner Ansicht nach, dass es dringend nötig ist, der Wahrheit zum Durchbruch zu verhelfen und das Unrecht anzuprangern, das den Schöpfern des Jazz von der Musikindustrie und den Medien angetan wurde.

Quellen:
1. Interview mit Philippe Carles und Daniel Soutif in *Jazz Magazine*, März 1974.
2. Der Schlagzeuger Herbie „Kat" Cowans in einem Brief an Johnny Simmen, veröffentlicht in *Coda*, Juni 1971.

ERSTER TEIL

NEUERER
UND NEUERUNGEN

Great Black Music: Von „A Love Supreme" bis zu „The Sex Machine"

Die Musik ist die stärkste Kraft, die ich kenne, die einzige, die einen dazu bringen kann, zu weinen, zu lachen, glücklich zu sein, zu bumsen oder zu kämpfen. Sie kann seltsame Dinge bewirken. Die Musik ist das einzig Reine, das übrig geblieben ist, nachdem alles andere im Schmutz gelandet ist. Ein schwarzer Jazzmusiker hat's in Amerika nicht leicht. Wenn ich spiele, bin ich zufriedener, als wenn ich zur Bank gehe. Dort gehe ich zwar auch hin, aber das eine hat mit dem anderen nicht viel zu tun.

Dewey Redman

„Aah – das hat mich umgehauen! Das ist mir durch und durch gegangen! Das hast du klasse gemacht!" Eine dickliche schwarze Frau, deren Ausdrucksweise so gewöhnlich war wie der Schnitt ihres grünen, knielangen Kleides, packte den schwitzenden Saxofonisten und schrie ihm ihre Begeisterung ins Gesicht. Frank Lowe bedankte sich grinsend und packte weiterhin seine Instrumente zusammen.

Im Hintergrund kamen andere Versionen dieses kleinen Szenarios zur Aufführung. Kinder hüpften um das bunte Schlagzeug herum und quatschten mit dem prächtig gekleideten Congaspieler. Hugh Glover, ein weiterer Saxofonist, hockte erschöpft am Rand der Bühne. Währenddessen versammelten sich junge und alte Gemeindemitglieder um den Veranstalter, um ihm die Hand zu schütteln und sich zu bedanken. Milford Graves war schweißgebadet und erschöpft, aber zufrieden. Er ging alles gemächlich an.

Das Storefront Museum, ein umgebautes Lagerhaus, ist ein Gemeinde-projekt in Jamaica, einem überwiegend von Schwarzen bewohnten Viertel im New-Yorker Stadtteil Queens. Der Schlagzeuger Milford Graves, der damals tagsüber als Medizintechniker ein Veterinärlabor leitete, ist einer der wichtigs-ten Interpreten der New Black Music. Er ist ein bedeutender Neuerer und hat sich auch dadurch hervorgetan, dass er seine kompromisslose Musik seit Mitte der Sechzigerjahre den Schwarzen näher brachte.

Diejenigen, die eine Abneigung gegen die New Music haben, haben ein-gewandt, sie sei im Gegensatz zu früheren Formen des Jazz, die sich im schwar-zen Milieu spontan entwickelt hatten, in einem luftleeren Raum entstanden. Sie verweisen darauf, dass es sich bei den Anhängern dieser Musik fast ausschließ-lich um weiße Intellektuelle handle, und behaupten, durchschnittliche Schwarze hätten keinen Zugang zu dieser Musik und fänden keinen Gefallen an ihr. Die Art und Weise, wie das Publikum an jenem Sonntagnachmittag im Storefront Museum auf Graves und die anderen Musiker reagierte, strafte diese Behaup-tungen Lügen.

Bei dem Konzert wurden ein Vibrafonist namens Bob Davis und der Con-gaspieler Raleigh Sahumba, ein Jugendfreund von Graves, besonders heraus-gestellt. Sahumba spielte fünf verschiedene, harmonisch aufeinander abge-stimmte Congatrommeln. Lowe und Glover spielten neben ihren Saxofonen noch verschiedene andere Blasinstrumente sowie Schlaginstrumente. In sei-ner Einführung verwies Graves darauf, dass die Kritiker versucht hatten, die Bedeutung der New Music zu schmälern. „Erwartet nicht, dass ihr die Art von Rhythmus zu hören bekommt, die ihr gewohnt seid", sagte Graves. Er forderte die Zuhörer auf, die Rhythmen und Gefühle, mit denen sie etwas anfangen konnten, selbst zu entdecken. Den Anwesenden bereitete das keine Schwierig-keiten. Eine Musik, die für ein Jazzpublikum schwierig sein mochte, weil es Konventionelleres gewohnt war, wurde von der Durchschnittsbevölkerung jenes Viertels begeistert aufgenommen.

Die Bedeutung von Milford Graves und den Einfluss, den er als Musiker und als Person in der Musikerszene ausübt, kann man nur einschätzen, wenn man Parallelen in der weißen Gesellschaft berücksichtigt. Sein Gegenstück in der zeitgenössischen Musik wäre jemand wie Terry Riley und in der Welt der Kunst jemand wie David Hockney. Das sagte jedoch noch nichts über seinen persönlichen Einfluss aus. Der Vergleich mit Hockney ist da etwas unzutreffend, und die Bankkonten der beiden lassen sich schon gar nicht vergleichen. Milford Graves spielt die New Black Music, und das ist momentan kein sehr einträgli-ches Geschäft. Seine Schallplatten beweisen zwar, was er als Neuerer auf dem Gebiet der Perkussionsinstrumente geleistet hat, aber sie werden ihm nicht gerecht. Er selbst drückte das so aus: „Die Technik kann die Energie der Musik einfach nicht erfassen." Die Energie gehört bei der Musik des Schlagzeugers zu den aufregendsten Faktoren. Wenn ihre Komplexität auf Band aufgezeichnet wird, geht diese Qualität verloren.

Angeblich ist die Musik von Graves esoterisch. Er ist mit ihr aber nicht nur auf die Straßen von Harlem gegangen, sondern auch in die heiligen Hallen der Yale University. Hier wie dort wurde sie begeistert aufgenommen. In den letzten Jahren gab Graves außerhalb der Black Community nur wenige Konzerte. Er ist jedoch der Ansicht, dass seine Kreativität eingeschränkt werden würde, wenn er sich ausschließlich dem schwarzen Publikum widmete. Da er jedoch die New Black Music spielt, bekommt er die Konzertverpflichtungen nicht, die ein Künstler von vergleichbarer Statur, der sich der zeitgenössischen E-Musik verschrieben hat, als Selbstverständlichkeit betrachten würde. 1973 hatte er zwei Auftritte beim Newport in New York Jazz Festival. Der eine fand im Rahmen des Beiprogramms statt. Um den Forderungen einer vierhundert Mann starken Gruppe rebellierender New-Yorker Musiker entgegenzukommen, veranstaltete man in einem kleineren Saal des Lincoln Center eine Reihe von Konzerten. Sie waren jedoch schwach besucht, weil bekanntere Künstler anderswo zur selben Zeit auftraten. Bei dem zweiten Konzert, das in der Radio City Music Hall stattfand, handelte es sich um eine Jamsession zu mitternächtlicher Stunde mit namhaften Musikern aus unterschiedlichen Jazzepochen. Graves ist nicht nur ein hervorragender Perkussionist, der über eine umwerfende Technik und einen unerschöpflichen Reichtum an Einfällen verfügt, sondern auch ein spektakulärer Showman. Bei beiden Konzerten war er zweifellos der Hit. Bei seinen früheren Auftritten in New York hatte er jedoch den Saal selbst oder zusammen mit anderen Musikern gemietet.

Graves lehnt es ab, in Bars oder Nachtklubs zu arbeiten, den traditionellen Arbeitsstätten der Jazzmusiker. „In den Klubs wird man von den Besitzern und von der Schickeria respektlos behandelt", sagte er. „Downtown gibt es bestimmte Lokale, wo alle hingehen, weil sie hip sein wollen. Mir gefällt das nicht. Da sind mir die Schwarzenviertel lieber. Dort merkt man, wenn jemand versucht, kreativ zu sein. Ich fühle mich wohler, es gibt deutlichere Reaktionen, und ich muss mich nicht mit Leuten herumschlagen, die echte Alkoholiker sind. Ich habe nichts dagegen, für eine Einrichtung zu spielen, die Alkoholiker heilen will. Ich spreche hier von Leuten, die sich in Klubs absolut voll laufen lassen, die dort herumtorkeln und dich am Kragen packen, wenn du vorbeikommst, und alle möglichen Obszönitäten von sich geben. Ich habe jetzt einfach die Nase voll davon. Ich möchte an einem Ort sein, wo ich den Leute etwas Positives geben kann. Ich habe festgestellt, dass es mich einfach ruiniert, wenn ich an einen Ort gehe, an dem so viele negative Dinge passieren."

Im Jahr 1975 verwendete Graves mehr Zeit auf das Unterrichten als auf Konzertauftritte. Wissen zu vermitteln gefiel ihm zwar, aber er beklagte, dass es zu wenig Möglichkeiten gab, seine Musik zu spielen. „Man muss genügend arbeiten, um gut in Form zu bleiben. Es gibt nichts Besseres, als wenn man das Publikum vor sich hat und all die Musiker dazukommen. Das wirkt einfach inspirierend. Man sieht die anderen Musiker kommen. Sie lächeln, und wenn man die Bühne verlässt, sagen sie: ‚Was du machst, klingt gut.' Das inspiriert einen, den nächsten Set zu spielen. Das sorgt dafür, dass man geistig auf Trab bleibt."

Die Energie und Emotionalität, die in der Musik von Milford Graves zum Ausdruck kommen, sind auch Merkmale der Musik von Cecil Taylor, von Ornette Coleman und John Coltrane, auch von Duke Ellington, Louis Armstrong und Charlie Parker. Es ist diesem Feuer zu verdanken, dass Aufnahmen längst verstorbener schöpferischer Gestalten wie Sidney Bechet, Johnny Dodds oder Lester Young heute noch so frisch klingen wie am Tag ihrer Entstehung. „Ich glaube, eine der Stärken der Black Music ist die Emotionalität, die sie ausstrahlt", sagte Ted Daniel, einer der jüngeren Trompeter. „Die New Music hat das, und wenn sie richtig gespielt wird, ist sie sehr aufregend. Mit der europäischen Musik haben wir bereits etwas, bei dem die Leute ganz still dasitzen und der perfekten Darbietung zuhören können. Unsere Musik ist jedoch sehr sinnlich und emotional. Ich glaube, ihre hauptsächlichen Attribute sind, dass sie lebendig und sinnlich ist."

Sunny Murray, der wichtigste Neuerer bei den Perkussionsinstrumenten, hat davon gesprochen, die neuen Musiker hätten jetzt die Freiheit herauszufinden, wie ihr Instrument klingt, bevor sie tatsächlich lernten, es zu spielen. Manche würden darin das Vorurteil bestätigt sehen, dass die Avantgarde die letzte Zuflucht der Untalentierten sei. Im Gegensatz zu vielen seiner Altersgenossen räumt Milford Graves bereitwillig ein, dass die New Music denjenigen, die auf dem Gebiet der traditionellen Musik keine Fertigkeiten besitzen, eine Betätigungsmöglichkeit bietet. Er weiß jedoch, dass geschulte Musiker verständlicherweise erbost sind, wenn sie merken, dass die freie Struktur der New Music einem relativ unerfahrenen Musiker dazu verhilft, mit den Zuhörern zu kommunizieren. „Ich würde diese Leute jedoch Folgendes fragen: Wie ist es zu erklären, dass ein Musiker, der erst seit fünf oder sechs Monaten dabei ist, auf die Bühne kommt und etwas spielt und jemand darauf abfährt? Oder wenn einer, der nicht die *geringste* Ahnung von Musik hat, auf die Bühne steigt und auf dem Schlagzeug herumklopft und eine Unmenge Leute in Begeisterung versetzt? Und dann kann es einen geben, der seit zehn Jahren Musik macht und jede Note im Schlaf spielen kann, aber wenn er auftritt, passiert nichts. Einem Musiker, der bei den Leuten ankommt, kann man den Mangel an technischen Fertigkeiten nicht entgegenhalten. Da muss man sich eher selbst fragen: Was mache ich denn? Taugt es was? Und das ist wohl der Grund dafür, dass viele Musiker anfangs gegen die New Music waren. Sie merkten, dass viele Leute darauf eingingen, und sie wussten sehr wohl, dass diese Leute nicht verrückt waren."

New Music, New Jazz, Free Jazz oder New Black Music – keine von diesen Bezeichnungen wird von den beteiligten Musikern ausnahmslos gebilligt. Kategorien sind oft erforderlich, weil sie einen Hinweis auf eine bestimmte

Periode und den bestimmten Stil geben, aber sie bewirken auch eine Eingrenzung der Musik auf bestimmte Zuhörer. „Diese Etikettierung stammt von den Weißen"[1], sagt man beim Art Ensemble of Chicago dazu. Die Ausübenden selbst sprechen meist von „the music".

Unter Etymologen herrscht Einigkeit darüber, dass das Wort Jazz afrikanischen Ursprungs ist, auch wenn die genaue Herkunft nicht bekannt ist. Es könnte aus der Wolofsprache gekommen sein, die von einigen Küstenvölkern des Senegals, Gambias und Guineas gesprochen wird. Sie gehörten zu denen, die als Sklavenhändler agierten. Aus der Wolofsprache stammt außerdem das Wort *hipicat,* das „eine Person, die sich auskennt" bedeutet. J. L. Dillard, ein anerkannter Fachmann auf dem Gebiet des Sprachgebrauchs und der Geschichte des Englisch der Schwarzen, hat außerdem angemerkt, Wolof könnte im Zusammenhang mit dem Menschenhandel von bestimmten Stämmen im Landesinneren als Lingua franca verwendet worden sein.[2] Dadurch wird es immer schwieriger, den genauen Ursprung herauszufinden. Klar ist jedoch, dass es sich nicht um ein Wort handelte, das von den Musikern selbst benutzt wurde, um das zu beschreiben, was sie spielten. Was das relativ neue Vorkommen betrifft, gehörte das Wort an der Wende vom 19. zum 20. Jahrhundert zum Sprachgebrauch um New Orleans und in Louisiana. Es war ein umgangssprachlicher Ausdruck für Geschlechtsverkehr. Daraus ergibt sich, dass das Wort von Weißen als Bezeichnung für eine Musik der schwarzen Subkultur verwendet wurde, die sie nur mit sinnlichen Begriffen beschreiben konnten.

Die dem Wort innewohnenden gesellschaftlichen Restriktionen wurden offenbar, als Musiker sich bemühten, den Jazz aus den Nachtklubs herauszuholen und ihn im Konzertsaal respektabel zu machen. Die heutigen Musiker lehnen das Wort mehrheitlich ab, und zwar aus demselben Grund, aus dem sie nicht als „Neger" gelten wollen. „Das Wort stammt nicht von uns, es wurde uns aufgezwungen", sagte der begabte Trompeter Lee Morgan, der 1972 im Alter von 33 Jahren ums Leben kam.

Bei einem Symposium, das 1973 im Rahmen des Newport-Festivals abgehalten wurde, meinte der Saxofonist Archie Shepp: „Wenn wir unsere Musik weiterhin Jazz nennen, müssten wir uns auch weiterhin als Nigger bezeichnen lassen. Dann würden wir wenigstens Bescheid wissen."[3] Das Art Ensemble of Chicago zieht die Bezeichnung Great Black Music vor. „Sie ist großartig, schwarz und Musik"[4], heißt es dort. Man weist jedoch darauf hin, dass sich die Bezeichnung nicht nur auf die Musik beziehen sollte, die früher als Jazz galt, sondern auch auf die Gospelmusik von Sängerinnen wie Mahalia Jackson und die Trommelchöre aus Afrika. „Der Jazz selbst ist nur eine Mixtur aus all der Musik, die es vor unserer Zeit gegeben hat", sagte der Schlagzeuger Beaver Harris, der mit Sonny Rollins, Albert Ayler und Archie Shepp zusammengearbeitet hat. „Ich spreche lieber von Black Music, weil du auf diese Weise deine gesamte Geschichte einbringen kannst."

Für Leute wie den Schlagzeuger Rashied Ali, dessen Lebensziel es war, Jazzmusiker zu sein, ist die Situation verwirrend. „Früher war man stolz darauf, wenn man als Jazzmusiker galt. Genauso war's früher eine schreckliche Beleidigung, wenn man in diesem Land jemanden als Schwarzen bezeichnete. Die regten sich furchtbar auf über dieses Wort. Aber jetzt wollen sie es hören, und wenn man irgendein anderes verwendet, muss man sich auf was gefasst machen! Mir ist das ziemlich egal. Ich finde ‚Jazz‘ cool. Zuerst nannte man ihn so, aber auf einmal mag man dieses Wort nicht mehr. Ich glaube, es spielt keine Rolle, wie man diese Musik nennt, sie ist einfach da. Ich versuche nicht, sie umzubenennen. Immerhin steht fest, dass es eine schwarze Kunstgattung ist, die in diesem Land entdeckt wurde. Wenn irgendetwas über Jazz geschrieben wird, dann sollte klar zum Ausdruck kommen, dass es sich um eine *schwarze* Kunstgattung handelt.“

In früheren Zeiten erhielt der Trompeter, der bei den Schwarzen in New Orleans der beliebteste war, den Beinamen „King“. So sprach man von King Bolden und King Oliver. Viele zeitgenössische Musiker sind jedoch der Ansicht, dass diese Hierarchie in der Musik, mit der die meisten Anhänger vertraut sind, das Werk der weißen Medien sei. Hakim Jami, ein Bassist aus Detroit, zeigte die Absonderlichkeiten und Ungerechtigkeiten auf, die sich daraus ergeben. „Die Weißen sind sowieso obenauf im Jazz. Sie haben diesen Begriff bis zum Gehtnichtmehr strapaziert. Jeder benutzt ihn und meint, das sei doch eine großartige Bezeichnung für diese Musik, aber das stimmt nicht. Ich weiß, dass die älteren schwarzen Musiker an ihr festhalten und sie glorifizieren, aber mir will das nicht in den Kopf, weil die Medien diese Typen nie als die Größten herausgestellt haben. Duke Ellington war nicht der ‚King of Jazz‘, sondern Paul Whiteman. Wenn das stimmt, dann ist Duke Ellington für mich kein Jazzmusiker. Ganz gleich, was er nun tatsächlich spielt: Er ist der Beste, den ich gehört habe. Und deshalb ist er für mich der King davon.“

Bestrebungen, die Musik als „Black Music“ zu definieren, wurden von den Medien konterkariert. Sie verwendeten diese Bezeichnung für Musik, die nur von Schwarzen gespielt wurde. Auf diese Weise wurde die ursprüngliche Absicht verfälscht, einen generellen Begriff für alle Musik afroamerikanischen Ursprungs einzuführen, wobei es keine Rolle spielte, welche Hautfarbe der Interpret hatte. In der Folge hatten die Musiker um die Mitte der Siebzigerjahre selbst Zweifel, ob der Begriff etwas taugte. Milford Graves wies darauf hin, dass die Entscheidung der Nation of Islam, Weiße aufzunehmen, tief greifende Auswirkungen auf die Haltung der Schwarzen gehabt hatte. „Ich glaube, wir sollten nicht von ‚Black‘ Music sprechen“, sagte er. „Nirgendwo auf der Welt gibt es eine Musikbezeichnung, in der die Hautfarbe eine Rolle spielt. Das Problem ist: Wie sollen wir sie nennen?“ Die Bezeichnung „afroamerikanisch“ erschien Graves durchaus brauchbar.

Die Bezeichnung New Music ist natürlich ein Kompromiss, der viele Richtungen umfasst, die zum Teil wenig gemein haben. Er wird hauptsächlich verwendet, um die zeitgenössische, auf Freiheit bedachte Haltung von derjenigen zu unterscheiden, die im Bebop wurzelt, der sich in den Vierzigerjahren dank der Neuerungen von Charlie Parker, Dizzy Gillespie und Thelonious Monk ausbreitete. Im Gegensatz zum so genannten Third Stream, der europäische Musik mit dem Bebop zu mischen versucht (seine wichtigsten Exponenten sind John Lewis und Gunther Schuller), liegt der Schwerpunkt auf der Befreiung von den Restriktionen der Harmonielehre und des Takts. Aus diesem Grund war gelegentlich auch von „Free Form" die Rede. Während die Improvisation in der Vergangenheit auf der Form und Länge eines vorgegebenen Themas basierte, improvisieren die neuen Musiker eher über eine Reminiszenz dieser Vorgabe. Ein Musiker sagt: „Ich versuche dran zu denken, woran mich diese Melodie oder dieses Statement erinnert. Ich habe etwas im Kopf, aber das spiele ich nicht genau." (Das heißt nicht, dass es innerhalb genau festgelegter Formen keine wirklich freie Improvisation geben könnte.)

Die neue Musik wurde nicht nur anders gespielt und bot nicht nur andere musikalische Problemlösungen, sie klang auch anders. Bei einem Pianosolo von Art Tatum konnte man praktisch jede Note hören. Wenn Cecil Taylor spielt, ist das jedoch faktisch unmöglich. Was Taylor auf der Klaviatur produziert, dringt nicht in Form einzelner Noten ins Ohr, sondern als geballte Ladung. Der Zuhörer reagiert auf die *Gesamtwirkung* der Musik.

Während die neue Musik dem Ausübenden mehr Improvisationsfreiheit verschafft, liegt für den Zuhörer das charakteristische Merkmal darin, dass die Musiker fortwährend die neuen Klangsysteme erforschen und nutzen. In der New Music gilt kein Sound als außermusikalisch. Als John Coltrane seinem Quartett einen weiteren Saxofonisten hinzufügte, war ein amerikanischer Kritiker erstaunt über die Klänge, die Coltrane und Eric Dolphy produzierten. „Ihre Improvisationen klingen in meinen Ohren in melodischer und harmonischer Hinsicht wie Kauderwelsch."[5] Als ESP-Disk ein paar Jahre später einen Katalog mit Platten von Avantgardekünstlern veröffentlichte, wurde jede LP mit dem Satz präsentiert: „You Never Heard Such Sounds In Your Life!"

Man kam auf den Gedanken, den Sound als eigenständige Qualität zu betrachten. Der Trompeter Donald Ayler erläuterte Nat Hentoff, dass der Sound den Zugang zu der Musik bilden konnte: „Wer auf die Noten und so weiter achtet, der hört sie nicht. Man muss seine Vorstellungskraft dem Sound widmen. Man muss dem Sound nachspüren, den Tonfärbungen, darauf achten, wie sie sich bewegen."[6]

Coltrane trat auf dem Saxofon mit Akkordbildungen hervor. Diese Technik hatte er von dem aus Philadelphia stammenden John Glenn übernommen. Saxofonisten wie Pharoah Sanders, Dewey Redman, Frank Wright und Albert Ayler fingen daraufhin an, Obertöne einzusetzen. Diese revolutionären Sounds empfinden viele als schrill und schneidend – Aylers Saxofon wurde einmal verächtlich mit einer elektrischen Kreissäge verglichen. Andere finden sie aufregend und stimulierend. Diese Technik ist jedoch, wie der Kritiker Bob Palmer anmerkte, gar nicht so neu: „Das ‚one-voice chording‘ ist in Westafrika ziemlich weit verbreitet. Flötenspieler, Sänger und Leute, die die mit doppeltem Rohrblatt ausgestattete *alghaita* spielen, verwenden es alle. Wenn Wilson Pickett und James Brown ‚kreischen‘, bilden sie mit *einer* Stimme Akkorde. Robert Johnson verwendete dieselbe Technik, ebenso einige Musiker in New Orleans in der Anfangsphase des Jazz.“[7]

Unter Jazz versteht der eine dies, der andere jenes, und unter New Music ebenfalls. Das war schon immer so, nur dass sich die Musiker früher eindeutiger dafür entschieden, nichts anderes als reine Jazzmusiker zu sein. Zeitweise gehört alles Mögliche, von Walzern bis zum Rhythm & Blues, zum Repertoire eines Musikers, und viele können nur überleben, wenn sie weiterhin „kommerzielle“ Musik spielen. Heutzutage steht in Musikerkreisen jedoch eher die in einem ständigen Wandel begriffene „Kreativität“ im Vordergrund. Die Improvisation bot zwar schon immer viele Möglichkeiten, Variationen über ein Thema oder ein Akkordmuster zu spielen. Die neuen Musiker, die sich als kreative Künstler verstehen, streben jedoch danach, sich so selten wie möglich zu wiederholen.

Der Trompeter Leo Smith befasst sich beispielsweise mit der Improvisation in ihrer reinsten Form. Er versucht stets, völlig spontan zu sein, und vermeidet es, Improvisationen auf vorgegebenen Formeln aufzubauen. Kreative Musik heißt für ihn, die Improvisation als Kunstform in den Mittelpunkt zu stellen. „Improvisieren bedeutet, dass die Musik in dem Moment geschaffen wird, in dem sie gespielt wird, ob sie sich nun nach einem vorgegebenen Thema, nach einem vorgegebenen Rhythmus oder nach einer Klangstruktur entwickelt oder, in ihrer reinsten Form, wenn der Improvisierende ohne diese Vorbedingungen schöpferisch tätig ist und spontan aus der eigenen Fantasie heraus ein Arrangement aus Stille, Sound und Rhythmus schafft, das man noch nie gehört hat und nie wieder hören wird.“[8]

Jerome Cooper, der bei einer Gruppe mit dem Namen Revolutionary Ensemble Schlagzeug spielt, definiert einen Künstler als eine Person, die schöpferisch tätig ist. „Wenn du schöpferisch tätig bist, spielt eine Menge mit herein. Die Einflüsse, denen du an diesem Tag ausgesetzt warst, wirken sich auf die Musik und wie sie rauskommt aus. Jedes Mal, wenn du etwas erschaffst, ist es also anders. Daran kannst du nichts ändern, es ist ein Naturgesetz des Künstlers. Im Rock spielen sie immer wieder das Gleiche, weil sie Entertainer sind und keine Künstler. Für mich ist eine Person, die immer das Gleiche spielt, wie ein Computer oder so was.“

Manche Zuhörer, die den Jazz in seinen üblichen Formen kannten, fanden diese Ideen verwirrend. Sie waren daran gewöhnt, dass die Musik nach einer bestimmten Formel ablief, doch bei der New Music suchten sie vergeblich nach vertrauten Mustern. Deren Musiker waren darauf bedacht, vertraute Phrasierungen aus ihren Improvisationen herauszuhalten. Das Vertraute stand für sie im Verdacht, „Entertainment" zu sein, und genau das wollten sie meiden. „Nehmen wir mal B. B. King", sagte Cooper. „Ich habe mit ihm zusammengearbeitet. Er ist ein Entertainer, und von ihm erwartet man, dass er so etwas macht. Er zieht eine Show ab. Er ist zwar auch ein Künstler, aber in der Hauptsache ist er ein Handwerker. Er ist ein Künstler *und* ein Entertainer. Ich betrachte mich nicht als Entertainer. Ich betrachte mich als Künstler, ich bin nicht zur Unterhaltung da."

„Die meisten spielen so, dass es dem Durchschnittsgeschmack entspricht", sagte Milford Graves. „Ich versuche, darüber hinaus zu gehen."

In den Fünfzigerjahren vertieften sich die Musiker in ihren Blues- und Gospel-Background, um der Musik, der es nach der Bebop-Revolution des zurückliegenden Jahrzehnts an Innovationen mangelte, neues Leben einzuhauchen. Diese Suche nach den Ursprüngen stand im Zusammenhang mit dem wachsenden Politikbewusstsein der Schwarzen, das zur Bürgerrechtsbewegung führte. Die Auswirkungen dieser Suche lassen sich mit dem Einfluss vergleichen, den Coltrane, Coleman und Taylor sowie deren Anhänger ausübten. Schon im Jahr 1967 sagte der Saxofonist Jimmy Heath: „Das Musikbusiness braucht dringend eine Belebung von der Avantgarde, damit es wieder aufwärts geht und etwas Aufregendes passiert." Für manche Leute hat jetzt die Musik selbst durch die Ablehnung vieler überkommener musikalischer Standards eine politische Bedeutung erhalten.

Immer wieder wurde betont, diese kompromisslose, aggressive Musik bringe die Wut und den Zorn des Gettos zum Ausdruck. Man kann allerdings nicht behaupten, dass alle Interpreten der neuen Musikrichtung stark politisiert wären. „Da ich in Amerika lebe, betrifft mich natürlich das, was hier vor sich geht", sagte Noah Howard, ein junger Saxofonist. „Aber ich stelle mich doch nicht mit meinem Saxofon auf die Bühne und überlege mir, wie ich die Regierung stürzen kann."

Der Stil, der in den Siebzigerjahren viele Anhänger fand, war eine Mischung von Ideen, die vom John-Coltrane-Quartett und anderen stammten, mit Rhythmen, die bisher nur im Rock verwendet worden waren. Miles Davis, Weather Report, Herbie Hancock und der britische Gitarrist John McLaughlin (Mahavishnu) sind die erfolgreichsten Exponenten dieses angenehm beruhigenden, einlullenden Stils. Bis 1975 wurde von Hancocks Album *Head Hunters* eine größere Stückzahl abgesetzt, als irgendeine andere Platte in der Jazzgeschichte erreicht hatte. So gut die als Jazz-Rock oder „Crossover" bekannte Musik auch gespielt sein mag, sie ist dennoch Unterhaltungsmusik und keine Entdeckungsreise, die behagliches Zuhören infrage stellt und die Fantasie des Zuhörers anregt. Dass Leute wie Miles Davis und Chick Corea mit Leichtigkeit ein riesiges Publikum gefunden haben, ist Künstlern, die einen schwierigeren Weg eingeschlagen haben, ein Dorn im Auge. „Heutzutage kommt man anscheinend am besten voran, wenn man möglichst *wenig* spielt", lautete der sarkastische Kommentar eines Musikers, der verständlicherweise verstimmt darüber war, dass die Band von Miles Davis mit ihrer recht schlichten Kost so großen Erfolg hatte. „Du spielst vier Noten, und dann lässt du die Rhythmusgruppe ein paar Dutzend Chorusse lang weitermachen. Aber wenn du dir Zeit nimmst und ein sorgfältig konstruiertes fünfunddreißig Minuten langes Solo ausarbeitest, wollen die Leute nichts davon wissen."

Zahlreiche Musiker spielen weiterhin die so genannte Free Music und verdienen ihren Lebensunterhalt mit Jazz-Rock. Bei denjenigen, die sich selten auf die gängigeren Rockrhythmen einlassen, kommt jedoch eine bestimmte politische Einstellung zum Tragen. Selbst wenn der Einzelne nicht politisiert ist, befindet er sich dadurch, dass er die New Music spielt, außerhalb der Norm, wobei die Norm eine Weiterentwicklung des Bebop sein mag oder der Jazz-Rock. Joseph Jarman, Saxofonist und Perkussionist beim Art Ensemble of Chicago, ist ein stark politisierter Mensch. Er meint, dass die Musiker, die seine Gesinnung teilen, eine Gefahr für die Gesellschaftsstruktur darstellen. Diese Gesellschaftsstruktur sei von Leuten eingeführt worden, denen es am liebsten wäre, wenn der Jazz gleichsam in den Hurenhäusern bliebe, in denen er angeblich entstanden war. Auf diese Weise könnten die Musiker weiterhin unter Kontrolle gehalten werden. „Den so genannten Modern Jazz, der sich auf Charlie Parker, Dizzy und andere bezieht, kannst du auf der ganzen Welt zu jeder Zeit hören. Aber jeder, der davon ein bisschen abweicht, kriegt Schwierigkeiten. Wenn einer sagt: ‚Das ist ja ganz interessant, aber ich möchte lieber was anderes machen', dann wird er diskriminiert."

Nach dem Kampf um Bürgerrechte entwickelte sich ein schwarzer Nationalismus, der seinen Ausdruck in der Übernahme afrikanischer und islamischer Bräuche, Namen und Kleidung fand. Die Musik übernahm Elemente des zeitgenössischen Jazz. In dem Album *Message to Our Folks* stellte das Art Ensemble of Chicago das traditionelle Stück „Old Time Religion" neben Charlie Parkers „Dexterity". Der Gitarrist Sonny Sharrock nahm einen Blues mit dem Titel „Blind Willy" auf und ließ sich dabei von der Arbeit eines religiösen Gitarristen und Sängers namens Blind Willie Johnson inspirieren, der in den Zwanzigerjahren aktiv gewesen war. Auf der Platte *Manhattan Cycles* des Revolutionary Ensemble improvisierte der Geiger Leroy Jenkins zum Klang von Billie Holidays Stimme, die von einem Tonbandgerät kam. Anthony Braxton spielte Material von Parker und Charles Mingus. Bezüge auf Afrika, die es schon in den Werken von Randy Weston, Max Roach, Duke Ellington, Sonny Rollins, Art Blakey sowie von Coltrane selbst in seinen 1961 entstandenen Aufnahmen von *Africa/ Brass* und „Dahomey Dance" gegeben hatte, waren jetzt allgemein anzutreffen. Der Schlagzeuger Sunny Murray nahm 1969 in Paris *Homage to Africa* auf. Im folgenden Jahr spielte der Trompeter und Posaunist Clifford Thornton seine freie Interpretation von Melodien ein, die aus Ritualen für die Yoruba-Gottheiten Shango und Ogun stammten. Der in St. Louis beheimatete Saxofonist Julius Hemphill gab nicht nur seinem Schallplattenlabel den Suaheli-Namen Mbari; er benannte eine Komposition nach den Klippenbewohnern von Mali *Dogon A. D.*

Verschiedene Künstler übernahmen sogar afrikanische und quasiafrikanische Techniken. Leon Thomas führte das Jodeln ein und nahm sich dabei die kongolesischen Pygmäen zum Vorbild. Von Ornette Colemans Experimenten auf dem Instrument inspiriert, betätigte sich der Streicher Alan Silva 1969 auf der Violine. Er hielt sie jedoch zwischen den Beinen wie ein Cello, nachdem er in einem Film eine Gruppe sudanesischer Musiker gesehen hatte, von denen einer eine Violine auf diese aus Asien stammende Weise spielte. Als Archie Shepp eine ausgedehnte musikalische Rezitation zu *The Magic of Juju* gab, versammelte er fünf Männer um sich, die ein Perkussionsgeflecht hinter ihm ausbreiten sollten. Über weite Strecken begleiteten drei von ihnen die Ausführungen, die Shepp auf dem Saxofon machte: Dennis Charles übernahm mit dem Triangel die Rolle, die in westafrikanischen Trommelchören traditionell vom Gong ausgeübt wird; sein Bruder Frank spielte *gan-gan* (eine Pidgin-Bezeichnung für die sprechende Trommel der Yoruba), während Edward Blackwell die „rhythm logs" spielte, die in Amerika hergestellt worden waren, aber den Klang bestimmter afrikanischer Trommeln hatten. Ein im Jahr 1974 von Milford Graves und Andrew Cyrille eingespielter *Dialogue of the Drums* enthielt „Message to the Ancestors" und „Blessing From the Rain Forest".

Die schwarzen Musiker früherer Epochen waren oft gezwungen gewesen, ihre Wurzeln und das Milieu, in dem sie herangewachsen waren, zu verleugnen, um von der weißen Mittelschicht akzeptiert zu werden. Die schwarzen Künstler von heute sind hingegen stolz darauf. Archie Shepp nahm nicht nur Material von Ellington auf; er widmete seine eigenen Kompositionen so unterschiedlichen Helden schwarzer Kultur wie dem Revolutionär Malcolm X oder dem Zuhälter („The Mac Man"). Er schrieb Musik zum Gedenken an schwarze Künstler, die eines frühen Todes gestorben waren, etwa den Maler Robert Thompson und den Saxofonisten Ernie Henry. Ein zufälliges Zusammentreffen in einem Nachtklub in Europa mit einem älteren Harmonikaspieler aus Mississippi hinterließ bei Shepp einen solchen Eindruck, dass er versuchte, das mühselige Leben eines solchen umherziehenden Musikers zu schildern. (Rice

Miller, der lange zuvor den Namen eines der führendsten Bluessänger Chicagos angenommen hatte, behauptete immer, er sei „The Original Mr. Sonny Boy Williamson". Shepps musikalisches Porträt von ihm erhielt diese Bezeichnung.) Im Jahr 1977 trafen der Trompeter Floyd LeFlore und der Saxofonist J. D. Parran von der St. Louis's Black Artists Group mit dem alten Barrelhouse-Pianisten Henry Townshend zusammen.

Shepp erwies seinen musikalischen Vorgängern besonders viel Ehrerbietung und nannte sie stets „Mr.". Wilbur Wares Frau berichtete, dass Shepp des Öfteren einen legendären Bassisten besuchte, der zu den besten Musikern zählte, die Chicago je hervorgebracht hatte. Shepp ging zu ihm, um die Überleitungen einiger Standardstücke zu erlernen. „Er war sehr daran interessiert, das von einem älteren Mann beigebracht zu bekommen." So, wie die Schwarzen dies auch auf anderen Gebieten tun, sind die neuen Musiker sehr darauf bedacht, dass ihren Vorgängern Respekt entgegengebracht wird.

Frank Lowe ließ sein Saxofon sandstrahlen, damit der Lack und damit die übliche glänzende Oberfläche verschwand. „Damit hat er ein gutes Instrument ruiniert", bemerkte ein älterer Musiker abschätzig. Er ahnte nicht, worum es ging. Lowe wollte, dass sein Instrument denen ähnelte, die er auf Fotos von den frühen Bigbands bei Leuten wie Coleman Hawkins gesehen hatte. Er wollte sich als Teil einer Folge von Saxofonisten fühlen, die mit Hawkins einsetzte. Das Erscheinungsbild seines Instruments trug dazu bei, dass er eine Beziehung zu seinen musikalischen Vorfahren finden konnte, genauso wie die *dansiki* die Verbindung des Trägers zu Afrika unterstreicht. Bei einer anderen Gelegenheit wusste Lowe nicht, was ihn mehr begeisterte: die neue Flöte, die er erworben hatte, oder das Bild von Eric Dolphy, das er eben gesehen hatte. Er griff nach der Flöte und versuchte, Dolphys Pose nachzuahmen. Das erinnerte an die bekannte Geschichte von dem jungen Rex Stewart, der in den Zwanzigerjahren in New York eintraf und eine solche Bewunderung für Louis Armstrong hatte, dass er diesen kopierte – von der Kleidung bis hin zum Gang und zur Ausdrucksweise. Die Wertschätzung, die die jungen Musiker ihren Vorläufern entgegenbringen, wird von Fans oft missverstanden. Sie erwarten, dass diese Musiker genauso klingen wie ihre Helden. Manche mögen die Nachahmung für die aufrichtigste Form der Schmeichelei halten, doch bei den zeitgenössischen schwarzen Musikern geht der Respekt viel tiefer.

Als sich der Saxofonist Byard Lancaster in einer fremden europäischen Stadt aufhielt, besorgte er sich an einem Sonntagmorgen Schallplatten von Aretha Franklin. „Ich höre mir am Sonntag gern Aretha an, weil sie für mich der beste Ersatz für einen Kirchgang ist." Lancaster, dessen Musik starke Bezüge zum Blues aufweist („A Love Supreme to the Sex Machine and All in Between" steht als Slogan auf seinem Briefpapier, unter Anspielung auf Coltrane und den populären Sänger James Brown), unterscheidet sich auf interessante Weise von einem Musiker wie Anthony Braxton. Dessen Musik ist anscheinend so weit von den Ursprüngen entfernt, dass er einen ganzen Solo-Konzertauftritt mit dem Saxofon bestreiten kann und dabei nur einmal ganz kurz auf den Blues Bezug nimmt. Es überrascht nicht, dass einer von Braxtons jüngeren Brüdern einem Freund erzählte: „Mein Bruder Tony mag kein Doo-wop." (Diese lautmalerische Bezeichnung bezog sich ursprünglich auf die Harmoniegesänge der Vokalgruppen in den Fünfzigerjahren; jetzt wird sie von den Schwarzen für alle populären Gesangsaufnahmen verwendet.) Da Anthony Braxton auf der South Side Chicagos aufwuchs, lagen aber des Öfteren Aufnahmen von den Flamingoes und von Frankie Lymon and the Teenagers auf seinem Plattenteller. In Frank Lowes Plattensammlung teilen sich Coltrane und Lester Young den Ehrenplatz mit „Shotgun" von Junior Walker and the All-Stars.

„Bei der Musik ist es wichtig, dass du immer auf dein Erbe stolz bist", sagte Beaver Harris. „In der Vergangenheit behaupteten die Weißen, die Schwarzen seien nicht stolz auf ihr Erbe. Aber das stimmte nicht. Wenn der schwarze Mann ganz er selbst ist, kommen seine Blues-Wurzeln zum Vorschein."

Sind die Musiker so sehr damit beschäftigt, ihr Ego zur Geltung zu bringen, dass sie alles vergessen, was vor ihrer Zeit gewesen ist, dann taucht immer wieder jemand auf, der sie daran erinnert. Als Frank Lowe wie wild mit dem Revolutionary Ensemble probte und sehr mit sich zufrieden war, war es der in New Orleans aufgewachsene Trompeter Lester Bowie. „Lester sagte: ‚Spielt ihr denn überhaupt keinen Blues mehr?' Dann setzte er sich mit mir und Jerome (Cooper) und Sirone (Norris Jones) zusammen, und wir spielten einfach den Blues, bis ich weinen musste."

In der Black Music hat es nie einen Stillstand gegeben. Der fortwährende Wandel mag notwendigerweise stattfinden, weil die Protagonisten einfach gezwungen sind, neue Techniken und Systeme zu erfinden, um den weißen Nachahmern einen Schritt voraus zu sein. Bei den Musikern vergangener Zeiten war ein politisches Bewusstsein gewiss selten anzutreffen (was kein Wunder ist, wenn man bedenkt, welche gesellschaftliche Stellung sie als „Unterhalter" in Bordellen und Bars einnahmen). Man könnte behaupten, dass es bis zum Auftauchen von Charlie Parker keinen gab, der die Musik als Kunst auffasste. In den Fünfziger- und Sechzigerjahren stammte der „andere Trommler", den schwarze Musiker hörten, genauso oft aus nationalistischen Überlegungen wie aus dem ästhetischen Bedürfnis, etwas Neues zu spielen. Wie LeRoi Jones (Amiri Baraka) schrieb, ist die Entscheidung, die New Music zu spielen, von starker politischer Relevanz: „Die schwarzen Musiker, die über die europäische temperierte Tonleiter (und das dortige Denken) Bescheid wissen, wollen das nicht mehr – weil's ihnen einfach lieber ist, modern zu sein."[9]

Quellen:

1. Interview mit Marc Bernard, Daniel Caux und Philippe Gras in *Jazz Hot,* Nr. 254.
2. Aus einem Briefwechsel mit der Autorin.
3. Von Philippe Carles und Francis Marmande, erwähnt in „Les Contradictions de Festival",
   Jazz Magazine, September 1973.
4. Interview mit Philippe Carles und Daniel Soutif, „L'Art Ensemble de Chicago au-delà du Jazz",
   Jazz Magazine, März 1974.
5. John A. Tynan in *Down Beat,* 23. November 1961.
6. Interview mit Nat Hentoff, „The Truth is Marching in", *Down Beat,* 17. November 1966.
7. Bob Palmer, „Respect", *Down Beat,* 31. Januar 1974.
8. Leo Smith, *Notes (8 pieces). In: A new world music: creative music,* Connecticut 1973.
9. LeRoi Jones, *Black Music,* New York 1963.

2

John Coltrane –
„A Love Supreme"

John war wie ein Besucher auf diesem Planeten. Er kam in Frieden und ging in Frieden. Aber während er hier war, versuchte er, neue Ebenen des Bewusstseins, des Friedens und der Spiritualität zu erreichen. Deshalb betrachte ich die Musik, die er spielte, als spirituelle Musik – als Johns Bemühen, näher an seinen Schöpfer heranzukommen.[1]

Albert Ayler

1972 brachte ABC-Impulse zwei bisher unveröffentlichte Aufnahmen des inzwischen verstorbenen John Coltrane heraus. *Transition* und *Sun Ship* waren sieben Jahre zuvor auf Band aufgenommen worden, doch der Trompeter Charles Tolliver bemerkte bei ihrem Erscheinen zu Recht: „Diese Musik ist nicht nur so frisch, als wäre sie von heute. Sie klingt, als wäre sie bis jetzt noch nicht gespielt worden."

Musiker, Kritiker und Zuhörer mögen in vieler Hinsicht unterschiedlicher Meinung sein, doch im Hinblick auf die Musik von John Coltrane gibt es nie Differenzen. Er war schlicht und einfach ein Gigant. Das Material, das nach seinem Tod veröffentlicht wurde, bestätigt dies nur. Sirone (früher als Norris Jones bekannt) spielte zeitweilig bei Coltrane Bass. Er meinte, in einer Welt voller individueller Talente dürfe man nicht behaupten, dass einer „der Größte" auf seinem Instrument sei. Er machte aber eine Ausnahme: „Einmal konnte ich es sagen, nämlich damals, als ich mit John zusammen war, obwohl er ja gar nicht wollte, dass man ihn auf ein Podest stellte. Was John in musikalischer Hinsicht zuwege brachte, kann man kaum in Worte fassen."

Das Coltrane-Quartett, zu dem der Pianist McCoy Tyner, der Bassist Jimmy Garrison und der Schlagzeuger Elvin Jones gehörten, war die einflussreichste Band der Nachkriegszeit. Es war diese eine Gruppe, die alle Fäden verknüpfte, die bis dahin zur Entstehung der Black Music beigetragen hatten. Sie tat dies auf eine musikantische Weise, basierend auf den Traditionen des großen musikalischen Erbes des Jazz. Selbst für den Schlagzeuger Frank Butler, der in Kansas City aufgewachsen war und dort die Grundbegriffe der Swing-Ära mitbekommen hatte, dann an der Westküste zum führenden Bebop-Drummer wurde, stellte das John-Coltrane-Quartett die Erfüllung aller musikalischen Wünsche dar. Als er eine Schallplatte des Quartetts hörte, sagte er: „Hoffentlich kann ich diese Gruppe eines Tages hier bei mir haben. Ich möchte mit diesen Leuten zusammenspielen. Ich möchte diese Gruppe um mich haben!"

„Man wird Jahre brauchen, um ihre grandiose Musik gründlich zu analysieren", meinte Charles Tolliver. „Die Leute werden sie erst in einigen Jahren richtig verstehen."

Von dem Moment an, an dem Coltrane das Saxofon durch seine Persönlichkeit prägte, versuchten alle anderen Saxofonisten, den von ihm erfundenen Sound zu übernehmen. Es gab einfach keine andere Art und Weise mehr, dieses Instrument zu spielen. Coltrane schrieb sozusagen das Lehrbuch für das Saxofon um, genauso wie Charlie Parker es zwei Jahrzehnte zuvor getan hatte und Coleman Hawkins vier Jahrzehnte zuvor. Selbst eingefleischte Traditionalisten, die sich geschworen hatten, sich niemals von Coltranes revolutionären Ideen beeinflussen zu lassen, spielten nach einiger Zeit dessen Licks.

Sein einzigartiger Ton und die hypnotische Stimmung, die Coltrane erzeugte, sobald er zu spielen begann, sind zur Regel geworden. Obwohl diese Stimmung in erster Linie auf Coltranes Beschäftigung mit indischer und arabischer Musik in den späten Fünfziger- und frühen Sechzigerjahren zurückzuführen ist und deshalb eher seinen persönlichen Beitrag darstellte, war das beinahe Trancehafte, das später für das Schaffen der Gruppe kennzeichnend war, tief in afrikanischen Ritualen verwurzelt.

Über die Beiträge der einzelnen Mitglieder des Quartetts ist Folgendes zu sagen: Elvin Jones teilte sich die Verantwortung mit dem Bassisten Jimmy Garrison und dem Pianisten McCoy Tyner und brachte damit das Schlagzeug in den Vordergrund, wie es vorher selten geschehen war. „Mittendrin zwischen Elvin und John zu sein war etwa so, als hätte man zwei Professoren oder zwei bedeutende Wissenschaftler um sich", sagte Tyner. Indem er die Möglichkeiten der modalen Improvisationsweise erkundete, bei der nicht mehr über den Grundakkorden, sondern über der „Skala" improvisiert wurde, schuf er die Grundlagen für eine Methode, die während der Siebzigerjahre Anwendung fand. Die im vorangegangenen Jahrzehnt in mehreren von Miles Davis geleiteten Gruppen entwickelte modale Improvisationsweise wurde von Pianisten wie Chick Corea und Herbie Hancock als Sprungbrett zum Rock benutzt.

Coltrane selbst hatte mit der modalen Improvisationsweise begonnen, als er Mitglied des Miles-Davis-Quintetts gewesen war. Das definitive Statement zu dieser Methode wurde 1959 mit der Einspielung von *Kind of Blue* gemacht. In gewisser Weise markierte dies das Ende einer Ära. Wie Coltranes eigenes Meisterwerk *Ascension* oder sein „Chasin' the Trane", das 1961 live im *Village Vanguard* aufgenommen worden war, bildete es den Kulminationspunkt aller Entwicklungen, die bis dahin stattgefunden hatten.

Was die modale Improvisationsweise betrifft, hat Coltrane auf den Einfluss verwiesen, den John Gilmore ausübte, der brillante Tenorsaxofonist aus Mississippi, der seit mehr als zwanzig Jahren ein Rückhalt des Sun Ra Arkestra ist. Als er bei Miles Davis war, holte Coltrane aus der harmonischen Invention das Letzte heraus, legte mit Absicht über die normalerweise zur Anwendung kommenden Akkorde neue und erhielt auf diese Weise eine nahezu unbegrenzte Anzahl von Skalen und Patterns, auf denen er seine Improvisationen aufbauen konnte. Der Effekt war umwerfend. Es entstanden keine aus Einzelnoten bestehenden Melodielinien. Aus seinem Instrument kamen Soundblöcke, die Ira Gitler „sheets of sound" nannte.

Coltrane erzählte, er habe sich früher Schallplatten von Miles Davis angehört und sich dabei vorgestellt, dass er das Tenorsaxofon so spielte, wie jener Trompete spielte. Als sie später zusammenarbeiteten, übte Davis einen beträchtlichen Einfluss auf ihn aus. „Miles weckte den Wunsch in mir, ein besserer Musiker zu werden. Einige meiner schönsten Musikerlebnisse verdanke ich ihm. Durch ihn lernte ich auch die Schlichtheit schätzen."

Als Coltrane von Davis wegging und seine eigene Gruppe zusammenstellte, riet ihm dieser, mit seinen Experimenten fortzufahren, aber die Rhythmusgruppe damit zu verschonen. Davis war selbst einer der Ersten gewesen, die über Stücke improvisierten, deren harmonische Struktur auf einen simplen Akkord beschränkt war. Coltrane hörte dann Ornette Coleman, der Akkorde völlig aufgegeben hatte, und von da an war ihm klarer, wie sich seine eigene Musik weiterentwickeln sollte.

Der Saxofonist sollte schließlich durch seine Musik einen nahezu trance-artigen Zustand erreichen. Er verwendete Techniken, die ihm auch in spirituueller Hinsicht viel abverlangten. Allmählich wurde seine Musik schlichter. Männer wie Archie Shepp und Pharoah Sanders, die in seine Fußstapfen traten, dehnten den hypnotischen Prozess noch weiter aus, indem sie eine Beziehung zu dem Land aufbauten, aus dem ihre Ahnen herbeigeschafft worden waren. Ein nigerianischer Komponist beschrieb ihn mir einmal wie folgt: „Bei allen rituellen Songs gibt es diesen langsamen Beat, der die Götter herbeirufen soll. Da herrscht keine Eile. Es ist ein langsamer Prozess, als ob man betete." Bei seinen späteren Stücken wie „Upper and Lower Egypt" und „Let Us Go Into the House of the Lord" erreichte Pharoah Sanders genau diese Stimmung. Es war jedoch John Coltrane, der ihn beeinflusste, diese Richtung einzuschlagen. Die in Afrika eingesetzte Technik und Vorgehensweise mag sich von der unterscheiden, die Coltrane und seine Anhänger verwendeten, aber ihre Wirkung ist dieselbe. Archie Shepp fing die rituelle Stimmung in einem Stück mit dem Titel „Yasmina, A Black Woman" ein, das er nach dem Besuch des Panafrikanischen Festivals in Algier aufnahm. Das Thema hat zwei alternierende Tonarten und erinnert an die Improvisationen, die McCoy Tyner bei Coltrane-Stücken als Einführung spielte. Es zieht sich über zwanzig Minuten hin. Manche sprechen von einem packenden, andere hingegen von einem eintönigen Effekt. Die Wiederholung ist ein Grundbestandteil afrikanischer Musik, wird aber im Abendland von Zuhörern, die kompliziertere harmonische Inventionen gewohnt sind, selten geschätzt. Eine Sängerin aus Panama brachte den entgegengesetzten Standpunkt in einem Interview mit John Storm Roberts zum Ausdruck: „Je öfter du es hörst, desto mehr Harmonie hat es", sagte sie.[2] In „Yasmina" wird eine Reihe von Trommeln und anderen Perkussionsinstrumenten verwendet, um das harmonische Gerüst auszufüllen und die Musik dichter zu machen. Coltrane war derjenige, der damit begonnen hatte, indem er seiner Gruppe weitere Instrumentalisten, in der Regel Perkussionisten, hinzufügte, vor deren Rhythmusgeflecht sich seine Soli umso schärfer hervorhoben.

Mit neuen Instrumenten beschäftigte sich Coltrane seit Beginn der Sechzigerjahre. Auf alten Fotografien von Orchestern wie der Band von Fletcher Henderson sieht man Männer, die gemeinhin als Exponenten eines bestimmten Instruments gelten, hinter einer ganzen Ansammlung von Instrumenten stehen. Bei geschulten Musikern war eine solche Anpassungsfähigkeit in der Anfangszeit des Jazz allgemein anzutreffen. Erst später setzte eine Spezialisierung ein. Wer früher als Studiomusiker Fuß zu fassen versuchte, musste oft den Umgang mit einem weiteren Instrument erlernen, damit er variabel eingesetzt werden konnte. Coltrane und der Multiinstrumentalist Eric Dolphy, der Anfang der Sechzigerjahre zu ihm stieß und einen beträchtlichen Einfluss auf ihn hatte, bewirkten gemeinsam, dass es als Vorzug angesehen wurde, wenn jemand mehrere Saxofone spielen konnte. Coltrane sorgte beim Sopransaxofon für eine Renaissance, Dolphy bei der Bassklarinette. Die Vorstellung, ein weiteres Horn herumzutragen, war manchen Musikern bis dahin eher peinlich gewesen, weil das angedeutet hätte, dass sie die relativ sichere Studioarbeit der „Hip"-Existenz des Jazzers vorzogen. Nachdem ihnen Coltrane ein Beispiel gegeben hatte, betrachteten sie es jedoch als Ehrensache, ihren Instrumentenbestand auszubauen.

Neben seinem musikalischen Einfluss übte Coltrane auf die Musiker, die in seine Fußstapfen traten, auch einen beträchtlichen spirituellen Einfluss aus. Nach übereinstimmenden Berichten war er ein eher bescheidener Mann, der ständig nach neuen Ausdrucksmöglichkeiten suchte. Er hatte eine persönliche Ausstrahlung, die jüngeren Musikern als Vorbild diente. Er war nicht der erste Musiker, der sich zu spirituellen Angelegenheiten äußerte, aber sein Beispiel gehörte zu den überzeugendsten. Frank Lowe drückte es so aus: „Am Anfang wollte ich ein ‚Hip'-Jazzmusiker sein. Aber das änderte sich durch Coltrane. Selbstverständlich waren die Musiker schon immer, von Buddy Bolden an, ein Teil des Gemeinwesens. Coltrane unterstrich dies von neuem. Er erteilte dem ‚Hip'-Musiker eine Absage und betonte den Wert, den ein Musiker für die Gemeinschaft hatte. Ein Musiker sollte Wissen verbreiten, man sollte eine Beziehung zu ihm haben und Kinder nach seinem Vorbild erziehen können."[3]

Ein anderer junger Musiker hatte ähnliche Überlegungen zu diesem Thema. Der in San Francisco lebende Noah Howard war so beeindruckt, als er das Coltrane-Quartett zum ersten Mal hörte, dass er den Urheber dieser aufwühlenden Musik unbedingt sprechen wollte. Er traf ihn hinter der Bühne beim Zeitunglesen an. „Ich war total überrascht. Er hatte diesen umwerfenden Sound, aber er war der sanftmütigste Mensch, dem ich je begegnet bin. Er lief nicht auf der Bühne rum, kippte sich weder einen hinter die Binde, noch riss er das Maul auf und griff Frauen an die Titten. Nein, er zog sich still zurück. Ich war völlig von den Socken. Das kapierte ich nicht. Ich hatte nicht gedacht, dass Musiker so sind."

Archie Shepp brachte es auf den Punkt: „Ich glaube, dass viele Musiker so sein wollen, wie Miles Davis oder Bird ihrer Meinung nach waren. Es wäre besser, wenn sie versuchten, das zu praktizieren, was ihnen John Coltrane vorgelebt hat: dass man ausdauernd und stark sein soll, dass man eine stoische Gelassenheit an den Tag legt."

Ganz gleich, welches Instrument er spielt, jeder von den heutigen Musikern hat John Coltrane als Vorbild vor Augen. Auch auf die Rockmusik hat sich sein Einfluss nachhaltig ausgewirkt. Wegen ihrer Frische habe die Musik des John-Coltrane-Quartetts auch Leuten gefallen, die dem Jazz eher fern standen, meinte Elvin Jones. „Sie war nicht so neuartig, dass sie alles über Bord geworfen hätte, was beim Jazz elementar war, aber auf viele wirkte sie befreiend. Es lag nicht daran, dass sie so weit vom Blues entfernt war, sondern dass sie eine andere Methode darstellte, den Blues zu spielen – und zwar eine bessere. Es war eine Art und Weise, mit der man sich in der jetzigen Zeit identifizieren konnte."

Frank Lowe bekam das Quartett nie zu hören, weil er bei der Army war. Als er entlassen wurde, war Coltrane bereits tot. Lowe bemühte sich deshalb, mit allen Musikern zusammenzuspielen, die je mit Coltrane zusammengearbeitet hatten. Glücklicherweise wurde er von Coltranes Witwe Alice verpflichtet, die eine Band leitete, welche die Tradition ihres Mannes fortsetzte. Das war für Lowe eine gute Ersatzlösung. Er sagte: „Ich hörte mir manchmal seine Schallplatten an, und dann fühlte ich mich als Teil seiner Gruppe." Frank Lowe steht damit nicht allein. Obwohl John Coltrane nicht mehr unter uns weilt, bleibt er der einflussreichste Musiker jener Jahre.

John William Coltrane wurde am 23. September 1926 in Hamlet in North Carolina geboren und von seiner Cousine Mary aufgezogen. Sein Vater war Schneider und Amateurmusiker, sein Großvater Baptistenprediger. Kurz nach dem Tod des Vaters zog die Familie nach Philadelphia. Dort setzte Coltrane sein Musikstudium fort. Er spielte in Rhythm&Blues-Bands, unter anderem bei Earl Bostic und Eddie Vinson. 1950/51 spielte er in der Bigband von Dizzy Gillespie. Dort saß er neben dem aus Philadelphia stammenden Jimmy Heath, der einen beträchtlichen Einfluss auf ihn ausübte. (Ein weiterer Kollege war der Posaunist Charles Majeed Greenlee, der später Coltranes Cousine heiratete.)

Nach einem kurzen Gastspiel in einer von Johnny Hodges geleiteten Kombo wurde er 1955 in das Miles-Davis-Quintett aufgenommen. Zwei Jahre danach arbeitete er mit Thelonious Monk bei einem längeren Engagement im *Five Spot* in New York zusammen. Im Januar 1958 stieß er wieder zu Miles Davis. Coltrane blieb bei ihm, bis es im April 1960 zur Gründung seines eigenen Quartetts kam.

1961 gehörten McCoy Tyner, Elvin Jones und Jimmy Garrison dem Quartett an. Jones hatte im Herbst 1960 den Platz von Billy Higgins eingenommen, und zu Beginn des Jahres 1961 wurde Garrison, der wie Tyner und Coltrane in Philadelphia aufgewachsen war, der Nachfolger von Steve Davis und Reggie Workman. Tyner hatte den Saxofonisten im Alter von siebzehn Jahren kennen gelernt, als er im *Red Rooster* in Philadelphia in einer Band spielte, die von einem alten Freund Coltranes geleitet wurde, dem Trompeter, Pianisten und Komponisten Calvin Massey. Die beiden Musiker hatten ein vertrauensvolles Verhältnis, das sich weiterentwickelte, als sich Coltranes erste Frau Naima mit Tyners Familie anfreundete. Wann immer Coltrane in Philadelphia war, hatte er den jungen Pianisten an seinem Wissen teilhaben lassen. Zwei Wochen nach der Gründung des John-Coltrane-Quartetts gesellte sich der zwanzigjährige Tyner zu Steve Davis und dem Drummer Pete La Roca. Er blieb bis 1965 beim Quartett. „Johns Meinung nach war die Musik wie das Universum, und das hat mich beeinflusst", sagte er. „Man schaut hoch und sieht die Sterne, aber hinter ihnen sind noch viele andere. Er suchte nach den Sternen, die man nicht sehen kann."[4]

Coltrane war mit indischer Musik in Berührung gekommen, schon lange bevor es Mode wurde, sich dafür zu interessieren. Er war in den Fünfzigerjahren mit Ravi Shankar zusammengetroffen und hatte sogar eine Weile bei dem großen Sitarspieler Unterricht genommen. Bereits auf dem Tenorsaxofon klang Coltrane oft „östlich", aber auf dem Sopransaxofon betonte er seine Beziehungen zur morgenländischen Tonalität noch stärker. Besonders deutlich kommt dies in „My Favorite Things" zum Ausdrucks, seiner bemerkenswertesten Tour de Force. Nach der Veröffentlichung dieser spektakulären, von Virtuosität und Leidenschaft geprägten Interpretation eines Standardstücks wollten einige junge Musiker kaum glauben, dass es sich dabei um keinen authentischen indischen Raga handelte.

Seine Begeisterung für die indische Wassertrommel, ein „drone"-Instrument, das ähnlich wie die *Tamboura* eingesetzt wird, brachte Coltrane dazu, einen zweiten Bassisten in die Gruppe aufzunehmen. Während der eine als Zeitgeber fungierte, sollte der andere frei improvisieren. Diese Neuerung ist auf Donald Garrett zurückzuführen, einen aus Chicago stammenden Freund Coltranes, der ihm eine Tonbandaufnahme vorspielte. Auf ihr waren Garrett und ein weiterer Bassist zu hören. In New York fing Coltrane an, privat mit Art Davis zusammenzuspielen, einem jungen Bassisten aus Harrisburg, Pennsylvania. Diese Zusammenarbeit ist selten gewürdigt worden, was teilweise damit zusammenhängt, dass Davis das Angebot Coltranes, ein reguläres Mitglied seiner Gruppe zu werden, wegen anderweitiger Verpflichtungen nicht annehmen konnte. Davis half jedoch bei einigen Akkordprogressionen, die Coltrane in *Giant Steps* verwendete, der epochalen LP seiner so genannten mittleren Periode. Die beiden experimentierten des Öfteren mit verschiedenen Tonarten, Sounds und Rhythmen.

Während eines zweiwöchigen Engagements im *Village Gate* in New York spielten Art Davis und Reggie Workman zusammen mit Coltrane, Jones und Tyner. Eric Dolphy trat bei dieser Gelegenheit ebenfalls als Gast auf. Ihm zufolge hielt Art Davis sogar noch länger durch als der unermüdliche Wilbur Ware, der einen Abend lang hospitierte. „John und ich verließen die Bühne und hörten zu", erinnerte sich Dolphy. „Art Davis war am Bass echt klasse!" Coltrane blieb bei seinem Angebot, aber Joe Goldberg zufolge lautete die Reaktion des Bassisten: „Ich glaube, dass Trane nichts als seine Musik im Kopf hat. Er wird von einer Tournee zurückkommen, mich anrufen und mir mitteilen: ‚Wir fangen morgen Abend im *Vanguard* an.' Und ich werde antworten: ‚Tatsächlich?' Und dann werde ich ihm sagen müssen, dass ich woanders arbeite. Er denkt nie dran, mich im Voraus zu informieren, damit ich mich auch freihalten kann."[5]

Insgesamt war Art Davis bei sechs Alben Coltranes mit von der Partie, unter anderem bei *Olé* und der Originalversion von *A Love Supreme*, bei der auch Archie Shepp mitmachte (obwohl diese Version am Tag nach der veröffentlichten Fassung aufgenommen wurde, war es Coltranes ursprüngliche Absicht gewesen, Davis und Shepp als Verstärkung hinzuzuziehen), sowie bei *Africa/Brass*, bei dem Eric Dolphy die Orchestrierungen vornahm.

Die Wertschätzung, die Davis genoss, zeigt sich auch darin, dass Coltrane darauf bestand, dessen Namen auf der Plattenhülle von *Ascension* bei den Bläsern und nicht bei der Rhythmusgruppe aufzuführen. Nachdem Coltrane 1967 an Leberkrebs gestorben war, trat Art Davis nicht mehr bei Jazzveranstaltungen auf. „Er war mein Held und mein Idol", sagte er. „Nach seinem Tod hatte ich das Gefühl, dass nichts mehr los war."

Eric Dolphy war ebenfalls einer der großen Instrumentalisten, die verstarben, bevor sie ihr Potential ganz ausgeschöpft hatten. Er spielte Altsaxofon, Bassklarinette und Flöte und beeinflusste eine ganze Generation von Rohrblattinstrumentspielern, Coltrane inbegriffen. Er war ein dynamischer Künstler, der die Klänge der menschlichen Stimme in sein Spiel mit einbezog (Albert Ayler und Pharoah Sanders führten dies fort), sich ebenfalls mit morgenländischen Tonalitäten beschäftigte und Ravi Shankar gehört hatte. Sein Bassklarinettenspiel in Coltranes Plattenaufnahme von *India* passt voll und ganz zum Titel des Stücks. Dolphy gastierte ursprünglich drei Abende lang bei der Gruppe und blieb dann für eine Europatournee. Coltrane mochte das „Feuer", das Dolphy der Gruppe gab. „Eric ist wirklich begabt, und ich glaube, dass er etwas Inspiriertes hervorbringen wird", sagte Coltrane 1961. „Wir haben jahrelang über Musik geredet, aber ich weiß nicht, wohin er geht. Ich weiß nicht mal, wohin ich gehe. Er ist jedoch genauso wie ich am Fortschritt interessiert, und deshalb haben wir ziemlich viel gemeinsam."

Dolphy spielte im darauf folgenden Jahr ab und zu mit Coltrane zusammen. Dann leitete er seine eigenen Gruppen und arbeitete mit dem innovativen Bassisten Charles Mingus zusammen. Im Jahr 1964 absolvierte er einen längeren Besuch in Europa. Er starb in Berlin an einem Herzanfall, der anscheinend mit Diabetes zu tun hatte. Coltrane war tief bewegt, als er von Dolphys Tod erfuhr. „Ich kann nur sagen: Dass ich ihn kannte, war eine Bereicherung für mich. Als Mensch, als Freund und als Musiker gehört er zu den großartigsten Leuten, mit denen ich je zusammengetroffen bin."[6]

Im Jahr 1965 stieß ein weiterer Tenorsaxofonist zu der Gruppe. Pharoah Sanders stammte aus Little Rock in Arkansas und hatte seine Sporen an der Westküste verdient, wo er mit Leuten wie dem Altsaxofonisten Sonny Simmons und dem Drummer Jimmy Lovelace zusammenspielte. In New York verdiente er seinen Lebensunterhalt mit Rock and Roll und spielte bei Sessions mit Don Cherry und Sun Ra zusammen. Er hatte Coltrane einmal in San Francisco getroffen. Dort hatten sie den Tag damit verbracht, in verschiedenen Pfandleihen Mundstücke auszuprobieren.

Es kam zu einer Art gegenseitiger Beeinflussung. Während sich jüngere Künstler ansonsten die Erfahrungen älterer Kollegen zunutze machten, gab es bei Coltrane und Sanders einen gegenseitigen Austausch. Ihr auf einem gegenseitigen Verständnis beruhendes simultanes Improvisieren führte dazu, dass Frank Lowe beim Abspielen einer Platte den Eindruck erhielt, es handle sich da um ein einziges Instrument. „Manchmal wusste ich nicht, ob das Growling von Pharoah kam oder von John", sagte er. (Die alte Growl-Technik war zu jener Zeit von Sanders, Albert Ayler und anderen zu neuem Leben erweckt worden.) „John hatte immer diesen schönen lyrischen Sweep, aber Pharoah wollte ihn ja nicht einfach kopieren, und deshalb musste er sich eben aufmachen und in andere Gebiete vordringen."

Der 1940 geborene Pharoah Sanders war jung genug, um Coltrane, Dolphy und Ornette Coleman als seine ersten Musikidole zu betrachten. Er hatte einen atonalen Zugang zur Musik und gehörte zu denen, die auf dem Tenorsaxofon nach „menschlichen" Sounds sowie nach einer Ausdehnung des Tonumfangs durch die Verwendung von Obertönen suchten. „John beeinflusste mich, schon bevor ich mit ihm zusammenspielte", erzählte er Elisabeth van der Mei im Jahr 1967. „John ist ein Mensch, der immer versucht, etwas Neues zu schaffen … Unsere Spielweise unterscheidet sich durchaus. Jeder hat seine eigene Methode, die Dinge anzugehen. Wenn John auf seinem Horn spielt, geht mir vieles durch den Kopf, und er bringt mich dazu, dass ich mir überlege, wie ich's auf meine Art spielen kann."[7]

Für Coltrane war Sanders ein Neuerer. „Pharoah ist ein Mann mit einem riesigen spirituellen Reservoir. Er ist immer bemüht, zur Wahrheit vorzudringen. Er versucht, sich von seiner eigenen Spiritualität leiten zu lassen. Unter anderem geht es ihm um Energie, um Integrität und um das Wesentliche. Die *Kraft* seines Spiels mag ich sehr … Dass er gewillt war, mir zu helfen, dass er Teil meiner Gruppe ist, das ist für mich eine Freude und ein Privileg."[8]

Ein anderer junger Musiker, der mit seiner Vorgehensweise einen nachhaltigen Einfluss auf Coltrane ausübte, war Albert Ayler. Coltrane erzählte Frank Kofsky: „Er füllte ein Gebiet aus, das ich offenbar noch nicht erreicht hatte. Ich glaube, dass das, was er macht, die Musik in noch höhere Frequenzen bewegt. Vielleicht dorthin, wo ich aufhörte, vielleicht dorthin, wo er anfing."[9]

Sanders und Ayler waren jedoch nur zwei von vielen Musikern, die während dieser Zeit bei der Gruppe einstiegen. Elvin Jones berichtete, dass er des Öfteren jemanden spielen hörte, sich umschaute und einen Musiker erblickte, den er noch nie gesehen hatte. „Nach einer Weile war ich fast immun gegen Überraschungen." Wenn Coltrane spielte, gab es fast immer freien Zugang. Archie Shepp, Marion Brown, John Tchicai, Frank Wright and Carlos Ward gehörten zu den Saxofonisten, die sich dies zunutze machten. Manche von ihnen blieben eine Weile als Mitglieder der Gruppe. Es gab auch Trompeter, Bassisten und Schlagzeuger, die nur darauf warteten, dass sie mit von der Partie sein durften. Ihr Drang, in der Gruppe mitzuspielen, passte zum Glück zu den Vorstellungen, die Coltrane hatte. Elvin Jones sagte: „Seine ganze Vorstellung von der Musik bestand darin, dass er *etwas hören wollte*, und diese Leute waren leicht zu bekommen."

Im Gegensatz zu manchen Bandleadern, die ihre Position herausstrichen, sorgte Coltrane dafür, dass talentierte junge Musiker zum Zug kamen. Er stand ihnen mit Rat und Tat zur Seite, und wenn es sich um besonders förderungswürdige junge Musiker handelte, rief er seinen Schallplattenproduzenten Bob Thiele an und bat ihn, etwas für diese Leute zu tun. „Ich glaube, wenn wir Johns Empfehlungen gefolgt wären und alle unter Vertrag genommen hätten, gäbe es vierhundert Musiker auf unserem Label", bemerkte Thiele einmal.[10]

Rashied Ali, der später als regulärer Drummer zu der Gruppe kam, war Anfang der Sechzigerjahre mit von der Partie, als sie im *Half Note* spielte. Dass er mitmachen durfte, wann immer er auftauchte, schmeichelte seinem Ego ungemein. „Ich dachte: Verdammt noch mal, ich muss ja wirklich 'ne Wucht auf dem Schlagzeug sein, weil Elvin Jones immerhin die Nummer eins auf diesem Gebiet ist! Das dachte ich tatsächlich und drängte mich da die ganze Zeit rein. Das machte aber gar nichts aus, weil John es gern zuließ, denn er hörte dann was anderes."

Rashied Ali berichtete, Coltrane habe ihm eines Abends mitgeteilt, er bereite sich auf Schallplattenaufnahmen vor und wolle ihn gern dabeihaben. Der Drummer war einverstanden, erkundigte sich aber, ob er der einzige Perkussionist sein werde. „Nein", war die Antwort. „Elvin wird auch da sein. Er gehört zur Band, Mann." Ali: „Und ich erwiderte: ‚O Mann, ich möchte diese Aufnahmen nicht machen.' Ich wollte damit sagen: ‚Mann, ich möchte da *allein* spielen.'"

„Er schaute mich an, als ob er einverstanden wäre, ging zum Bandstand und fing an zu spielen. Ich fragte ihn: ‚Darf ich mitmachen?' Er antwortete: ‚Also gut!'" Trotz seines dreisten Gebarens bekam der junge Drummer nach der Session Geld ausbezahlt. Coltrane verfuhr nämlich immer so, wenn bedürftige Musiker bei ihm einstiegen. Und nach einiger Zeit kam die Schallplatte *Ascension* heraus. Es war eine fünfundvierzigminütige Kollektivimprovisation, der Höhepunkt von Coltranes damaligem Schaffen. All die Musiker, die regelmäßig bei ihm eingestiegen waren, wurden groß herausgestellt. Es gab zwei Trompeter (Freddie Hubbard und Dewey Johnson), zwei Altsaxofonisten (Marion Brown und John Tchicai), zwei Tenorsaxofonisten (Shepp und Sanders) und zwei Bassisten (Garrison und Davis), aber nur einen Drummer, nämlich Elvin Jones.

Fünf Monate danach machte Coltrane erstmals Aufnahmen mit zwei Schlagzeugern. Die Platte trug den Titel *Kulu Se Mama*. Coltrane hatte oft gesagt, einer der Gründe, dass er gern zur Westküste gehe, sei der, dass er dann die Gelegenheit bekomme, mit Frank Butler zusammenzuspielen. Als Elvin Jones in der ersten Woche eines Engagements in Los Angeles nicht mitmachen konnte, war es nahe liegend, Butler als Ersatzmann zu holen. Für den aus Kansas City stammenden Perkussionisten war das die Erfüllung eines Traums. Butler, der bis dahin im Ruf der Unzuverlässigkeit gestanden hatte, besserte sich schnell. „Mein Wunsch sollte in Erfüllung gehen, ich durfte bei dem herrlichen McCoy und bei Jimmy Garrison und ‚Little Rock' sein (wie Pharoah jetzt hieß). Das war der erste Job, bei dem ich wirklich rechtzeitig fertig war. Schon zwei oder drei Stunden, bevor es Zeit war, zur Arbeit zu gehen, zog ich mich an. Weil es mir so viel Befriedigung gab, mit Trane und dieser Gruppe zu spielen."

Im Lauf der Woche fragte Butler bei Coltrane an, ob er die Möglichkeit, mit ihm und Jones als Trio Aufnahmen zu machen, in Betracht ziehen würde. Am Ende der Woche stellte Butler sein Schlagzeug in die Garderobe und ging nachhause. Als er sich gerade beim Fernsehen entspannte, kam ein Anruf. Er wurde aufgefordert, in den Klub zu kommen. Butler war überrascht, da Elvin Jones inzwischen eingetroffen sein musste. Als er im Klub ankam, waren ihre Schlagzeuge nebeneinander aufgestellt. Coltrane hatte in der Zwischenzeit Donald Garrett herbeigeholt, einen alten Kumpel aus seiner Zeit in Chicago. Das bedeutete, dass zwei Bassisten und zwei Drummer bereitstanden.

Auf die ziemlich konventionellen Besitzer des *It Club* in Los Angeles machte diese große Besetzung einen verheerenden Eindruck. Frank Butler konnte sich zehn Jahre später noch genau an deren Reaktion erinnern: „Haben Sie je von der Bühne runtergeschaut und völlig erstarrte Gesichter gesehen? Der Klub war sehr klein, und Elvin und ich legten richtig los. Elvin hatte sowieso einen sehr harten Schlag. Es hatte den Anschein, als würde der Klub gleich explodieren. Auf ihren Gesichtern stand geschrieben: ‚He, was soll denn das?‘"

Nach der Beilegung anfänglicher Konkurrenzkämpfe hatten Jones und Butler sowohl in musikalischer als auch in zwischenmenschlicher Hinsicht eine gute Beziehung zueinander und spielten sogar zu später Stunde bei einigen Sessions zusammen. Coltrane fiel Butlers Vorschlag wieder ein, und da er vom Zusammenspiel der beiden beeindruckt war, traf er Vorbereitungen, dass *Kulu Se Mama* aufgenommen werden konnte, solange das Quintett in Los Angeles war. Im Oktober 1965 gingen sie mit Garrett und Butler ins Studio. Zusätzlich fügte Coltrane noch den Gesang und die Congatrommeln von Juno Lewis hinzu.

Nach seiner Rückkehr von der Westküste sollte Coltrane im *Village Gate* auftreten. Rashied Ali las die Ankündigung, schluckte seine Verärgerung hinunter und erkundigte sich nach einer Betätigungsmöglichkeit. (Ali und Elvin Jones traten tatsächlich auf Impulse A9110, *Meditations,* Seite an Seite auf. Die Platte wurde am 23. November 1965 in New York aufgenommen, wenige Wochen nach *Kulu Se Mama.*)

Coltrane wies taktvoll darauf hin, dass Jones nach wie vor mitspielte. „Das ist in Ordnung, Mann, mir ist es egal, wer spielt, ich möchte nur mitmachen", sagte Ali zu ihm. Coltrane erwiderte: „Also gut." Über Alis Verhalten verlor er später kein Wort mehr.

Zwischen den beiden Drummern herrschte weiterhin ein gespanntes Verhältnis. Einer wollte den anderen übertrumpfen. Mit der Zeit trat eine gewisse Besserung ein. Jahre danach räumte Ali ein, er habe viel von Jones gelernt. Sein Kollege blieb jedoch dabei, dass es Ali nicht darauf ankomme, die Musik zu ergänzen, sondern allein darauf, sich in den Vordergrund zu drängen. Jones räumte zwar ein, Ali habe sich bei Coltrane zu einem „sehr effizienten, sehr guten Perkussionisten" entwickelt, aber Alis Anwesenheit trug letztlich dazu bei, dass Jones sich entschloss, die Gruppe zu verlassen.

Die Fehde zwischen den beiden Drummern beweist, was für eine außergewöhnliche Nervenstärke und Geduld Coltrane an den Tag legte und dass er seine Musikerkollegen nicht von oben herab behandelte. Kaum ein Bandleader hätte sich die Arroganz gefallen lassen, mit der Rashied Ali auftrat. Coltrane hatte jedoch viel übrig für Alis rhythmische Gestaltung. Pharoah Sanders sagte etwas, das Coltranes Gefühlen entsprach: „Er lässt den Rhythmus um das, was ich mache, herumfließen."[11]

Ascension wird allgemein als Meilenstein des Free Jazz und der Entwicklungsgeschichte von Coltrane angesehen. Es hat seine Vorläufer in dem von Sun Ra verwendeten Konzept der Kollektivimprovisation, die Coltrane in Chicago durch den Saxofonisten John Gilmore kennen gelernt hatte, sowie in Ornette Colemans *Free Jazz,* das fünf Jahre zuvor aufgenommen worden war. Der Unterschied lag darin, dass der von Elvin Jones gespielte Rhythmus freier war und einem der Teilnehmer zufolge nicht so einengend wirkte wie das, was Billy Higgins und Edward Blackwell in Colemans Doppel-Quartett gespielt hatten. Interessanterweise wurden zwei Versionen des Stücks aufgenommen. In der ersten, die eine Zeit lang verfügbar war, spielte Jones in dem Stil, den er bis dahin bei den anderen Aufnahmen mit Coltrane verwendet hatte. In der zweiten, nachfolgend veröffentlichten Version war seine rhythmische Gestaltung viel lockerer. Sie bot einen Vorgeschmack kommender Entwicklungen.

Um seine nicht auf Selbstdarstellung ausgerichtete Haltung zu unterstreichen, beanspruchte Coltrane für sich nicht mehr Zeit für Soli, als die anderen Musiker erhielten. Archie Shepp zufolge tat er dies, weil er auf der Platte keine „Stars" haben wollte. Es sollte ein Werk der gesamten Gruppe sein. „Eine aus New Orleans stammende Vorstellung, aber mit Leuten des Jahres 1965."[12] Die Musiker erhielten skizzenhaftes Themenmaterial als Leitlinien, auf denen sie Melodien entwickeln konnten, und es wurde wenig geprobt. Bei Coltrane lief es meist auf diese Weise ab. Nach Elvin Jones' Worten entstanden die meisten Aufnahmen spontan oder nach ganz kurzen Absprachen. Jimmy Garrison erinnerte sich, dass Coltrane einmal eine Nummer angekündigt hatte, die er noch nie gehört hatte. Als er Coltrane darauf aufmerksam machte, erwiderte dieser: „Na gut, dann hörst du sie eben jetzt." Und er machte sich daran, das Stück zu spielen.

Nach Garrisons Meinung gab Coltrane den Musikern ein gesteigertes Selbstvertrauen, indem er ihnen Verantwortung übertrug. Diese Methode steckte hinter der Entstehung von *Ascension.* Dieses Werk war für viele Zuhörer ein Rätsel, doch für die Teilnehmer war es eine Erfüllung. Zu dem Zeitpunkt, an dem die Kollektivimprovisation ihren Höhepunkt erreicht, „ist dein Nervensystem auseinander genommen, überholt und wieder zusammengebaut worden" (so A. B. Spellman[13]). Der Altsaxofonist Marion Brown meinte zu Recht, mit so einer Aufnahme könne man an einem kalten Wintertag die Wohnung anheizen.

Über das, was sich bei Coltrane abspielte, waren die Kritiker geteilter Meinung, und die Musiker ebenfalls. Leroy Jenkins, ein gestandener Chicagoer Musiker, fand sich plötzlich nicht mehr zurecht. Als Coltrane und Shepp am 15. August 1965 in Chicago bei einem vom Magazin *Down Beat* organisierten Festival auftraten, hatte er den Eindruck, sie seien auf der Bühne „verrückt geworden". „Sie spielten diese Musik und kreischten dabei und zeterten und redeten wirres Zeug. Mein Gott, ich war wie betäubt. Ich sagte: ‚Was soll denn das?' – ‚Ist das Jazz?', fragte meine Frau. Ich blieb ihr die Antwort schuldig. Ich hatte für Coltrane was übrig gehabt, aber jetzt wusste ich nicht, was mit ihm los war. Hatte er die Beherrschung verloren? War er einfach besoffen? Oder war er wütend auf die Musikindustrie oder sonst jemanden?"

In der Septembernummer von *Down Beat* schrieb Buck Walmsley: „Nach der Pause gab das John-Coltrane-Quartett eine der geschmacklosesten Musikdarbietungen zum Besten, die ich jemals gehört habe. Das betrifft nicht alle Mitglieder der Gruppe, denn Pianist McCoy Tyner und Bassist Jimmy Garrison zeigten in ihren Soli Schönheit und Fantasie. Shepp und Coltrane schien es jedoch weniger um Musik als darum zu gehen, miteinander um die Wette zu hupen und zu kreischen. Der Set dauerte fünfundvierzig Minuten, enthielt nur eine einzige Nummer und wirkte auf die meisten der 7500 Besucher wie ein Bombenangriff."

McCoy Tyner verließ Coltrane im Dezember 1965, um eine eigene Formation zu gründen. Alice Coltrane nahm seinen Platz ein. Tyner meinte: „Zu dieser Musik konnte ich nichts beitragen. Manchmal hörte ich gar nicht, was ich spielte, und ich hörte genauso wenig, was die anderen spielten! Ich hörte nur einen Riesenlärm, sonst nichts. Ich hatte kein Feeling für die Musik. Und wenn ich keine Gefühle habe, spiele ich auch nicht gern."

Elvin Jones stieg im März 1966 aus der Band aus und flog nach Europa, um dort mit Duke Ellington zu spielen. Alice Coltrane und Rashied Ali blieben bei John bis zu dessen Tod. Zum harten Kern der Gruppe kamen von Zeit zu Zeit verschiedene andere Musiker hinzu. Coltrane ließ sich Zeit und entwickelte sich allmählich weiter. Ein Glücksfall war, dass er zu Bob Thiele, seinem Plattenproduzenten, eine so gute Beziehung hatte und ins Studio gehen konnte, wann immer er Lust dazu hatte. Auf diese Weise wurde seine Entwicklungsgeschichte genauer dokumentiert als bei jedem anderen Musiker, der vor oder nach ihm tätig war. Niemand vermag zu sagen, was aus Coltrane geworden wäre, wenn er länger gelebt hätte. Auf der ganzen Welt übt sein Werk weiterhin einen Einfluss auf junge Musiker aus, und zwar nicht nur auf Saxofonisten.

Als der Zeitpunkt der Auflösung näher kam, hatten Außenstehende den Eindruck, zwischen den Mitgliedern des Original-Quartetts herrschten gespannte Beziehungen. In Wirklichkeit gingen sie jedoch wie Brüder miteinander um. Kurz nach dem Tod seines Mentors sagte Tyner zu diesem Thema: „John war so etwas wie ein großer Bruder, der sich immer bemühte, einem zu helfen. Und ich wollte ihm zuliebe alles, was ich nur konnte, zu seinen Vorstellungen beitragen, weil ich so viel Achtung für ihn hatte. Ich möchte es so zusammenfassen: Wer wissen möchte, wie wir drei John gegenüber eingestellt waren, sollte sich die Musik anhören. Dann wird er die Liebe und die Achtung heraushören, die wir füreinander hatten. Die Musik bringt das deutlicher zum Ausdruck, als es einer von uns sagen könnte."

John Coltrane war zweifellos ein sehr engagierter Mensch, der nur für die Musik lebte. Obwohl sein Schaffen genau dokumentiert ist, lässt sich die ihm innewohnende Kraft, die seine gewaltige Leistung hervorbrachte, nicht quantifizieren. Das Quartett reiste oft über Land von New York nach Kalifornien und legte dabei dreitausend Meilen zurück. Meist saß Coltrane selbst am Steuer, und nach der Ankunft ging er ohne Ruhepause direkt auf den Bandstand. „Er hatte so viel Energie, es war einfach unglaublich", sagte McCoy Tyner. „Es war ihm egal, wie lange er spielte. Ihm kam es nur auf das an, was in musikalischer Hinsicht ablief."

Der Saxofonist übte sowohl auf diejenigen, die ihn nur durch seine Musik kannten, wie auch auf diejenigen, die ihn persönlich kannten, einen starken Einfluss aus. Man schrieb Bücher über ihn und gedachte seiner in Gedichten. Er gab nicht nur den Musikern, sondern den Schwarzen insgesamt ein Beispiel, dem sie nacheifern konnten. Er brachte dem Beitrag, den seine Frau in musikalischer Hinsicht leistete, Achtung entgegen und brachte andere dazu, dass sie sich überlegten, Frauen in ihre Musik einzubeziehen. Er war sehr um seine Musiker besorgt und bemühte sich stets, bessere Konditionen für sie herauszuschlagen. Jimmy Garrison war das letzte Mitglied des Original-Quartetts, das von ihm wegging. Er telefonierte mit Coltrane kurz vor dessen Tod. Ungeachtet ihrer Auseinandersetzungen um die eingeschlagene Richtung sagte Coltrane zu ihm: „James, wenn du je etwas brauchst, dann ruf mich an. Ich glaube, ich hätte mich anders aufführen sollen, als ihr noch in der Band wart." Garrison erwiderte: „John, das ist nett von dir, aber ich glaube nicht, dass irgendjemand hätte fairer sein können als du." Coltrane gab zurück: „Ich danke dir, James, aber ich hätte es trotzdem viel besser machen können."

Kurz vor seinem Tod plante Coltrane, dem Publikum einen Loft im Village zugänglich zu machen, damit es die Weiterentwicklung seiner Musik mitverfolgen und das Schaffen anderer Musiker kennen lernen konnte. Ornette Coleman hatte dies bereits ohne Erfolg versucht und sollte sich später für kurze Zeit erneut darum bemühen. Coltrane wollte, dass die Leute von der Straße hereinkommen und für den Preis eines Erfrischungsgetränks bei Proben dabei sein konnten. Diese Idee wurde später in abgewandelter Form in die Realität umgesetzt.

Posthum musste Coltrane gegen die Vorstellung ankämpfen, er sei zu seinen Lebzeiten eine Art Heiliger gewesen. Er war ein ernster, stiller und reservierter Mensch, aber keineswegs humorlos. „Jeder hat seine eigene Vorstellung davon, wie jemand ist", sagte Frank Lowe. „Wer weiß, ob sich Coltrane an Samstagen nicht hinsetzte, Bier trank und ein Footballspiel anschaute? Er spielte doch nicht dauernd Saxofon!" Die Tatsache, dass es wenige Fotos gibt, auf denen er lächelt, hat dazu geführt, dass von seinem unbeugsamen Wesen die Rede war. Der Grund dafür war jedoch: Coltrane hatte so schlechte Zähne, dass er sich genierte, sie zu zeigen. In der Wohnung von Jimmy Garrison hing ein kleiner Schnappschuss an der Küchenwand, auf dem ein lächelnder Coltrane zu sehen war. „So war er", sagte Roberta Garrison. „Aber die Leute hatten ja keine Ahnung, wie er tatsächlich war."

Der gläubige Muslim McCoy Tyner sah in John Coltrane einen Botschafter Gottes. „Es wird immer Individuen geben, die einen bedeutenden Beitrag zur Musik leisten", sagt er. „Nichts ist neu, irgendwie wurde alles schon mal gemacht, aber Individuen wie John und Bird waren wohl diejenigen, die bei der Methode, wie Musik gemacht wird, die großen Befreier waren. John und Bird waren eigentlich so etwas wie Botschafter, aber ich bin ziemlich sicher, dass es noch weitere geben wird. Anders ausgedrückt: Gott spricht immer noch zu den Menschen." Neben seinem phänomenalen musikalischen Beitrag gaben die Prinzipien, für die Coltrane eintrat, sowie seine Hingabe den Musikern und allen jungen Schwarzen, die den Status quo infrage stellten, Stoff zum Nachdenken. Er war nicht nur ein Musiker, den man Kindern als Vorbild hinstellen konnte; er wurde vielmehr zu einer Person, an der man sich orientieren konnte.

Nach Coltranes Tod fasste Archie Shepp in einem Interview mit Phyl Garland für das Magazin *Ebony* die allgemeine Einschätzung zusammen: „Er vollzog den Brückenschlag. Unter den so genannten Post-Bebop-Musikern, die in die Avantgarde vordrangen, war er der Fähigste. Ich traf mit ihm zusammen, als ich noch am Goddard College studierte, und er nahm sich Zeit, um mit mir zu reden. Es war ungemein wichtig zu diesem Zeitpunkt, dass jüngere Männer anfingen, mit älteren einen derartigen Austausch zu pflegen. Coltrane gehörte zu den wenigen älteren Männern, die gegenüber der nachfolgenden Generation Verantwortungsbewusstsein an den Tag legten. Er stellte ein positives Vorbild dar, das dringend benötigt wurde. So wirkte er den destruktiven Kräften entgegen, denen viele zum Opfer gefallen wären. Und weil er so viel erleiden und erleben musste, bemühte er sich darum, dass die nachwachsende Generation dies nicht ebenfalls durchmachen musste."

Archie Shepp fuhr fort: „Mag sein, dass viele seine Musik nicht verstanden. Damit meine ich das, was er in seinen letzten beiden Jahren machte, nicht die früheren Sachen, durch die er bekannt wurde. Es kann sein, dass diese Leute die Musik, die wir jetzt erschaffen, auch nicht verstehen, aber sie ist genauso ein

Reflex unserer Zeit, wie es die Spirituals oder Leadbelly zu ihrer Zeit waren. Tranes Musik exemplifiziert sein Feeling für das, was sich abspielt. In der kurzen Zeit, in der er bei uns war, hat er viel erreicht – erheblich mehr, als die meisten in einem langen Leben zuwege bringen. Die Szenerie hatte sich ein bisschen verändert, als er von uns ging. Ich glaube, sein Tod hat bewirkt, dass wir als Musiker enger zusammengerückt sind, dass wir eine gewisse Einheit gebildet haben. Das ist die Art und Weise, wie wir einen großen Mann würdigen sollten."[14]

Anmerkungen:
1. Zitiert in Nat Hentoffs Text zu *Albert Ayler Live in Greenwich Village* (Impulse A-9155).
2. John Storm Roberts, *Black Music of Two Worlds,* London 1973, Seite 28.
3. Interview mit Bob Palmer, „Chasin' the Trane Out of Memphis", *Down Beat,* 10. Oktober 1974.
4. Interview von Tony Cummings, „Tyner Sells In", *Black Music,* März 1975.
5. Joe Goldberg, *Jazz Masters of the Fifties,* New York 1965, Seite 206.
6. Vladimir Simosko und Barry Tepperman, *Eric Dolphy: A Musical Biography and Discography,* Washington, D. C., 1974, Seite 87.
7. Elisabeth van der Mei, „Pharoah Sanders: A Philosophical Conversation", *Coda,* Juli 1967.
8. Zitiert in Nat Hentoffs Text zu *Live at the Village Vanguard Again* (ABC-Impulse A-9124).
9. Frank Kofsky, *Black Nationalism and the Revolution in Music,* New York 1970.
10. „The New Wave. Bob Thiele Talks to Frank Kofsky About John Coltrane", *Coda,* Mai 1968.
11. Elisabeth van der Mei, a. a. O.
12. Text auf der Plattenhülle von *Ascension* (ABC-Impulse A-95).
13. Ebenda.
14. Phyl Garland, *The Sound of Soul,* Chicago 1969, Seiten 229–230.

3

Cecil Taylor –
88 gestimmte Trommeln

Eine Menge außermusikalischer Dinge gehört bei allen mit zur Musik. Ob man sich dessen bewusst ist oder nicht: Die Musik stellt eine Haltung, eine Gruppe von Symbolen für eine Lebensweise dar … Selbstverständlich gibt sie die Einstellung wieder, die derjenige, der sie spielt, zu sozialen, ökonomischen und bildungs-politischen Fragen hat. Und das ist der Grund dafür, dass die Dummköpfe nicht glauben wollen, dass ich Jazz spiele.[1]

Cecil Taylor

Wenn man Cecil Taylor in den Sechzigerjahren hören wollte, musste man wissen, dass der Mann in einer bestimmten Dachwohnung in einer schmud-deligen, unbeleuchteten Straße in Lower Manhattan um elf Uhr nachts Kon-zerte gab. Cecil Taylor hat jetzt seit über zwanzig Jahren seine gefühlsbetonte, kompromisslose Musik gespielt, aber die Tatsache, dass er ein Genie ist, war bis vor kurzem ein streng gehütetes Geheimnis.

Der Bassist Chris White, der in den Sechzigerjahren durch seine Zusam-menarbeit mit Dizzy Gillespie bekannt wurde und jetzt im Erziehungswesen tätig ist, spielte zwischen 1954 und 1960 immer wieder Gigs mit Taylor. (Er erscheint auch auf dem United-Artists-Album *Love for Sale,* das 1975 als Teil des Doppelalbums *In Transition* [Blue Note BN-LA458-H2] neu herauskam.)

White lieferte eine treffende Schilderung der Situation, in der sich Taylor zu jener Zeit befand: „Cecil war gezwungen, an Orten zu arbeiten, an denen er bes-ser nicht gearbeitet hätte. Es lag nicht daran, dass niemand seine Genialität erkannt hätte, sondern daran, dass ein *schwarzes Genie* hierzulande einfach keine Anerkennung finden kann. Ich muss das einfach mal ganz offen aussprechen, denn ich habe mit Cecil viele Gigs gespielt, bei denen ich damals schon wusste, dass Cecil dort nicht hingehörte. Er wusste es so gut wie ich, und das machte ihn fertig. Und er verdiente auch kaum etwas. Als er aufhörte, an diesen Orten zu spielen, musste er andere Jobs annehmen, um sich über Wasser zu halten."

Im Jahr 1975 hingegen trat Cecil Taylor drei Wochen lang mit seinem Trio im renovierten *Five Spot* am St. Mark's Place auf, und die Warteschlange war so lang, dass sie um die Ecke ging. Als er mit seiner Gruppe erneut dort engagiert wurde, hatte die Neugier ein bisschen nachgelassen, aber immerhin fand sich dort drei Wochen lang Abend für Abend eine stattliche Zahl von Zuhörern ein.

Taylor gilt seit Jahren als das Untergrund-Genie des Keyboards, als der erste Musiker von Bedeutung, der im Jazz Atonalität einführte. Bei dieser Musik sind die einzelnen Töne weder auf einen Grundton noch auf eine akkordharmonische Kadenz bezogen. Sie stellt im Jazz eine wichtige Weiterentwicklung der Harmonien dar. Durch die Verwendung einer extremen Chromatik, nämlich der Erhöhung oder Erniedrigung der Stammtöne einer Tonart, erreichten die Künstler ein reichhaltigeres harmonisches Vokabular.

Taylor spielte in jedem Stadium seiner Entwicklung mit totaler Sicherheit und mit dem ungeheuren Drive, der sein Markenzeichen ist. Manchmal laufen bei ihm mehrere Melodien gleichzeitig, alle in verschiedenen Tonarten. Selbst die Musiker, die mitspielen, sind nur deshalb imstande mitzuhalten und ihn zu ergänzen, weil sie privat viele Stunden lang zusammengearbeitet haben. Obwohl Taylor in der Musikrevolution eine treibende Kraft darstellt, wurde er bis vor kurzem in die entlegenste Ecke einer Musik gestellt, die für viele immer noch unverständlich ist.

Cecil Taylor mühte sich jahrelang ab und hielt sich mit Aushilfsjobs über Wasser. Den Klubbesitzern passte seine Musik nicht, weil sie Zuhörern, die von Taylors Feuer und Leidenschaft überwältigt waren, keine Drinks verkaufen konnten. Er fand immer Zuhörer, aber wie mehrere seiner Kollegen angemerkt haben, ermuntert seine Musik nicht zu den sexuellen Annäherungsversuchen, die einfach dazugehören, wenn ein Nachtklub auf Dauer Erfolg haben will. Ich kenne eine Frau, die von ihrem Ehemann eine Weile allein gelassen wurde und von dem neben ihr sitzenden Mann während des Auftritts von Cecil Taylor angemacht wurde. Sie reagierte mit äußerster Verwunderung. Wenn Taylor in Aktion tritt, richten seine Anhänger ihre ganze Aufmerksamkeit auf ihn.

Diese Musik ist aber oft so anspruchsvoll, dass sie Zuhörer, die Schlichteres gewohnt sind, einfach überfordert. Seine Mitspieler sind sich dessen bewusst. „Ich glaube, die Musik hat einen Punkt erreicht, an dem sie für Nachtklubs nicht mehr geeignet ist", sagte der Saxofonist Jimmy Lyons. „Sie muss in einem anderen Rahmen dargeboten werden, weil sie sehr kompliziert ist."

Taylors Ruf als Außenseiter war dabei so hinderlich, dass einer seiner Schlagzeuger später bedauerte, dass er mit dem Pianisten in Verbindung gestanden hatte. „Die Zusammenarbeit mit Cecil Taylor war das Schlimmste, was mir je passiert ist", erklärte Sunny Murray draußen vor dem *Five Spot,* in dem sich die Leute drängten. Murray hatte Anfang der Sechzigerjahre mit seiner freien Spielweise in Taylors Trio eine Blütezeit erlebt, und sie waren mehrmals im *Five Spot* aufgetreten. Aber jetzt konnte er mit seiner eigenen Gruppe keine Engagements bekommen und war deshalb recht verbittert. Er behauptete, dass man ihn übergehe, weil er mit einem dermaßen ausgeflippten Typ in Verbindung gestanden habe. „Ich bekam diesen Stempel, und kein Mensch wollte mich spielen hören. Bevor ich zu Cecil ging, war ich ein guter Bebop-Drummer. Dabei hätte ich bleiben sollen."

Ein Publikum, das sich für Cecil Taylors Musik interessierte, gab es seit seinen Auftritten im *Five Spot* im Jahr 1956. Es heißt sogar, dass er dafür gesorgt habe, dass eine andere Kundschaft in die Bar kam. Die Kaschemme, in der das Bier 15 Cent kostete, verwandelte sich in einen Treffpunkt gefeierter Schriftsteller und Maler. Taylors Trio war ursprünglich als Begleitung für einen Multiinstrumentalisten namens Dick Wetmore engagiert worden. Buell Neidlinger war damals der Bassist. Er spielte später im Boston Symphony Orchestra und bei Frank Zappa, hält jedoch die Erfahrungen, die er bei Taylor sammeln konnte, für überaus wichtig. „Cecil vertrieb Wetmore von der Bühne, schon am ersten Abend. Als Begleitung für diesen Typ spielte er etwas total Ausgeflipptes, und der ließ dann seine Violinen und alles andere auf dem Klavier liegen und verschwand."[2]

Als das *Five Spot* im Jahr 1975 für einige Zeit wieder eröffnet wurde, bezeichnete es sich als „die Heimat des Jazz an der Lower East Side". Ursprünglich war es jedoch eine alte Bar in der Bowery gewesen, deren Bandstand in einer Ecke neben einer übel riechenden Toilette aufgebaut war. Chris White fand solche Zustände bezeichnend für die Art und Weise, wie man in Amerika mit schwarzen Genies umging.

Die Presse sprach von einer „triumphalen Rückkehr" des Pianisten in den Klub. Unerwähnt blieb, dass sich die Besitzer lange Zeit hartnäckig geweigert hatten, Taylor erneut zu verpflichten, weil sie seine Sets für zu lang hielten. Diesmal durfte er jedoch so lange ohne Unterbrechung spielen, wie er wollte. Das Publikum hörte ihm aufmerksam zu und ließ ihn nicht aus den Augen. Der Umsatz aus dem Getränkeverkauf reichte vermutlich aus, um die Besitzer zufrieden zu stimmen. Es sah so aus, als käme das schwarze Genie endlich voll zur Geltung. Diesmal tauchten auch mehrere Musiker auf, die bei Taylor einstiegen. Einen unvergesslichen Abend lang befand sich Lester Bowie unter ihnen, der extravagante Trompeter aus St. Louis. (Diejenigen, die behaupten, Taylor stehe außerhalb der afroamerikanischen Tradition, hätten sich anhören sollen, wie der Pianist auf Bowies Beitrag einging.)

Weitere junge Musiker warteten mit ihren Saxofonkoffern hinter der Bühne darauf, dass sie bei einem der Gründerväter der New Music mit von der

Partie sein durften. Taylor ließ einige von ihnen einsteigen. Bei anderen winkte er ab, weil er den Eindruck hatte, dass sie noch nicht in der Lage waren, auf seine Musik einzugehen. Bei oberflächlicher Betrachtung könnte man meinen, dass ein hoffnungsvoller junger Musiker nur genug Energie brauchte, um sich zur Geltung zu bringen. Bei genauem Zuhören merkt man jedoch, dass Jimmy Lyons und der Drummer Andrew Cyrille den Pianisten seit Jahren kennen und deshalb in der Lage sind, ganz auf ihn einzugehen. Cyrille, der 1958 erstmals mit Taylor zusammengespielt hatte, arbeitete von 1964 bis 1975 ständig mit ihm zusammen. Lyons kam 1961 zu Taylor und bildete von da an eine Ergänzung. Er sagte: „Durch das Zusammenspiel mit Cecil bekam ich einen anderen Begriff von der Musik. Da kommt es nicht auf irgendwelche Quintenzirkel an, sondern auf den Sound."

Alles, was die Gruppe spielt, ist sorgfältig vorbereitet und geplant worden. Bei Proben verwendet der Perfektionist Cyrille sogar ein Metronom. In der ersten Stunde wärmen sich die Musiker erst mal auf. Dann gibt Taylor seinen Kollegen einige Noten aus einem Stück, an dem er gearbeitet hat. „Wir spielen – oder versuchen es zumindest mal –, und schließlich kriegen wir bestimmte Abschnitte des Stücks auf die Reihe", sagte Jimmy Lyons. „Wir nehmen alles durch mit Ausnahme der Solopartien. Die kann man selbst gestalten."

„Musik niederzuschreiben ist für mich nur eine andere Methode der Ideen- übermittlung", meinte Taylor. „Mir erscheint es nicht besonders wichtig, wie die Ideen übermittelt werden, solange sie nur ankommen. Ich verwende verschie- dene Methoden, aber ich bin der Meinung, dass die Musik etwas ist, das im Kopf abläuft. Es kommt darauf an, dass man alles, was der Aufnahmefähigkeit im Weg steht, so weit wie möglich zurückdrängt. Wir haben deshalb verschiedene Prozeduren entwickelt, damit die Musiker die Ideen rasch aufnehmen und sich mit ihnen auseinander setzen können."

Von einer kleinen Schar von Jüngern abgesehen, hielt sich die Begeisterung in Musikerkreisen bis vor kurzem sehr in Grenzen. Steve Lacy spielte bei Tay- lor sechs Jahre lang Sopransaxofon. Archie Shepp war zwei Jahre lang bei ihm, Sam Rivers fünf. Zu den Bassisten gehörten unter anderen Buell Neidlinger, Henry Grimes und Alan Silva. In den zwanzig Jahren, in denen Taylor seinen eigenen Weg verfolgte, fand er jedoch nur drei Schlagzeuger, die aufgeschlossen genug waren, um mit seiner Ablehnung üblicher Methoden zurechtzukommen. Das ist jedoch sehr wichtig. Die Tatsache, dass Taylor das Piano seinerseits wie ein Perkussionsinstrument behandelt, ist dabei irrelevant. Nach seinen Anga- ben gehören zu den Personen, die ihn früh beeindruckten, der Ellington-Drum- mer Sonny Greer (ein Freund der Familie) und ein weiterer bedeutender Schlagzeuger, der Bandleader Chick Webb. Wie die meisten Kinder wünschte er sich, ein Trommler zu werden. Er verschaffte sich aus der Küche einige Töpfe und Pfannen und klopfte auf ihnen herum, wobei er Chick Webb nachahmte.

Eine Zeit lang nahm er bei einem Nachbarn Unterricht, der im NBC Symphony Orchestra Schlaginstrumente spielte.

Kritiker, die Taylor in erster Linie als ein Produkt des Konservatoriums betrachteten (er hat in der Tat viel studiert), übersahen dabei seinen Hang zur Trommel. Die großen Pianisten der Vergangenheit, Leute wie Willie „The Lion" Smith, Fats Waller und Art Tatum, wurden wegen ihrer Fähigkeit geschätzt, einen vollen Klang zu entfalten und dabei ohne die Unterstützung von Bass und Schlagzeug im Rhythmus zu bleiben. Cecil Taylor ist da anders. Er hat zwar des Öfteren Soloauftritte gemacht, aber er braucht das Schlagzeug. Und er mag es. Sein Zusammenspiel mit dem Perkussionisten ist eine afroamerikanische Kollaboration, eine Verflechtung von Polyrhythmen. Diejenigen, die Taylors Musik analysieren und mit parallel verlaufenden Entwicklungen in europäischen Musikformen vergleichen, wären verwundert gewesen, wenn sie gesehen hätten, wie Taylor (um das Jahr 1975 herum) die Hände trichterförmig an den Mund legte und mit seinem Perkussionisten Andrew Cyrille neoafrikanische Schreie und Singsang austauschte. „Je mehr ich spiele, desto klarer erkenne ich die Aspekte der Musik, die nichts mit Europa zu tun haben."[3]

Rashied Ali trat nie öffentlich mit Taylor auf, erzählte aber eine Anekdote, die verdeutlicht, wie kraftvoll der Pianist spielt: „Ich kaufte ein gebrauchtes Klavier, das noch recht gut war. Als es eintraf, hielt sich Cecil gerade im Gebäude auf. Ich wollte, dass es jemand ausprobierte. Also kam er mit. Ich fing an zu üben. Er ging eine Weile im Zimmer umher und setzte sich dann an das Klavier. Und dann spielten wir ununterbrochen von Mitternacht bis kurz vor fünf Uhr morgens. Von Zeit zu Zeit schaute ich zu dem Klavier hinüber, und Cecil ging so richtig in die Vollen. Da flogen die Tasten aus dem Klavier wie Kugeln! Sie flogen an mir vorbei! Cecil ist ein sehr kraftvoller Pianist. Er ist aber nicht der Typ, der Klaviere kaputtschlägt. Mein altes Klavier war seinem Anschlag nicht gewachsen. Ich musste eine neue Tastatur kaufen, aber er hat das Klavier wirklich zugeritten für mich!"

„In der Musik der Weißen wird der Pianist für seinen leichten Anschlag gelobt", sagte Taylor. „Dasselbe gilt für weiße Perkussionisten. Schwarze Musiker halten das Klavier jedoch für ein Perkussionsinstrument. Wir hauen auf die Tasten, wir verschmelzen mit dem Instrument. In Europa bewundert man den Anschlag von Bill Evans. Manche Leute ahnen nicht, dass die schwarze Musik eine enorme Körperkraft erfordert."[4]

Der Schlagzeuger Rudy Collins, der später zusammen mit Chris White Unterricht gab, trat 1959 mit Taylor in Konzerten auf und war bei den Aufnahmen für United Artists dabei. Einige andere, unter ihnen Milford Graves und Tony Williams, traten kurze Zeit in Erscheinung. Der erste Perkussionist, der längere Zeit blieb, war Dennis Charles, ein Autodidakt von den Jungferninseln. Er kannte sich in westindischen Rhythmen gut aus, hatte aber sonst keine Erfahrung. Der zweite war Sunny Murray, in dem Taylor ein Potenzial entdeckte, das andere übersehen hatten. Murray entwickelte sich im Lauf ihrer Zusammenarbeit zum maßgeblichen Drummer des Free Jazz. Andrew Cyrille war der dritte. Er war ein gut ausgebildeter Perkussionist, der im Gegensatz zu seinen Vorgängern auch technisch versiert war. Während Murray und Charles „von der Straße" zu Taylor kamen, hatte Cyrille einen kirchlichen Hintergrund und viel Berufserfahrung, da er mit so unterschiedlichen Musikern wie Mary Lou Williams, Ahmed Abdul-Malik, Coleman Hawkins und Freddie Hubbard zusammengearbeitet hatte.

Bei Gesprächen über Cecil Taylors Musik und seinen Lifestyle ist häufig von seiner Vorliebe fürs Tanzen die Rede. Er selbst hat oft betont, wenn er nicht Pianist geworden wäre, dann wäre er Tänzer geworden. „Auf dem Klavier versuche ich die Luftsprünge nachzumachen, die Tänzer vollführen",[5] sagte er. Als Andrew Cyrille erstmals an den Proben teilnahm, bat er den Drummer, ihm seine Vorstellung von Rhythmus zu erläutern. „Ich glaube, ihm ging ein Licht auf, als ich ihm erklärte, dass der Rhythmus für meine Begriffe viel mit Tanzen zu tun hat", erzählte Taylor. „Ich war in Gedanken bei den Kursen für moderne Tänze, bei denen ich damals spielte, und das war das Erste, was mir einfiel. Und das stimmte auch, denn damals gestaltete ich oft nach dem Gefühl und nach den Ausdrucksformen, die ich bei einigen dieser Tänzer gesehen hatte. Auf diese Weise konnte ich Musik machen, nach der sie ihre Körper bewegen konnten."

In Cecil Taylors Dachwohnung hängt ein gerahmtes Foto von dem legendären schwarzen Tänzer Baby Lawrence, der gerade einen eleganten Sprung vollführt. Daneben befinden sich Aufnahmen von Tanzcompagnien. Taylors Interesse gilt nämlich sowohl den populären wie auch den künstlerischen Formen des Tanzes. (Man kann ihn einerseits in einer Disko in Manhattan beim Tanzen antreffen, andererseits im Ballett.) Ab und zu hat er Tänzer in seine Auftritte einbezogen, und er hat auch für das Ballett komponiert.

Instrumentalmusik mit dem Tanz zu kombinieren liegt natürlich in der afrikanischen Tradition, der sich Taylor durchaus bewusst ist. Der nackte Mann, der während eines Konzerts im New-Yorker Hunter College zu tanzen begann und zu Taylors Musik seine eigenen „Weltraumsprünge" vollführte, war möglicherweise, aber nicht unbedingt stärker von Alvin Ailey beeinflusst als von den Ritualen der Yoruba. Es gab eine Zeit, in der sich Journalisten darüber lustig machten, dass Thelonious Monk gelegentlich aufstand und um sein Klavier herumtanzte. Auf diese Weise bekräftigte er jedoch lediglich die Verbindung zu einer Kultur, in der die beiden Künste untrennbar miteinander verbunden sind. Es ist bekannt, dass bei Charley Patton, einem der Väter des Blues im Mississippidelta, am Anfang des 20. Jahrhunderts das Herumtanzen um die Gitarre zum festen Repertoire gehörte.[6] Bei Milford Graves kann man Ähnliches erleben. Seine Neigung, um das Schlagzeug herumzutanzen, hat einige junge

Drummer dazu gebracht, dasselbe zu tun. Cecil Taylor findet nicht nur Gefallen daran, wenn seine Drummer wie Tänzer spielen; er ermutigt seine Musiker überdies, die Musik zu gestalten und „einen lebendigen Organismus aus ihr zu machen" (wie Andrew Cyrille es ausdrückte).

Cecil Taylor war der erste Neuerer, der keinen unmittelbaren Blues-Hintergrund hatte, als er zur Jazz-Avantgarde stieß. John Coltrane und Ornette Coleman hatten in Bluesbands gespielt und alle ihre Vorgänger ebenfalls. Taylor stieß wegen seiner Konservatoriumsausbildung oft auf Ablehnung. Zum einen verwendete er eine geradezu umwerfende Technik. Seine extreme Chromatik machte deutlich, dass er sehr beschlagen war: Er spielte jede Note so, dass man die genaue Tonart gar nicht mehr bestimmen konnte. Darüber hinaus fegte er über die Klaviatur und schlug die Tasten mit einem harten, perkussiven Touch an, als wären es achtundachtzig gestimmte Trommeln. Wie Taylor jedoch selbst hervorgehoben hat, sind Technik und Talent nicht unbedingt dasselbe.

„Jeder, der den Wunsch und die entsprechenden finanziellen Mittel hat, um sich den Wunsch zu erfüllen, kann die Technik erlernen", sagte er. „In der klassischen Musik sind die Techniken standardisiert. Sie ändern sich etwa alle zwanzig Jahre. Was den Jazz so interessant macht, ist der Umstand, dass jeder sein eigener Lehrmeister ist. Wer überzeugen will, lernt auch von anderen, aber im Grunde muss eben jeder das gewisse Etwas haben."

Taylor graduierte am New England Conservatory of Music. Dort hatte er sich mit Dozenten – er nennt sie „Angestellte" – herumschlagen müssen, die sein Interesse an außereuropäischen Traditionen mit einer Arroganz belächelten, die jeder Schwarze kennt, der ein Studium absolviert hat. Seine Entscheidung, nach der Rückkehr aus Boston auf die Straßen von New York gehen, um verlorene Zeit wettzumachen, ist oft kommentiert worden. „Du brauchst alles, was du kriegen kannst", soll Duke Ellington gesagt haben. „Du brauchst das Konservatorium, und du musst mit einem Ohr hinhören, was auf der Straße passiert." Dem Vernehmen nach war Taylor von dieser Feststellung beeindruckt. „Das lief dann so", erzählte er Joe Goldberg. „Da kommst du nach Harlem zurück und versuchst, Gigs zu kriegen. Du beschäftigst dich mit Miles Davis, mit der Evolution der Ausdrucksformen und mit der Richtung, in der sich der zeitgenössische Jazz bewegt. Gleichzeitig beschäftigst du dich noch mit anderen Musikgattungen."[7] Taylor zufolge kommt es darauf an, „sich die Energien der europäischen Komponisten, sozusagen ihre Techniken, bewusst zunutze zu machen, dies mit der traditionellen Musik der amerikanischen Neger zu mischen und eine neue Energie zu schaffen. Historisch betrachtet wäre das nichts Neues. Es ist immer wieder passiert. Ellington hat es getan."[8] In den frühen Fünfzigerjahren hatte Taylor in einer Gruppe gespielt, die von dem Ellington-Saxofonisten Johnny

Hodges geleitet wurde. Damals hatte er auch mit Hot Lips Page zusammengearbeitet, einem der großen Trompeter und Blues-Interpreten der Dreißigerjahre.

Als Heranwachsender hatte Taylor seinen Vater „shouts" und „hollers" singen hören, die weiter zurückgingen als der Blues. Und obwohl seine Familie eine Kirche der Mittelschicht mit ihren sittsamen Gebeten besuchte, kannte er auch die hymnischen und ekstatischen Praktiken der Nachbarschaftskirchen. Die vielschichtige Textur von Taylors Musik macht es den Zuhörern jedoch oft schwer, seine Wurzeln zu erkennen. Es gibt sie aber dennoch. „Cecil erläuterte einmal sein Klavierspiel, indem er sagte, er sei wie Horace Silver", berichtete der Trompeter Ted Curson, der kurze Zeit mit ihm zusammengearbeitet hatte. „Man kann hören, dass Horace kein brillanter Pianist, sondern mehr ein Typ ist, der gefühlvoll und mit viel Drive spielt. Die wenigen Noten, die er spielt, haben etwas Definitives an sich. Cecil Taylor ist ihm ähnlich, aber er setzt die ganze Klaviatur ein, wenn er spielt."

Taylor sagte: „Es gibt zwei Pianisten, die im Zusammenhang mit mir leider nie erwähnt werden: Bud Powell und Horace Silver. Ich hörte mir beide oft an, weil es schwierig war, zu Monk einen Zugang zu finden." Auf den frühen Aufnahmen ist der Einfluss von Powell spürbar. Heutzutage kann man Ellington heraushören, aber auch Erroll Garner, der zu Taylors Lieblingspianisten zählt. Man kann Afrika heraushören und den Blues. Vor allem aber hört man Cecil Taylor.

1954 erschien die Blue-Note-Aufnahme „The Leap" von Miles Davis mit Horace Silver am Piano. Sofort befassten sich alle Musiker damit und versuchten, das Stück auf ähnliche Weise zu spielen. „Cecil knöpfte es sich auch vor", sagte Chris White. „Aber er spielte es anders." White hatte damals gerade die Highschool hinter sich gebracht und spielte erst seit eineinhalb Jahren Bass. Er bekam einen Anruf von einem Tenorsaxofonisten namens Floyd Benning wegen eines Gigs in *Connie's Five Star Inn,* einer Bar in Harlem. Sie befand sich an der Ecke 134th Street und Lennox Avenue; *Small's Paradise* lag auf der anderen Straßenseite. Als er dort ankam, stellte er fest, das Cecil Taylor das dritte Mitglied dieses bunt zusammengewürfelten Teams war.

„Floyd Benning war ein Show-Tenorist für Rock and Roll. Er hielt sich ziemlich zurück. Dass er und Cecil zusammen spielten, war schon recht seltsam. Es war Floyds Gig, und Cecil war eben erst hinzugekommen. Cecil spielte merkwürdige Harmonien. Er war großartig, aber wir spielten ja nur Standards. Das war damals üblich. Man ging in den Klub und spielte einfach eine Melodie. Cecil spielte Harmonien, bei denen man die Beziehung zu den Harmonien der Melodie kaum noch hören konnte. Aber damals kannte ich die richtigen Harmonien sowieso nicht, und deshalb machte ich es ihm einfach nach. Die Musik klang sehr ausgefallen, und die Leute waren ziemlich aufgebracht!"

Zu jener Zeit gab es in jeder zweiten Bar in Harlem ein Trio oder Quartett. Dort einzusteigen war allgemein üblich. *Connie's Inn,* in dem Fletcher Hendersons Orchester einst die Vorherrschaft hatte, war ein beliebter Treffpunkt für Jamsessions. Dennis Charles war im Alter von elf Jahren nach New York zu seiner Mutter gekommen, war aber dann als Jugendlicher wegen einer Straftat für zwei Jahre in den Knast gewandert. Im Gefängnis hatte er Posaune gespielt, und nach seiner Entlassung widmete er sich dem Schlagzeug. Er spielte jeden Freitag in einer Calypsoband, hörte sich Platten von Art Blakey an und übte so viel, dass seine Mutter den Hausbesitzer zu Hilfe rief, um ihn aus dem Keller zu vertreiben. Als Dennis Charles der Meinung war, er sei jetzt gut genug für die Jazzszene der Spitzenklasse, wagte er sich in Bars der Gegend. Eines Abends besuchte er *Connie's Inn.* Er entdeckte eine Anzahl Schlagzeuger, die dort herumhockten und über den schmächtigen Mann lästerten, der am Klavier saß.

„Alle lachten und sprachen davon, dass Cecil ein verrückter Kerl sei", erinnerte sich Charles. „Sie ließen kein gutes Haar an ihm, denn sie mochten ihn überhaupt nicht. Und ich war schockiert, weil diese Drummer anscheinend nur darauf warteten, auf den Bandstand hinaufzukommen, und weil ich deshalb nicht die geringste Chance hatte, dort zu spielen."

Als Taylor eine Pause einlegte, fragte ihn Charles, ob er einsteigen dürfe. Der Pianist war überrascht darüber, dass jemand aufgetaucht war, der mit ihm spielen wollte. „,Ja, komm nur', erwiderte er. Und beim nächsten Set gingen wir hoch und spielten. Cecil war begeistert, und wir hatten viel Spaß. Er notierte sich meine Adresse und die Telefonnummer und lud mich in seine Wohnung ein."

Bennings Engagement, das ihm fünf Dollar pro Abend einbrachte, wurde schließlich gekündigt. An seine Stelle trat ein unternehmungslustiger Tenorsaxofonist namens Frank „Floor-Show" Culley. Eine seiner Spezialitäten war, mit seinem Instrument auf die Straße hinauszugehen und in die Damentoilette zu spazieren, um dort den Frauen mit dem Saxofon unter den Rock zu pusten. Für Taylor war das Zusammenspiel ein gutes Training. Nach sechs Wochen in dieser Besetzung hatte Dennis Charles seinen festen Platz, und Taylor „spielte den Blues in Des".

Obwohl Chris White nach seinen eigenen Angaben den Bass noch längst nicht beherrschte und ihm Taylors Musik noch etwas fremd war, spielten die beiden bei weiteren Gigs zusammen. Immer stärker werdende Meinungsverschiedenheiten in außermusikalischen Angelegenheiten führten schließlich zum Abbruch der Beziehungen. Buell Neidlinger, den Taylor aus seiner Studentenzeit in Boston kannte, spielte im Leben des Pianisten von nun an eine wichtige Rolle.

Was Dennis Charles betrifft, war dessen musikalische Entwicklung in einem Stadium, in dem er ganz erpicht darauf war, mit irgendjemandem zusammenzuspielen. Er wurde in Cecil Taylors Welt hineinkatapultiert, ohne dass er wusste, worauf er sich einließ. Aus dem unkomplizierten, Bebop-artigen

Drummer, der auf Taylors ersten Aufnahmen bei Transition zu hören ist, wurde ein selbstsicherer Produzent von Polyrhythmen. Dies kommt am besten in den 1963 mit Steve Lacys Gruppe aufgenommenen Stücken zum Ausdruck, die acht Jahre später veröffentlicht wurden. *(School Days* [Emanem 3316] mit dem Steve-Lacy-Quartett: Lacy [Sopransaxofon], Roswell Rudd [Posaune], Henry Grimes [Bass], Dennis Charles [Schlagzeug].)

„Das Faszinierende an Cecil war für mich, dass er so viel Energie hatte. Als ich eine Weile mit ihm gespielt hatte, war ich völlig verunsichert. Seine Musik war so schwierig, sie war einfach zu viel für mich. Ich hatte so etwas noch nie gehört, und nach einiger Zeit gefiel sie mir auch nicht mehr. Ich wusste nicht, was ich machen sollte, das war einfach zu hoch für mich. In den ersten paar Wochen dachte ich, Cecil sei wirklich verrückt. Nachdem ich mit den Besuchen bei ihm zuhause angefangen hatte, spielten wir in verschiedenen Lokalen zusammen. Ich hörte, was er mit einigen Stücken anstellte, die er selbst geschrieben hatte, und ich sagte mir: ‚Dieser Typ muss echt übergeschnappt sein.‘"

Als Taylor eines Abends eine besonders anspruchsvolle Melodie spielte und den Drummer völlig im Dunkeln tappen ließ, kam Dennis Charles mit diesen Methoden schließlich doch noch zurecht. „Zuerst sagte ich mir immer wieder: ‚Das kann er nicht wiederholen.‘ (Wir probten die Melodie, und er hatte seine Noten vor sich auf dem Klavier.) Dann sagte ich mir: ‚Er erfindet was dazu.‘ Dann aber, als wir das Stück wieder und wieder spielten, wurde mir klar: Cecil wusste genau, was er da machte. Es war eine fantastische Melodie. Er wiederholte bestimmte Passagen fort und fort, bis mir schließlich ein Licht aufging. Ich weiß, dass es den Zuhörern genauso ergeht. Er hatte einfach zu viel Power. Oft wusste ich nicht, was ich machen sollte."

Als Dennis Charles ein Schlagzeuger geworden war, der Taylor einigermaßen folgen konnte, arbeiteten die beiden häufig zusammen. Sie traten bei westindischen Tanzveranstaltungen auf und spielten in Harlem bei Cocktailpartys mit dem Trompeter Johnny Capers zusammen. Taylor sagte, dieser Mann habe ihm geholfen, Kraft und Selbstvertrauen zu finden. Dennis Charles meinte zu Capers: „Er hatte ein Schwäche für Satchmo und imitierte ihn bis hin zum Taschentuch. Man kann sich das kaum vorstellen: Er, dazu Cecil am Klavier, kein Bass, nur Schlagzeug. Johnny hatte sonntagnachmittags diese Gigs, und da sang er wie Satchmo, spielte Trompete wie Satchmo, und Cecil spielte mit der linken Hand die Bassbegleitung. Cecil machte das gut, er mag das sehr."

Der Sopransaxofonist Steve Lacy, der kurz nach Charles zu Cecil Taylor stieß, bestätigte dies. „Manchmal spielten wir bei Tanzveranstaltungen, und da wir keinen Bass hatten, spielte ihn Cecil einfach auf dem Piano – er war auch ein großartiger Bassist."[9] Taylors kraftvolle linke Hand hat sich schon immer bemerkbar gemacht. Er behandelt das Klavier wie eine Trommel, indem er – oft mit einer gewissen Monotonie – auf das Instrument eindrischt. Häufig spielt er das Thema mit der linken Hand weiter, während er mit der rechten über die gesamte Klaviatur flitzt und einen Wirbel von Arpeggios produziert. Auch wenn sein Vokabular etwas anders ist, spricht er bei dem, was er tatsächlich zum Ausdruck bringt, dieselbe Sprache wie Musiker vergangener Zeiten – wie die Pianisten der Rent-Partys und die Meister des Stride-Pianos.

Taylor holte Steve Lacy aus einer Gruppe heraus, die von dem Pianisten Dick Wellstood geleitet wurde, der dem traditionellen Jazz verpflichtet war. Taylors erste Frage lautete: „Wie kommt es, dass ein junger Kerl wie du Dixieland spielt?"[10] Lacy war etwas verwundert. Zum einen hielt er sich nicht für so jung, zum anderen hatte er nie etwas anderes spielen wollen. Er sollte einer der bedeutendsten Exponenten seines Instruments werden und inspirierte offenbar John Coltrane dazu, dass er sich mit dem Sopransaxofon beschäftigte. Beim ersten gemeinsamem Auftritt von Taylor und Lacy war auch Calo Scott dabei, der brillante Cellist, der dann später einen Schlaganfall erlitt und starb. Wie bei Taylors anderen Schützlingen umfasste die Zusammenarbeit gemeinsame Auftritte in Bars und bei Tanzveranstaltungen sowie ausgedehnte Proben. Lacy war bei Taylors erster Schallplattenaufnahme, „Jazz Advance", dabei, die er 1955 für Transition machte. Sie war das früheste Beispiel der neuen Musik, das auf einer Platte erschien.

Im Jahr 1966 sagte Lacy: „Taylor schien mitten in der Tradition zu stehen, und diesen Eindruck habe ich heute noch. Was die Harmonielehre betrifft, zeigte er mir, dass die Harmonie Farbe bedeutete, und ich hatte den Eindruck, dass ich seine Farbe sofort verstand."[11] Seit damals hat Lacy seine eigene, immer asketischer werdende Musik entwickelt. Er tritt oft ohne Begleitung auf, was zu einem Musiker passt, der alles Unwesentliche entfernt hat. Es ist nicht anzunehmen, dass er seine Meinung über seinen Mentor inzwischen geändert hat.

Manche hatten den Eindruck, dass Dennis Charles zu Taylors progressiver Spielweise nicht so recht passte. Zugegebenermaßen fehlte Charles das intuitive Flair von Murray, den Rhythmus bedeutungslos erscheinen zu lassen, doch verstand er es, das Schlagzeug auf eine unübertroffene Weise als Taktgeber einzusetzen. Auf Platten wie *Looking Ahead!* (sie wurde 1958 für Contemporary einspielt, und zwar mit dem inzwischen verstorbenen Vibrafonisten Earl Griffiths, der Lacy ersetzte) stehen Charles' brillant gestimmte Drums und sein zupackendes Spiel in einem krassen Gegensatz zu dem eher plumpen und konventionellen Spiel des Bassisten Buell Neidlinger. „Auf dem Becken macht er herrliche Sachen", wurde Taylor im Begleittext zitiert. „Wie alle großen Drummer kann er auf einer Tischplatte mit den Fingern Musik machen."[12] Charles sagte erläuternd: „Ich versuche, mit der linken Hand wie ein Horn zu spielen, während ich mit der rechten den Takt halte."[13]

Der *Sound*, den Dennis Charles dabei produzierte, nahm spätere Entwicklungen vorweg. Seine Randschläge stellen beispielsweise eine tolle Mischung aus dem vorherrschenden Blakey-Einfluss und den von vielen karibischen Perkussionisten benutzten Ratatat-Füllseln dar, die durch die Ausbreitung des Reggae Teil des allgemeinen Repertoires geworden sind. Auf *Air* (das 1961 für Candid eingespielt wurde und ursprünglich als *The World of Cecil Taylor* herauskam) findet zwischen Charles und Taylor ein solch intensives Wechselspiel statt, dass der Schlagzeuger quasi in die erste Reihe gerückt wird.

Archie Shepp, der bei zwei Titeln Saxofon spielte und damit sein Schallplattendebüt erlebte, erfuhr zwei Tage vor dem Aufnahmetermin von Taylor, dass er mitmachen solle. Steve Lacy hatte ihm zwar erzählt, dass der Pianist an ihm interessiert sei, aber Shepp hatte das nicht ernst genommen. Als sie schließlich zusammenspielten, fand er Taylors Methode sehr beeindruckend. Shepp hatte bis dahin nie versucht, ohne Akkorde auszukommen. Er merkte plötzlich, wie einengend dies für ihn gewesen war.

Als Dennis Charles angefangen hatte, bei Taylor zu spielen, hatte er nur ein Snare Drum besessen. Dann hatte er sich das Schlagzeug seines Bruders ausgeliehen. Als die Gruppe im Jahr 1957 im *Five Spot* auftreten sollte, kaufte ihm Buell Neidlinger ein Schlagzeug. Zu dem Zeitpunkt, an dem sie in Jack Gelbers Stück *The Connection* auf der Bühne erschienen, war Archie Shepp bereits ein festes Mitglied von Taylors Gruppe. Und nachdem sie über eine längere Zeit hinweg Abend für Abend zusammengespielt hatten, verstanden Charles und Neidlinger das Wesen von Taylors Musik.

Es ist nicht ohne Ironie, dass die Gruppe um diese Zeit herum Auflösungserscheinungen zeigte. „Dass es nach all den Jahren der Zusammenarbeit mit Cecil zur Trennung kam, ist bedauerlich", meinte Charles. „Er wird bestimmt dasselbe sagen, und Buell auch. Ich fing an, mich so richtig wohl zu fühlen, aber sobald ich reinkam, fingen wir an, uns gegenseitig anzuschreien. Ich weiß nicht, woran das lag."

Bis zu dem Zeitpunkt, an dem *Looking Ahead!* aufgenommen wurde, beschäftigte sich Taylor immer noch mit Akkordwechseln, obwohl die Dissonanz bei ihm immer stärker in den Vordergrund trat. Insoweit er Songs mit zwölf- oder 32-taktigen Chorussen spielte, benutzte er einen orthodoxen Rahmen. Sein zwölftaktiger Blues, der beim Newport-Festival des Jahres 1957 aufgenommen wurde, ist jedoch so dissonant, dass sowohl die Akkordwechsel als auch die Taktstriche verschwunden sind. Als er und Sunny Murray Anfang der Sechzigerjahre ihre Zusammenarbeit begannen, hatte sich Taylor von Harmonien völlig frei gemacht, und der Beat als solcher war nur noch ein Gefühl und kein deutlicher Eins-zwei-drei-vier-Schlag.

Die beiden Außenseiter trafen in einem Kaffeehaus in West Virginia zufällig zusammen: Murray, der dauernd beschuldigt wurde, er spiele den Beat falsch, und der Pianist Taylor, der jede Session platzen ließ. Sunny Murray erzählte Robert Levin: „Die Typen packten sofort ihre Sachen zusammen, und als ich sie nach dem Grund fragte, sagten sie: ‚Du kennst Cecil Taylor nicht. Wie der spielt, da kommt ja kein Mensch mit.' Einen Kerl, der sich von der Masse unterschied, habe ich schon immer bewundert. Das bedeutete nämlich, dass er sehr nützlich war. Dass er notwendig war. Dass man ihm nicht aus dem Weg gehen, sondern sich mit ihm beschäftigen sollte. Ich dachte deshalb: Wenn ihr einpackt, sobald ein Mann zum Spielen reinkommt, muss wirklich etwas an ihm dran sein. Dann sollen ruhig noch mehr von dieser Sorte kommen, damit ich einige wirklich gute Musiker um mich habe."[14]

Murray nahm schließlich den Platz von Dennis Charles ein, doch als Jimmy Lyons 1961 erstmals mit Taylor zusammentraf, arbeitete dieser mit Charles als Duo in einem Kaffeehaus in Greenwich Village zusammen. Archie Shepp war zu jener Zeit immer noch ein Mitglied der Gruppe. Neidlinger wurde schließlich durch Henry Grimes ersetzt, der mit Unterbrechungen bei Taylor blieb, bis er 1966 New York verließ.

Als sich Taylor 1962 zu seiner ersten Europareise entschloss, gingen nur Lyons und Murray mit ihm. Sie verbrachten insgesamt sechs Monate in Europa. Sie spielten in Oslo und Stockholm und nahmen dann in Kopenhagen während eines Engagements im *Café Montmartre* zwei wichtige LPs auf. Das „freie" Schlagzeugspiel von Murray erwies sich als sehr wirkungsvoll, und das erste dieser beiden Alben war das früheste Anzeichen dafür, dass es einen derart revolutionären Umgang mit dem Rhythmus gab. Während des Stockholm-Aufenthalts machte sich der Tenorsaxofonist Albert Ayler mit Taylor bekannt. Er folgte dem Trio nach Dänemark und spielte mit ihm im *Montmartre*. Nach der Rückkehr nach Amerika befassten sich die beiden Musiker eingehend miteinander, aber es gab wenig Arbeit für sie. Nach dem erfolgreichen Europaaufenthalt hatten sie erwartet, dass eine Verbesserung eintreten würde. Es dauerte jedoch fast ein Jahr, bis sie wieder arbeiteten. 1963 spielten Ayler und Murray bei einem Konzert im Lincoln Center zum letzten Mal mit Taylor zusammen. (Murrays wichtiger Beitrag zum Werk der beiden anderen wird später erwähnt.)

Taylors Aufnahmen beschränken sich in der Hauptsache auf Trios und Quartette, mit denen er üblicherweise arbeitet. Bei Konzerten verwendete er manchmal eine größere Besetzung. 1964 bot er erstmals zwei Bassisten auf, indem er den jungen Alan Silva hinzuzog, der bei dem Trompeter und Komponisten Bill Dixon Unterricht nahm. Obwohl es die Doppelbesetzung beim Bass damals schon seit mindestens vier Jahren gab, wirkte sie auf manche abschreckend. Silva kam die Zusammenarbeit mit Taylor zuerst zu anstrengend vor, aber als er sich entschloss, sich auf den gestrichenen Bass zu konzentrieren, gelang es ihm, bestimmte Bogentechniken zu entwickeln, die genau zu dem kunstvollen Pizzikato von Henry Grimes passten. Auf „Unit Structures", von einem Septett aufgenommen, und auf „Conquistador", bei dem Bill Dixon dabei ist, interagieren die beiden Bassisten manchmal wie besessen. Diese Zusammenarbeit dehnten sie später bei Albert Ayler noch weiter aus. Der außerordentlich begabte Grimes hatte für Taylor ein Gespür, das nach den Worten von Andrew Cyrille „wie Radar" war.

Nach dieser Zeit fuhr Cecil Taylor fort, seine eigenen Innovationen mit Musikern wie Jimmy Lyons, Andrew Cyrille und den Tenorsaxofonisten Sam Rivers und David Ware zu erforschen. Während seiner dreijährigen Lehrtätigkeit tat er dies auch mit Studenten.

Im Jahr 1969 saß Cecil Taylor in seiner voll gestopften Wohnung, die sich an der lauten West 22nd Street zwischen schmutzigen Lagerhäusern befand. Er sprach über die Chancen, die ein schwarzer Künstler hatte, zur Spitze eines ziemlich wackeligen Baums zu gelangen. Paul Chambers, der brillante, mit Miles Davis berühmt gewordene Bassist, war kurz zuvor im Alter von 34 Jahren gestorben. Taylor war verbittert. Er wusste nur zu gut, wie aussichtslos die Bemühungen waren, die kreative schwarze Künstler anstellten. „Der Jazz ist gegenwärtig die Kunstform, die das größte Potenzial an Ausübenden hat", sagte er. „Wie bei anderen Kunstformen gibt es auch hier nur einen kleinen Prozentsatz von Leuten, die neue Ausdrucksformen gestalten. Da der Jazz aber im Grunde die Ausdrucksform der afroamerikanischen Bevölkerung ist, scheint mir, dass die Zahl der Gescheiterten viel höher liegt als bei den anderen Kunstformen. Es kann so schnell passieren, dass Menschen zugrunde gehen, und das ist so schockierend. Ich meine damit nicht unbedingt ihren physischen Tod."

Taylor fuhr fort: „Wir leben in einer materialistischen Gesellschaft, und niemand fordert dich je dazu auf, dass du dich mit spirituellen Werten beschäftigst. Tust du es doch, musst du dafür die Verantwortung übernehmen, und wenn du ein schwarzer Mann bist, schafft dies vielerlei Komplikationen. Es bedeutet auch, dass das Leben für einen Menschen wie Paul Chambers noch schwieriger wird. Auch wenn einer noch so große Beiträge leistet, wird man sich nicht an ihn erinnern – höchstens diejenigen Leute, die alt genug sind, oder diejenigen, die mal zufällig dabei waren."

„Was bleibt einem dann noch?", fragte Cecil Taylor. „Ich sage es Ihnen: Wenn man beispielsweise nicht mehr weiß, wo man hingehen soll, bleibt nur die Verzweiflung. Einer, der ein gewaltiges Talent besitzt wie Paul und mit Miles Davis gespielt hat, was tut der dann? Wissen Sie, es gibt keine Stiftung, die ihm ein Stipendium gibt, damit er einen Raum anmieten und eine Band anheuern kann, um seine Idee zu entwickeln und auszuprobieren. Es gibt nur Klubs, und deren Besitzer kümmert das nicht."

Damals war nicht vorauszusehen, dass die von Taylor vorgeschlagenen Alternativlösungen fürs Überleben für manche Jazzmusiker Wirklichkeit werden würden. Taylor übernahm in den frühen Siebzigerjahren Bill Dixons Posten als Gastprofessor an der University of Madison, Wisconsin. Dort zählte ein früherer Motown-Drummer zu seinen Studenten, und dieser erhielt nach einiger Zeit ein Guggenheim-Stipendium. Als Taylor für zwei Jahre ans Antioch College ging, brachte er Jimmy Lyons und Andrew Cyrille als „Artists in Residence" mit und spielte weiterhin seine Musik. Auf diese Weise hat er einen Ausweg aus dem Getto gefunden. Die vielen Anerkennungen, die er erhalten hat, haben ihn nicht davon abgehalten, die Situation der schwarzen Künstler in der amerikanischen Gesellschaft realistisch einzuschätzen.

Die neueren Entwicklungen in Taylors Laufbahn sind ein Beweis dafür, dass manchen Gerechtigkeit geschieht, auch wenn dies sehr lange dauert. Im Jahr 1976 kehrte er erschöpft von einer langen Europatournee zurück, in deren Verlauf er bei nahezu allen Festivals gespielt hatte. Er hatte genügend Angebote bekommen, um noch zwei weitere Monate bleiben zu können, wollte aber auch deswegen nach New York zurück, weil er einen neuen Drummer suchte. Im Leben des Wandermusikers fing dann wieder der übliche Alltag an.

Während er sich von den Anstrengungen der dreimonatigen Tour entspannte, redete er auch über die Kehrseite des Erfolgs. Dabei bezog er sich insbesondere auf Gladys Knight, die zu seinen Lieblingssängerinnen gehört. Sie war, wie es im Jargon heißt, „nach Hollywood gegangen" (hatte also ihre Musik gefälliger gemacht, um ein breiteres Publikum zu erreichen). „Der Erfolg führt dazu, dass die Leute nicht mehr so viel Feuer haben", sagte Taylor. „Irgendwie werden sie liebenswürdiger." Bei ihm wird eine derartige Wandlung wohl kaum stattfinden. Er mag inzwischen etwas lockerer geworden sein, und sein Kampf ums Überleben mag nicht mehr so hart sein, aber seine Entschlossenheit ist geblieben. Am Klavier ist Taylor immer noch unerbittlich. Seine Musik bricht weiterhin mit einer fast verzweifelten Intensität hervor und legt Zeugnis ab von der Genialität des schwarzen Pianisten.

Quellen:

1. Joe Goldberg, *Jazz Masters of the Fifties*, New York 1965, Seite 213.
2. Alan Heineman, „The Many Sides of Buell Neidlinger", *Down Beat Yearbook 1972.*
3. Gary Giddins, „An American Master Brings the Voodoo Home", *Village Voice,* 28. April 1975
4. John Litweiler, „Needs and Acts: Cecil Taylor in Wisconsin", *Down Beat,* 14. Oktober 1971
5. Goldberg, a. a. O., Seite 215.
6. John Fahey, *Charley Patton,* London 1970, Seite 26.
7. Goldberg, a. a. O., Seiten 214-215.
8. Ebenda.
9. Interview mit Martin Davidson, „The Great Big Beautiful Sounds of Steve Lacy", *Into Jazz, Mai* 1974
10. Interview mit Max Harrison, „Musicians Talking", *Jazz Monthly,* März 1966
11. Ebenda.
12. Zitiert in Nat Hentoffs Begleittext zu *Looking Ahead!* (Contemporary LAC 12216).
13. Ebenda.
14. Robert Levin und Pauline Rivelli (Hrsg.), *The Black Giants,* New York und Cleveland 1970, Seite 59.

4

Ornette Coleman — die Kunst des Improvisators

Als wir zum ersten Mal in Ornettes Haus spielten, jagte mir die Musik einen Schrecken ein. Ich hatte so etwas noch nie gehört ... Als ich mit Ornette zusammenspielte, lernte ich das genaue Zuhören gründlicher als je zuvor in meinem ganzen Leben. Wenn man mit ihm zusammenarbeitet, muss man nämlich auf alles, was er spielt, genau aufpassen.[1]

Charlie Haden

Anfang der Fünfzigerjahre spielten Ornette Coleman und der aus New Orleans stammende Schlagzeuger Edward Blackwell eines Nachmittags in Colemans Wohnung in Los Angeles zusammen. Blackwell, der bereits ein erfahrener und geachteter Drummer war, beherrschte den traditionellen Stil, der damals beliebt war. Spielte er ein Stück, das in der 32-taktigen Song-Form geschrieben war, beendete er den Chorus am „Turn-around" mit einem Wirbel auf der Snare Drum und kehrte zum Anfang zurück. An jenem Nachmittag hörte Coleman auf zu spielen und legte sein Saxofon weg. „Wieso hast du das gemacht?", fragte er Blackwell. „Wieso hast du meine Phrase beendet?" Er wollte damit sagen: Wenn er eine Melodielinie spielte, die ihrer eigenen melodischen Logik nach über die von der 32-taktigen Struktur gesetzte Grenze hinausging, sollten sich die anderen Musiker nicht an die Form halten, sondern die Phrase zu Ende spielen.

Die Befreiung von den Einschränkungen der vier-, acht- oder zwölftaktigen Form machte Ornette Coleman zum ersten wirklich „freien" Musiker. Bei den Musikern, die gelernt hatten, dass die Improvisation eine stabile Umrahmung braucht, stiftete dies beträchtliche Verwirrung. Coleman verzichtete in seiner Musik auf vorgegebene harmonische Strukturen wie Akkordwechsel und Tonarten. Taktstriche ließ er stillschweigend wegfallen. Bei Cecil Taylor, der dies ebenfalls tat, sprachen manche Kritiker von einer weiteren Verfeinerung der europäischen Anleihen afroamerikanischer Musik. Indem Coleman der melodischen Invention Vorrang einräumte, verwarf er diese Anleihen. Er schlug eine völlig neue Richtung ein, die die Wurzeln des Jazz anerkannte und gleichzeitig den Ausübenden unbegrenzte Freiheit ermöglichte.

Colemans Ansichten hatten auf die Form des Jazz geradezu revolutionäre Auswirkungen, obwohl es im ländlichen Blues, in der Kirchenmusik und in „Field Hollers" bereits Vorläufer des freien Improvisierens gegeben hatte. Das hatte es auch anderswo gegeben, ohne dass es als solches wahrgenommen wurde. Was konnte „freier" sein als die dramatischen Schreie im oberen Register, die der legendäre Trompeter Leo „The Whistler" Sheppard ausstieß, als er Ende der Vierzigerjahre bei der Lionel-Hampton-Band spielte, oder die herrliche Version von „I Got Rhythm", die in den Vierzigerjahren bei einer Jamsession in Harlem aufgenommen wurde? Der Trompeter Hot Lips Page spielt dabei Soli, bei denen er keinerlei Rücksicht auf Akkordwechsel nimmt.[2]

Als programmatisches Konzept war das, was Coleman anstrebte, jedoch etwas völlig Neues. Da es in einer Zeit auftauchte, in der sich der improvisierende Künstler immer mehr darauf verlegte, die harmonischen Möglichkeiten auszuschöpfen, stellte es manche ausgebildeten Musiker vor ein Dilemma. Coleman machte eine Musik, die etwas Natürliches an sich hatte, aber was er vorschlug, schien ihnen doch ein bisschen zu weit zu gehen.

Auf den bei Atlantic erschienenen Platten der frühen Periode 1959 bis 1961 (*The Shape of Jazz to Come, Change of the Century, This is Our Music, Ornette!, Ornette on Tenor, Twins, The Art of the Improvisors* und *To Whom Who Keeps a Record*) leisteten die vier Mitglieder von Colemans Gruppe gleichwertige Beiträge. Mit dem aufgeweckten Don Cherry als Trompeter, Charlie Haden am Bass und Billy Higgins oder Edward Blackwell am Schlagzeug war die Intensität des Zusammenspiel größer als jemals zuvor in der Geschichte des Jazz. Es übertraf sogar die Kollektivimprovisation des New-Orleans-Jazz. Indem es sich auf eine fortwährende musikalische Konversation einließ und im wahrsten Sinn des Worts *zusammen*spielte, „erfand" dieses Quartett mehr oder weniger die Improvisationskunst des Free Jazz.

Darüber hinaus spielten Bass und Schlagzeug melodisch eine viel größere Rolle als je zuvor. Bis dahin hatte sich der Bassist zuerst für den Rhythmus, dann hauptsächlich für die Harmonien verantwortlich gefühlt. Jimmy Blanton gab dem Bass als Erster eine melodische Stimme, als er von 1939 bis 1942 mit Duke Ellington zusammenarbeitete. Charlie Haden setzt die Weiterentwicklung des

Instruments in dieser Richtung fort, außerdem in einem geringeren Umfang der virtuosere, aber im Bebop verwurzelte Scott LaFaro. (Der hauptsächlich wegen seiner Zusammenarbeit mit dem Pianisten Bill Evans bekannt gewordene LaFaro war bei *Ornette!* mit dabei und spielte bei *Free Jazz* mit Haden zusammen. Dieses revolutionäre, von einem Doppelquartett eingespielte Album entstand 1960.)

Vorläufer dafür, dass der Drummer die Melodie ausmalt, gibt es ebenfalls. Die New-Orleans-Drummer, allen voran Baby Dodds, tendierten zu einer melodischen Spielweise. Später taten dies auch Max Roach und Art Blakey. Edward Blackwell, der insbesondere dafür bekannt war, dass er „Melodien" auf seinem Schlagzeug spielen konnte, war der überaus sensible Perkussionist, der für diese Musik erforderlich war. Durch sein schnelles Erfassen rhythmischer Möglichkeiten war er in der Lage, Ornette Coleman zu folgen, wenn dieser Taktlinien und vorgegebene Muster beiseite wischte. Gleichzeitig leistete er einen bedeutenden Beitrag zu Colemans eigenem Rhythmusverständnis. Der junge Billy Higgins, der bei den ersten Atlantic-Aufnahmen als Schlagzeuger auftrat, lernte viel von Coleman und Blackwell und entwickelte sich zu einem unverwechselbaren Drummer.

Der ebenfalls aus New Orleans stammende Pianist Ellis Marsailis verbrachte den Sommer des Jahres 1956 mit Blackwell und Coleman in Los Angeles. Sie arbeiteten in verschiedenen Formationen zusammen, darüber hinaus mit zwei weiteren Musikern aus New Orleans, dem Klarinettisten Alvin Batiste und dem bekannten Arrangeur Harold Battiste, der damals Piano und Saxofon spielte. Marsailis meinte dazu: „Es war sehr interessant, wenn Ornette und Edward nur zu zweit spielten. Was sie da machten, unterstrich die rhythmische Bedeutung und die rhythmische Betonung in Ornettes Musik, in der das Fehlen einer bestimmten konventionellen Art von Harmonie, nämlich der Harmonie, die vom Klavier, vom Bass, von der Gitarre oder sonstigen Instrumenten kommt, gar nicht auffiel. Besonders wenn Edward dabei war, reichte Ornettes Musik schon aus, und er brauchte die anderen Instrumente nicht."

Harmonieinstrumente tauchen in Colemans Musik selten auf. In den Siebzigerjahren setzte er über einen kurzen Zeitraum hinweg den Gitarristen James „Blood" Ulmer ein, doch das Piano tauchte nur bei einem einzigen Aufnahmetermin auf, nämlich seinem ersten. Er fand 1958 bei Contemporary in Los Angeles statt. Die LP trug den Titel *Something Else! The Music of Ornette Coleman,* und am Klavier saß Walter Norris. Bei einer weiteren Session in jener Zeit, die der Pianist Paul Bley auf Band aufnahm und später in Frankreich herausbrachte, stehen Coleman, Cherry, Higgins und Haden im Vordergrund, doch wurde sie von Bley geleitet.

Colemans Kompositionen, von denen viele (so „Beauty is a Rare Thing" und das denkwürdige Klagelied „Lonely Woman") Standardvehikel für Improvisationen wurden, bestehen aus Melodien, die im Grunde recht einfach sind. Zu seiner Improvisationsmethode gehört, dass er diese simplen Melodielinien und andere Motive aufgreift, oft wiederholt und eine einfache Phrase entwickelt und die Melodielinie nach ihrem eigenen Willen organisch weiterwachsen lässt. Ganz gleich, was er als Thema benutzt, ob es als zwölftaktiger Blues oder als 32-taktiger Song konzipiert ist: Die Improvisation transzendiert die Form. Colemans Themen sind oft so angelegt, dass sie eine Weiterentwicklung herausfordern. Bei einer Session im Jahr 1976, die einige von seinen früheren Kollegen wieder zusammenführte, spielte Don Cherry ein Stück des Saxofonisten, das den Titel „Handwoven" trägt. „Es ist so glatt", sagte Cherry anerkennend. „Wenn Ornette etwas komponiert, fließt die Musik wie Wasser dahin."

Bobby Bradford ist ein Trompeter, der Coleman seit der gemeinsamen Jugendzeit in Texas kennt. Er spielte im Lauf der Jahre immer wieder mal Saxofon. In einem Interview mit dem britischen Journalisten Richard Williams befasste er sich mit den Ansprüchen, die Coleman stellt: „Ornettes Partituren können unterschiedlich aufgefasst werden. Er sagt zu dir: ‚Wir spielen dieses Stück schnell.' Aber wie schnell es gespielt wird, musst du als Musiker selbst entscheiden. Du musst bei der ersten Note anfangen und bei der letzten aufhören und keine verpassen, die zwischendurch vorkommt. In Wirklichkeit ist das Stück aber jedes Mal anders, weil es viele Überschneidungen gibt und damit unterschiedliche harmonische Auswirkungen. Ornette mag so etwas."[3]

Die von Coleman entwickelten Theorien hatten große Auswirkungen. Lange Zeit gab es jedoch Leute, die der Meinung waren, seine Neuerungen führten in der Musik zur Anarchie. Edward Blackwell drückte es so aus: „Vielen Musikern gefiel diese Art von Musik nicht, weil sie sich ganz auf die überlieferte Formel festgelegt hatten: Zuerst der Anfang, dann die Überleitung und der Schluss der Melodie, dann machst du dein Solo und führst die Sache zu Ende. Bei Ornette ist es jedoch ganz anders. Du fängst an, und dann bist du auf dich selbst gestellt. Solange dir klar ist, wo die Musik hingehen soll, gibt es überhaupt kein Problem. Wenn Ornette mit einer Melodie anfängt, gibt es einen bestimmten Ort, zu dem er hinkommen will, aber keinen genauen Weg. Viele Musiker können sich nicht vorstellen, wie das funktionieren soll."

Da Coleman ohne eine strukturierte Form improvisiert, auf die er sich stützen könnte, muss er seine Improvisation zu dem, was andere Musiker spielen, in Beziehung setzen. Indem er das tut, muss er sein eigenes musikalisches Bauwerk errichten. Er muss sich dabei mehr Mühe geben als einer, der auf herkömmliche Weise spielt und sich auf eine feste harmonische Struktur verlassen kann. Die rigorosen Anforderungen, die diese Methode stellt, und die Hingabe, die sie erfordert, sind typisch für sein Engagement und stehen im Einklang mit seinem wichtigsten künstlerischen Ziel: der Spontaneität. Bei Proben spielt Coleman genauso konzentriert wie bei Auftritten, und von den Mitwirkenden erwartet er dasselbe. „Mein Spiel ist spontan, kein Stil", sagte er zu Whitney Balliett. „Ein Stil entsteht, wenn sich deine Phrasierung verhärtet."[4]

Sich auf erlernte, eingeübte Kunstfiguren zu verlassen ist bei Musikern wie auch bei anderen Künstlern eine Überlebensstrategie. Coleman greift jedoch selten auf Klischees zurück. Obwohl sich sein Stil seit den frühen Atlantic-Aufnahmen verändert hat und besser formuliert und präziser ist, hat er nach wie vor den Drang, „lebendige" Musik zu produzieren. Er komponiert ständig, und wenn er sich nicht gerade auf einen öffentlichen Auftritt vorbereitet, spielt er bei sich zuhause mit jungen Musikern. Als er nach einer zweijährigen Pause wieder auftauchte, hatte er seinen Bestand um zwei weitere Instrumente, Trompete und Violine, vergrößert. Wie man sie spielt, hatte er sich selbst beigebracht. Auf seiner Suche nach musikalischen Ausdrucksformen schrieb Coleman Kompositionen für Sinfonieorchester; er trat mit Holzbläserquintetten auf und spielte in den Straßen Nigerias.

Wenn man Coleman bei der Arbeit an einem neuen Musikstück zuschaut, erlebt man ein Maß an Kreativität und an Engagement, wie man es höchstens bei ganz großen Künstlern entdecken kann. Die Musik scheint aus ihm herauszuströmen, ganz gleich, wie die äußeren Umstände sein mögen. Er sitzt an einem wackligen, mit Manuskriptpapier übersäten Tisch und komponiert beim Spielen. Weitere Instrumente liegen auf dem Tisch: ein kaputtes Saxofon, seine Trompete, einige Violinen und die dazugehörenden Bogen. Coleman spielt ein paar Takte auf seinem Altsaxofon. Dann schreibt er auf, was er gerade gespielt hat, und verwendet dabei seine eigene Notation. Er greift wieder nach seinem Horn und schaukelt beim Spielen auf dem kleinen Hocker hin und her. Bleistifte rollen über den Tisch und verschwinden unter den Papieren. Er setzt sein Instrument ab und sucht nach einem Bleistift, weil er eine weitere Idee festhalten möchte. Gelegentlich greift er nach der Trompete, weil ihm ein neuer Sound einfällt, und kehrt dann wieder zum Saxofon zurück. Manchmal kommen die Ideen schneller, als er sie auf seinem Instrument artikulieren oder zu Papier bringen kann. Die von ihm angestrebte Spontaneität scheint jedoch immer da zu sein. Sie hat einen großen Einfluss auf die Musiker, die mit ihm zusammenarbeiten.

„Wir Menschen sind zu faul, um unsere Sinne voll und ganz einzusetzen", sagte der Trompeter Don Cherry, der eine Zeit lang Colemans musikalisches und persönliches Alter Ego war. 1964 ging er nach Europa, doch sooft er in die USA zurückkehrte, spielte er öffentlich oder privat mit Coleman zusammen. „Manche Arten von Musik bringen die Sinne dazu, sich voll zu entfalten, und das gilt meiner Meinung nach für Ornette Colemans Musik. Wenn du sie erlebst, spürst du wirklich etwas, und du merkst, dass du an dir arbeiten musst, um in deinem Inneren noch mehr zu erleben. Seine Musik lebt wirklich, weil du merkst, dass sie zeitlos ist. Ein Stil gehört in eine bestimmten Periode. Ornettes Musik geht darüber hinaus."

Als Coleman von Musikern und Journalisten vorgeworfen wurde, er spiele falsch, entwickelte er seine Theorie von der „nichttemperierten" Musik, die sich nicht an das Zwölftonsystem der abendländischen „temperierten" Stimmung hält. Dass sie falsch spielten, war auch Bunk Johnson und George Lewis vorgeworfen worden, als sie in den Vierzigerjahren im Zuge des New Orleans Revival Louisiana verließen und nach Norden zogen. In Wahrheit spielen diese Künstler auf bestimmten Ebenen, die dem westlichen Hörverständnis fremd sind. Die starke melodische Fantasie, die in dieser Musik steckt, ist jedoch in anderen Kulturen weit verbreitet.

Coleman erzählte Richard Williams, er habe sich anfangs Gedanken darüber gemacht, dass er angeblich „falsch" spielte, wenn sein Spiel auf der natürlichen Tonlage des Instruments basierte. Dann habe er gemerkt: „Meine Emotionen schoben meinen Ton auf eine andere Ebene hinauf … Das Kernstück dessen, was ich vom Blatt las, konnte ich aber immer noch hören."[5] Coleman kam zu dem Schluss, dass die festgeschriebene Musik die natürliche Ausdruckskraft behindere. Als er zum ersten Mal eine morgenländische Kultur kennen lernte, wandte er seine Theorien an. Im Jahr 1972 nahm ihn der Klarinettist und Autor Robert Palmer mit nach Marokko. Im Rif spielte er mit den berühmten „Meistermusikern von Joujouka" zusammen. Beim Fest von Boujeloud, einem alten Ritual, das seine Wurzeln in der Verehrung des Pan haben soll, erlebte Coleman, wie eine Gruppe von Menschen etwas spielte, das ihm als deren individuelle „Oktave" vorkam. Williams gegenüber meinte er, das Problem, „richtig" zu spielen, tauche in einer Situation, in der das Individuum *seine eigene Intonation hat,* überhaupt nicht auf.

„Ich erlebte, wie dreißig von ihnen nichttemperierte Instrumente unisono in ihrer eigenen Intonation spielten. Sie wechselten die Tempi, die Intensität und den Rhythmus. Sie machten das gemeinsam, als hätten sie alle denselben Einfall gehabt, aber sie hatten das, was sie spielten, nie zuvor gespielt!" Dieses Sicheinlassen auf das Unbekannte ist ein Aspekt der Improvisation, der Coleman stets fasziniert hat. „Für meine Begriffe ist das ein Grundelement des Jazz … Ursprünglich muss es im Jazz die Vorstellung gegeben haben, dass der Einzelne teilnehmen konnte, ohne dass er sich um die Noten Gedanken machen musste."[6]

Coleman griff nicht nur wegen der Spontaneität auf die ursprünglichen Vorstellungen zurück. Er entwickelte seine Neuerungen in einer Epoche, in der seine Zeitgenossen versuchten, den Geist der Unmittelbarkeit erneut wieder zu finden, den der Jazz verloren hatte, als nach den Innovationen des Bebop eine Phase der Stagnation einsetzte. Dieses Bestreben, zu den Wurzeln zurückzukehren, war in manchen Fällen auch politisch motiviert. Die Plattenfirmen verstanden es bald, diese Bestrebungen aufzugreifen und kommerziell zu verwerten. Coleman ging jedoch noch viel weiter zurück. Er ließ sich von der Geschichte der Musik inspirieren und nutzte die Erfahrungen, die er im Lauf seines Lebens gesammelt hatte. Einmal war er mit einer Minstrel-Show durch die Südstaaten gereist. Als Teenager hatte er in Fort Worth im traditionellen, derben „Gutbucket"-Stil Tenorsaxofon gespielt, wobei er sich nach hinten beugte und das Instrument in die Höhe reckte oder mit angewinkelten Beinen über Tische watschelte. Viele Schwarze versuchten, diese Vergangenheit zu vergessen, aber Coleman konnte und wollte das nicht. „Wenn man mich hört, dann hört man wahrscheinlich alles, was ich seit meiner Kindheit mitbekommen habe. Tatsächlich ist es eine glorifizierte Folkmusic."

Mit seinem stark vokalisierten „Schrei", dem expressivsten Ton im Jazz seit den Tagen von Bubber Miley und Johnny Dodds, gab Coleman der Musik eine Qualität zurück, die im Lauf ihrer ästhetischen Entwicklung verschwunden war. Dieser im Grunde „menschliche" Sound war natürlich in der Rhythm&Blues-Musik weiterhin zu hören, zum Beispiel bei dem Saxofonisten Arnett Cobb. Er war jedoch allmählich aus der elitären Kunstmusik verschwunden, in die sich der Jazz verwandelt hatte. Es gab Ausnahmen: Der Saxofonist Eddie „Lockjaw" Davis hatte diesen sehr „menschlichen" Ton, während der Bassist Charlie Mingus Männer wie Jackie McLean inspirierte, ausgesprochen wild und „blue" klingende Stimmen für das Ensemblespiel zu entwickeln (etwa „Pithecanthropus Erectus" aus dem Jahr 1956). Ornette Coleman drang jedoch immer wieder zum Kern der Musik vor und spielte den Blues mit der Ausdruckskraft und der Intensität von Big Jay McNeely oder Louis Jordan, die in den texanischen Honky-tonks seine Vorbilder gewesen waren. Er benutzte ein Plastiksaxofon, um seine Message rüberzubringen, weil er fand, dass es den Sound nicht so stark absorbierte wie das metallene Instrument.

Sein Aufschrei ging mit einer Ablehnung der Form einher, die zahlreiche junge Musiker beeinflusste und die Aufmerksamkeit von etablierten Persönlichkeiten wie Leonard Bernstein und Gunther Schuller auf sich zog. Coleman und Eric Dolphy wurden später von Schuller in einem längeren Third-Stream-Stück mit dem Titel „Jazz Abstractions" herausgestellt.

Nachdem Alvin Batiste den Sommer des Jahres 1956 mit Coleman in Los Angeles verbracht hatte, war er zum Orchester von Ray Charles gestoßen. Im Lauf der Tournee waren die Musiker immer wieder auf „diesen Jungen vom Lande" zu sprechen gekommen, „der meint, er könne Altsaxofon spielen". Batiste hatte Coleman in Schutz genommen: Dessen Musik sei zwar umstritten, aber er selbst habe immer seine Freude daran gehabt.

„Ornettes Musik hat dazu beigetragen, dass die Jazzmusiker zu den Wurzeln zurückkehren", meint Batiste, der jetzt das Institut für Jazz am Black Studies Department der Southern University in Baton Rouge, Louisiana, leitet. Er glaubt, es sei Colemans Musik zu verdanken, dass eine bestimmte Haltung entstand, die zu einem Klima der Aufgeschlossenheit für „Roots"-Musik führte. Darüber hinaus ist Batiste der Meinung, dass viel davon auf den im Grunde warmen und „menschlichen" Ton zurückzuführen sei, den Coleman verwendete.

Der aus Dallas, Texas, stammende Saxofonist James Clay, der von 1963 bis 1973 in der Bigband von Ray Charles spielte, wohnte in den Fünfzigerjahren in Kalifornien. Damals ging er eines Abends in Los Angeles in einen Nachtklub, in dem der eigenwillige Pianist Sonny Clark mit Frank Butler, dem geachtetsten Drummer der Westküste, und mit einem Bassisten auftrat. „Dann erhob sich ein schwarzer Saxofonist, der lange Haare und einen Bart hatte, und das Trio räumte die Bühne für ihn", erzählte Clay. „Als er zu spielen begann, dachte ich: ‚Das muss Ornette Coleman sein.' So etwas hatte ich noch nie in meinem Leben gehört."

Clays Reaktion war typisch für die damalige Zeit. Mitte der Fünfzigerjahre probte der Saxofonist jedoch eine Zeit lang mit Coleman, als dieser Los Angeles zum zweiten Mal besuchte. Während dieses Aufenthalts musste Coleman erleben, dass ihn etablierte Musiker wie Dexter Gordon vom Bandstand warfen, weil er „outside" gespielt hatte, also ohne feste harmonische Grundlage. Man darf annehmen, dass Coleman nicht nur wegen seiner Ablehnung formaler Grundlagen, sondern auch wegen seines rauen Tons kritisiert wurde. Instrumentalisten wie Dexter Gordon spielten eine geglättete, auf Hochglanz polierte Musik, bei der „Funkiness" nur gelegentlich zum Vorschein kommen durfte. Und da tauchte plötzlich dieser primitive Einfaltspinsel auf und stellte alles infrage, was sie gelernt hatten!

Ornette Coleman wurde am 19. März 1930 in Fort Worth, Texas, geboren. Er wuchs in einer Familie auf, die „ärmer als arm" war. Impulse bekam er von seinem Vetter James Jordan, der Saxofon spielte und später sein Manager wurde, sowie von Thomas „Red" Connors, dem führenden Saxofonisten der Stadt. King Curtis gehörte zu seinen Mitschülern. Mehrere seiner Schulkameraden wurden später durch ihre Zusammenarbeit mit Coleman bekannt, so der Schlagzeuger Charles Moffett und die Saxofonisten Dewey Redman und Prince Lasha. Sie sind einhellig der Meinung, dass Connors, der in jungen Jahren verstarb, schon damals die Musik spielte, die John Coltrane später spielen sollte. Prince Lasha bezeichnete Connors als „die größte Inspiration im Südwesten".

Schon als Heranwachsender spielte Coleman in den Nachtklubs von Fort Worth mit einer Band, zu der auch Lasha und Moffett gehörten (Letzterer spielte damals Trompete). Da das Geld in seiner Familie sehr knapp war, verbrachte er den halben Tag in der Schule und arbeitete die halbe Nacht in verrufenen Kaschemmen, deren Besitzern es nichts ausmachte, minderjährige Musiker zu beschäftigen. In Texas herrschte insbesondere unter Saxofonisten ein harter Konkurrenzkampf, und die Anforderungen waren hoch. King Curtis, der zu einem der bekanntesten Instrumentalisten der Popmusik werden sollte, gilt allgemein als ein hervorragender Techniker. Doch selbst er hatte unter den lokalen Größen zu leiden. Nach Angaben des texanischen Saxofonisten Leroy Cooper sagte Red Connors des Öfteren zu Curtis: „Verschwinde vom Bandstand, Mann, jetzt sind die großen Macker an der Reihe!"

In einer solch spannungsgeladenen Atmosphäre zu spielen war für einen jungen Musiker wie Ornette Coleman eine wichtige Erfahrung. Connors nahm ihn schließlich unter seine Fittiche und brachte ihm die Grundzüge des Bebop bei. Er zeigte ihm, wie sich die ernst zu nehmende Musik, die von Leuten wie Charlie Parker gespielt wurde, von der populären Musik jener Zeit, dem Rhythm & Blues, unterschied.

Coleman spielte eine Weile in Connors' Band, hauptsächlich bei Tanzveranstaltungen, bei denen der Blues achtzig Prozent des Repertoires ausmachte. Dann stellte er seine eigene Gruppe zusammen und begleitete mit ihr Bluessänger wie Big Joe Turner. Er sah allmählich ein, dass Texas nicht die richtige Gegend für ihn war, und suchte nach anderen Möglichkeiten. Wegen seiner unkonventionellen Spielweise bekam er bereits Schwierigkeiten. Leroy Cooper berichtete, er habe erlebt, wie Coleman mitten in der Nacht ganz allein im Baseballstadion der Stadt spielte und dabei „sein Herz ausschüttete". Die auf Tournee befindlichen Bands, die in Fort Worth Station machten, wollten keinen „Freak" dabeihaben. Coleman fehlte es an Möglichkeiten. Im Jahr 1949 bekam er bei einer Minstrel-Show einen Job als Tenorsaxofonist und saß schließlich in New Orleans fest. Der einheimische Kornettspieler Melvin Lastie verschaffte ihm eine Unterkunft und lieh ihm das Altsaxofon seines Bruders. In New Orleans wollte jedoch kaum ein Musiker mit Ornette Coleman spielen. Selbst Edward Blackwell schenkte ihm wenig Beachtung. Plas Johnson, der jetzt in Hollywood zu den führenden Studiomusikern zählt, drückte es so aus: „Er hielt den Takt nicht."

Coleman entschloss sich schließlich, weiterzureisen. Als der Gitarrist Pee Wee Crayton, dem zwei Jahre zuvor mit „Blues After Hours" ein Hit gelungen war, nach New Orleans kam, fand Coleman heraus, dass Red Connors die Leitung der Band übernommen hatte und dass diese auf dem Weg nach Los Angeles war. Es gelang ihm, einen Job in der Bläsersektion zu ergattern. Connors und Coleman hatten zuvor in Fort Worth ohne Zwischenfälle zusammengearbeitet, aber jetzt gestaltete sich die Zusammenarbeit schwieriger. Coleman hat behauptet, als sie nach Los Angeles gekommen seien, habe ihn Crayton dafür bezahlt, dass er *nicht* spielte. Der Gitarrist widersprach dieser Darstellung. Coleman war Crayton in Erinnerung geblieben als „ein finsterer Junge brauner Hautfarbe, der lange Haare hatte, Altsaxofon spielte und kein Fleisch aß". Crayton hob hervor: „Er konnte den Blues spielen, wollte aber nicht. Ich brachte ihn dazu und bezahlte ihn dafür, *dass* er spielte." Crayton gab an, er habe dafür gesorgt, dass Connors dem jungen Mann unmissverständlich klar machte: „Wenn du in dieser Band bleiben willst, musst du den Blues spielen. Wenn dir das nicht passt, wird ein anderer Saxofonist eingestellt." Daraufhin habe Coleman kapituliert.

Ornette Coleman blieb bei der Band, bis sie in Los Angeles eintraf. Dann trennte er sich von ihr. Er zog in das *Morris Hotel*, Unterschlupf erfolgloser Musiker, und fing dann an, sich bemerkbar zu machen. Bald darauf erschien Ed

Blackwell an der Westküste. Die beiden entdeckten genügend Gemeinsamkeiten, um zusammen Musik zu machen. Von einem kurzen Zeitraum abgesehen, in dem er wieder in Fort Worth war, hielt sich Coleman bis 1959 in Kalifornien auf.

Im Jahr 1953 traf er zufällig den Trompeter Bobby Bradford, den er aus dessen Heimatstadt Dallas kannte. Dort war Coleman an Wochenenden aufgetaucht, um in Red Connors' Band Tenorsaxofon zu spielen. Bradford war nach Los Angeles zu seiner Mutter gezogen. Dass Coleman einzigartig war, hatte er bereits erkannt. „Bird und Sonny Rollins machten sich die Technik zunutze, einen halben Schritt über der Tonart der Phrase zu spielen, um der Sache eine gewisse Würze zu geben. Ornette hingegen ging hinaus und blieb draußen. Er kam nach einer Phrase nicht zurück, und das stellte deine Aufnahmefähigkeit für Dissonanzen auf eine harte Probe. Dass er den Mut und die Kühnheit hatte, Charlie Parkers Gepflogenheiten auszuprobieren, beeindruckte mich sehr, auch deswegen, weil ich damals ein großer Verehrer von Bird war. Damals kam ich zum ersten Mal auf den Gedanken, dass er ein Genie sei."[7]

Coleman arbeitete zwar mit Bradford und Blackwell zusammen sowie gelegentlich mit einem Pianisten namens Floyd Howard, doch gab es für ihn kaum eine Gelegenheit, seine eigene Musik zu spielen. In der Hauptsache ernährte er sich und seine Familie – er hatte in Los Angeles geheiratet – mit Aushilfsjobs. Als Bradford 1954 zur Air Force ging, nahm Don Cherry seinen Platz ein. Blackwell kehrte kurz darauf nach New Orleans zurück.

Don Cherry leitete damals zusammen mit James Clay, der ein Schulfreund von Bobby Bradford war, eine Gruppe, die sich Jazz Messiahs nannte. Sie spielte in der Gegend um Los Angeles. Eines Morgens wurde Clay von Billy Higgins, dem Drummer der Gruppe, geweckt. Er war zu Clay gekommen, um das Frühstück zuzubereiten. Higgins hatte Ornette Coleman mitgebracht; er hatte den Saxofonisten schon bei seinem ersten Aufenthalt in Los Angeles kennen gelernt. Clay lud Coleman ein, an ihrer täglich stattfindenden Probe in Cherrys Haus teilzunehmen. Coleman lehnte zuerst ab. Er war verständlicherweise niedergedrückt, weil er von den einheimischen Musikern so schlecht behandelt wurde. Clay hatte Zweifel an Colemans Fähigkeiten; er hatte ihn nur eingeladen, weil es nichts anderes zu tun gab. Der Saxofonist ließ sich schließlich überreden.

Die Musiker trafen sich dann regelmäßig zu Sessions in der Garage des Saxofonisten George Newman, der damals bei den Jazz Messiahs Klavier spielte. Blackwell war zu dieser Zeit noch da. Er und Higgins spielten manchmal in dieser Gruppe zusammen. Coleman brachte ein Heft mit seinen eigenen Melodien mit. Nach Clays Worten waren sie alle „falsch aufgeschrieben". Clay konnte zwar Colemans Musik mit ihm zusammen spielen, hatte aber Schwierigkeiten, die merkwürdigen Noten zu lesen, die Coleman in jedem Takt schrieb. Er erzählte, alle Musiker hätten anfänglich wegen des Fehlens formaler Grundlagen Protest erhoben. Coleman habe jedoch darauf beharrt, dass sie durchaus in der Lage seien, seine Musik zu spielen. Clay schlug schließlich einen anderen Weg ein, doch die beiden Saxofonisten schätzten einander weiterhin und blieben Freunde. Cherry und Higgins blieben. Sie waren von der Freiheit beeindruckt, die ihnen Coleman bot, und reagierten außerordentlich positiv auf seine Musik.

Ansonsten konnte Ornette Coleman kaum jemanden finden, der bereit war, seine Musik zu spielen. Sie zogen umher und bemühten sich um Jobs. Einen Bassisten konnten sie nur dann bekommen, wenn sie ein Engagement vorweisen konnten. Wie Blackwell erzählte, war ein Bassist bei einer Jamsession von Colemans Vorstellungen so frustriert, dass er mittendrin aufhörte und rief: „Hört mal zu! Spielt doch mal was, das jeder spielen kann!" Blackwell wörtlich: „Er drehte völlig durch und machte eine Szene! Die anderen lachten sich schief."

Don Cherry hatte eine Erklärung dafür, dass die Musik sehr unterschiedlich aufgenommen wurde. „Wenn wir spielten, gab es Leute, die unsere Musik wirklich mochten, auch die Einstellung, die dahinter stand. Und dann gab es diejenigen, die sie nicht mochten, weil sie ihre Position infrage stellte."

Coleman gelang es schließlich, den Bassisten zu finden, der zu seiner Musik passte. Sein Name war Charlie Haden. Er stammte aus einer Folkmusic spielenden Familie in Shenandoah, Iowa. Wie Scott LaFaro und David Izenzon war auch er ein Weißer, anders als Jimmy Garrison, der Coleman verließ, um mit Coltrane zu spielen. Als Haden mit Coleman zusammentraf, arbeitete er in einer von dem Pianisten Paul Bley geleiteten Gruppe im *Hillcrest,* einem Klub im Schwarzenviertel von Los Angeles. Lenny McBrowne, der Drummer der Gruppe, brachte Haden eines Tages mit, und nach einer Weile fing er schon an zu spielen.

Was Haden über seinen ersten Besuch bei Coleman berichtete, stimmt mit dem überein, was andere erzählt haben: „Als ich sein Zimmer betrat, lagen da überall Notenblätter herum – auf dem Boden, auf den Stühlen. Sogar im Klo. Man konnte sich kaum bewegen, ohne draufzutreten. Er hob einfach ein Stück auf und sagte: ‚Hey, spiel das mal.'"

Haden war voller Begeisterung. Damals war sein ganzes Leben der Musik gewidmet, und er hatte den Ehrgeiz, sein Talent an allem, was ihm in die Finger kam, zu erproben. Für Coleman war er genau der Richtige. Bald darauf spielte Haden täglich mit dem Saxofonisten zusammen. Billy Higgins und Don Cherry, die er kennen gelernt hatte, als sie noch zur Schule gingen, nahmen ebenfalls teil. Noch Jahre danach hatte sich seine Begeisterung für Ornette Coleman nicht gelegt. Selbst als Coleman sich 1971 weitgehend auf Proben beschränkte und kaum öffentlich auftrat, und obwohl Hadens ausdrucksstarkes Bassspiel bei mehreren bedeutenden Gruppen sehr gefragt war, kam er sooft wie möglich zu den Proben. „Ich spiele Ornettes Musik, weil es die einzige ist, die *lebendig* ist", sagte er.

Ornette Coleman ist wahrscheinlich die einflussreichste Gestalt, die seit Charlie Parker in der afroamerikanischen Kunstmusik auftauchte. 1959 gab er sein New-Yorker Debüt im *Five Spot Café*. Dabei stieß er auf Interesse, aber auch auf Ablehnung. Don Cherry und Charlie Haden spielten mit ihm zusammen, und Billy Higgins saß am Schlagzeug. Später traf Blackwell aus New Orleans ein und trat anstelle von Higgins auf. Die beiden haben immer wieder in den Gruppen von Coleman mitgespielt und den Platz des Drummers mit Colemans altem Schulfreund Charlie Moffett geteilt, der ab 1964 drei Jahre lang ständig dabei war.

Obwohl Colemans Innovationen bei vielen auf Skepsis stießen, übte er schon bald auf alle, die ihn hörten, einen beträchtlichen Einfluss aus. Sonny Rollins und John Coltrane, die beiden führenden Saxofonisten jener Zeit, brachte er sogar dazu, ihren gesamten Approach zu überdenken. Rollins zog sich zwei Jahre lang zurück, und als er wieder auftrat, geschah dies im *Village Gate,* wo er zwei von Colemans früheren Kollegen dabeihatte. Mit Don Cherry und Billy Higgins spielte sein Quartett eine Musik, die auf Colemans Ideen gründete.

John Coltrane kam jeden Abend ins *Five Spot* und hörte sich Colemans Gruppe an. Charlie Haden sagte dazu: „Meistens packte er Ornette am Arm, sobald wir von der Bühne runterkamen, und dann gingen sie in die Nacht hinaus und redeten über Musik."[8] Die beiden schlossen Freundschaft und spielten ausgiebig zusammen. Coleman nahm viele von diesen Sessions auf Band auf. Von Coltrane war zu hören, diese Erfahrung habe es ihm ermöglicht, unbekümmerter zu spielen. Albert Ayler, auch ein revolutionärer Musiker, besuchte Coleman ebenfalls des Öfteren zuhause, als dieser nicht öffentlich auftrat. Diese Kontakte waren Teil eines Austauschs, den es in Musikerkreisen schon lange gegeben hatte. In New York musste man jedoch erst einmal bei Coleman gewesen sein, bevor man Zugang zur dortigen Musikerszene finden konnte, die die anspruchsvollste von allen ist.

Coleman tritt weiterhin nur gelegentlich auf, und dann aus finanziellen Überlegungen heraus. Sein Privatleben ist aber immer voll von Musik. Sein Zuhause steht Musikern und anderen kreativen Menschen immer offen; er nimmt sich Zeit für sie und lässt sie an seinen Erfahrungen teilhaben. Manche betrachten dies als Gewinn. Andere hingegen strapazieren seine Geduld und wollen von dem materiellen Erfolg etwas abbekommen, den er ihrer Meinung nach gehabt hat. In finanzieller Hinsicht war Coleman aber nie sehr erfolgreich. Dies ist bezeichnend für die Situation, in der sich kreative schwarze Künstler befinden. Obwohl Coleman von den Kritikern und den Medien gepriesen wird, ist sein Einkommen dergestalt, dass er weiterhin ein Leben fristen muss wie einer, der in Kneipen den Unterhalter macht. Tatsächlich spielt er in den Augen mancher Geschäftemacher genau diese Rolle.

„Mir fehlten die Gelegenheiten und die Voraussetzungen, um das, was ich mache, möglichst gut zu machen", sagte Coleman zu Richard Williams. „Dass ich in Amerika geboren wurde, bedeutet, dass ich drei Millionen Dollar haben müsste, um es auf dem Niveau machen zu können, auf dem es ganz natürlich wirken würde. Dieses Image habe ich aber bei den Leuten nicht. Ich habe nach wie vor dieses ‚Black Jazz‘-Image. Ich bin eben ein Entertainer, der sich damit zufrieden geben soll, dass er auf einem bestimmten Niveau existieren kann.“[9]

Coleman hat sich nicht nur den Vorwurf gefallen lassen müssen, er beherrsche sein Instrument nicht. Auch seine Versuche, längere Kompositionen zu schreiben, sind auf Ablehnung gestoßen. Als Saxofonist war er in der Tat ein Autodidakt, aber er erwarb später genügend Kenntnisse auf dem Gebiet der Harmonielehre und der Komposition, um die technischen Schwierigkeiten des Komponierens bewältigen zu können. Schon 1950 hatte er angefangen, Bigband-Partituren zu schreiben. Eine große Anzahl weiterer Arbeiten folgte: In der New-Yorker Town Hall wurde 1962 eine Streichquartett-Komposition aufgeführt und drei Jahre später in England ein Holzbläserquintett. In einem Stück mit dem Titel „Forms and Sounds“, das vom Philadelphia Woodwind Quintet aufgeführt wurde, spielte Coleman selbst die Überleitungen auf der Trompete. Außerdem schrieb er den Soundtrack für mehrere Filme. 1969 begann Coleman mit dem ehrgeizigen Projekt *The Skies of America,* das von seinem Quartett und einem achtzigköpfigen Orchester gespielt werden sollte. Als Jazzmusiker hatte er sich damit ein bisschen zu viel vorgenommen. Denn obwohl er bei einer großen amerikanischen Schallplattenfirma unter Vertrag stand, musste er den Atlantik überqueren, um ein kostengünstigeres Orchester zu finden. Seine Sidemen durfte er nicht mitnehmen.

Coleman glaubt, dass es einen wichtigen Unterschied gibt zwischen den „Neun-bis-fünf-Leuten“ (den Arbeitnehmern) und den „Zehn-bis-drei-Leuten“ (den leitenden Angestellten). Viele schwarze Künstler meinen, die Bezeichnung „klassisch“ gelte für eine Kunstform, die für eine bestimmte „Klasse“ gedacht sei. Coleman ist jedoch der Ansicht, dies sei für Europa typisch; für die Probleme, mit denen er sich auseinander setzen müsse, sei die Kluft verantwortlich, die sich in Amerika zwischen den unterschiedlichen Rassen auftut. Er sagt, dort könne einer „zuhören, wie jemand einen Bass zupft und Waschbrett spielt, und sagen: ‚Das wird bestimmt im ganzen Land ankommen.‘ Der ist aber so weit entfernt von dem, was sich tatsächlich abspielt, dass er nicht zu würdigen weiß, was einer aus diesen Instrumenten herausholen kann. Was die Musik betrifft, hat es in Amerika nie eine klassenbewusste Kunstwelt gegeben. Andere Aspekte, wie die gesellschaftliche Stellung, der Reichtum, die Zugehörigkeit zu einer Minorität oder einer bestimmten Rasse, haben jedoch immer eine große Rolle gespielt.“ Als Angehöriger einer Minorität ist Coleman der Ansicht, dass sein Image nicht zum „Zehn-bis-drei-Leben“ passe. Dies schaffe eine Barriere zwischen ihm und den Leuten, die Entscheidungen fällen. Er drückt es so aus: „Es ist schwierig für mich, Boulez oder so jemanden anzurufen und zu sagen:

‚Hey, Mann, ich hab eben ein Stück geschrieben. Bist du vielleicht interessiert dran? Es ist nämlich Musik.‘“ Coleman ist sich auch im Klaren darüber, dass seine Musik bisweilen akzeptiert wird, weil sie eine Alibifunktion hat.

Coleman erinnerte sich an einen Vorfall: Ein Orchesterleiter habe angerufen und sich erkundigt, ob irgendein Stück von ihm in ein bestimmtes Programm „hineinpassen“ könnte. Er habe geantwortet, er habe kein Musikstück geschrieben, das in ein Menü hineinpasse „wie Schlagsahne zu Süßkartoffeln“. Coleman: „Ich sagte: ‚Entweder führen Sie ein Stück auf, weil es Musik ist, oder Sie lassen es bleiben. Ich bin nicht daran interessiert, eine gute Mahlzeit für Leute zuzubereiten, die diese vielleicht gar nicht essen wollen!‘“ Er fügte hinzu: „Das ‚hineinpassen‘ ärgerte mich weniger. Am meisten ärgerte mich das, was diese Leute vorhatten. Viele interessiert es gar nicht, dass man etwas möglichst gut machen will. Sie sind hauptsächlich daran interessiert, etwas zu finden, womit sie einen verunsichern können.“

Als das Jahr 1965 kam, hatte Ornette Coleman genug davon, als bedeutender Künstler gepriesen zu werden, während andere über sein Schicksal bestimmten. Er hatte im Lauf der Zeit eine ganze Reihe von Managern beschäftigt, hatte aber den Eindruck, dass alle etwas verheimlicht hatten. Coleman beschloss, die Dinge selbst in die Hand zu nehmen. Er reiste nach Europa, um dort sein Glück zu versuchen. Er nahm Charles Moffett und David Izenzon mit, die beiden Musiker, die in New York mit ihm zusammengearbeitet hatten. Das Trio spielte in mehreren Ländern und machte dabei zwei bemerkenswerte Liveaufnahmen. Die eine, die bei Blue Note auf zwei LPs herauskam, entstand im *Golden Circle* in Stockholm, die andere in der Fairfield Hall in Croydon, England. In Croydon wurden auch einige von Colemans Kompositionen von einem Kammerorchester gespielt.

Nach der Rückkehr nach New York schloss sich der Bassist Charlie Haden wieder der Gruppe an und spielte zusammen mit dem virtuosen Izenzon. Wie bei den meisten anderen Gruppierungen gab es ständige Fluktuationen. Bei einer Reise nach San Francisco traf Coleman mit Dewey Redman zusammen, den er aus seiner Kindheit kannte. Als sich Redman 1968 entschieden hatte, nach New York zu kommen, schloss er sich Colemans Gruppe an. Da Edward Blackwell damals geraume Zeit in Marokko verbrachte, nahm Billy Higgins häufig den Platz des Drummers ein. Er wechselte sich manchmal mit Colemans Sohn Denardo ab. Als Blackwell wieder in die USA zurückkehrte, fing er wieder bei Coleman an.

In den späten Sechziger- und den frühen Siebzigerjahren machte Ornette Coleman recht häufig Schallplattenaufnahmen. Auf der LP *Science Fiction* war Bobby Bradford zum ersten Mal mit Coleman auf einer Schallplatte zu hören; Don Cherry, Redman, Higgins und Blackwell waren ebenfalls dabei. Dennoch trat Coleman selten öffentlich auf. Weitgehend auf eigene Faust hatte er einen

Kampf gegen die Geschäftemacher geführt, weil er meinte, dass sie ihm das angemessene finanzielle Entgelt vorenthielten. Er sieht dies als eine weitere Manifestation ihres Bestrebens, den Künstler von ihnen abhängig zu machen, damit sie ihn besser unter Kontrolle haben.

Dass es die Musiker danach drängt, ihre Musik zu spielen, nützen Klubbesitzer und Promotoren nach Meinung von Edward Blackwell regelrecht aus. „Dass du erpicht darauf bist zu spielen, ist ihnen gerade recht. Sie wissen, dass du unbedingt spielen willst, und bieten dir nur so viel Geld, wie sie für richtig halten. Wenn wir in einen Klub gingen, weil wir dort jammen wollten, schlug uns der Typ vor, ein Wochenende über dort zu spielen. Und dann bot er dafür einen mickrigen Betrag. Da wir sowieso dort jammen wollten, akzeptierten wir das, damit wir wenigstens einen Ort hatten, an dem wir spielen konnten."

Als Ornette Coleman das erste Mal nach New York kam, nahmen ihn einige führende Künstlergestalten als einen der Ihren auf. Er tat nichts dazu, ließ es sich aber gefallen. Leonard Bernstein platzte sogar in eine Probe hinein und machte dann mit. Nach Meinung der Musiker hatte der berühmte Dirigent aber nicht die geringste Ahnung von ihrer Musik. Künstler von Colemans Statur kennen solche Situationen nur allzu gut. Sie sind nicht länger gezwungen, der weißen Gesellschaft direkt zu dienen, müssen aber trotzdem weiterhin die Rolle des Minstrels spielen und alle möglichen Erniedrigungen hinnehmen, wenn sie Arbeit bekommen wollen. Was Coleman betrifft, wird er wegen seines freundlichen Wesens und seines sanftmütigen Naturells von Geschäftemachern geschätzt, und sie sehen es ihm nach, dass der Mantel der Militanz an seinen Schultern hängt. Ornette Coleman ist dennoch seinen Grundsätzen treu geblieben und hat sich nicht von eigennützigen Überlegungen leiten lassen.

Der Saxofonist hat sich mit der Erkenntnis auseinander setzen müssen, dass sich kreative Künstler in der westlichen Welt nicht ungehindert entwickeln können, sondern dass sie immer dem Werturteil anderer Leute unterworfen sind. Coleman drückte es so aus: „Das Publikum macht sich keine Gedanken darüber, ob du reich oder arm bist. Es überlegt sich nur, ob es dich mag oder nicht. Dass eine andere Person über mein Fortkommen entscheiden kann, ist für mich das Problem. Manche sprechen vom Mittelsmann, manche vom weißen Mann, andere von der Kunstwelt. Es gibt viele Bezeichnungen, aber im Grunde musst du dich danach richten, was diese Person von dir verlangt. Sie versucht meist als Erstes, dich zu verunsichern. Nicht etwa, weil sie meint, sie könne dich dazu bringen, mehr zu leisten, sondern weil sie sich selbst davon überzeugen will, dass du nur hinter dem Geld her bist. Dass du kein richtiger Künstler bist, sondern nur dahin kommen willst, wo diese Person selbst ist."

Ohne Rücksicht auf seinen eigenen finanziellen Erfolg bleibt Ornette Coleman bei seiner Überzeugung, dass es für ihn am wichtigsten sei, kreative Musik zu spielen. „Ich versuche immer, dem Zuhörer etwas zu geben, das er nicht kennen muss, das ihm aber gut tut", sagt er. „Das versuche ich zu erreichen, und wenn es mir gelingt, merke ich es. Ich glaube, das ist die beste Möglichkeit, ‚Instant Art' zu produzieren, sofern es so etwas gibt."

Quellen:
1. Bob Palmer, „Charlie Haden's Creed", *Down Beat,* 20. Juli 1972.
2. *Hot Lips Page After Hours in Harlem* (Onyx 207).
3. Interview von Richard Williams, „Memories of Ornette", *Melody Maker,* 17. Juli 1971.
4. Zitiert in: Joe Goldberg, *Jazz Masters of the Fifties,* New York 1965, Seite 243.
5. Richard Williams, „Ornette and the Pipes of Joujouka", *Melody Maker,* 17. März 1973.
6. Ebenda.
7. „Memories of Ornette", a. a. O.
8. Palmer, a. a. O.
9. „Ornette and the Pipes of Joujouka", a. a. O.

Sun Ra —
Bilder der Unendlichkeit

Tatsächlich male ich mit meiner Musik Bilder der Unendlichkeit, und deshalb wird sie von vielen Leuten nicht verstanden. Wenn ich das sage, glauben mir viele nicht. Aber wenn sie sich diese Musik und andere Arten von Musik anhörten, dann würden sie feststellen, dass meine etwas anderes enthält, nämlich etwas von einer anderen Welt.

Sun Ra

Mitte der Sechzigerjahre war afrikanische und orientalische Kleidung in New York, ja selbst im East Village (wie man es damals nannte) noch relativ selten anzutreffen. Ein hellhäutiger Schwarzer mit einer Einkaufstasche, der unter seiner Jacke eine glitzernde Robe trug, erregte am Vormittag auf der Second Avenue einige Aufmerksamkeit, besonders wenn er ein sternenbesetztes Stirnband über sein pomadisiertes Haar gestreift hatte. Der Mann ging schließlich eine Treppe hoch und betrat einen hell erleuchteten Raum. Das Licht kam aus einem riesigen Gummiball, der von der Decke hing. Der Raum war voller Musiker und Instrumente aller Art. Marshall Allen hatte für die Leute, die im Haus 48 East Third Street versammelt waren, etwas zu essen gekauft. Unter ihnen befanden sich der legendäre, als Sun Ra bekannte Pianist, Poet und Philosoph sowie mehrere Mitglieder seines Solar Arkestra. Im Sun Studio begann jetzt ein neuer Tag.

In der vorangegangenen Nacht hatten die Musiker vier oder fünf Stunden lang geprobt. Das taten sie Nacht für Nacht, obwohl sie sich in absehbarer Zeit kaum Hoffnung auf Gagen machen konnten. Manchmal spielten sie in einem Kaffeehaus in Newark, und gelegentlich bekamen sie im Village einen Gig. Sun

Ra, ein gedrungener Mann über fünfzig mit einem dicken Gesicht und einem schmalen Schnurrbart, war für sie jedoch der größte Guru weit und breit. Für Sun Ra selbst, der ebenfalls glitzernde Kleidung trug und an dem Turban, der auf seinem Kopf saß, einen Stern mit zehn Zacken hatte, war ihre weitere Anwesenheit der Beweis für die Überlegenheit seiner Musik. Dass seine Musik zu jener Zeit wenig Zuhörer fand, änderte daran nichts.

Inzwischen hat Sun Ra mit dem Arkestra Tourneen in Europa und Amerika unternommen und selbst Ägypten besucht. In Deutschland hörten sie einheimische Bands, deren Soli fast Note für Note von einigen älteren Platten des Arkestra stammten. In Kairo ließ der Kulturminister eine Vorstellung des Ägyptischen Balletts absetzen, damit das Arkestra spielen konnte. An einer bestimmten Stelle sprang das tausendköpfige Publikum spontan auf und stimmte in den Gesang des Arkestra ein: „Space is the Place". Die Musiker nahmen ihre Kassettenrekorder zu den Pyramiden und in die Gräber mit und spielten dort ihre Musik.

Eine Zeit lang war Sun Ra am Berkeley-Campus der University of California „Artist in Residence". Das Arkestra selbst zog nach Philadelphia, doch im Sun Studio blieb manches wie zuvor. Bis zum heutigen Tag kommt es oft vor, dass die Schüler die halbe Nacht geduldig warten, bis der Meister ein Arrangement vorbereitet hat. Wie Duke Ellington macht Sun Ra Niederschriften fast ausschließlich bei Proben und achtet dabei auf die besonderen Fähigkeiten der einzelnen Teilnehmer „Ich schreibe gezielt für den Tag, für die Minute und für das, was im Kosmos abläuft", sagte er. „Jede meiner Nummern gleicht einer Nachricht, aber daraus entsteht dann so etwas wie eine kosmische Zeitung."

Als Sun Ra und das Arkestra 1961 nach New York zogen, war seine Musik bereits zehn Jahre lang ein Motor gewesen. Schon bevor sie ihr ursprüngliches Zuhause in Chicago verließen, hatten seine Anhänger diejenigen, die die Musiker mehrere Abende hintereinander hatten spielen hören, gefragt: „Haben sie denn schon kapiert, was Sun Ra vorhat?" Mit seinen Neuerungen, ganz zu schweigen von seinen Vorstellungen von intergalaktischen Reisen und deren Bedeutung für die Menschheit, war er seiner Zeit immer weit voraus. Von einem Autor wurde angemerkt, dass sich Sun Ra nach seinem Eintreffen in New York der dortigen „Free Form"-Bewegung gut angepasst habe. In Wahrheit waren er und seine musikalischen Raumfahrer dort schon längst angelangt. Der Drummer Clifford Jarvis sagte in diesem Zusammenhang: „Wenn von musikalischer Avantgarde die Rede ist, muss Sun Ra an erster Stelle genannt werden."

Der Drummer Roger Blank, der eine Zeit lang mit Sun Ra zusammenspielte und auch Aufnahmen mit ihm machte, beschrieb seinen Einfluss folgendermaßen: „Ohne dass man es weiß, ist Sun Ra im Bereich der Musik einer der Gesetzgeber der Welt." Der Saxofonist Marion Brown, der ein Collegestudium absolvierte und auch viel Unterricht erteilt hat, ist überzeugt, dass Sun Ra größer als Strawinsky und Bartók ist. „Nach meinen eigenen Maßstäben und nach denen, die ich bei meiner Ausbildung erworben habe, ist er auch *kreativer* als Cage und Stockhausen."

1971 wurde Sun Ra bei einer Liveaufnahme in Kairo gebeten, den Begriff „progressive Musik" zu definieren. Er antwortete: „Das bedeutet, dass sie ihrer Zeit voraus ist. Sie soll die Leute dazu bringen, dass sie sich als freie Bürger unseres Zeitalters begreifen."[1]

Sun Ra hat mit seiner farbenprächtigen Aufmachung, die ein Mittelding zwischen afrikanischer Kleidung und Sciencefiction darstellt, viel Aufsehen erregt. Es ist schon Jahre her, dass ihn jemand in westlicher Kleidung zu Gesicht bekommen hat. (Es gibt allerdings einen Film von einer Party in den Fünfzigerjahren, bei der die Gäste mit Drinks in den Händen herumstanden und einander fragten: „Hast du schon die New Music gehört, diesen neuen Jazz?" Die Antwort kam von Sun Ra, der das Arkestra dirigierte. Er und die Musiker trugen damals weiße Smokings.) Seine musikalischen Explorationen haben immer etwas mit Reisen in die Unendlichkeit zu tun, die jenseits des Universums liegt. Seine Kompositionen trugen deshalb Titel wie „The Heliocentric World of Sun Ra", „Lights on a Satellite" oder „The Others in their World".

Doch das waren seine Besonderheiten. Sun Ra, der den Namen des ägyptischen Sonnengottes annahm und seine Herkunft absichtlich im Dunkeln ließ, war seiner Zeit auf andere Weise voraus. In Ägypten erzählte der für Altertümer zuständige Staatsbeamte einem der Musiker, dass er noch keinen Menschen getroffen habe, der die enorme Weisheit besitze, die dieser Name traditionsgemäß beinhalte. Sun Ra hat viel getan, um diesem Anspruch gerecht zu werden. Er war der erste Künstler, der über spirituelle Angelegenheiten redete und auch darüber, dass Disziplin unter Musikern unerlässlich sei. Wer mit ihm spielen wollte, musste sich einer strengen Disziplin unterwerfen, solange er sich in seiner Gesellschaft befand. Einige seiner kürzeren Stücke tragen (mit verschiedenen Nummern) den Titel „Disciplines".

„Sun Ra geht mit seiner Band militärisch um", erzählte ein junger Saxofonist aus eigener Erfahrung. „Wenn er ‚Aufstehen!' sagt, stehen alle auf. Wenn er ‚Setzen!' sagt, setzen sie sich." Er lässt sogar einen von ihnen an der Tür die ganze Nacht Wache stehen.

„In der Armee werden sie isoliert, wenn sie zu Männern gemacht werden sollen", sagt Sun Ra. „Hier handelt es sich um Musiker, aber man könnte sie als Marines betrachten. Sie müssen über alles Bescheid wissen. Das bedeutet, dass sie sich in der Musik auskennen müssen. Natürlich werden sie nicht so viele Gelegenheiten zum Spielen bekommen wie andere Musiker, aber auf der anderen Seite bekommen sie bessere Voraussetzungen mit."

So interessant oder aufregend ihre Soli auch sein mögen, umgibt die Musiker, die er ausgesucht hat, eine gewisse Anonymität. Manchmal hat es den Anschein, als wäre Sun Ras Einfluss so stark, dass die Musiker nicht sich selbst, sondern *ihn* zum Ausdruck bringen. Selbst reife Musiker erwecken durch ihre kühle Distanziertheit den Eindruck, dass sie sich in der Rolle von Schülern befinden. In dem Statement von Sun Ra war jedoch implizit enthalten, dass er es für notwendig hält, dass die jungen Musiker, die sich hoffnungsvoll um ihn scharen, ihren Egoismus unterdrücken. Er meint, dass manche gewisse Hintergedanken haben. „Sie sind selbstsüchtig. Sie wollen spielen, um ihr Ego zu befriedigen. Sie möchten, dass sie Applaus bekommen. Sie weigern sich, ihre Energie zur Verfügung zu stellen, damit jemand was draus machen kann."

Der Visionär und Katalysator Sun Ra weiß sehr wohl, dass seine Schule eine beispiellose Gelegenheit bietet, wirklich zu spielen und nicht herumzualbern und herumzublödeln. Clifford Jarvis hat es miterlebt, dass viele junge Männer der Weisheit und den Ansprüchen von Sun Ra nicht gewachsen waren. „Er kann deine Hoffnungen wachsen lassen und dich gleichzeitig fertig machen", sagte er. „Viele werden da hysterisch. Manche vertragen die Offenheit nicht. Sie sind nicht stabil genug, um das zu verkraften, was Sun Ra ihnen anzubieten hat."

Sun Ra glaubt, dass die Disziplin die Grundlage jeglicher Freiheit ist. Er findet dies in der Natur bestätigt und im Universum selbst. Aber genauso wenig, wie zwei von der Natur erschaffene Organismen gleich sind, sind zwei Menschen gleich. Er pflegt die Vorstellung von der „Dualität" des Individuums. Er sagt: „Man kann keine Harmonie, ja nicht einmal echte Musik haben, wenn man nicht zwei oder mehr Sounds hat. Und man muss auch zwei oder mehr Leute um sich haben, um Harmonie zu haben."[2] Jedes Individuum, glaubt er, ist selbst Musik, und wenn es nicht in der Lage ist, dieses Gefühl auszudrücken, muss es seinen „Bruder im Geiste" (einen Musiker) haben, der es stellvertretend zum Ausdruck bringt. „Die Menschen sind das Instrument", meint Sun Ra.

„Ich möchte in der Musik einiges tun, aber ich habe nicht allzu viele Musiker, mit denen ich zusammenarbeiten kann, weil sie schwach und überdies machtlos sind. Alles, was ich tue, tue ich, weil es getan werden muss. Ich würde nicht losziehen und spielen, wenn ich nicht müsste. An diesem Punkt etwas wirklich Evolutionäres zu tun, ist großartig. Es ist etwas Unglaubliches, aber du musst zuerst mal die Musiker mitreißen, und das sollte nicht nötig sein. Wenn wir geistig beschränkt sind, spielen wir beschränkte Musik. Die meisten Musiker, insbesondere die amerikanischen, sind beschränkt."

Bis zu fünfzehn Musiker spielen jeweils im Arkestra. Eine Anzahl von ihnen lebt mit dem Bandleader in einer Art Kommune. Einige ältere Männer, die verheiratet waren, haben ihre Frauen verlassen, um sich in Sun Ras Obhut zu begeben. Eine Ehefrau verglich die Situation mit „einer Mutter in ihrem Haus, die von ihren Kindern umgeben ist". Nicht alle, die mit Sun Ra spielen, stimmen mit seiner Philosophie überein. Doch denjenigen, die ein spirituelles Bedürfnis haben, gibt Sun Ra Rat und Erfüllung. Er ist tatsächlich ein Ersatz für die Familie. Im Gegenzug wird er durch die ständige Anwesenheit seiner Männer beschützt. Er zeigt sich selten ohne einen Leibwächter in der Öffentlichkeit. Diese Leibwächter rekrutiert er manchmal aus dem Arkestra.

Er hat für alles seine komplexen Erläuterungen und Philosophien anzubieten. So belehrte er die Band einst über den Wert einer bestimmten Bohnensorte. Der Frau eines seiner Jünger zufolge machte er das nur, weil Bohnen als Proteinquelle billig und die Zeiten schlecht waren. Die Musiker hingegen sprachen ehrfürchtig über die sagenhaften Wirkungen der Bohne. Sun Ra gelang es jedenfalls, ihre Mägen zu füllen und das Arkestra intakt zu halten.

„Manchmal lerne ich Musiker kennen, die emotionell nicht bei der Sache sind", sagte Sun Ra. „Kann sein, dass ihre Frau sie verlassen hat. Ich habe eine Menge Musiker aufgenommen, die am Ende waren, und ich habe ihnen geholfen, wieder hochzukommen. Sie gingen dann alle wieder weg. Solange sie kein Geld hatten, solange sie meine Hilfe brauchten, taten sie alles, um meine Anforderungen zu erfüllen. Als sie wieder auf die Beine gekommen waren, dachten sie nicht mehr an mich."

Sun Ra ist verbittert über die Undankbarkeit, die einige Musiker an den Tag legten, indem sie ihn verließen. Die Einschränkungen, die er den Musikern auferlegt, sind jedoch so groß, dass nur die engagiertesten Leute längere Zeit mitmachen. „Die Anforderungen, die er hinsichtlich der Disziplin stellt, sind so hoch, dass sie Durchschnittsmenschen unverständlich erscheinen, und Schwarzen ganz besonders", meinte Clifford Jarvis. Ein Trompeter sagte dazu: „Wenn du dich nicht in Übereinstimmung mit ihm befindest, kommst du bei ihm nicht weiter. Er stellt hohe Anforderungen, und wenn du die erfüllst, kannst du in seiner Band ein guter Mitspieler werden."

Sun Ra gestattet seinen Musikern nicht, Frauen in das Haus mitzubringen, weil er der Ansicht ist, dass sie nur von der Sache ablenken. Drogen und Alkohol sind ausdrücklich verboten. Mehrere Mitspieler haben ihren Platz im Arkestra wegen ihrer Drogenabhängigkeit verloren.

Sun Ra ist sogar in einer Welt, in der das Unerwartete die Norm ist, ein Phänomen. Er hat es geschafft, die Band in ihrem Kern über zwanzig Jahre lang zusammenzuhalten. Erst seit kurzem hat sich die Hingabe seiner Anhänger auch finanziell ausgezahlt. Sein Repertoire, die Tonfärbungen, die er erzielt, und das Ausmaß seiner musikalischen Vision sind auf dem Gebiet der Bigbands ohne Parallele – von Duke Ellington mal abgesehen. Sein Schaffen ist gut dokumentiert, weil er selbst dafür gesorgt hat, indem er bei Proben ständig Mitschnitte machte und Material auf seinem eigenen Label Saturn veröffentlichte. Die ersten Platten erschienen in einer limitierten Auflage von lediglich 50 Stück. Dennoch ist dies das erste Mal, dass die Arbeit einer Band so umfassend dokumentiert ist; in einer bestimmten Zeit erschien alle drei oder vier Monate eine neue LP. Deshalb ist es möglich, die Entwicklung des Arkestra von der Mitte der Fünfzigerjahre an zu verfolgen. Dabei zeigt sich, welch starken Einfluss Duke

Ellington auf Sun Ras Komponieren gehabt hat. Sun Ras Ideen sind ein bisschen trockener, seine Orchestrierung ist nicht so prächtig, aber wenn es darum geht, wer heutzutage ein zeitgemäßes Äquivalent zu Ellington darstellt, stimmt der Vergleich. Manchmal hatte das Arkestra die Präzision und den Swing der Count-Basie-Band, gelegentlich waren Sun Ras Kompositionen melodramatisch und zeigten eine Spur von Hollywood. Auf den frühen Aufnahmen hatten seine Ensembles einen Touch von Tadd Dameron. Im Übrigen machten sich seine Investitionen schließlich doch noch bezahlt: Sun Ra ließ ausgewählte Bandaufnahmen von großen Firmen verwerten.

Auf den Platten, die in den Fünfzigerjahren entstanden, war Sun Ras Klavierspiel recht konventionell, ja kühl. Später spielte er bei schnellen Tempi ohne Harmonien, dem ersten Eindruck nach aus der Schule von Cecil Taylor kommend, außerdem unsentimental und zupackend. Er hat sich immer mehr dem elektronischen Keyboard zugewandt und der Musik auf diese Weise eine ätherische Qualität verliehen. Er setzte eine verstärkte Celesta ein, die er zusammen mit dem Klavier spielte, außerdem eine ganze Reihe von Orgeln, Streichklavieren und elektrischen Klavieren. Der Moog-Synthesizer, der den Sound der Elemente ebenso wiedergibt wie die Geräusche, die wir mit interplanetarischen Reisen in Verbindung bringen, war für Sun Ra wie geschaffen. Er hat zusammen mit Stevie Wonder für den Synthesizer geleistet, was Jimmy Smith für die Orgel geleistet hat und Charlie Christian für die elektrische Gitarre. Seine Ideen hatten eine beträchtliche Wirkung auf Rockgruppen und auf andere, die sich mit den Möglichkeiten elektronischer Musik beschäftigten. Obwohl einige auf dem Gebiet des Rock tätige weiße Keyboardspieler bekannter sind als Sun Ra, kann man sich kaum vorstellen, dass diese ans Ziel gekommen wären, wenn Sun Ra nicht zuerst die Voraussetzungen geschaffen hätte. Ebenso wenig hätte ein weißer Musiker ohne die von Jimi Hendrix geschaffenen Grundlagen die freieren Formen des Bluesgitarrenspiels hervorbringen können.

Der Bass ist das Herzstück von Sun Ras Musik, aber er setzt dessen rhythmische und nicht dessen harmonische Qualitäten ein. Für die extensive Nutzung der Perkussionsinstrumente hat er Pionierarbeit geleistet, und er behandelt den Bass, als wäre dieser eine Art Trommel. Manchmal liefert der Bass sogar allein den Rhythmus. Dabei hört er sich an wie ein elastischeres, gestimmtes Tomtom. Das Arkestra stellte erstmals zwei oder drei Drummer heraus, die zusammen und in Gegenwart von Handtrommlern Polyrhythmen spielten. Sun Ra ermutigte seine Instrumentalisten, alle Arten von Perkussionsinstrumenten zu spielen. Ans Schlagzeug durften sich jedoch nur ausgebildete Drummer setzen. John Gilmore, der Saxofon wie auch Schlagzeug spielt, bildete immer eine Ausnahme. Diese Betonung der Perkussion war zusammen mit den von den Musikern angestimmten Gesängen das erste Anzeichen *bewusster* Afrikanismen in der Musik seit Dizzy Gillespies afrokubanischer Periode. Kulturgeschichtlich betrachtet ging dies zu dem vokalisierten „Growling" von Bubber Mileys Trompete zurück, die in Duke Ellingtons „Jungle Style" eine große Rolle spielte.

Clifford Jarvis hat darauf hingewiesen, dass Sun Ras Beschäftigung mit dem Rhythmus eine weitere Parallele zu Ellington bildet. „Die Trommeln sind so wichtig, dass einer der Väter des Jazz etwas um sie herum komponierte, und Duke Ellington ist der Traum eines jeden Schlagzeugers. In seiner Band haben Drummer immer eine wichtige Rolle gespielt. Eine Zeit lang stellte er sogar den Drummer als Star heraus. Er baute seine Musik immer auf dem Rhythmus auf. Bei Sunny ist es genauso. Seine Band ist um das Schlagzeug herum aufgebaut. Er mag es, wenn das Schlagzeug die Führung übernimmt und dynamisch vorangeht."

Es gibt kaum einen mit der New Music verbundenen Musiker, der nicht von Sun Ra gelernt hätte. Viele scheinen wesentlich konventioneller zu sein als er und seine Leute. Marshall Allen, John Gilmore und Pat Patrick, die drei Stützen der Band, die seit den frühen Fünfzigerjahren dabei sind, spielen praktisch alle Rohrblattinstrumente. Im Jahr 1958 schloss sich der Bassist Ronnie Boykins der Band an und wurde ein wichtiger Faktor bei der Weiterentwicklung der Musik. Weitere bedeutende Musiker sind der Posaunist Julian Priester, die Saxofonisten Marion Brown, Charles Davis, James Spaulding und Pharoah Sanders sowie die Bassisten Richard Davis, Richard Evans und Wilbur Ware. Bei einem Aufenthalt in Indianapolis gegen Ende der Fünfzigerjahre jammte Wes Montgomery Seite an Seite mit Sam „Bebop" Thomas, dem Gitarristen des Arkestra. Wenn die Band nach New York kam, stieg Billy Higgins des Öfteren ein, ebenso die Bassisten John Ore und Bob Cunningham. Bei einer Wiedersehensfeier im New-Yorker Central Park bot Sun Ra ein aus hundert früheren Zöglingen bestehendes Arkestra auf. Es gibt keine jungen Musiker, die nicht direkt oder indirekt von ihm beeinflusst worden wären. John Coltrane, der Ende der Fünfzigerjahre in Chicago mit Sun Ra Umgang hatte, sagte einmal, er habe John Gilmore zugehört, bevor er sein revolutionäres Meisterwerk „Chasin' the Trane" aufnahm. Tatsächlich verwendet Gilmore bei seinen Soli oft nur Obertöne. Mit ihnen errichtet er selbstsicher ein undurchdringliches Bauwerk, und zwar mit einem Schwung, der dem von Albert Ayler in nichts nachsteht. Darüber hinaus gibt es Anzeichen, dass Sun Ra zu den ersten Musikern zählte, die die Möglichkeiten der modalen Spielweise erkundeten.

Sein Einfluss ging über musikalische Angelegenheiten hinaus. Von seiner Jugend an arbeitete Sun Ra an seiner Lebensphilosophie, die seine Anhänger später übernahmen. In seiner Heimat lehnte er die von den meisten Südstaaten-Schwarzen seiner Generation bevorzugte Gospelmusik ab und hörte stattdessen Jazz. Er zog den Zorn seiner Eltern auf sich, als er der Kirche den Rücken kehrte. Sun Ra lehnte die Religion wegen ihrer besänftigenden Auswirkungen ab und weil sie die Menschen in seiner Umgebung zu einer resignativen Akzeptanz des

Status quo veranlasste. In Chicago versuchte er später, dem städtischen schwarzen Proletariat aufzuzeigen, wie seine Lage verbessert werden könnte. „Ich hatte den Eindruck, dass die Schwarzen in Amerika eine Erweckung brauchten", sagte Sun Ra. Er wurde der Anführer einer nationalistischen Organisation und verteilte Flugblätter. Auf diesen wies er auf die technologischen Entwicklungen hin, die auf der Welt stattfanden, und rief zum Studium der Elektronik und des Ingenieurwesens auf. Mit seiner Ermahnung „Stay in school" war er den Bemühungen von James Brown um mehr als ein Jahrzehnt voraus.

Das war die Zeit, in der John Coltrane mit Miles Davis zusammenspielte. Pat Patrick machte den Saxofonisten mit Sun Ra bekannt. Nach Angaben von John Gilmore hatte Coltrane damals den Stil, den er suchte, noch nicht gefunden. Er kam mit Sun Ras Poesie und Philosophie sowie mit dessen Musik in Berührung, und von da an sah er klarer. Die Lektüre von Sun Ras Schriften verhalf ihm dazu, seine schwere Drogenabhängigkeit zu überwinden. Coltrane nahm die Platten des Arkestra zum Studium mit. Drei Monate später verließ er Miles Davis und schlug in seiner Musik wie auch in seinem Leben eine neue Richtung ein. Coltrane war darin nicht der Einzige; mehreren bekannten Musikern verhalf die Weisheit Sun Ras dazu, ihr durcheinander geratenes Leben zu ordnen und ihrer Sucht ein Ende zu setzen.

Sun Ra wurde zwischen 1910 und 1916 als Herman Sonny Blount in Birmingham, Alabama, geboren. Die Band der Highschool wurde von John Tuggle Whatley geleitet, der sich als einer der Ersten darum bemühte, seinen Schülern mithilfe von Stipendien den Kauf von Instrumenten zu ermöglichen. Als Bandleader schuf „Fess" Whatley bei mehreren Musikern die Grundlage für ihre spätere Karriere, etwa bei „Old Man" Jo Jones (dem Schlagzeuger) sowie bei Erskine Hawkins und Teddy Hill, die später selbst Bandleader wurden. In Whatleys Abwesenheit stellte Sun Ra seine eigene Gruppe zusammen. Diese wurde mit so viel Begeisterung aufgenommen, dass Whatley einen Bus für sie kaufte und eine Tournee durch den Süden arrangierte.

In den Dreißigerjahren zog Sun Ra nach Norden. Er ging nach Gary, Indiana, und verbrachte einige Zeit an einem College in Washington, wo er bei Lula Randolph Privatunterricht nahm. Er ließ sich schließlich auf der South Side von Chicago nieder, wie es tausende von Schwarzen aus dem Süden vor ihm getan hatten.

Im Haushalt der Blounts in Birmingham hatte es viele Schallplatten gegeben, doch die einzigen, an die sich Sun Ra erinnern konnte, waren die von Fletcher Henderson. Im Lauf der Jahre schätzte er Henderson immer mehr, der einer der bedeutendsten Bigband-Leader der Zwanzigerjahre gewesen war und die Grundlagen für den Swing geschaffen hatte, der Benny Goodman Weltruhm einbrachte. „Was Fletcher machte, gefiel mir schon immer. Niemand schien viel

Notiz von ihm zu nehmen, aber er hatte diesen besonderen Schwung und Rhythmus, den andere Leute nicht haben."

Bei jeder Gelegenheit kaufte Sun Ra Schallplatten von Henderson und von Ellington. Als Hendersons Band im Jahr 1946 im *Club DeLisa* war, fing er dort als Pianist an. Er blieb ein Jahr lang. Manchmal spielte er für gastierende Bluessänger. Henderson dirigierte und spielte gelegentlich selbst ein Solo auf dem Piano. „Was die Akkorde und die Ideen betrifft, habe ich immer dieselbe Art von Musik gespielt, aber als ich bei Fletcher war, bekam ich Schwierigkeiten mit Leuten in der Band. Sie konnten sie nicht verstehen, und so ging ich schließlich. Fletcher wollte jedoch keinen anderen Pianisten verpflichten. Da dachte ich: Er ist ja selbst Pianist, folglich weiß er, was ich mache. Also kehrte ich zurück zu ihm."

Sun Ra fuhr fort: „Viele Musiker sind jedoch erstaunlich rückständig. Die Bandmitglieder behaupteten, sie könnten alles spielen, weil sie Musik von den besten Arrangeuren im ganzen Land gespielt hätten. Aber als ich mit Arrangements von ‚I Should Care' und ‚Dear Old Southland' zurückkam, versuchten sie's stundenlang, aber sie kriegten das nicht hin, weil es zu raffiniert war.

‚Dear Old Southland' hatte drei Noten pro Takt, aber sie waren diese Art von Synkopierung nicht gewöhnt. Ich sagte ihnen, das hätten Teenager schon gespielt, nachdem ich es ihnen beigebracht hatte. Schließlich mussten sie sich aber dran gewöhnen, weil der Bandleader völlig zufrieden damit war."

Im November 1948 machte Sun Ra sein Schallplattendebüt mit den Dukes of Swing. Die Gruppe wurde von dem früheren Brubeck-Bassisten Eugene Wright geleitet. Ihr gehörte auch der Saxofonist Yusef Lateef an. Coleman Hawkins und der Geiger Stuff Smith hielten sich zu jener Zeit in Chicago auf. Sun Ra spielte einen Monat lang auf der North Side mit ihnen zusammen. (Auf der LP *Dreams Come True* (Saturn 485) befindet sich das Stück „Deep Purple", bei dem Stuff Smith herausgestellt wird. Sun Ra spielt dabei Klavier und Hammondorgel.)

Stuff Smith hatte das Engagement eigentlich bekommen, aber da der grandiose Hawkins mit von der Partie war, leiteten sie das Ensemble gemeinsam. Smith stellte Sun Ra ein, weil er dessen Spiel mochte, doch Hawkins' Interesse ging tiefer. Wann immer er den Pianisten spielen hörte, beobachtete er dessen Hände. Schließlich bat er Sun Ra, sein Arrangement von „I'll Remember April" niederzuschreiben. Sun Ra erzählte die Story Jahre später Baroness Nica de Koenigswarter, der Rothschild-Erbin und bewährten Patronin zahlloser Musiker, die auch mit Hawkins eng befreundet war. Sie nahm den Pianisten zu einem Treffen mit Hawkins mit, um dessen Reaktion zu testen. Der große Saxofonist konnte sich anfangs nicht an Sun Ra erinnern, aber als dieser den Vorfall zur Sprache brachte, erwiderte er: „Ja, du hast eine Nummer für mich aufgeschrieben, die ich nicht habe spielen können. Es war das erste Musikstück, das ich nicht spielen konnte, und ich kann es auch heute noch nicht spielen. Ich habe keine Ahnung, woran das liegt."

Der Saxofonist Leroy Cooper erinnert sich daran, dass er ein ganzes Heft mit Arrangements in die Hände bekam, die Sun Ra für die Sängerin Lorez Alexandria geschrieben hatte. „Da waren ganz irre Zusammenstellungen von Noten. Ein paar von den Jungs sagten: ‚Wie soll man das bloß spielen?‘ Aber wenn man das spielte, klingt es genau richtig."

„Meine Musik kann nur derjenige spielen, dem ich's vorher beigebracht habe", sagte Sun Ra. „Ich glaube, es liegt an dem rhythmischen Gespür. Den meisten Jazzstücken liegt ein einziger Rhythmus zugrunde, aber bei meiner Musik laufen zwei oder drei verschiedene Rhythmen, und die muss man alle spüren. Mit Zählen ist da nichts zu machen."

In den Fünfzigerjahren trat Sun Ra in Chicago gelegentlich im *Birdland* und in *Roberts Lounge* auf. Er spielte Klavier bei Red Saunders, der die Hausband im *Club DeLisa* hatte; für die Arrangements war er ebenfalls verantwortlich. Wenn Saunders einen freien Abend hatte, stellte er selbst die Band. Je nachdem, welchen Künstler es zu begleiten galt, spielte er Blues, Balladen, Jazz oder Gospel. Red Holloway, ein erfahrener Musiker, der sowohl mit Roosevelt Sykes and The Spaniels als auch mit Sonny Stitt zusammengearbeitet hat, lernte Sun Ra 1953 kennen, als sie im *Argyle Room* zusammenspielten. Von dem früheren Bassisten Al Smith, der einst Jimmy Reed und T-Bone Walker managte, wurden sie für eine Reihe von Gigs angeheuert. Red Holloway leitet jetzt die Hausband im *Parisian Room* in Los Angeles und spielt bei dem britischen Rock-Blues-Star John Mayall Tenorsaxofon. Er hat Sun Ra als einen ruhigen Menschen in Erinnerung, der meist nur dann redete, wenn er angesprochen wurde, und der trotz seiner eigenen Enthaltsamkeit nie über diejenigen die Nase rümpfte, die ein Laster hatten.

Im Jahr 1957 leitete Holloway ebenfalls die Band im *Club DeLisa*. Er kam zu dem Schluss, dass Sun Ra sowohl als Arrangeur wie auch als Musiker „fantastisch" gewesen sei. Als Pianist habe er jeden Stil spielen können. „Damals, in den Fünfzigerjahren, spielte er genauso wie jetzt. Er hat zwar dazugelernt, aber er war schon immer ein umwerfender Pianist. Er hatte seine eigene Spielweise, und alle hörten zu und versuchten herauszufinden, was er da machte. Damals war das ganz unkomplizierte Spiel vorherrschend. Man musste nicht so viele Akkorde spielen wie heute. Und wenn man einen Gig hatte, dann war das meist ein unkomplizierter Job. Aber wenn Sun Ra dabei war, wurde die Sache kompliziert. Da musste man überlegen, was für Akkorde das waren!"

Obwohl Sun Ra zu jener Zeit bereits politisch aktiv war, konnte sich Holloway nicht erinnern, dass er sich je über eine bestimmte politische Richtung oder eine Religion geäußert hätte. Einmal habe ihm der Pianist jedoch erzählt, dass er nach New York reisen wolle, um sich einige Bücher zu beschaffen. Später habe ihm Sun Ra erzählt, er könne sich die Reise sparen, weil er eine Methode gefunden habe, dorthin zu gelangen, ohne einen Bus oder ein Flugzeug zu besteigen. „Er sagte, er habe einfach seinen Körper dorthin geschickt. Ich habe die Worte vergessen, die er verwendete … Astrale Projektion? Ja, darum ging's. Und dann habe er die gewünschten Informationen erhalten." Wenn andere Leute lachend zu Holloway sagten: „Mann, hast du gehört, was Sonny Blount für ein Zeug daherredet?", erwiderte er nach eigenem Bekunden: „Kannst du beweisen, dass es nicht stimmt?"

Sun Ra begleitete des Öfteren große Blueskünstler wie B. B. King. Ein besonderer Liebling von ihm war der wenig bekannte Dr. JoJo Adams. Er beschreibt ihn als „einen echten Bluessänger auf einer anderen Ebene". Adams' Angewohnheit, rote, rosafarbene oder grellblaue Smokings mit langen bunten Schößen zu tragen (er hatte sieben verschiedene Exemplare), muss Sun Ras Sinn für das visuell Spektakuläre angesprochen haben.

Als Sun Ra 1953 ein Trio leitete, dem der Bassist Richard Evans und der Drummer Robert Barry angehörten, kam John Gilmore in den Klub und fragte, ob er einsteigen dürfe. Am darauf folgenden Abend wurde er engagiert. „Ich brauchte sechs Monate, um tatsächlich zu hören, wie tiefgründig die Dinge waren, die Sun Ra machte", sagte Gilmore. „Was die Harmonien betrifft, war er schon so weit fortgeschritten, dass ich zwar seine Stücke spielen konnte, weil ich ja Noten lesen konnte, aber trotzdem dermaßen lange brauchte, bis ich erkannte, wie andersartig und wie schön konstruiert seine Musik war."[3] Red Holloway drückte es so aus: „Sein Spiel war immer korrekt, es lag einfach daran, wie er seine Akkorde zum Ausdruck brachte."

Beim Spielen von „Saturn", das später zu einer Erkennungsmelodie des Arkestra wurde, merkte Gilmore schließlich, worauf es bei dieser Musik ankam: „Die Intervalle und die Harmonien seiner Musik machten es erforderlich, dass man sich in verschiedene Gebiete des Instruments bewegte, in die man normalerweise nicht geraten würde, nicht einmal in der klassischen Musik oder im Jazz."[4]

Gilmore, der ursprünglich aus Mississippi kam und zuvor vier Monate lang in der Bigband von Earl Hines gewesen war, wurde eine der Stützen des Arkestra. Er hat von Zeit zu Zeit mit anderen Orchesterleitern zusammengearbeitet, so mit Art Blakey und Freddie Hubbard. In den Fünfzigerjahren probte er regelmäßig mit Miles Davis, bevor John Coltrane zu der Gruppe stieß. Obwohl man im Musikgeschäft immer darauf achten muss, dass man seine Brötchen verdient, ist Gilmore stets zu Sun Ra zurückgekehrt.

Dieser war zu jener Zeit damit beschäftigt, das erstaunliche dreiköpfige Bläserteam zusammenzustellen, das dann über zwanzig Jahre lang intakt blieb. Die Interaktion der Musiker und die bunten Klangteppiche, die sie hervorbrachten, bildeten ein Muster für das Ensemblespiel und die Kollektivimprovisation zwischen Saxofonisten und anderen Instrumentalisten in größeren Ensembles.

Dass zwei Saxofonisten gegeneinander antraten, gab es in den „Tenor Battles" der Bebop-Zeit häufig. Sun Ra führte dies weiter und nutzte die „Voicings", die entstanden, wenn zwei Musiker miteinander kämpften und ihre Hörner einander entgegenreckten wie Hirsche zur Brunftzeit. Wenn Marshall Allen mit einem anderen Altsaxofonisten ein Duett spielte, ließ sich nicht mehr feststellen, wer was spielte. Diese Duette waren die Vorläufer der wilden Vorstöße in die Kollektivimprovisation von bis zu vier Altsaxofonisten, die ein Markenzeichen von Sun Ras sich ständig veränderndem Arkestra wurde, das unter einer ganzen Reihe von Namen auftrat. So nannte er es mal sein Solar Arkestra, mal seine Band From Outer Space; später hieß es Solar-Nature, Space, Myth-Science und schließlich Astro-Intergalactic-Infinity Arkestra. Die Namen waren so vielfältig wie die Palette, die Sun Ra benutzte, um seine „Bilder der Unendlichkeit" zu malen. Dabei baute er auf einer sich ständig verschiebenden Basis von Polyrhythmen eine dichte Schicht von Strukturen nach der anderen auf.

Der Baritonsaxofonist Charles Davis war einer der ersten Jünger von Sun Ra. 1954 gehörten Marshall Allen und Pat Patrick ebenfalls zur Band. Als Sun Ra im *Grand Terrace* unter Vertrag genommen wurde, vervollständigte er die Bläser mit dem Trompeter Art Hoyle, dem Posaunisten Julian Priester und dem Altsaxofonisten James Scales. Pat Patrick hatte Sun Ra zum ersten Mal gehört, als er noch in der Highschool war. Später waren sie einander bei verschiedenen Gigs öfters begegnet. Patrick erzählte, bei einem dieser Jobs habe Sun Ra dem Piano Klänge entlockt, „die gar nicht nach Piano klangen; ich schaute mich um und war völlig perplex."[5]

Laurdine „Pat" Patrick hat einen beeindruckenden Background. Er lernte als Kind Klavier und Flöte spielen und erhielt von seinem Vater und von Clark Terry Trompetenunterricht. Er spielte bei James Moody und Quincy Jones und arbeitete mit zahlreichen Latin Bands und afrokubanischen Gruppen zusammen, so mit der Band von Mongo Santamaria. Er war sogar der musikalische Leiter der Band, als der „Watermelon Man" in den Charts Furore machte. Patrick gehörte zu den Komponisten von „Yeh-Yeh" (der Song wurde von Lambert, Hendricks and Bavan eingespielt sowie von dem Briten Georgie Fame) und hat auch für das Theater geschrieben. Im Jahr 1979 trat er im Thelonious-Monk-Quartett die Nachfolge von Charlie Rouse an. Bei einer anderen Gelegenheit nahm er im Orchester von Duke Ellington den Platz von Russell Procope ein und saß im Saxofonsatz neben Johnny Hodges und Harry Carney, den beiden Männern, die den Ellington-Sound verkörperten.

Sun Ras Musik kam Patrick irgendwie vertraut vor und erregte seine Neugier. Nach seinen Worten ist der Pianist „der Typ von Musiker, der dich dazu bringt, besser zu spielen. Von ihm kann man immer etwas lernen. Unter anderem merkte ich auch, dass meinem Spiel etwas fehlte. Sun Ra hat sehr hohe Maßstäbe, und er kann ein ziemlich strenger Lehrer sein. Mit der Grundlage, die ich von ihm erhielt, und mit meinen früher gemachten Erfahrungen habe ich mich dann auf vielen Musikgebieten betätigen können."[6]

Der aus Louisville, Kentucky, stammende Marshall Allen spielte in der Schule Klarinette und C-Melody-Saxofon. Er studierte am Conservatoire national de la musique in Paris Altsaxofon und spielte dort mit dem amerikanischen Pianisten Art Simmons zusammen. Bevor er nach Chicago zurückkehrte, machte er mit James Moody eine Europatournee. Damals stand er unter dem Einfluss von Johnny Hodges, Willie Smith, Benny Carter und Charlie Parker und hatte den Ehrgeiz, in einem Saxofonsatz die Satzführung zu übernehmen, so wie die zwei Männer, die er bewunderte, es taten: Willie Smith bei Lunceford und Earl Warren bei Basie. Die Klangqualität, die er anstrebte, sollte der Fähigkeit von Hodges entsprechen, hübsch zu spielen, doch mit einem großen Sound. „Ich wollte nicht auf der Grundlage von Akkorden, sondern auf einer breiteren Soundbasis spielen", sagte Allen. „Das konnte ich erst tun, als ich bei Sun Ra anfing."[7]

1956 machte Sun Ra seine erste Aufnahme für Transition, und als Allen sie hörte, hatte er den Wunsch, mit dem Pianisten zusammenzuspielen. Bei einem Zusammentreffen mit dem Trompeter King Kolax, dessen R&B-Band damals in Chicago zu den führenden Gruppen zählte, hörte er, dass Sun Ra Musiker einstellte. Bald darauf nahm Allen regelmäßig an den Proben teil.

Marshall Allen wurde zu einem großen Rückhalt des Arkestra. Neben seinem Altsaxofon spielte er noch viele andere Instrumente, zum Beispiel Flöte, Oboe, Englischhorn, Klarinette und *Morrow,* ein von ihm selbst entworfenes Instrument. Am Anfang ließ Sun Ra die Musiker konventionelle Instrumente spielen und brachte ihnen bei, deren Soundpotenzial zu nutzen. Später erlaubte er ihnen, die Instrumente hinzuzunehmen, die er auf der ganzen Welt gesammelt hatte, so in Afrika *(Kora),* Japan *(Koto)* und China („einsaitige Violine").

Ronnie Boykins war der erste Bassist, der genügend Kraft hatte, um die Nachfolge von Leuten wie Wilbur Ware und Richard Davis anzutreten. Er wurde der Angelpunkt, um den sich die Musik von Sun Ra acht Jahre lang drehte, außerdem einer der Faktoren, die den Sound des Arkestra prägten. Sein gestrichenes Solo in „Rocket No. 9 Take Off For the Planet Venus" (1959) ist wahrscheinlich das erste auf Schallplatte aufgenommene Beispiel dafür, dass der Bass wie ein Horn in einem relativ „freien" Kontext gespielt wird. Boykins' in luftige Höhen gehende Melodielinien, die Victor Schonfield als „charakteristisches Geräusch der New Black Music" beschrieben hat, bilden eine Parallele zu Ron Carters Neuerungen auf dem Cello. Diese sind auf Eric Dolphys „Out There" zu hören, das ein Jahr später aufgenommen wurde. Sie nehmen sowohl die Bogentechnik vorweg, die der klassisch ausgebildete David Izenzon bei Ornette Coleman produzieren sollte, als auch Alan Silvas im hohen Register gespielte Beiträge zur Musik von Cecil Taylor und Albert Ayler.

Wie Gilmore und Patrick hatte auch Ronnie Boykins an der DuSable High School von dem berühmten „Captain" Walter Dyett Unterricht erhalten, der so bekannte Musiker wie Richard Davis und den Geiger Leroy Jenkins sowie die Saxofonisten Johnny Griffin und Clifford Jordan ausgebildet hatte. Boykins wurde auch von Ernie Shepard unterrichtet, einem kraftvollen Bassisten, der später bei Duke Ellington arbeitete.

Boykins hatte einst zusammen mit einem befreundeten Posaunisten den Privatklub *The House of Culture* eröffnet. „Wir meinten, dass die Leute, insbesondere die schwarze Bevölkerung, merken sollten, dass es eine schwarze Kultur gibt."[8] Mit Sun Ras Meinung, es sei an der Zeit, dass sich schwarze Musiker selbstständig betätigten, stimmte er überein. Er fand es aufregend, dass es diese Bigband, diese Musik und dieses neue Denken gab, aber genauso wichtig war für ihn, dass sich Sun Ra an das hielt, was er predigte: „Er war das genaue Gegenteil von denen, die einem das Rauchen oder das Trinken verbieten und selbst damit fortfahren!"[9]

Als Boykins zum Arkestra stieß, war dieses bereits voll mit den langen und manchmal sehr mühsamen Proben beschäftigt. Julian Priester, ein gebürtiger Chicagoer, der später mit Max Roach, Ray Charles, Art Blakey und Herbie Hancock spielte, schloss sich der Band an, kurz nachdem er die Highschool hinter sich hatte. Er hat erzählt, was es bedeutete, in Sun Ras „Holzschuppen" dabei zu sein. Für jemanden, der direkt aus den Bluesbands von Muddy Waters und Bo Diddley kam, wo einem außer einem relativ stilisierten Beitrag nichts abverlangt wurde, sei das eine einzigartige Erfahrung gewesen. Sun Ra habe seinen Musikern des Öfteren irgendeine Idee vorgetragen, berichtete Priester. Und als er aufgeschaut habe, habe er gesehen, dass der Bandleader auf ihn zeigte und ihn aufforderte, das Solo zu übernehmen. „Ich stand auf, hatte aber keine Ahnung, was da ablief! Ich wusste nicht, wie die harmonischen Rahmenbedingungen lauteten. Ich musste einfach hinhören, was hinter mir in der Band vor sich ging – das konnte alles Mögliche sein –, und daran anknüpfen. Ich musste das im Nu kapieren und zu spielen beginnen."[10]

Zum damaligen Zeitpunkt begriff der Posaunist nicht ganz, wie wichtig dieser Vorgang war. Später merkte er, dass ihm Sun Ra die ersten Lektionen in musikalischer und persönlicher Freiheit erteilte. „Mir wurde klar, was Sounds waren. In gewisser Weise sind alle Noten Sounds und alle Sounds Noten. Ich erfuhr viel über Strukturen. Zum Beispiel, dass selbst eine ganz beschränkte Struktur die Grundlage zum Improvisieren bilden und dass sich von da an alles ändern kann, je nachdem, was du spielst. Es gab viel zu lernen."[11]

Immer mehr junge einheimische Musiker kamen zu den Proben. Wenn Sun Ra einen Musiker mochte, fand er eine Möglichkeit, ihn mitmachen zu lassen. Im Jahr 1957, als Leroy Cooper sich Ray Charles anschloss und fast zwanzig Jahre lang Baritonsaxofon bei ihm spielte, nahm er im Sun Studio an mehreren Proben teil. Als Sun Ra Coopers Instrument sah, sagte er zu ihm, er habe keine Partituren für das Baritonsaxofon, werde ihm aber welche schreiben.

„Er kam am nächsten Tag mit einem ganzen Heft Partituren zurück – alle mit Bleistift aufgeschrieben!"

Längst nicht alle Besucher wurden zu Anhängern. Sun Ras Musik hat immer genauso viel schroffe Ablehnung wie Lob gefunden, und oft waren es die Musiker, die nicht begreifen konnten, was er machte. „Bis vor ein paar Jahren ging es in der Musik immer um ‚Sweet Sue' und ‚Mary Jo', alles drehte sich um die Liebe", sagte er. „Auch beim Jazz befassten sich alle Songs mit der Liebe. Ganz selten erstreckten sie sich auf etwas anderes, es sei denn, es ging um den Blues. Es handelte immer von menschlichen Gefühlen, die jeder nachvollziehen konnte, aber das war einfach eine Wiederholung. Es brachte den Menschen keine neuen Emotionen. Dabei haben die Menschen ein weites Feld von Emotionen, die nie aktiviert werden; sie haben viele Gefühle, die sie nie spüren."

Sun Ra fuhr fort: „Leider wurden die schwarzen Musiker in Amerika dazu gebracht, diese sentimentale Musik zu spielen statt der unmittelbaren, natürlichen Musik, die wir als Schwarze spielen sollten. Statt zusammenzubleiben und in den Bigbands auf geordnete Weise für ihre Leute zu spielen, bildeten sie Trios und Kombos. Dann kamen Duos und schließlich die Einzelpersonen. Und wenn ich mir anschaue, was die Schwarzen in Amerika zustande gebracht haben, kann ich nicht sonderlich stolz sein."

Sun Ra wuchs in einer Zeit auf, in der jeder mindestens ein Dutzend Bigbands kannte, von denen jede ihren eigenen Stil hatte. Die Bigband und die harte Arbeit, die hinter ihrer Präzision steckt, waren für ihn der Inbegriff alles Guten und Heroischen in der schwarzen Musik. Seiner Meinung nach gab der Professionalismus der Orchester von Ellington, Lucky Millinder oder Jimmy Lunceford den Schwarzen ein Ideal, dem sie nacheifern konnten. Als diese größeren Ensembles aus wirtschaftlichen Gründen verkleinert werden mussten, „verloren die Schwarzen ihren Maßstab für das, was wirklich natürlich war und was für sie die exemplarische Musik war". Nur er allein habe diese verpflichtende Tradition fortgeführt, und zwar ohne einen nennenswerten finanziellen Rückhalt.

Mehrere Musiker, die sich später der anderen berühmten Chicagoer Musikinstitution anschlossen, der pragmatischeren AACM (Association for the Advancement of Creative Musicians), standen zuvor mit Sun Ra in Verbindung. Unter ihnen war der Trompeter Phillip Cohran, eines ihrer Gründungsmitglieder, der Saxofonist Virgil Pumphrey (jetziger Name Absholom Ben Shlomo) und der Schlagzeuger Alvin Fielder. Die AACM hatte sich immer für den Fortschritt eingesetzt, doch zu einem bestimmten Zeitpunkt waren einige der Mitglieder der Ansicht, dass Sun Ra zu weit gegangen sei. Einer davon war nach Auskunft von Alvin Fiedler der Pianist Richard Abrams, die graue Eminenz der Vereinigung. Abrams habe Sun Ra später in New York aufgesucht, berichtete

Fielder, und ihm mitgeteilt, dass er damals einen Fehler gemacht habe. „In Chicago habe ich ‚Nein‘ gesagt, aber jetzt bin ich hergekommen, um dir zu sagen, dass ich dir zustimme."

Alvin Fielder war aus Mississippi nach Chicago gekommen. Er hatte in New Orleans und Houston Pharmazie studiert und in seiner Freizeit Musikjobs übernommen. Er war durch einen Saxofonisten mit Sun Ra bekannt gemacht worden, als die Band auf der West Side bei einer Tanzveranstaltung spielte. Er wurde zur nächsten Probe eingeladen und anschließend in die Band aufgenommen. (Fielder glaubt, das sei hauptsächlich deswegen geschehen, weil er aus dem Süden kam.)

„Sunny konfrontierte mich mit einer neuen Spielweise, die ich aber damals nicht richtig verstand. Zu jenem Zeitpunkt hatte ich ungefähr zehn Jahre praktische Erfahrung, aber wirklich gespielt hatte ich nur fünf Jahre. Sunny sagte immer ‚spiel einfach‘, ‚spiel ganz locker‘, ‚spiel irgendwas‘, ‚spiel frei‘. Ich hatte keine Ahnung, was ‚frei‘ bedeutete, weil ich damals eher wie Max Roach spielte oder es zumindest versuchte. Max war mein Idol."

In den zwei Jahren, in denen Fielder dabei war, arbeitete die Gruppe ziemlich häufig, doch die Bezahlung war sehr dürftig. Als sie in Indianapolis spielten, bekamen die Musiker pro Kopf zehn Dollar. Robert Barry, der auf den meisten frühen LPs von Sun Ra vertreten ist, war der Hauptdrummer. Es gab aber oft einen zweiten, meist William „Bugs" Cochrane, und manchmal einen Paukisten, nämlich James Herndon. Fielder spielte gleichzeitig mit dem einen oder sogar mit beiden. „Es hatte keinen Zweck, der beste Drummer sein zu wollen, weil ich die anderen einfach nicht übertreffen konnte. Es war eine Art Lehrzeit. Ich lernte von Bugs, von Robert Barry, von Sun Ra, John Gilmore und Pat Patrick. Sie waren sozusagen meine Lehrer und meine älteren Brüder. Es war wie eine Familie, und ich war der kleine Junge."

Eines der Lokale, in dem das Arkestra abends auftrat, war das *Queen's Mansion,* eine Homosexuellenbar, die über eine große Bühne und eine Tanzfläche verfügte. Die Bar befand sich an der Ecke 64th und Parkway, mitten im Musikviertel der South Side. Die Band probte jeden Tag neues Material; sie ging jedes Stück einmal durch und spielte es am selben Abend. Anschließend wurde es noch vier- oder fünfmal gespielt, dann kam etwas Neues. Das „Band Book" war ungefähr fünfundzwanzig Zentimeter stark. Sun Ra hatte ein großes Tonbandgerät dabei und nahm die meisten Auftritte auf.

1960 ging das Arkestra nach Kanada, weil die Beschäftigungssituation in Chicago immer schlechter geworden war. Ein Agent hatte der Band in Montreal ein Engagement verschafft. Ronnie Boykins, der als Einziger einen Führerschein besaß, lieh das Auto seines Vaters und fuhr nonstop nach Montreal. Er kam völlig erschöpft an, brach vor dem Hotel zusammen und wurde in ein Krankenhaus geschafft. Als er dort nach seiner Religion befragt wurde, antwortete er: „Kosmische Philosophie."

Der Agent hatte das Arkestra aber noch nie spielen gehört. Die Kostüme und Lichteffekte hatten ihn zu der Annahme geführt, es sei eine Rock-and-Roll-Band. Das Engagement dauerte nur wenige Tage. Der Besitzer eines im Universitätsviertel gelegenen Bistros erwies sich als Retter. In diesem Bistro fand das Arkestra bald ein Publikum. Sun Ra wurde im Fernsehen interviewt, und die Band hatte noch einige andere Auftritte. Dann weigerten sich die Behörden, die Arbeitserlaubnis der Musiker zu verlängern. Als Grund wurde „Störung der öffentlichen Ordnung" angegeben.

Nach dem viermonatigen Aufenthalt in Kanada fuhr die Band nicht nachhause, sondern nach New York. Ungefähr ein Jahr lang arbeitete sie im *Playhouse,* einem Lokal in Greenwich Village, das Gene Harris gehörte, dem früheren Pianisten einer Gruppe namens The Three Sounds. Der eben in New York eingetroffene Pharoah Sanders hörte sie dort und übernahm in dem Klub einen Job, um die Band Abend für Abend hören zu können. Als sich John Gilmore beurlauben ließ, um an Art Blakeys Europa- und Japantournee teilzunehmen, nahm Sanders seinen Platz ein. Er wurde natürlich von Sun Ra auf Band aufgenommen, und diese Tonaufzeichnungen sollen gelegentlich veröffentlicht werden. „Für die Öffentlichkeit dürfte es sehr interessant sein, zu erfahren, wie sich Pharoah Sanders vor seiner Zeit mit Coltrane anhörte", meinte Sun Ra.

Slug's, die Heimat des Jazz an der Lower East Side, war der Ort, an dem die meisten Interpreten der New Music erstmals auftraten. Die Bar mit ihren Backsteinwänden und dem Sägemehl auf dem Fußboden war für die New Music so bedeutend, wie es das *Birdland* für den Bebop gewesen war. Im Gegensatz zum *Birdland* spielten Drogen jedoch keine so große Rolle. Die Musiker, die *Slug's* besuchten, waren anfänglich eher der Reformkost zugetan.

Die Bar lag an der East Fourth Street, wenige Blocks von Sun Ras Stützpunkt entfernt. Von 1966 bis zur Schließung im Jahr 1972 war das Arkestra an Montagabenden fast ständig dort anzutreffen. Die Bühne war so klein, dass die Band fast mitten im Publikum saß. Hinter bis zu drei Schlagzeugen waren Congatrommeln und afrikanische Trommeln aufgestellt, die manchmal von Clifford Jarvis zusammen mit Roger Blank oder Jimhmi Johnson gespielt wurden, später von John Gilmore und Lex Humphries. Oft spielte das Arkestra in nahezu völliger Dunkelheit. Die einzige Beleuchtung waren die Lichter, die von Sun Ras oder Marshall Allens Kopfbedeckung blitzten. Als die Band populärer und die finanzielle Situation etwas besser wurde, gab es bei den Auftritten eine Lightshow. Von Zeit zu Zeit wurden Filme an die Wand hinter den Musikern projiziert. Im Publikum befand sich meist eine ganze Anzahl Instrumentalisten unterschiedlichen Alters. Der Trompeter Art Farmer und der Schlagzeuger Art Blakey waren häufig unter den Zuhörern anzutreffen. Bei mehreren Nummern marschierten die Musiker im Klub umher. Earl Cross, der eine Weile beim Arkestra spielte, erinnert sich daran, dass eines Abends nur Musiker da waren.

Die Saxofonisten Jimmy Heath und Cannonball Adderley seien ihnen durch den Raum gefolgt und hätten jedem Einzelnen genau zugehört.

Der ritualistische Aspekt von Sun Ras Darbietungen wurde während der Konzerte bei *Slug's* besonders deutlich. Oft traten bunt gekleidete Tänzer mit der Band auf. Manche trugen verschiedene Zepter und andere Totems wie die Sonnenharfe, ein metallenes Instrument, das wie die goldenen Strahlen der Sonne geformt war und das Sun Ra einmal gespielt hatte. In Chicago hatte das Arkestra immer Tänzer angelockt, selbst wenn es gerade nicht für sie aufspielte. Es galt als Auszeichnung, zur Musik dieser Band tanzen zu dürfen. Sun Ra hatte zwar afrikanische Musik angehört, bezeichnete seinen Hang zum Zeremoniell jedoch als etwas, das aus „meiner Natur als Schwarzer" stamme. Er wurde einmal gefragt, wie er es geschafft habe, diese ethnischen Merkmale beizubehalten. Seine Antwort lautete: „Indem ich mich von der schwarzen Bevölkerung Amerikas fern hielt und indem ich mich von der weißen Bevölkerung Amerikas fern hielt. Ich bin ich, und das können die anderen nicht von sich behaupten. Was ich spiele, ist deshalb ganz natürlich."

Sun Ras Männer müssen Härtetests über sich ergehen lassen, die eher zu Athleten als zu Musikern passen. Sie spielen oft Sets, die sich nonstop über vier oder fünf Stunden hinziehen. Seine eigene Energie ist erstaunlich. Die Sessions bei *Slug's* endeten meist um vier Uhr früh. Sun Ra wartete stets, bis alle Instrumente eingepackt waren. Dann fuhr er zu seiner Wohnung ins neunzig Meilen entfernte Philadelphia. Zweieinhalb Stunden später war er schon wieder wach und aktiv. Wie Ronnie Boykins festgestellt hat, geht Sun Ra wirklich mit gutem Beispiel voran.

Das Repertoire des Arkestra ist so abwechslungsreich, dass man ihm einen Monat lang Abend für Abend zuhören müsste, um einen umfassenden Eindruck zu bekommen. Es reicht vom Swing über den Neo-Bebop zu freien Kollektivimprovisationen. Auf eine Bearbeitung von „Lightnin'", das Duke Ellington 1932 aufnahm, folgt sofort eine heiße Version von „Yeah Man!" aus dem Repertoire des Jimmy-Lunceford-Orchesters jener Zeit. Sun Ra spielt sogar eine surrealistische Version von Jelly Roll Mortons „King Porter Stomp". Wenn er derartiges Material bearbeitet, wird das Feeling des Originals beibehalten und ihm gleichzeitig eine zeitgenössische Note verliehen. Das Andenken an die Komponisten wird auf diese Weise weit besser gewahrt als durch das anachronistische New York Jazz Repertory Orchestra (ein Einfall des Promotors George Wein), das nicht nur die original Arrangements nachspielt, sondern sogar die Soli fast Note für Note wiederholt.

An einem Abend mag der stark unterschätzte John Gilmore als Solist herausgestellt werden, und am nächsten können die Schlaginstrumente dominieren. Die Aufnahme „My Brother The Wind" stellt ausschließlich Gilmores Perkussionsarbeit heraus. „Manchmal glaube ich, dass John noch nicht genügend wahrgenommen wurde", sagte Sun Ra. Er stellt Gilmore nur dann heraus, wenn er einen starken Bassisten in der Band hat. Gilmore mag es, wenn der Bassist nahe bei ihm ist. „John ist aus Chicago, und er braucht diesen starken Rhythmus hinter sich, damit er spielen kann, was er wirklich möchte. Er kommt durcheinander, wenn der Bassist nicht so spielt, wie er's von Chicago her gewohnt ist. Die dortigen Bassisten spielen kräftig, und andere tun das nicht unbedingt."

Ronnie Boykins fand 1966 eine lukrativere Einnahmequelle und sah sich gezwungen, das Arkestra zu verlassen. Sieben Jahre später rief Sun Ra ihn an und teilte ihm mit, er habe solche Probleme, einen passenden Bassisten zu finden, dass er sich gezwungen sehe, zwei Bassisten einzusetzen, um den gewünschten Sound zu bekommen. Tatsächlich war Sun Ra mit Boykins' Nachfolgern so unzufrieden, dass er anfing, die Basslinie auf einem seiner Keyboards selbst zu spielen. Deswegen verlor er sogar einen seiner Musiker. „Ich spiele nicht mit diesem Ding", sagte dieser zu Sun Ra. Der Bandleader schlug vor, sie sollten zusammen spielen. „Nein", lautete die Antwort. „Du brauchst mich doch gar nicht, Mann."

Obwohl sie seinen strengen Vorschriften unterworfen sind, haben die Musiker für Sun Ra und seine Rolle in der Gemeinschaft nichts als Hochachtung. Earl Cross nannte ihn „eine Institution". Clifford Jarvis sagte, sie hätten einen gewaltigen Respekt vor ihm. Sun Ra wiederum hat große Hochachtung für die Musiker, die ihm in seiner Jugend behilflich waren und die ihm ihre eigenen Grundsätze nahe brachten. „Noch nie habe ich Menschen getroffen, die so selbstlos waren wie die Jazzmusiker. Sie spielten nicht für Geld, sondern weil sie spielen wollten. Und das kann man aus der Musik heraushören. Die Spontaneität der frühen Jazzaufnahmen ist etwas, das man auf der ganzen Welt kein zweites Mal findet. Sie spielten, weil sie den Jazz wirklich mochten."

In einem Interview mit dem nigerianischen Journalisten Tam Fiofori, der eine Weile zu seinem Gefolge gehörte, zollte Sun Ra seinen musikalischen Vorläufern einen recht ungewöhnlichen Tribut: „Als ich in der Highschool war, ließ ich mir keine Band entgehen, ob es nun eine bekannte oder unbekannte war. Ich war ganz versessen auf Musik. Einige von den Bands, die ich hörte, wurden nie populär und erzielten keine Plattenerfolge, aber sie waren von einer wahrhaft natürlichen schwarzen Schönheit. Ich möchte ihnen danken, und ich möchte all den echten Musikern, die es je gab oder je geben wird, die Ehre erweisen. Schon der Gedanke an solche Leute ist etwas Schönes. Die Musik, die sie spielten, hat einen natürlichen Glückszustand der Liebe, der so selten ist, das ich ihn nicht beschreiben kann. Sie war frisch und mutig; wagemutig, aufrichtig und frei von Skrupeln. Sie stellte eine spontane Avantgarde dar und ist es immer noch, weil es auf der Welt keinen Platz für sie gab. Die Welt verstand sie nicht und vernachlässigte etwas Wertvolles. Ich konnte nicht begreifen, wieso man kein Verständnis aufbrachte. Lag es daran, dass man die Musik nur als Handelsware betrachtete? Ich bin froh, dass ich in anderen Kategorien denke."[12]

Quellen:

1. *Sun Ra in Egypt* (Thoth Intergalactic).
2. Interview mit Tam Fiofori, „Sun Ra's African Roots", *Melody Maker,* 12. Februar 1972.
3. Interview mit Tam Fiofori, „Gilmore: a Tenor Spearhead", *Melody Maker,* 3. April 1971.
4. Ebenda.
5. Interview mit Tam Fiofori, „Pat's Rhythm Thing", *Melody Maker,* 10. April 1971.
6. Ebenda.
7. Interview mit Tam Fiofori, „Right Sound at the Right Time", *Melody Maker,* 27. März 1971.
8. Interview mit Jacqueline und Daniel Caux in *Jazz Magazine,* Juni 1974.
9. Ebenda.
10. Interview mit Eugene Chadbourne, „Wandering Spirit Song", *Coda,* Dezember 1974.
11. Ebenda.
12. Interview mit Tam Fiofori, „Sun Ra's Space Odyssey", *Down Beat,* 14. Mai 1970.

Albert Ayler –
Spiritual Unity

Meine Musik ist das, was mich jetzt am Leben erhält. Ich muss Musik spielen, die nicht von dieser Welt ist. Das ist alles, was ich vom Leben verlange, und ich glaube, dass es nicht zu viel verlangt ist, wenn man einfach allein sein möchte, um aus dem, was Gott einem gibt, etwas zu erschaffen.

Albert Ayler

Als Albert Aylers Leichnam am Morgen des 25. November 1970 am Fuß von Brooklyns Congress Street Pier aus dem East River geborgen wurde, verlor die Musikwelt einen Ikonoklasten, und die schwarze Kultur gewann einen weiteren Märtyrer hinzu. Der Befund des Amtsarztes lautete auf „Tod durch Ertrinken", und da es offenbar keine Fremdeinwirkung gegeben hatte, wurde keine Obduktion angeordnet. Die Polizei von Brooklyn gab sich damit zufrieden, die Musikerszene jedoch nicht. Als Ayler weniger als fünf Monate nach seinem vierunddreißigsten Geburtstag starb, folgte er seinem verblichenen Freund und Mentor John Coltrane allzu früh nach. Die Musiker waren wie betäubt. Sechs Monate später waren immer noch Gerüchte im Umlauf, dass auf den Saxofonisten geschossen worden und dass an seinem Hinterkopf eine Einschusswunde gewesen sei, die ihm die Polizei beigebracht habe.

Tatsache ist, dass die Polizei kurz nach Aylers Verschwinden in seine Brooklyner Wohnung gerufen worden war. Dadurch waren die Gerüchte entstanden. Der Pianist Call Cobbs Jr., der sich seit seinem ersten Zusammentreffen mit Ayler im Jahr 1964 mit dessen Musik beschäftigt hatte, identifizierte die Leiche in Gegenwart von Aylers Vater. Er betonte später, dass keine Schusswunde zu sehen gewesen sei. Dem Totenschein war ebenfalls nichts dergleichen zu entnehmen. Freunde behaupteten jedoch, der Saxofonist sei vor seinem Tod zwanzig Tage verschwunden gewesen. Wenn er längere Zeit im Fluss gelegen hatte, wäre eine Wunde oder Abschürfung für den Laien schwer zu erkennen gewesen.

Die Polizei war von der Sängerin und Songschreiberin Mary Maria geholt worden, die in den vorangegangenen zwei Jahren Aylers ständige Begleiterin gewesen war. Sie sagte, sie habe das getan, weil sie um seine Sicherheit besorgt gewesen sei. Mary Maria wollte sich nicht weiter äußern. Deshalb hörten die Mutmaßungen über eine Verstrickung der Polizei nicht auf. Sie lieferten den Spekulationen der Musikerszene neue Nahrung.

Die mysteriösen Umstände von Aylers Verschwinden bestärkten bei einigen schwarzen Musikern den Verdacht, den diese im Zusammenhang mit dem plötzlichen Tod von John Coltrane und Jimi Hendrix hatten. Ihnen erschien es nicht als Zufall, dass diese Künstler zu einem Zeitpunkt starben, als ihre Musik so viel Anklang gefunden hatte, dass sie ihre künstlerische Produktion selbst vermarkten konnten. Coltrane hatte in seiner Wohnung in Long Island ein eigenes Studio eingerichtet und seine eigene Schallplattenfirma gegründet. Hendrix hatte Ähnliches in die Wege geleitet. Finanziell war Ayler zwar nicht so gut gestellt wie die beiden anderen, doch sah es so aus, als würde ihm der Vertrag bei einem bekannten Plattenlabel einen Platz im populären Mainstream verschaffen.

Albert Ayler war der neueste Innovator in einer Linie, die über Buddy Bolden hinaus zurückreicht. Trotzdem wurde ihm sehr viel Schlechtes nachgesagt. 1966, auf dem Höhepunkt seiner umstrittenen Berühmtheit, ging er auf eine Europatournee und machte eine Fernsehaufzeichnung für die BBC. Dort war man hell entsetzt. Die Bänder kamen hinter Schloss und Riegel, als handle es sich um Hexenwerk. Später wurden sie zusammen mit sonstigem „nicht sendefähigen" und „unwichtigen" Material schweigend vernichtet. Dem Vernehmen nach soll es noch eine ohne Erlaubnis hergestellte Kopie geben.

Aylers kurze Karriere bestand aus einer Ansammlung von Missverständnissen. Als er nach seinen Worten einen „stummen Schrei" spielte, kam das allen, die nicht zum Musikerzirkel gehörten, unverständlich und ziemlich lächerlich vor. Doch auf einigen seiner späteren Aufnahmen, auf denen er dank seiner außergewöhnlichen Technik praktisch einen neuen Tonumfang für sein Saxofon schuf, spielte er mit einer Violine, einem Cello und im oberen Register gestrichenen Kontrabässen zusammen, wobei sein Horn fast wie ein Streichinstrument klang. Dabei schuf er etwas, das sich beinahe wie ein Klagegesang anhörte und im Kern eine friedliche Stille hatte. Wenn Coltrane ungestüm durch seine modalen Kaskaden hetzte, hatte es manchmal den Anschein, als würde der Höhepunkt nie erreicht werden. Ayler hingegen beendete seine Improvisationen mit der definitiven Geste eines Coleman Hawkins.

In dem Nachruf, den *Down Beat* veröffentlichte, war zu lesen, sein Spiel habe „mit dem Jazz der Gegenwart und der Vergangenheit wenig Ähnlichkeit gehabt".[1] Dies beweist nur, wie nutzlos alle Zuordnungen sind. Ayler war die Personifizierung der Great Black Music. In seiner Musik fanden sich alle Elemente, die zusammengenommen den Jazz ergeben. Als Grundlage verwendete er die Spirituals, Grabgesänge, Hornsignale und Märsche vergangener Zeiten. Obwohl er es selten tat, konnte er den Blues wirklich überzeugend spielen.

Ayler verwendete ein Fibrecane Nr. 4, das härteste Plastikrohrblatt, und hatte einen Sound, der allen, die ihn hörten, Entsetzen einjagte. Rollins, Coleman und Coltrane hatten die Verwendung von Obertönen erprobt. Ayler war der Erste, der tatsächlich seinen Stil darauf begründete. Die natürliche Obertonreihe des Saxofons kann mit einer Kombination aus Griffen und einem besonderen Ansatz gespielt werden. Steve Lacy ist einer von denen, die diese konventionelle Methode benutzten. Coltrane verwendete diese Kombination gelegentlich, fand seine Obertöne aber meist durch „Lipping", das heißt durch eine Straffung oder Lockerung des Ansatzes, um so eine Steigerung oder Absenkung der Tonhöhe zu erreichen. Ayler machte das offenbar allein mithilfe des Ansatzes. Er knurrte aus tiefster Kehle durch sein Saxofon, um raue, gutturale Effekte zu erzielen. Diese Technik ging auf Earl Bostic, Illinois Jacquet und noch weiter zurück. Im Gegensatz zu den Jazzmusikern vergangener Zeiten, die den überblasenen Schreilaut lediglich als eine Art Ausrufungszeichen verwendet oder ihn sogar bewusst vermieden hatten, um sich von den kruden Exponenten des Rhythm & Blues zu unterscheiden, „schrie" Ayler ungeniert drauflos und nahm keine Rücksicht auf die Feinheiten und Gepflogenheiten des Bebop. Darüber hinaus verwendete er ein Vibrato, wie es seit der New-Orleans-Zeit nur wenige eingesetzt hatten.

Aylers Musik vereinigte alles in sich, was einen vollendeten Künstler von anderen unterscheidet. Er hatte das Feuer und die Leidenschaft von Charlie Parker und Ornette Coleman und die unbekümmerte Dreistigkeit eines Illinois Jacquet oder Big Jay McNeely. Gleichzeitig ging von ihm selbst in seinen fröhlichsten Momenten eine schmerzliche Trauer aus, die an Billie Holiday und Miles Davis erinnerte. Aylers Spiel hatte im Grunde etwas Feierliches, das durch die Märsche und Gospelmelodien gemildert wurde, die er als Rahmen für seine Improvisationen benutzte. Vor allem anderen hatte er eine innere Ruhe, eine tiefe Religiosität und ein sanftes Wesen. Dies kam in einigen langsameren Stücken zum Ausdruck sowie in den Titeln, die er seinen Kompositionen gab.

Der aus Illinois stammende Poet und frühere Trompeter Ted Joans hat beschrieben, wie es war, als er den Saxofonisten zum ersten Mal hörte. Er saß in einem Jazzklub in Kopenhagen an der Bar und wartete darauf, dass Ayler, der Trompeter Don Cherry, der Bassist Gary Peacock und der Drummer Sunny Murray zu spielen begannen. Neben ihm saß der New-Orleans-Klarinettist

Albert Nicholas. Er redete mit zwei jungen einheimischen Musikern über die Vorzüge bestimmter Rohrblätter. „Ich wandte mich Nicholas zu, weil ich ihm etwas sagen wollte. Da fingen sie mit einer unerhörten Soundexplosion zu spielen an. Ihr Sound war so anders, so derb und rau, als würde einer am Ostersonntag das Wort „Fuck" in die voll besetzte St.-Patrick-Kathedrale schreien. Albert Nicholas zitterten die Hände, und er verschüttete sein Bier. Die Gesichter der beiden Dänen wurden so weiß wie ein frisches Bettlaken. Dann färbten sie sich plötzlich so rot wie ein Feuerwehrauto und wurden schweißnass. Das ganze Haus erbebte. Die Lautstärke verringerte sich nicht. Der Sound ging immer weiter und wurde sogar noch stärker. Das war wie eine riesige Flutwelle Furcht erregender Musik. Sie überwältigte alle. Einige Dänen fingen an zu pfeifen, andere riefen den Musikern zu, sie sollten aufhören. Ich war völlig geschockt und benommen. Diese Musik war anders als alles, was ich bislang gehört hatte."[2]

Joans behauptete, Ayler habe auf Nicholas, der in den Zwanzigerjahren bei King Oliver im Saxofonsatz gespielt hatte, so stark gewirkt, dass ihm die Arbeit der junger Musiker in einem neuen Licht erschienen sei. Im weiteren Verlauf des Jahres hörte Nicholas in einem Pariser Klub Abend für Abend aufmerksam der Gruppe von Archie Shepp zu. Er war nicht der Einzige aus der älteren Generation, der so etwas tat. Don Byas, der sich wie Nicholas lange in Europa aufhielt, erzählte Sunny Murray, er habe von klein auf so spielen wollen wie Ayler. Byas, der zeitlebens einen starken, intensiven, vollen Ton anstrebte, bewunderte die Ehrlichkeit und Freiheit in der Gestaltungsweise seines Kollegen.

Von all den Interpreten der New Music, die im Gefolge von Coleman, Coltrane, Dolphy, Rollins und Taylor als „zweite Welle" in Erscheinung traten, war Albert der revolutionärste. Er improvisierte auf eine täuschend einfache Weise. Er hatte die Tendenz, beträchtlichen Nachdruck auf die Melodie selbst zu legen und häufig zu ihr zurückzukehren. Dies ist auf seinen frühen Aufnahmen besonders deutlich zu erkennen, bei denen er von sturen und unsensiblen Mitspielern an der Entfaltung seiner Möglichkeiten gehindert wurde. Möglicherweise kehrte er damals zum Thema zurück, weil er einen Rückhalt suchte. Später sagte er allerdings, er spiele gern etwas, das die Leute mitsummen könnten. Ayler hatte von Natur aus ein starkes melodisches Interesse. Er benutzte seine Kompositionen nicht als Sprungbrett für Improvisationen, sondern genoss es, ihnen jede erdenkliche Nuance abzugewinnen. In seiner Schaffensperiode vor 1968 fehlte meist ein durchgängiger Beat. Sofern jedoch ein wahrnehmbarer Rhythmus vorhanden war, spielte Ayler nach Art der New-Orleans-Musiker um ihn herum.

Seine Musik enthielt viele Elemente, die auf die Frühformen des Jazz zurückgingen. So wäre sein „Truth is Marching In" auf dem Weg zum Friedhof nicht fehl am Platz gewesen. Zusammen mit Sunny Murray betrieb er die Kleingruppen-Kollektivimprovisation im modernen Kontext. Von Colemans *Free Jazz* abgesehen, war es das erste Mal, dass dies außerhalb der im New-Orleans-Stil spielenden Ensembles durchgängig versucht wurde. Es überrascht deshalb nicht, dass Ayler behauptete, Märsche aus New Orleans fielen ihm ein, wenn er spielte.

Ayler lieferte dadurch wie kaum ein anderer Musiker ein Musterbeispiel für Archie Shepps oft zitierte Behauptung, dass diese Musik auf das zurückgreife, was der Jazz ursprünglich gewesen war: eine Rebellion gegen die extrem verfeinerte Kunstform, zu der er später geworden war.

„Ich glaube, er hat bewiesen, dass er sein Horn auf traditionelle Weise blasen konnte", sagte Milford Graves, der kurze Zeit mit Ayler zusammenspielte. „Er beherrschte den Honky-tonk-Stil und kannte sich im ,Gutbucket' aus. Ohne dass ich damit die anderen herabsetzen will: Er war der Saxofonist, bei dem ich mein Schlagzeug wirklich einsetzen konnte. Man merkte, dass Albert genau wusste, was ablief."

Albert Ayler wurde am 13. Juli 1936 in Cleveland, Ohio, geboren. Er war der ältere von zwei Söhnen. Donald Ayler, der später bei seinem Bruder Trompete spielen sollte, war sechs Jahre jünger. Ein drittes Kind, eine Tochter, starb bei der Geburt. Alberts Vater spielte Saxofon im Stil von Dexter Gordon und brachte es in Cleveland zu einer gewissen Bekanntheit. Er war außerdem Sänger und spielte Geige.

Die Familie wohnte in Shaker Heights, einer angenehmen Wohngegend mit gemischtrassiger Bevölkerung. Die Söhne wuchsen in einem religiösen Umfeld auf. Ihnen wurden die Werte der schwarzen Mittelklasse beigebracht. 1966 hielt sich der aus Pittsburg stammende Schlagzeuger Beaver Harris in ihrem Haus auf, nachdem er mit den Brüdern im Auditorium der Radiostation WEWS ein Konzert gegeben hatte. „Es war sehr komfortabel dort", erinnerte sich Harris. „Seine Mutter ist sehr religiös und in der Kirche aktiv. Spirituelle Dinge sind ihnen sehr wichtig."

Seiner Mutter Myrtle zufolge blies Albert vom dritten Lebensjahr an „in alles hinein, was er finden konnte". Wenn die Bigbands im Radio zu hören waren, stellte er sich davor. Dann nahm er einen Fußschemel, legte ein Bein des Schemels an seine Lippen und „begleitete" Lionel Hampton und Benny Goodman. Edward Ayler, der seinen Lebensunterhalt gern mit Musizieren verdient hätte, erkannte die Begabung seines Sohnes und fing nach einiger Zeit an, ihm Unterricht zu erteilen. In einem Alter, in dem sich die meisten Jugendlichen im Freien aufhielten und Sport trieben, musste Albert zuhause bleiben und Tag für Tag üben.

Sein erstes Instrument war das Altsaxofon. Sein Vater unterrichtete ihn vier Jahre lang. Zum Schluss spielten sie jeden Sonntag zusammen in der Kirche. Der Saxofonist Lloyd Pearson, der in Cleveland eine populäre Jazz-Rock-Gruppe leitet, kannte Ayler aus der Kinderzeit. Der etwas ältere Pearson konnte sich erinnern, dass Ayler als Zweitklässler Solodarbietungen spielte, wobei ihn das Instrument zwergenhaft erscheinen ließ.

Ayler selbst erinnerte sich daran, dass ihn sein Vater mitgenommen hatte, damit er sich die Aufsehen erregenden Saxofonisten Illinois Jacquet und Red Prysock anhören konnte. Bei ihm zuhause wurden Schallplatten von Lester Young, Wardell Gray und Charlie Parker gespielt sowie von Freddie Webster, dem bekannten Trompeter aus Cleveland, dessen Aufnahmen später den jüngeren Sohn beeinflussen sollten.

Im Alter von zehn Jahren fing Albert Ayler an der Academy of Music zu studieren an, und zwar bei Benny Miller, der einst mit Charlie Parker und Dizzy Gillespie zusammengespielt hatte. Er besuchte die Akademie sieben Jahre lang, und seine außerordentliche Technik wurde noch ausgefeilter. Im Schulorchester der John Adams High School war er immer der Satzführer. Dort spielte er außerdem Oboe. In der Marschkapelle der Schule hatte er es bald satt, vom Blatt zu spielen, und bestand darauf, ohne Noten zu spielen. Der Kapellmeister ließ Ayler gewähren, warnte ihn aber: „Wenn du eine falsche Note spielst, fliegst du raus." Edward Ayler bemerkte dazu voller Stolz: „Natürlich spielte er keine einzige falsche Note."

Damals begann er sich auch fürs Golfspiel zu interessieren. In einer Zeit, in der Golf immer noch ausschließlich ein Spiel für Weiße war und Schwarze meist nur als Caddies oder Platzwarte anzutreffen waren, wurde er Kapitän des Schulteams. Die zahlreichen Trophäen, die Albert Ayler gewann, stehen im Haus seiner Eltern nach wie vor auf dem Kaminsims. Seine Erfolge im Golfspiel verschafften ihm in Cleveland einen beachtlichen Bekanntheitsgrad.

Dem Beispiel seines Freundes folgend, fing Lloyd Pearson in der Junior High School mit dem Saxofonspiel an. Sie wurden Kumpel und unternahmen gemeinsame Streifzüge, bis Ayler seinen Militärdienst antrat. Ihr Interesse an der Musik war so stark, dass sie sich als Minderjährige in Bars schlichen und den Musikern zuhörten. „Wir sahen alle möglichen Bläser. Die guten, die über Tische und Stühle gingen, alle. Das war eine gute Grundlage. Musik, Musik und nochmals Musik."

Mit fünfzehn war Ayler nicht nur in der Kirche und in der Schule allen bekannt. Pearson gründete eine Band, die er Lloyd Pearson and his Counts of Rhythm nannte. Er spielte dort Tenorsaxofon und Ayler Altsaxofon. In örtlichen Jamsessions zeigten die beiden Teenager, was sie draufhatten. In *Gleason's Musical Bar* gab es die Möglichkeit, in die dort gastierenden Bands aufgenommen zu werden. Ein bedeutender Schritt nach vorn war es schon, wenn man in die von dem Gitarristen Jimmy Landers geleitete Hausband einstiegen durfte. In dieser Bar lernte Ayler Little Walter Jacobs kennen, der als Begleiter von Muddy Waters mit seinem einzigartigen Spiel auf der chromatischen Mundharmonika auf sich aufmerksam gemacht hatte. Ayler spielte mit ihm in Cleveland in einigen kleinen Klubs. Dann nahm ihn Walter mit auf Tournee. Pearson schloss sich der Band ebenfalls an.

„Als er den Job bekam, war er so aufgeregt, dass er es kaum fassen konnte", erinnerte sich Edward Ayler. „Er kam nachhause gerannt und schrie: ‚Sie nehmen mich auf! Sie nehmen mit mit!'" Für den jungen Mann aus der Mittelklasse wurde es ein aufreibendes Erlebnis. Die übrigen Musiker waren ungebildete, trinkfreudige Blues-Interpreten. Da die Bezahlung schlecht war, ernährte er sich aus seiner Provianttasche. „Die Lebensweise war für mich etwas Neues. Es wurde sehr viel getrunken und sehr viel gespielt. Wir waren den ganzen Tag über unterwegs, und wenn wir ankamen, holten wir die Instrumente raus und legten los."

Ayler war zwei Sommer über mit Little Walter and his Jukes unterwegs. Weil er den Ton nicht auf die übliche Weise halten konnte, die ihrem Publikum gefiel, kritisierte ihn der Harmonikaspieler zu Beginn. Der junge Saxofonist kümmerte sich darum und harmonierte bald mit den anderen. Trotz der Mühsal war er der Meinung, es sei eine wichtige Erfahrung für ihn gewesen, „mit diesen bodenständigen Leuten zusammenzukommen". Für Ayler war die Vergangenheit ein Bestandteil der Gegenwart, „Rhythm and Blues gehört mit dazu. Wenn wir den nicht gehabt hätten, gäbe es das, was wir heute haben, nicht."

Lloyd Price, der Sänger aus New Orleans, nahm den jungen Saxofonisten ebenfalls für eine Weile auf Tournee mit. Dann trieben sich Ayler und Pearson eine Zeit lang in dem Friseurladen an der 55th Street herum, der von den örtlichen Zuhältern besucht wurde. Ayler, der sich stets schick anzog und der schon damals als Frauenheld galt, erging sich in dem großspurigen Gehabe und der Prahlerei, die ein fester Bestandteil schwarzer Männlichkeit sind und mit der Musik und dem Nachtleben Hand in Hand gehen. Die beiden ließen ihr Haar glätten und imitierten den Zuhälter-Stil. „Aber die Musik, das war was anderes", erinnert sich Pearson.

Nach seinem Highschool-Abschluss stellte Ayler seine eigene Rhythm&Blues-Band zusammen, die jedoch keine Zukunft hatte. Er besuchte ein Jahr lang ein College. Wegen Geldmangels gab er schließlich auf und ging zum Militär. Solange er in Cleveland war, versetzte seine Musik seine Altersgenossen in Erstaunen, doch hatte sie keine Ähnlichkeit mit dem Stil, der ihn zu einem Erneuer machen sollte. Lloyd Pearson bezeichnete sie als „konventionell".

Zu einer Zeit, als andere Saxofonisten in Cleveland sich als Honker zu produzieren versuchten und eine Show wie Bull Moose Jackson abzogen, bekam Ayler den Spitznamen „Little Bird". Er und Pearson bemühten sich, Akkordwechsel zu lernen und ihr Repertoire an Stücken auszubauen. „Al spielte wie Charlie Parker und diese Typen, weil er viele Stücke spielen konnte, Balladen und so weiter", sagte Pearson. „Später behaupteten dann einige Leute, er könne nicht spielen. Aber ich erinnere mich, wie er war, als wir anfingen. Er konnte all diese Standardstücke mühelos spielen. Bevor er wegging, war er weiter fortgeschritten als alle anderen. Er hatte vieles drauf, was andere Saxofonisten erst können, wenn sie fünfzehn Jahre lang gespielt haben."

Als Ayler zum Militär ging, war er zweiundzwanzig Jahre alt. Er blieb drei Jahre dort. Er wurde einer Special-Services-Band zugeteilt. Jeden Tag spielte er sechs oder sieben Stunden lang Konzertmusik, doch dann hatte er frei und konnte seine eigenen Ideen entwickeln und versuchen, „eine neue Spielweise zu finden für die Musik, die meine eigene sein würde".

Beaver Harris, der später mit Ayler Aufnahmen und eine Europatournee machte, traf erstmals mit ihm zusammen, als beide in Fort Knox, Kentucky, stationiert waren. Harris war ebenfalls bei den Special Services, aber nicht als Musiker; er war damals hauptsächlich mit Baseball beschäftigt. Er hatte mit Musikern wie dem Saxofonisten Stanley Turrentine und dem Drummer Chuck Lampkin Umgang, der Anfang der Sechzigerjahre bei Gillespie spielte.

Ayler hatte immer noch geglättetes Haar, doch sein ungewöhnlicher Bart (die Hälfte davon war weiß wegen eines unpigmentierten Hautstücks am Kinn), seine Art, sich zu kleiden, und die leuchtenden Farben, die er bevorzugte, machten ihn zu einer auffallenden Erscheinung. Harris war von Aylers spirituellen Qualitäten und seiner Wärme ebenso angetan wie von seiner Musik. Für Harris, der in der Max-Roach-Tradition herangewachsen war, hatte sie jedoch einen zu starken Hang zum „Honky-tonk". Der mächtige Ton des Saxofonisten beeindruckte ihn, ebenso die Tatsache, dass Ayler jedes Mal, wenn er ein unkompliziertes Bebop-Stück anpackte, neue Möglichkeiten finden wollte.

„Mit mir kam er immer gut aus", sagte Harris, „aber mit manchen anderen Musikern war das nicht der Fall. Er und Stanley Turrentine verstanden einander nicht so recht. Stanley war ein gesetzterer Musiker, der schon mit Charlie Parker, Dexter Gordon, Gene Ammons und Lockjaw Davis gespielt hatte. Er hatte mehr Erfahrung als Albert und war ‚gefühlvoller'. Das kann man bei einem Schwarzen aber nicht so genau abschätzen, weil alle schwarzen Musiker ‚gefühlvoll' sind. Manche Musiker spielen jedoch so, dass die Technik das Gefühlvolle verdeckt. Albert hatte technische Fähigkeiten, die manchmal gegenüber dem Gefühlvollen dominierten. Stanley hingegen spielte ausschließlich ‚Soul'."

Ayler und Harris spielten eine Weile zusammen und traten ein paar Mal in Louisville, der nächstgelegenen Stadt, auf. Dann wurde der Saxofonist nach Europa versetzt. Er war in Orléans stationiert, kam aber oft nach Paris und besuchte verschiedene Klubs. Seine Begeisterung für Marschmusik („Er kannte alle möglichen Märsche", sagte Beaver Harris) wurde durch die französischen Militärkapellen angeheizt. Die französische Nationalhymne wuchs ihm besonders ans Herz – „La Mayonnaise" nannte er sie. Später fing er diese Zeit, die sein musikalisches Denken stark geprägt hatte, mit der Aufnahme „Spirits Rejoice!" ein. Dieses Thema hat gewisse Ähnlichkeiten mit der französischen Nationalhymne.

Während dieser Zeit wechselte Ayler auf das Tenorsaxofon über. Wie Ornette Coleman, der der Meinung war, „die Seele der Neger"[3] sei auf diesem

Instrument am besten zum Ausdruck gekommen, erforschte auch Ayler die ethnischen und soziologischen Aspekte des Instruments. „Es war, als könne man auf dem Tenor all die Gefühle des Gettos zum Ausdruck bringen", teilte er Nat Hentoff mit. „Auf diesem Horn kann man wirklich schreien und die Wahrheit sagen. Diese Musik kommt schließlich aus dem Herzen Amerikas, aus der Seele des Gettos."[4]

Ayler besuchte Dänemark und Schweden, das schwarze Musiker schon immer gastfreundlich aufgenommen hatte. Deshalb überraschte es kaum, dass seine Experimente in Schweden respektvoll aufgenommen wurden. Ayler plante, nach seiner Entlassung aus der Armee dorthin zurückzukehren. 1961 wurde er in Kalifornien aus der Armee entlassen. Dort machte er die Bekanntschaft des Komödianten Redd Foxx. Die einheimischen Musiker zeigten ihm die kalte Schulter, wie sie es Jahre zuvor schon mit Ornette Coleman getan hatten. Doch der Komödiant sagte zu Ayler: „Spiele das, woran du glaubst."[5]

Als Ayler nach Cleveland zurückkehrte, versuchte er, seine neuen Ideen umzusetzen. Bei den meisten Musikern stieß er dabei auf Ablehnung. Lloyd Pearsons erster Eindruck war, dass Ayler bei der Armee durcheinander geraten sei und dass er sein Instrument die ganze Zeit über nicht gespielt habe. „Ich sagte: ‚Verdammt, dieser Typ ist echt durchgeknallt!' Damals beschäftigten sich alle mit Akkordwechseln. Wenn du die nicht draufgehabt hast, haben die anderen Musiker behauptet, dass du nicht spielen kannst. Er wurde von den Zuhörern und den Musikern einhellig abgelehnt. Alle lachten über diesen Stil, weil sie ihn noch nie gehört hatten."

Pearson brachte sein Erstaunen seinem alten Freund gegenüber nicht zum Ausdruck. Er ließ es zu, dass Ayler seine Band ein paar Mal übernahm. Da Pearson in einer Kultur groß geworden war, in der das Weltliche vom Geistlichen getrennt wird, war er bestürzt darüber, dass Ayler Spirituals in sein Repertoire aufnahm. Für seine Begriffe waren diese in einem Nachtklub fehl am Platz. Joe Alexander, der damals der prominenteste Saxofonist der Stadt war, erlebte eine noch viel größere Überraschung, als Ayler mit einem Sopransaxofon bei ihm einstieg und sich weigerte, die Akkordwechsel zu spielen. Alexander sprach später mit Coltrane darüber. Er behauptete, man könne das Sopransaxofon einfach nicht auf diese Art spielen. Coltranes Antwort lautete: „Nun, er tut es aber."

„Er kam öfter zu mir und erzählte mir, er habe die wahre Religion und die wahre Musik gefunden, und die habe viel mit Gott zu tun, und das kam mir damals merkwürdig vor", erzählte Pearson. „Die Musik war nämlich ein lärmendes Durcheinander und hörte sich an, als würde sie von einem Anfänger gespielt. Wenn er eine Ballade spielte, ließ er die Melodielinie weg. Die Leute sagten: ‚Verdammt noch mal, spiel doch die Melodie!' Aber er ließ sich davon nicht beeindrucken und gab ihnen praktisch zu verstehen, dass sie ihn am Arsch lecken konnten. Wenn er mit seinem Horn hereinkam, hieß es: ‚Aha, das ist dieser schräge Vogel!' Technisch gesehen hatte er aber einen unglaublich vollen Ton. Man braucht lang, um so einen Ton zu bekommen. Er spielte so schön bei all den Balladen, aber dann kam er wieder und rührte sie nicht mehr an …"

Ayler hatte schließlich von der „stupiden Mentalität" seiner Landsleute genug. Er sagte zu seiner Mutter, er müsse dorthin gehen, wo die Leute seine Musik verstünden, obwohl sie gegenwärtig ihm selbst nicht ganz begreiflich sei. „Die Musik war in meinem Kopf noch nicht ganz ausformuliert. Ich spielte sie, aber sie kam langsam, nicht so rasch wie jetzt."[6]

Er hatte genug Geld gespart, um 1962 nach Schweden zurückkehren zu können. In den acht Monaten, die Ayler dort verbrachte, arbeitete er tagsüber mit einer kommerziellen Band zusammen, jammte aber abends sooft wie möglich in Stockholm. Eines Abends spielte er in der U-Bahn für schwedische Kinder. „Sie konnten meinen Schrei hören."[7]

Glücklicherweise hörte der Inhaber einer kleinen Schallplattenfirma seinen Schrei ebenfalls und nahm sich seiner an. Bengt Nordström überredete den Saxofonisten zu seinen ersten Aufnahmen. Die Bird-Notes-LP *Something Different!* entstand am 25. Oktober 1962 in der Musikakademie in Stockholm. Fünfundzwanzig Zuhörer waren anwesend. Der Bassist und der Schlagzeuger, die Ayler begleiten sollten, kamen mit seinen Vorstellungen überhaupt nicht zurecht. Ayler klang ein bisschen wie Sonny Rollins, aber seine unverwechselbare Persönlichkeit machte sich bereits bemerkbar.

Drei Monate danach wurde er nach Kopenhagen zu Aufnahmen für den dänischen Rundfunk eingeladen. Das Ergebnis kam bei Debut als *My Name is Albert Ayler* heraus. Die LP enthält „Bye Bye, Blackbird", Aylers einzige veröffentlichte Aufnahme mit Sopransaxofon, sowie „Summertime", einen der Klassiker der New Music. Hier findet ein nahezu unglaubliches Pathos seinen leidenschaftlichen Ausdruck. Aylers dramatische Sturzflüge und die meisterhaften Schattierungen erinnern an die ausholenden Glissandi von Johnny Hodges. Die gelungene Ausführung widerlegt die Behauptung, er habe sich damals in einer „experimentellen" Periode befunden.

Zu jener Zeit machte Don Cherry eine Europatournee mit Sonny Rollins. Henry Grimes und Billy Higgins waren ebenfalls dabei. Nach dem Konzert in Stockholm suchte Ayler die Musiker hinter der Bühne auf. Er freundete sich mit Cherry an und ging mit ihm in Kopenhagen ins *Jazzhus Montmartre,* wo Don Byas und Dexter Gordon auftraten. Der Trompeter wurde eingeladen, den Saxofonveteranen bei einem Balladenmedley Gesellschaft zu leisten. Dann trat Ayler mit einer Version von „Moon River" auf, die alle Anwesenden verblüffte. Die Wirkung war so, dass sich Cherry daran zurückerinnert fühlte, als er Ornette Coleman zum ersten Mal gehört hatte. „Obwohl du das zum ersten Mal erlebst, kommt's dir vertraut vor." Später spielten Ayler und Rollins oftmals zusammen, und Rollins behauptete, sie hätten einander beeinflusst.

In Schweden hatte Ayler mit Candy Green zusammengespielt, einem professionellen Glücksspieler und Pianisten aus Houston, Texas, der mit dem Bluessänger Gatemouth Brown Aufnahmen gemacht hatte. In einem kleinen Restaurant trat er zweimal täglich auf und kehrte zu seinen Blues-Wurzeln zurück, um das Geld für die Miete zusammenzubekommen. Nach seiner Rückkehr aus Dänemark sagte er zu Green, er könne diese Musik nicht mehr hören, weil er eben mit Cecil Taylor gespielt habe.

Sunny Murray, der mit Taylor nach Europa gereist war, berichtete über das erste Zusammentreffen mit Ayler im *Montmartre:* „Er war niedergedrückt, weil ihm niemand einen Job geben wollte. Als er kam, um sich Cecils Band anzuhören, rief er: ‚Endlich habe ich die Leute gefunden, mit denen ich zusammenspielen kann! Bitte, lasst mich mitspielen!‘ Wir sagten: ‚Wer ist denn dieser Typ?‘ Ich hatte ihn noch nie gesehen, aber Cecil nahm ihn später in die Band auf."

Aylers Zusammenarbeit mit Taylor war relativ kurz, weil es wenig Arbeit gab. Sie spielten im *Take Three* in Greenwich Village zusammen. Mit von der Partie waren der Altsaxofonist Jimmy Lyons, der Bassist Henry Grimes und Murray am Schlagzeug. Coltrane und Eric Dolphy , die im nahe gelegenen *Village Gate* auftraten, kamen regelmäßig vorbei und hörten zu. Ayler stieg überall in New York ein und bewies sich und anderen sein Können.

Um diese Zeit gab es in Cleveland einige Nachwuchsmusiker, die sich für Aylers Schaffen interessierten. Frank Wright, der als Bassist begonnen hatte, spielte in einem ähnlichen Stil Tenorsaxofon, ebenso Mustafa Abdul Rahim, der mit Donald Ayler zur Schule gegangen war. Nach Aylers Rückkehr aus Europa galt einer seiner ersten Besuche dem Trompeter Norman Howard. Sie waren im selben Viertel aufgewachsen und hatten auch zusammengespielt, bevor Ayler zur Armee gegangen war. Bei Howard zuhause traf er Earle Henderson, der sich das Pianospiel selbst beigebracht hatte und sich mühsam durchschlug.

Der inzwischen als „Errol" Henderson bekannt gewordene Mann war beeindruckt, als Ayler von seinen europäischen Erfolgen erzählte. „Offenbar lief alles gut für ihn, aber als er davon berichtete, war er nicht eingebildet oder hochnäsig."[8] Den Saxofonisten interessierte anscheinend am meisten, ob während seiner Abwesenheit irgendwelche neuen Musiker in der Szene aufgetaucht waren, die er „an einem mit dem *O. K. Corral* vergleichbaren Ort" herausfordern konnte.

Die Lederanzüge, die Ayler seit seiner Armeezeit getragen hatte, galten damals immer noch als einzigartige Bekleidung für einen schwarzen Mann, und der sehr persönliche Stil, auf den er Wert legte, war von seinen Altersgenossen stets bewundert worden. Hendersons detailgenaue Erinnerungen sind typisch dafür:

„Albert trug einen maßgeschneiderten grünen Lederanzug, der einfach umwerfend war und der sich gut für den Winter im Norden oder in Europa eignete. Seine Schuhe waren ebenfalls einzigartig. Sie waren auch aus Leder und wie Slipper, aber mit einer langen Zunge, die sich zu den Zehen vorwölbte.

Dadurch sahen die Schuhe wie etwas aus, das ein Mann aus dem Sherwood Forest tragen würde. Einen derart individuellen Geschmack bei Winterbekleidung habe ich noch nie zu Gesicht bekommen. Den Abschluss bildete eine Pelzmütze russischer Art, die jedem Schneesturm getrotzt hätte."[9]

Dann schilderte Henderson, wie er Aylers Musik kennen lernte: „Wir redeten, lachten, gruben Erinnerungen aus und schmiedeten allerlei Pläne. Da bekam Albert Appetit auf sein Tenorsaxofon. Er packte es nebenbei aus, während er über eine Komposition redete, die er gerade geschrieben hatte. Dann montierte er es zusammen, biss aufs Mundstück und spielte diese Melodie.

Geschmeidig, ganz geschmeidig kam die Musik aus dem Schalltrichter des Tenorsaxofons, mit einem schönen Klang und viel Feeling. Die Melodie war eine kleine, sehnsüchtige Weise, technisch nichts Besonderes, aber bewegend. Doch als er anfing zu improvisieren, machte mich der Stil seiner Musik hellhörig. Manchmal bewegte sie sich so schnell wie der Wind. Dann gab es Augenblicke, an denen sie schwebte, und wieder andere, an denen sie hin- und herpendelte mit Klängen, die bis zum Erdinneren hinunterdrangen oder in die Höhe stiegen und die Wolken vom Himmel vertrieben.

Der Klang war so rein und das Gefühl, das dabei entstand, so eindeutig, dass ich ganz benommen war. Er und seine Musik wandten sich direkt an das Gefühl. Er sprach aus oder mit seiner tiefsten Seele, für sich selbst und für mich und für all die anderen Leute, die bestimmte Werte und Ansichten über Bord werfen wollten, die man für unabänderlich gehalten hatte. Während er spielte, war Albert der Pilot eines Entdeckungsflugs, aber die Landschaft war ihm zumindest durch die Erfahrung vertraut, da er sie zahllose Male aufmerksam durchquert hatte. Für den Neuling war es jedoch eine Landschaft von spektakulärer Schönheit. Von einigen Bruchstücken aus der Vergangenheit abgesehen, hatte ich so etwas in der Musik von Albert Ayler noch nie gehört.

Nach dieser Reise, als uns Albert nach Cleveland und in die Gegenwart zurückbrachte, gab es über die Musik, die wir gerade gehört hatten, nichts mehr zu sagen. Die Musik war das Gefühl, das Gefühl war die Musik, und die Musik des Gefühls kam von Albert Ayler. Norman und ich schauten einander schweigend an, doch sein Gesichtsausdruck und mein Herz sagten: Ja, Albert, du machst es genau richtig. Sobald wir uns erholt hatten, sagten wir ihm natürlich, wie sehr wir uns über seine Darbietung gefreut hatten."[10]

Einige Tage danach musizierten die drei Männer zusammen, aber im Großen und Ganzen bekam Ayler in Cleveland kaum eine Gelegenheit zum Spielen. Er ging immer wieder allein in die Nachtklubs, das Saxofon unter dem Arm, ein Einzelgänger in seiner eigenen Heimatstadt. Er hatte fünfzig Exemplare der LP *Something Different!* aus Schweden mitgebracht und verkaufte sie an der Straßenecke. Aylers war immer noch recht angesehen, aber sein guter Ruf gründete sich generell mehr auf seine Kleidung als auf seine Musik.

Mustafa Abdul Rahim beschrieb den besonderen Status, den Ayler hatte. Den hatte er durch sein sanftes Wesen, seine Freigebigkeit und seine spirituelle Einstellung erworben, aber auch durch seine früheren Erfolge auf dem Golfplatz. „Er wurde immer mit einem bestimmten Respekt behandelt. Es kam zwar gelegentlich vor, dass ihn ein Klubbesitzer – nach einem ‚unmöglichen' Solo – aus geschäftlichen Gründen aufforderte, das Gebäude zu verlassen. Trotzdem respektierten sie ihn wegen seiner persönlichen Leistung."

Rahim fügte hinzu: „Von Als Spiel ging immer ein erhebendes und heilsames Gefühl aus. Die Heilkraft und das Erhebende waren vorhanden, auch wenn er bei R & B oder bei ‚Fatback'-Musik einstieg."[11]

Trotzdem war es klar, dass Ayler in dieser Stadt des Mittleren Westens keine Zukunft haben würde. Er ließ seine Frau und sein Kind in Cleveland zurück und siedelte 1963 nach New York über. Dort bezog er in einem Haus in der St. Nicholas Avenue, das seiner Tante gehörte, eine Wohnung. Der Saxofonist Charles Tyler und Errol Henderson, der zu dieser Zeit Bass spielte, wohnten zusammen mit mehreren anderen jungen Musikern aus Cleveland in einem Gebäude in der 130th Street Ecke Lennox Avenue. Ayler ging mehrmals wöchentlich quer durch Harlem und spielte mit ihnen. Im Gegensatz zu den Behauptungen einiger Verleumder wuchs die noch in den Kinderschuhen steckende New Music in der Black Community heran. Henderson drückte es so aus: „Wir jungen Nachwuchsmusiker, wir Fackelträger bestimmter Stammestraditionen, rissen Nacht für Nacht den Himmel über Harlem mit dem Dampf unserer Musik auf."[12]

Ole Vestergaard Jensen, der für Aylers Debut-LP *My Name is Albert Ayler* verantwortlich zeichnete, sorgte im Februar 1964 für einen Aufnahmetermin in den Atlantic-Studios. *Spirits,* das später bei Freedom als *Witches and Devils* herauskam, enthält Beispiele einer sehr getragenen Spielweise und stellt die erste Aufnahme dar, bei der Ayler mit Musikern vergleichbaren Formats zusammenspielte. Er hatte Norman Howard, Earle (Errol) Henderson und Sunny Murray dabei sowie als zweiten Bassisten Henry Grimes. Murray, einer der bedeutenden Neuerer in der New Music, ist als eine der entscheidenden Gestalten des Jazz beschrieben worden, die genau zur richtigen Zeit am richtigen Ort auftauchten. Sein ungebremster Umgang mit der Perkussion gab Ayler die Möglichkeit, seinen eigenen Weg zu gehen.

Um diese Zeit herum fingen die Musiker an, die Untergeschosswohnung unweit des Washington Square regelmäßig zu besuchen, in der Ornette Coleman lebte. Es fand ein umfangreicher Gedankenaustausch statt. Einmal nahm ein „reicher weißer Freund" Colemans in seiner Dachwohnung einiges von der Musik auf. Bei dieser Session spielte Coleman Trompete, Ayler Tenor, Charles Tyler C-Melody-Saxofon, Norman Butler Altsaxofon und Cello sowie Henderson Bass. Der „Freund" machte auf der Gitarre mit und stellte die Bänder schließlich einer begrenzten Zahl von Kennern zur Verfügung. Die Raubkopien, die in einem kleinen Kreis von Sammlern weitergereicht werden, fördern einerseits das Verständnis und die Wertschätzung für diese Musik, stellen jedoch andererseits ein Problem dar. Henderson drückte das so aus: „Die Musik, die wir an jenem Nachmittag machten, ist jetzt ein Produkt, das in Europa zirkuliert. Es bringt einigen Leuten Geld ein und bereitet anderen zweifellos ein ästhetisches Vergnügen. So bedauerlich es sein mag, dass die beteiligten Künstler durch diese Geheimoperation keinen finanziellen Vorteil haben, ist es immerhin die einzige Aufnahme, bei der man den legendären Albert Ayler und den bewusstseinserweiternden Ornette Coleman als Trompeter hören kann."[13]

In New York hatte Albert Ayler aber nicht nur mit jüngeren Musikern Umgang, sondern auch mit älteren. Zu ihnen zählte Call Cobbs Jr., der in dem Haus an der St. Nicholas Avenue ein Zimmer hatte. Cobbs, der einst Billie Holiday begleitet und mit Lucky Millinder und Wardell Gray gespielt hatte, ist der Pianist bei Aufnahmen, die in New York bei der *Witches and Devils*-Session entstanden. Bei den Stücken handelt es sich durchweg um Spirituals. Sie wurden von Ayler auf dem Sopransaxofon gespielt; Cobbs, Grimes und Murray waren seine Begleiter.

Ayler spielte diese Bänder im Lauf des Jahres 1964 Bernard Stollman vor, der ihm vor längerer Zeit Aufnahmen versprochen hatte und der gerade den Katalog mit Avantgardemusik seiner Plattenfirma ESP zusammenstellen wollte. Wie Lloyd Pearson war auch Stollman darüber aufgebracht, dass Spirituals so gespielt wurden. Ayler reagierte mit einem milden Lächeln. „Rückblickend meine ich, dass er wusste, dass ich eines Tages Verständnis aufbringen würde", sagte Stollman. Die Bänder blieben jedoch lange unveröffentlicht.

Entgegen dem Rat von Cecil Taylor und anderen Musikern, die der Meinung waren, dass Künstler einen ihrem Talent entsprechenden Preis verlangen sollten, machte Ayler im Juli 1964 seine ersten Aufnahmen für ESP. (Am 14. Juni 1964 nahm der Schriftsteller Paul Haines Aylers Auftritt im *Cellar Café* auf Band auf. ESP brachte 1976 einen Teil des Materials als *Prophecy* (ESP 3030) heraus. Dem Vernehmen nach ist noch genügend Material für eine zweite LP vorhanden.)

„Ich war der Meinung, meine Kunst sei so wichtig, dass ich sie einfach an die Öffentlichkeit bringen musste. Damals war ich in musikalischer Hinsicht einfach Spitze. Ich wollte diese Musik den Leute vorspielen." Das Trio mit Gary Peacock am Bass und Sunny Murray am Schlagzeug, das *Spiritual Unity* einspielte, revolutionierte die Spielweise der beteiligten Instrumente. Die Musik unterschied sich auf schockierende Weise von allem Bisherigen: Ayler spielte seltsam rau und brutal, aber gleichzeitig voller Pathos; Peacock hörte auf ihn, während er monumentale Bassfiguren produzierte, und Murray hielt sich sehr zurück, so als wolle er, wie LeRoi Jones es formulierte, „sich gleich verkriechen".[14] Die Musik hörte sich unerhört neu an, klang aber im Ergebnis ganz simpel. Ayler, Peacock und Murray hatten die perfekte Ensemblemusik geschaffen. Ayler hatte den Eindruck, dass damit der Höhepunkt der Interaktion erreicht worden war. „Die meisten Leute hätten so etwas für unmöglich gehalten, aber es fand tatsächlich statt. Das Wichtigste ist, dass man miteinander harmoniert, aber dazu braucht man Leute mit der richtigen geistigen Einstellung. Wir spielten nicht drauflos, sondern hörten einander zu."

Kennzeichnend für die Lage der schwarzen Künstler war jedoch, dass Ayler 1964 vom *Montmartre* in Kopenhagen eine Einladung erhielt, bei der nur der Hinflug bezahlt werden sollte. Ayler nahm das Angebot dennoch an. In Amerika wurde seine visionäre Musik nach wie vor abgelehnt; er hoffte jedoch, in Europa ein aufgeschlosseneres Publikum und eine bessere Resonanz finden zu können. Weißen Künstlern erging es jedoch keineswegs besser. Als Ayler Gary Peacock aus dem Bett zerrte, um ihn nach Europa mitzunehmen, hatte dieser zwei Wochen lang nichts gegessen. Murray und Don Cherry kamen noch dazu. Die Gruppe gastierte in Dänemark, Holland und Schweden. Der lyrischere und extrovertierte Cherry mit seiner raschen Auffassungsgabe war für Aylers locker zusammengefügte Melodien und für seine düsteren Stimmungen der ideale Partner.

In dieser Zeit fing Albert Aylers jüngerer Bruder Donald an, Trompete zu spielen. Wie Albert hatte auch er mit dem Altsaxofon begonnen. Er wurde aber des Instruments überdrüssig, als es ihm schwer fiel, die Gewandtheit und den Sound seines Bruders zu erreichen. Eine Zeit lang verwendete er auf seinem Altsaxofon sogar ein Tenor-Rohrblatt, weil er „wie Coltrane" klingen wollte. Er meinte schließlich, dass die Trompete besser zu seiner Persönlichkeit passe, und fing an, mit dem Saxofonisten Charles Tyler zusammenzuspielen. Der aus Indianapolis stammende Tyler war ein entfernter Verwandter der Aylers. Er hatte mit Albert gelegentlich zusammengespielt, wenn er sich den Sommer über in Cleveland aufhielt. Albert Ayler hatte Tyler vor seiner Abreise nach Europa gebeten, Donalds Spiel auf ein professionelles Niveau zu bringen, weil er ihn in eine neue Gruppe aufnehmen wolle. Donald übte bis zu neun Stunden täglich, und Tyler tat sein Bestes, ihm die Grundlagen beizubringen.

Nach seiner Rückkehr stellte Ayler eine neue Gruppe zusammen, der Tyler und sein Bruder angehörten. Lewis Worrell, den er in der Armee kennen gelernt hatte, war Bassist, und Murray spielte weiterhin Schlagzeug. Am 28. März 1965 versäumte Charles Tyler den Auftritt im *Village Gate,* der von Impulse aufgenommen und als *New Wave in Jazz* veröffentlicht wurde, weil sein Flugzeug in Cleveland wegen Nebels nicht starten konnte. Er nahm jedoch an dem wichtigen Konzert in der Town Hall teil, das als *Bells* bei ESP erschien. Jeder Aspekt dieses Auftritts sollte sich als einflussreich erweisen: Don Aylers rasend schnelle Läufe, Albert Aylers Art, an einer Idee herumzunagen wie ein Hund an einem Knochen, Murrays dezentes Spiel auf dem Becken sowie die Klagelaute, die er die ganze Zeit von sich gab. Das intensive, schreiende Ensemblespiel und die bruchstückhaften Bugle-Calls und Märsche – ein Einfall des jüngeren Ayler – nahmen Archie Shepps Verwendung von Marschthemen vorweg und wurden in der damaligen Zeit für jede Gruppe, die sich für hip hielt, ein Muss. Nach Aylers Auffassung, dessen Religiosität tief verwurzelt war, spielten die Musiker in einer „spirituellen Dimension". Er sagte: „Wir können eine göttliche Harmonie oder einen göttlichen Rhythmus erzielen, der über das hinausgeht, was man bisher Harmonie nannte."

Die Verbindung zu Call Cobbs erwies sich für Ayler als wichtig, weil er dadurch die Gelegenheit hatte, seine Ideen mit einem älteren Mann zu besprechen. Der Pianist schrieb einige von Aylers Themen nieder und machte Vorschläge, wobei er sich oft über seine eigene konventionelle Ausbildung hinwegsetzte. Was Aylers Musik für ihn bedeutete, drückte Cobbs so aus: „Sie fesselt mich, und ich mag sie. Er macht etwas, das ich nicht ganz verstehe, aber ich lerne dazu." Kurz vor seinem Tod nahm Ayler Cobbs nach Südfrankreich zu Konzertauftritten mit. Er hatte außerdem vor, ihn auf seine Japantournee mitzunehmen. Seinen Respekt für die älteren Musiker, die nie die gebührende Anerkennung gefunden hatten, brachte er dadurch zum Ausdruck, dass er andeutete, er werde dafür sorgen, dass sich Cobbs in Europa niederlassen könne, falls es ihm dort gefalle.

Im September 1965 wurde *Spirits Rejoice!* in der Judson Hall an der West 57th Street aufgenommen. Ayler hatte vorgehabt, Cobbs Vibrafon spielen zu lassen, gab sich aber schließlich mit einem Cembalo zufrieden. Dieses Instrument sorgt bei „Angels" wie auch bei der späteren Impulse-Aufnahme *Love Cry* für üppige, silbrig klingende Soundwellen. Nach der Aufnahme aßen die Musiker in einem indischen Restaurant zu Abend. Dann gingen Cobbs und Ayler zum Haus seiner Tante zurück, wo dann bis in die tiefe Nacht hinein geredet wurde. „Das war sehr schön", erinnerte sich der Pianist. „Es war noch jemand da, und sie unterhielten sich über die Free Music. Ich war ganz still und hörte nur zu. Es war alles neu für mich, denn ich hatte damals nicht den richtigen Durchblick. Doch von da an waren wir unzertrennlich."

Cobbs hatte John Coltrane 1954 kennen gelernt, als sie zusammen in der Band von Johnny Hodges gespielt hatten. Als Coltrane eine Woche im *Apollo* gastierte, suchte er ihn hinter der Bühne auf. „Er erinnerte sich an mich und fragte: ,Call Cobbs?' Er schlang die Arme um mich wie ein Bär. Dann streckte er sich auf dem Bett aus und sagte: ,Red nur weiter. Es interessiert mich schon, ich bin nur furchtbar müde.' Ich erzählte ihm von Albert, und er erwiderte: ,Das ist schön. Er ist ein wunderbarer Mensch.' Albert hielt sich zu jener Zeit in Cleveland auf. John meinte: ,Wenn er zurückkommt, sagst du ihm, dass wir uns getroffen haben und dass er mich anrufen soll.'"

Coltrane half Ayler finanziell, und zwischen den beiden entstand eine Beziehung besonderer Art. Sie telefonierten immer wieder miteinander und schickten einander Telegramme. Coltrane wurde von dem jüngeren Mann stark beeinflusst. Einer seiner letzten Wünsche war, dass Ayler und Ornette Coleman, der ebenfalls einen wichtigen Einfluss auf ihn ausgeübt hatte, bei seiner Beerdigung spielen sollten. Die Brüder Ayler spielten dann „Truth is Marching In", begleitet von Richard Davis am Bass und Milford Graves am Schlagzeug.

Coltrane setzte sich dafür ein, dass Ayler einen Vertrag mit Impulse Records bekam. Zuvor hatte Ayler ihm die Platten *Ghosts* und *Spiritual Unity* zukommen lassen. Bald darauf nahm Coltrane *Ascension* auf. Er rief Ayler an und teilte ihm mit: „Ich habe eine LP aufgenommen und festgestellt, dass ich genau wie du spielte." Albert Ayler erwiderte: „Aber nein, merkst du denn nicht: Du hast wie du selbst gespielt. Du hast einfach das gespürt, was ich empfinde, und hast eine spirituelle Vereinigung herbeigesehnt."[15]

Kurz vor Coltranes Tod lernte Ayler Mary Parks kennen, die den Künstlernamen Mary Maria trägt. Sie kümmerte sich um seine Angelegenheiten und nahm Anteil an seiner Musik. Vom Standpunkt des Kritikers wäre jedoch anzumerken, dass diese Beziehung zu einer Musik führte, die kaum stimulierend wirkte. Maria spielte Piano und Harfe und schrieb Songtexte. Auf Aylers Vorschlag hin spielte sie auch Sopransaxofon. Sie spielten jeden Tag zusammen, wann immer sie Lust dazu hatten, auch im Freien. Einmal wurden sie von der Polizei aus dem Prospect Park in Brooklyn vertrieben, weil sie zu laut gespielt hatten. Von Zeit zu Zeit gesellte sich Call Cobbs zu ihnen. Bei öffentlichen Auftritten bildete Maria das Tüpfelchen auf dem i.

Im September 1968 nahm Ayler *New Grass* auf, einen nicht sehr überzeugenden Ausflug in den Bereich des Rhythm & Blues. Im Wechselgesang mit einer Gospelgruppe sang er verschiedene mystische, quasireligiöse Texte. Wenn Ayler sein Horn spielte, klang er jedoch seltsam unbeholfen für einen, der sich in dieser Materie auskannte. Obwohl ein schwarzer Drummer, Bernard Purdie, mit von der Partie war, stammte der Beat eher aus der Rockmusik als aus dem Blues. Von der Gelassenheit, die einen James Brown oder Junior Walker auszeichnet, war nichts zu spüren. Schwarze Intellektuelle waren der Meinung, Ayler habe eine wichtige schwarze Tradition respektlos behandelt. In einer Rezension der LP *New Grass* verwies Larry Neal auf den entscheidenden Unterschied: „Es ist nicht cool, von den Rolling Stones oder den Grateful Dead Dinge zu lernen, die einem der eigene Vater beibringen könnte ... Die direkte Konfrontation mit der vom Künstler selbst gemachten Erfahrung fehlt ganz einfach."[16]

Ayler teilte Jacqueline und Daniel Caux mit, dass sein Schallplattenproduzent Bob Thiele verlangt habe, er solle mit einer Gruppe junger Rockmusiker zusammenspielen. Er habe sich widerstrebend darauf eingelassen, sich jedoch ausbedungen, dass er seine eigene Gruppe zusammenstellen dürfe, wenn er Popmusik spielen müsse. Daraufhin ging Henry Vestine, der Gitarrist von Canned Heat, der sein Interesse an gemeinsamen Aufnahmen angemeldet hatte, mit der regulären Gruppe des Saxofonisten ins Aufnahmestudio – mit den Bassisten Bill Folwell und Stafford James, dem Pianisten Bobby Few und dem Schlagzeuger Muhammad Ali. Was Ayler auch bewogen haben mag, diese Musik aufzunehmen: Sein eigener wie auch Marias verworrener Gesang waren Lichtjahre entfernt von der erhabenen Größe von *Witches and Devils*.

Es ist behauptet worden, Ayler sei vertraglich zu Gesang verpflichtet gewesen. Tatsache ist jedoch, dass er und Maria ihre Kompositionen bereits zuhause gespielt und gesungen hatten, bevor Bob Thiele überhaupt wusste, dass diese existierten. Ayler hatte ab und zu einen Blick in ihre Notizbücher geworfen und festgestellt, dass ihre Arbeiten ihm zusagten. Er hatte beschlossen, einige ihrer Kompositionen einzuspielen und ihr auf diese Weise Publizität zu verschaffen. Maria behauptet, das Singen sei seine Idee gewesen und dass die Plattenfirma wohl kaum damit einverstanden gewesen wäre, einen unbekannten Sänger einzusetzen.

Die negative Reaktion auf sein neuestes Werk machte Ayler zu schaffen. Er meinte, ein Künstler wandle sich ständig. „Aus künstlerischer Sicht muss man im Leben Veränderungen durchmachen, man muss sterben und neu geboren werden. Dabei wird man wieder ganz jung, dann wächst man heran, hört zu und wird wieder jung."

Im Verlauf von Aylers Karriere wurden seine Begleitmusiker jedoch immer leichtgewichtiger. Beaver Harris, der Ronald Shannon Jackson im August 1966 ersetzte, mit Ayler auf Europatournee ging und 1967 Aufnahmen mit ihm machte, war ein relativ geradliniger Drummer. Sein Nachfolger Milford Graves war in mancher Hinsicht anspruchsvoller. Er machte zwar im Februar 1968 Aufnahmen mit Ayler, blieb jedoch nicht lange bei der Gruppe. Allen Blairman, der bei Aylers letztem Frankreichbesuch dabei war, war im Vergleich zu Murray oder selbst zu Muhammad Ali recht einfallslos.

Von Zeit zu Zeit verwendete Ayler zwei Musiker mit akademischer Ausbildung, nämlich den Geiger Michael Sampson, der 1966 mit ihm auf Europatournee ging, und den Cellisten Joel Friedman, der auch mit Sunny Murray zusammenarbeitete. Was die Bassisten betrifft, war Alan Silvas Bogen-Arbeit im hohen Register auf der LP *Live in Greenwich Village* umwerfend. Seine Nachfolger waren jedoch wenig bemerkenswert. Ayler bedauerte es stets, dass er für den brillanten Peacock, der die Musik für eine Weile aufgegeben hatte, um in Japan Zen zu studieren, keinen vollwertigen Ersatzmann finden konnte. Henry Grimes, der neben Charlie Haden zu den anderen großen Bassisten jener Ära zählte, ging nach Kalifornien. Dort beschäftigte er sich zuerst mit der Schauspielerei und verschwand dann ebenfalls.

Bei Cobbs hatte man den Eindruck, dass er dabei war, weil er mit Ayler eng befreundet war und weil er den Saxofonisten auf unspektakuläre Art begleitete. Wie Sidney Bechet, den er sehr bewunderte, dominierte Ayler aber jedes Ensemble, ganz gleich, ob es sich um gleichwertige oder schwächere Mitwirkende handelte. Wegen der Zurückweisungen, die er erfahren hatte, war es für ihn sehr wichtig, eine Person um sich zu haben, mit der er in spiritueller und musikalischer Hinsicht kommunizieren konnte. Charles Tyler meinte, dass Cobbs im Gegensatz zu manch anderen Musikern in Aylers Umgebung nie eine Belastung gewesen sei. „Er war immer da, wenn Al ihn brauchte."

Im Juli 1970 gab Ayler in Südfrankreich zwei historische Konzerte. Diese Nuits de la Fondation Maeght fanden in Saint-Paul-de-Vence statt (der Stadt, in der sich James Baldwin niedergelassen hat). Sie wurden von der französischen Firma Shandar aufgenommen und kurz nach Aylers Tod veröffentlicht. Die spektakulär aufgemachte Plattenhülle gab Einzelheiten der Tragödie wieder, was vermutlich einen besonderen Kaufanreiz für das Memorial-Album darstellen sollte. Die Musik ist nicht so leidenschaftlich wie die frühen New-Yorker Aufnahmen, aber weit besser als die vorangegangenen Aufnahmen für Impulse. *In Heart Only* fasst alles zusammen. Es ist sanfter als *Spiritual Unity* und *Bells* und weniger majestätisch als die Themen von *Love Cry*. Es stellt die Aussage eines Künstler dar, der bereits alle Möglichkeiten in Betracht gezogen hat und der jetzt sein musikalisches Ich differenziert zum Ausdruck bringt. Ayler hatte den Wunsch geäußert, für die Touristen zu spielen. „Machen wir doch mal etwas, was ich normalerweise nicht mache", hatte er zu Cobbs gesagt. „Spielen wir doch mal den Blues." Das Ergebnis war offenbar die rockende „Holy Family". Ayler gibt sich einer Rückerinnerung hin an das, was Little Walter achtzehn Jahre zuvor von ihm verlangt hatte. „Die Leute nahmen es mit Begeisterung auf", erinnerte sich Cobbs. Auf der Schallplatte ist es zu hören.

Dass Aylers Musik religiöser Natur ist, lässt sich nicht übersehen. Was er spielte, konnte nur von einen Mann seiner Spiritualität geschaffen werden. Aber das ist nicht alles. Viele Wendungen und Themen wie auch das eigentliche Feeling stammen direkt aus der Kirche der Schwarzen. Sein Saxofon unterstreicht die Phrasierungen von Mary Maria in „Music is the Healing Force of the Universe" – „Let it come in, the music of the Universe, the music of Love" –, als befänden sie sich Seite an Seite auf der Kirchenbank. Oft hatte es den Anschein, als wäre die Kirche der Ort, für den diese Musik gedacht war. Call Cobbs spielte jeden Sonntag für eine kleine Gemeinde in einem Versammlungsraum an der 125th Street. Die Töne, mit denen er Aylers Horn auf „Universal Message" begleitet, sind dieselben, die er bei den Gläubigen in Harlem anschlug. „Für Albert war die Musik wie eine Bibel", sagte der Pianist. Knapp ein Jahr nach Aylers Tod fand Cobbs ebenfalls ein tragisches Ende, als er von einem mit überhöhter Geschwindigkeit fahrenden Auto erfasst wurde.

Es gab Anzeichen dafür, dass Ayler zum Zeitpunkt seines Todes seelisch gestört war. Sein Bruder Donald wurde ein Opfer von New York. Albert gab sich offenbar die Schuld dafür, dass sein Bruder im Jahr 1968 einen Zusammenbruch erlitt, als ihre musikalische Zusammenarbeit ein Ende fand. Zuhause in Cleveland erholte sich Donald allmählich und nahm wieder zu. Seine Trompete lag jedoch auf dem Tisch und verstaubte, weil er sie nie anrührte. Sechs Jahre danach fing er wieder an zu spielen, manchmal mit Mustafa Abdul Rahim und gelegentlich mit Al Rollins, dem Tenorsaxofonisten, der in Cleveland einen Friseurladen besitzt. Donald vermied es jedoch nach Möglichkeit, seinen Bruder namentlich zu erwähnen.

Albert Aylers Geisteszustand lässt sich anhand eines Artikels beurteilen, den er 1969 für *The Cricket*[17] verfasste, eine Musikzeitschrift für Schwarze, die von Imamu Baraka, A. B. Spellman und Larry Neal ins Leben gerufen worden war. Der Beitrag hat die Form einer Predigt. Er ist konfus, aber von einer Spiritualität getragen, die mit seiner sanftmütigen Art und seiner religiösen Erziehung in Einklang steht. An einer Stelle bezieht sich Ayler auf Elijah Muhammad, obwohl er nach Auskunft von Mary Maria weder ein Mitglied der Nation of Islam noch ein Angehöriger einer Glaubensgemeinschaft war. Nach wie vor ist das Gerücht in Umlauf, dass Ayler Selbstmord begangen habe. Es erhält eine gewisse Glaubwürdigkeit durch bestimmte Schilderungen seines Verhaltens. Noah Howard erinnert sich, dass er Ayler in jenem Sommer bei glühender Hitze in einem langen Pelzmantel erblickte. Er habe Handschuhe getragen, und sein Gesicht sei mit Vaseline eingeschmiert gewesen („Muss mich schützen"). Mustafa Abdul Rahims Story steht dazu im Widerspruch. Er sah Ayler das letzte Mal, als er am Times Square aus einem Restaurant kam. Ayler stieg gerade aus einem Auto, das zwei schönen schwarzen Frauen gehörte, die damals bei seiner Gruppe als Sängerinnen mitwirkten. Wie immer trug er einen eleganten Lederanzug. Er sprach über die erfolgreiche Frankreichreise und erwähnte einen bevorstehenden Aufnahmetermin, bei dem er Rahim dabeihaben wollte. Außerdem redete er über eine geplante Japantournee.

Charles Tyler erwähnte Aylers angeborene Melancholie. „Al war trotz seines Charismas in Wirklichkeit ein trauriger Mensch. Die traditionelle Religion war die Ursache seiner Traurigkeit, die in seiner Musik zum Ausdruck kam. Al war ein großartiger Bursche, so einen wie ihn wird es nie mehr geben. Dieser Eindruck ist wohl durch seinen Tod noch verstärkt worden. Als er noch lebte, dachten alle, er sei ein Blender, aber jetzt interessiert man sich stark für ihn. Kein Mensch ahnte, dass er sein ganzen Leben daran gearbeitet hatte, ein Musiker zu sein, dass er sich in der Materie so gut auskannte. Als Al und ich zusammenspielten, setzten wir uns über alles, was wir gelernt hatten, hinweg, und das hörte sich dann an, als wären wir völlig verrückt und hätten keine Ahnung von Musik! Aber jetzt heißt es, Al sei depressiv gewesen und sei von der Brücke gesprungen. Mich würde es nicht überraschen, wenn ihn sein religiöser Background bis zuletzt verfolgt hätte."

Ayler redete oft, als hätte er eine Vorahnung des Todes. Bevor er von ABC-Impulse unter Vertrag genommen wurde und bevor er für seine Neuerungen allgemein Beifall erhielt, kam er einmal auf die fehlende Anerkennung zu sprechen und sagte: „Die kommt ziemlich spät, denn schließlich spüre ich doch schon seit einer Reihe von Jahren den Geist in mir."

Manche Kritiker würden mit ihm übereinstimmen, denn er traf diese Feststellung im Jahr 1966, als seine komplexesten Werke bereits aufgenommen worden waren. Er hatte sich dann rasch von der Komplexität zur Einfachheit weiterbewegt und das Unwesentliche schneller eliminiert als irgendein Künstler vor ihm. Als hätte er geahnt, wie kurz sein Leben sein würde.

Quellen:

1. *Down Beat,* 7. Januar 1971.
2. Ted Joans, „Spiritual Unity – Albert Ayler – Mister AA of Grade Double A Sounds", *Coda,* August 1971.
3. A. B. Spellman, *Four Lives in the Bebop Business,* New York 1966, Seite 102.
4. Interview mit Nat Hentoff, „The Truth is Marching In", *Down Beat,* 17. November 1966.
5. Interview mit Jacqueline und Daniel Caux, „My Name is Albert Ayler", *L'Art Vivant* (Paris), Februar 1971.
6. Ebenda.
7. Hentoff, a. a. O.
8. Henderson, Korrespondenz mit der Autorin.
9. Ebenda.
10. Ebenda.
11. Rahim, Korrespondenz mit der Autorin.
12. Henderson, a. a. O.
13. Ebenda.
14. LeRoi Jones, „Apple Cores No. 3", *Down Beat,* 1966; abgedruckt in Jones, *Black Music,* New York 1968.
15. Mary Maria/Mary Parks, Textbeitrag zu der LP *The Last Album* (Impulse AS-9208).
16. Larry Neal, „New Grass/Albert Ayler", *The Cricket,* Newark 1969.
17. Albert Ayler, „To Mr. Jones – I Had a Vision", *The Cricket,* Newark 1969.

7

AACM – Die alternative Kooperative in Chicago

Wenn du eine Improvisation zu Ende gespielt hast, braucht man nichts darüber zu sagen, weil sie, ganz gleich, ob es dir passt oder nicht, dein Leben beeinflussen wird.

Leo Smith

Leo Smith ist ein junger Trompeter aus Leland, Mississippi, das mitten im „Delta Blues Country" liegt. Sein Stiefvater Alex „Little Bill" Wallace, ein Altersgenosse und Freund von B. B. King, ist zwar musikalisch nicht mehr tätig, war aber offenbar ein guter Gitarrist in derselben Tradition. Wallace sagte: „Leo hatte ein echtes Talent für unsere Musik. Ich begreife nicht, was mit ihm passiert ist. Obwohl ihn seine Mutter mit Tränen in den Augen anflehte, will er diese ausländische Musik einführen und etwas aus ihr machen." Die Experimente, die Smith in Chicago mit Geistesverwandten in der Association for the Advancement of Creative Musicians (AACM) eingeleitet hatte, kamen den Leuten in Mississippi europäisch vor. Die Reaktion seiner Mutter war verständlich, denn sie bevorzugte den glatten, entspannten Gesang von Al Green. Als Smith in Europa war und in französischen und deutschen Konzertsälen auftrat und auch Aufnahmen machte, konnte man in den nicht weit vom Haus der Familie Wallace entfernten Juke-Joints immer noch den nur fünfzehn Jahre älteren Gitarristen James „Son" Thomas mit seinem archaischen Mississippidelta-Blues hören.

Jazzmusiker hatten immer einen kräftigen, ausdrucksvollen Sound angestrebt. Nach den sechs Soloimprovisationen zu urteilen, die Smith eingespielt hat,[1] handelt es sich bei ihm um einen Musiker, der die charakteristischen Merkmale der Trompete beiseite lässt. Smith gab sich mit dem normalen Umfang und den gewohnten Eigenschaften des Instruments nicht zufrieden. Er versuchte, alle Möglichkeiten auszuschöpfen. Er spielte die Trompete ohne Mundstück und setzte dabei lediglich den Ton ein, der durch die Betätigung der Ventile erzielt werden kann.

Smith beschränkt sich auch nicht auf die Trompete und das Flügelhorn. Zu seinen Perkussionsinstrumenten gehören Trommeln, Becken, Gongs, Metallplatten, Glocken und Aluminiumtöpfe. Er spielt überdies Sealhorn, Zither, Autoharp, Harmonika, Blockflöte, verschiedene Flöten und Pfeifen aus Holz und Metall sowie eine altmodische Autohupe mit Gummiballon. Er setzt eine südstaatliche Tradition fort, an deren Anfang einst Kinder auf Waschbretter und Blechdosen klopften, in Schlauchstücke bliesen und Drähte zupften, die mithilfe von Nägeln an der Wand aufgespannt waren. Diese Tradition hat ihre Wurzeln in Afrika.

Einige Mitglieder der AACM haben sich sogar bemüht, einfache Haushaltsgegenstände in ihre Musik einzubeziehen. Sie wollten sich dabei nicht nur die besondere Klangqualität zunutze machen, sondern gleichzeitig auf die Ursprünge der Musik verweisen.

Die Musik, die Leo Smith macht, hat kaum eine Ähnlichkeit mit dem, was Louis Armstrong spielte – und auch nicht mit dem, was von Don Cherry zu hören ist. Nach Meinung einiger Kritiker haben die AACM-Musiker mehr mit dem Aspekt des „Zufalls" in der Musik gemein, den John Cage eingeführt hat. Leo Smith lässt diesen Vergleich nicht gelten. „Unsere Entwicklung nimmt Bezug auf unsere Geschichte und unsere unmittelbare Vergangenheit", betont er.

Die AACM-Musiker haben sich stets gegen diesen Vergleich gewandt, weil sie ihn als einen weiteren Versuch der Weißen betrachten, alle musikalischen Aktivitäten der Schwarzen auf weiße Vorläufer zurückzuführen. Smith verwies auf Cages frühere Periode, in der er ein Perkussionsensemblestück aufbaute und Kompositionen für Instrumente schrieb, die nicht auf dem Kammerton eingestimmt waren. Er erwähnte ein Konzert, das Mitte der Vierzigerjahre stattfand: „Es war angeblich ein höchst innovatives Musikereignis, aber man fügte da lediglich verschiedene Rhythmusinstrumente hinzu sowie Dinge, die er gesammelt hatte und die seine ‚klangerzeugenden' Hilfsmittel sein sollten. Wir haben das als Volk in diesem Land schon seit Jahren gemacht, nicht nur in Afrika."

Wenn ein Künstler wie Leo Smith seinem unmittelbaren Background den Rücken zu kehren scheint, muss er dafür bestimmte Gründe haben. Schließlich kann er seit seiner Geburt die richtigen Referenzen vorweisen. In der Kirche kam er erstmals mit Musik in Berührung – „ziemlich früh, wie alle Schwarzen" –, und er fing er an, den Blues zu spielen, bevor er sich auf seiner Trompete richtig auskannte. Heutzutage lässt er das restriktive Regelsystem der Skalen und Akkorde nicht mehr gelten. Bei der Musik geht es ihm nur um zwei Dinge: um Sound und Rhythmus.

Er hat diese Idee allein ausgearbeitet sowie in einem Trio mit dem Saxofonisten Anthony Braxton und dem Geiger Leroy Jenkins. Der Drummer Steve McCall kam später hinzu, und die Gruppe nannte sich Chicago Construction Company. Smith praktizierte seine Idee auch in Duos, zuerst mit dem Altsaxofonisten und Perkussionisten Marion Brown, einem jungen Veteranen der New Music, dann mit dem Bassisten und Perkussionisten Leonard Jones, einem früheren Kollegen in der AACM. Diese Idee hat er mit anderen Mitgliedern der AACM gemein, die sie auf ihre individuelle Weise erprobt haben. Die Chicagoer Musiker habe alle erdenklichen Instrumente eingesetzt, um sämtliche Klangfarben auszuprobieren. Sie haben für Instrumente neue Spieltechniken geschaffen und diese Kenntnisse auf konventionelle Instrumente angewandt.

Anthony Braxton, der so ungewöhnliche Blasinstrumente wie die Kontrabassklarinette einführte, ist der Meinung, dass wirklich zeitgenössische Instrumente erst noch entstehen müssen. „In der nächsten Periode der Musik werden die Musiker ihre Instrumente selbst herstellen", sagte er. „Die für die heutige Zeit entwickelten Instrumente beziehen sich auf das Musiksystem, für das sie gedacht waren. Die Musik, die es in der Zukunft geben wird, hat damit nichts zu tun. Sie wird sich nach den Systemen richten, die jetzt entstehen. Wir brauchen keine Noten mehr. Ich suche nach Instrumenten, die keine festen Tonlagen besitzen, sondern *Soundwirbel* in sich haben."

Braxton befasste sich während seiner ersten drei Jahre in der AACM mit den Fortschritten, die Coleman und Coltrane erzielt hatten. Dann begann er die „Klangwerkzeuge" zu erforschen. Braxton entschied sich schließlich gegen die Verwendung unterschiedlicher Klangmaterialien und beschäftigte sich mehr mit Strukturen und Klängen als solchen. Er entwickelte beispielsweise eine Komposition, die in einem Stahllager gespielt werden sollte. Dann komponierte er für ein Tubaensemble, gab Solokonzerte auf dem Altsaxofon und spielte Duette mit dem brillanten britischen Gitarristen Derek Bailey. Diese Vielzahl von Ausdrucksmöglichkeiten hätten ältere Musiker wohl kaum in Betracht gezogen. „In der New Music gibt es so viele kreative Möglichkeiten, dass ich mir in mancher Hinsicht wie ein Forscher vorkomme", sagte Braxton.

Während er mit Leuten wie Braxton und Leroy Jenkins zusammenarbeitete, befasste sich Smith intensiv mit der Vorstellung von einer *totalen Kreativität*. Er war bestrebt, die Zwänge eines konstanten Rhythmus zu überwinden, damit die Musiker völlig frei und möglichst kreativ sein konnten. „Tempo ist eine eingeschränkte Verwendung von Zeit", sagt Smith. „Zeit ist für mich die *ganze* Zeit."[2]

Dass diese Aussagen das Gegenteil dessen zu sein scheinen, was man für das Wesentliche der Musik gehalten hat, mag auch davon abhängen, wer die Geschichtsbücher schreibt. Leo Smith ist der Meinung, dass die Kritiker die Musik mit Regeln befrachten, um sie einzugrenzen. „Niemand kann dir sagen, was irgendetwas, das einen Klang oder einen Rhythmus besitzt, *bedeutet,* aber sie verweisen auf bestimmte Voraussetzungen, zum Beispiel auf ‚Swing‘. ‚Es muss swingen‘, verlangen sie, ‚die Leute müssen Soli spielen‘ und dergleichen.“

„Ich hingegen versuche, völlig frei von irgendwelchen Bezügen zu sein, weil das für mich die einzige Methode ist, Musik zu erschaffen. Ich möchte nicht, dass ich als die Person gelte, die in diesem oder jenem Stil spielt, weil es für mich keine deutliche Grenzziehung zwischen den Stilen gibt. Ich möchte mich nicht einmal auf irgendeine Musik als Orientierungsrahmen beziehen. Ich möchte mit der Vergangenheit und der Zukunft nichts zu tun haben.“

Smith’ Haltung war typisch für die neuen Anschauungen in der AACM, die von ihrem Spiritus Rector, dem Pianisten und Klarinettisten Muhal Richard Abrams, gefördert wurden. Obwohl Smith später als Solist arbeitete, war er ursprünglich wie alle seine Kollegen an dem Projekt einer Gruppenmusik beteiligt, zu der jeder Einzelne seinen Teil beitrug. „Jeder Einzelne verstand es, andere Ideen zu akzeptieren und Ideen auszutauschen, was in der Musik gänzlich unbekannt ist“, meinte Smith.

In politischer und künstlerischer Hinsicht war die AACM die Vorläuferin der Musikerkollektive, die in den Sechziger- und Siebzigerjahren entstanden, so der Black Artists Group of St. Louis, der Bostoner Society for the Creatively Concerned und Strata-East in Detroit. Hinter ihrer Basisarbeit und den Trainingsmöglichkeiten für junge, kreative Köpfe steht Abrams’ Vorstellung, dass die Ära des Individuums der Vergangenheit angehört. Die AACM propagierte den Gedanken des musikalischen Sozialismus.

Leroy Jenkins, der in der AACM mit mehreren Gruppen zusammengearbeitet hat, gab zum Zeitpunkt der Gründung in Mobile, Alabama, Unterricht für Streicher. Er kehrte nach Chicago zurück und übernahm im staatlichen Schulwesen eine ähnliche Aufgabe. Um Geld zu verdienen, spielte er bei allen möglichen Anlässen. „Es ging immer nur ums Geld. Ich hatte keine klaren Vorstellungen. Wie die meisten anderen wollte ich einfach ein guter Musiker sein. Das änderte sich, als ich mit der AACM in Berührung kam.“

Wie alle Musiker, die mit Abrams und dem Saxofonisten Roscoe Mitchell in Kontakt kamen, überdachte Jenkins seine Einstellung zur Musik und seine Beweggründe fürs Musizieren. Sein Instrument war im Jazz selten verwendet worden – Eddie South, Stuff Smith, Ray Nance und Joe Venuti waren die einzigen Vorläufer von Format. Die AACM half ihm jedoch durch ihre Erforschung unkonventioneller Instrumentierungen, die Violine in einem positiveren Licht zu sehen. Jenkins hatte festgestellt, dass die meisten Geiger ungern improvisierte Musik spielten, weil sei meinten, dies erfordere einen gewissen Verzicht auf Technik. Die AACM brachte ihm bei, seine eigene Technik zu entwickeln.

„Wir setzen die Technik nur dazu ein, um aus einem Instrument das Gewünschte herauszuholen, und zwar ohne Rücksicht darauf, um was für eine

Musik es sich handelt", sagte Jenkins. „Das Violinspiel hat ebenfalls immer auf europäischen Ideen basiert. Jetzt aber, da wir über Veränderungen und Revolution sprechen, wenden wir das auch auf die Musik an."

Die AACM wurde im Jahr 1965 von vier Personen gegründet: den Pianisten Muhal Richard Abrams und Jodie Christian, dem Drummer Steve McCall und dem Trompeter Phil Cohran. Zu den Mitgliedern zählten die Musiker von vier oder fünf Gruppe, die damals in Chicago spielten. Ihre Hauptziele waren Eigenständigkeit und Selbstverwaltung. Später wurden Musiker aus anderen Landesteilen Mitglieder oder Verbündete der AACM – Leo Smith aus Mississippi, die Drummer Leonard Smith und Phillip Wilson sowie der Trompeter Lester Bowie aus St. Louis. Neulinge mussten für die Aufnahme nominiert werden, und danach fand eine Versammlung statt, bei der den neuen Mitgliedern mitgeteilt wurde, was man von ihnen erwartete. Die Regeln waren streng, wurden jedoch nachsichtig praktiziert. Wenn einer der Männer Gelder der AACM zum Kauf von Drogen verwendet hatte, wurde er gebeten, das Geld zurückzuerstatten, bekam jedoch keine Moralpredigten. Die geringfügigen Mitgliedsbeiträge reichten gerade aus, um die Kosten der Verwaltung, die in der Hauptsache in den Händen des Trompeters John Jackson lag, zu decken.

Die Kooperative veranstaltete regelmäßig Konzerte und hielt zweimal wöchentlich öffentliche Proben ab, zu denen Musiker kommen konnten, um sich zu informieren. Samstags wurde eine Bigband zusammengestellt, der alle Mitglieder angehörten. Jenkins sagte dazu: „Die Regeln sahen vor, dass jeder den Beteiligten die entsprechenden Noten liefern musste, wenn er wollte, dass die Band seine eigene Musik verwendete – selbst wenn jemand ein Kazoo spielte."

Jenkins wurde von seinem Lehrer Bruce Hayden zu seinem ersten AACM-Konzert mitgenommen, bei dem Roscoe Mitchells Gruppe spielte. Dabei kam es zwischen Lehrer und Schüler zu einem Rollentausch. Hayden bat Jenkins, ihm zu erklären, was da ablief. „Ich wusste es selbst nicht. Aber es ging uns durch und durch! Es war gut, aber dummerweise begriffen wir überhaupt nichts. Und dabei hielten wir uns für hip! Roscoe war einfach umwerfend. Ich sagte mir: Das muss wohl die Richtung sein, die die intelligenten Leute eingeschlagen haben."

Dieser Musik und der Ernsthaftigkeit der Ausübenden war es zuzuschreiben, dass sich weitere Musiker für die AACM interessierten. Jenkins erlebte dies, als er in Abrams' Keller an einer Probe teilnahm. Bei seinem Eintreffen saßen die Musiker im Kreis und spielten nach Abrams' Anweisungen. Jenkins kannte den Pianisten aus seiner Schulzeit. „Damals war Muhal ein Schläger, einer von den Typen, die einem an der Schule Geld abknöpften." Als Jenkins Abrams ansprach, weil er mitspielen wollte, erfuhr er, dass er zuerst noch dreimal wiederkommen und zuhören müsse. Bei seinem zweiten Besuch war Jenkins von der Musik ganz überwältigt. Er rannte zu seinem Auto und holte seine Violine. „Ich sagte zu Abrams: ‚Mir ist alles egal, Mann, du musst mich spielen lassen.'" Der Pianist gab nach und erteilte ihm ebenfalls Anweisungen. „Er teilte mir bestimmte hohe Noten zu, die ich spielen sollte. Und dann fing ich mit den anderen an zu proben."

Abrams und die AACM schufen eine neue Art von Engagiertheit und flößten Musikern, die vorher andere Prioritäten gehabt hatten, Selbstachtung ein. Joseph Jarman ist ein fantasievoller Saxofonist, der von Roscoe Mitchell in die Experimental Band gebracht wurde, die Vorläuferin der AACM. Er erzählte: „Vor meinem ersten Zusammentreffen mit Richard Abrams war ich wie all die anderen trendigen Getto-Nigger: Ich war cool, ich nahm Drogen, ich rauchte Pot und so weiter. Das Leben, das mir geschenkt worden war, war mir egal. Als ich die Gelegenheit bekam, in der Experimental Band mit Richard und den anderen Musikern zusammenzuarbeiten, entdeckte ich zum ersten Mal etwas Sinnvolles. Diese Band und die Leute, die zu ihr gehörten, waren das Wichtigste, was ich je erlebt habe."[3]

Malachi Favors, einer der stärksten, erfindungsreichsten Bassisten der zeitgenössischen Musik, spielt beim Art Ensemble of Chicago, einer Gruppe, die aus verschiedenen AACM-Formationen hervorging. Er verfügt über viel Erfahrung. Er hat unter anderem mit Freddie Hubbard und Dizzy Gillespie zusammengespielt und tauchte sogar einst auf 78er-Schellackplatten mit Andrew Hill am Piano auf. Als er sich in der AACM geistig weiterbildete, verzichtete er auf die lukrativen Jobs, die ein Mann mit seiner Vorgeschichte bekommen konnte. „Wenn der Himmel mich nicht gelenkt hätte, wäre ich jetzt in einer Lounge und verdiente zwei- oder dreihundert Dollar die Woche mit irgendwelchen Liedern", sagte er. „Oft möchte ich wieder zurück, weil der eingeschlagene Weg schwierig ist. Wenn ich jetzt nachhause komme und Leute treffe, werde ich gefragt: ‚Wo spielst du denn?' Die wissen nicht, dass ich mich mit etwas anderem beschäftige."

Von denen, die beitraten, sind nicht alle der AACM sowie ihren Zielen und Idealen treu geblieben, aber sie hat bei vielen eine unauslöschliche Prägung hinterlassen. Mitten in Mississippi, weit weg von den anerkannten Zentren des Musiklebens, blieb sie im Leben eines ihrer Gründungsmitglieder eine treibende Kraft. „Das war wie eine Kirche – es war tatsächlich meine Kirche", sagte der Schlagzeuger Alvin Fielder. „Die Musik ist meine Kirche, und die AACM war meine Religionsgemeinschaft."

Die AACM entstand aus der Experimental Band, die 1961 von Abrams zusammengestellt wurde. Er war ein ausgebildeter Musiker, der eine Zeit lang mit dem einflussreichen Bassisten und Multiinstrumentalisten Donald Rafael Garrett neue Ideen entwickelt hatte. 1963 umfasste die Experimental Band folgende Musiker: Fred Berry (Trompete), Lester Lashley (Posaune und Cello), Roscoe Mitchell, Joseph Jarman (Altsaxofon), Gene Dinwiddie, Maurice McIntyre alias Kalaparusha Ahra Difda und Henry Threadgill (Tenorsaxofon), Charles Clark, Donald Garrett (Bass), Jack DeJohnette und Steve McCall (Schlagzeug). Letzterer ist wie Abrams, Favors und Jodie Christian ein erfahrener Profi. Eine Weile erledigte der Altsaxofonist Troy Robinson zusammen mit Abrams die kompositorische Arbeit, dann beteiligten sich auch Mitchell und Jarman. Die individuellen Interessengebiete hat Jarman wie folgt umrissen: Abrams „chromatische", Mitchell „polytonale" und Jarman „serielle" Musik.

Einige von diesen Musikern nahmen an der Gründungsversammlung der AACM teil. Zu den Anwesenden zählte außerdem der Altsaxofonist Jimmy Ellis. In der Bigband seines Bruders hat Abrams von Zeit zu Zeit gespielt. Der bekannte Tenorsaxofonist Eddie Harris, der sein Tenorsaxofon fast im Alt-Register spielt, übte Kritik an den „freien" Musikern. Er sagte: „Ihr habt nur eines im Sinn: frei zu spielen. Aber damit könnt ihr nicht in den Klubs für die Leute spielen. Ihr könnt nur Konzerte machen, sonst nichts." In der Anfangszeit der New Music wurden solche Rügen oft erteilt, aber die jungen Musiker ließen sich davon nicht beeindrucken. Alvin Fielder, der damals in Mitchells Gruppe am Schlagzeug saß, nahm an der Versammlung teil. Er berichtete: „Die AACM wurde immer stärker. Sie hatte eine nachhaltige Wirkung auf mich. Für die Musiker war sie etwas Wunderbares und das Erste dieser Art. Zusammen mit Sun Ra hat sie tatsächlich mein Musikerleben geprägt."

Abrams, die graue Eminenz und die treibende Kraft, wurde der Vorsitzende der AACM. Mitchell war jedoch quasi der Katalysator; die meisten Musiker bezeichnen ihn als denjenigen, der sie zu Abrams brachte. Leroy Jenkins bezeichnet Mitchell als „den freiesten Musiker, den ich je gehört habe". Alvin Fielder traf zum ersten Mal bei einem typischen Bebop-Gig jener Zeit mit dem Saxofonisten zusammen: „Es ging zu wie im Tollhaus, alle bliesen aus Leibeskräften. Mitchell kam rein, packte sein Altsaxofon aus und fing an zu spielen. Auf einmal entkrampfte sich die Stimmung. Es war wunderschön. Dann packte er sein Horn wieder ein und ging. Ich sagte: ‚Verdammt noch mal, wer war dieser Saxofonspieler?' Damals spielte er nämlich so merkwürdig – so auf und ab und drum herum."

Fielder, der wohl der am besten ausgebildete und präziseste Drummer war, der je bei der AACM spielte, übte drei Monate danach mit Kalaparusha und Malachi Favors in Abrams' Keller. Sa kam Mitchell herein. „Roscoe stand eine Weile da und hörte zu. Als wir aufhörten, fragte er mich, ob ich ‚free' Music spielen könne. Ich hatte mich mit Bluesgruppen ungefähr eineinhalb Jahre lang am Rand der Free Music dahinbewegt. Die Typen sagten oft zu mir: ‚Mann, schlag doch den Takt.' Das nervte mich dann. Roscoe gab ich jedoch zur Antwort, ich könne Free Music spielen. Er lud mich daraufhin zu einer Probe in

Freddie Berrys Haus ein. Mal Favors war bei der Probe auch dabei, und sobald wir anfingen zu spielen, entstand etwas sehr Schönes."

Noch bevor auf den Straßen von Watts, Detroit und Newark Unruhen ausbrachen, fand in Chicago eine andere Art von Revolution statt. Als Sun Ra 1960 die Stadt verließ und sein gesamtes Arkestra mitnahm, pflegte die AACM weiterhin den Zusammenhalt der Musiker, den es dort stets gegeben hatte. Ohne diese solidarische Einstellung wären der Wachstumsprozess des Arkestra und die Gründung der AACM nicht möglich gewesen. Kurz nach Sun Ras Weggang begann die AACM, Konzerte zu veranstalten. Sie bot kostenlosen Unterricht in Theorie und in der Geschichte der schwarzen Musik an, außerdem individuellen Instrumentalunterricht sowie Lebenshilfe für die jungen Leute in den Schwarzenvierteln.

Dank der kulturellen Aktivitäten der AACM in der schwarzen Gemeinschaft gibt es in Chicago unter den Schwarzen mehr Anhänger der New Music als anderswo. Das Bestreben, den Musikern ein positiveres Image zu verschaffen, wird im Manifest deutlich:

> „Unser Curriculum ist so angelegt, dass es ein Maximum an Entwicklungspotenzial hervorbringt. Dies geschieht im Rahmen von Ausbildungskursen, bei denen Jugendliche konstruktive Beziehungen mit künstlerisch veranlagten Erwachsenen eingehen. Unser Ausbildungsprogramm wird von der Absicht bestimmt, das Selbstwertgefühl der Teilnehmer zu stärken, Wertschätzung für andere zu entwickeln sowie die Fähigkeit, die in der Gesellschaft vorhandenen Möglichkeiten zu nutzen. Wir sind der Meinung, dass sich derartige Werte auf das kulturelle und spirituelle Erbe der betreffenden Personen beziehen sollten."

Es war von Anfang an klar, dass die AACM-Musiker eine neue Art der Improvisation anstrebten. Die Richtung, die sie einschlugen, wurde zwar von den gewaltigen Neuerungen Coltranes, Dolphys, Colemans und Taylors beeinflusst, doch wandten sie ihr neu erworbenes Wissen nicht so stürmisch an wie manche ihrer New-Yorker Kollegen aus der „zweiten Welle" der New Music. „Die Originalität der AACM ist kennzeichnend für Chicago", sagte Richard Abrams. „Das hat mit dem Umfeld zu tun. Zwei Musiker, die ähnlich spielen, findet man in Chicago nicht, weil man bei uns nie den Stil eines anderen kopiert hat, um einen bestimmten Gig oder sonst was zu kriegen."[4]

Die Musiker hatten das Gefühl, dass manche Dinge in New York und Chicago unterschiedlich gehandhabt wurden. Das galt besonders für die persönlichen Beziehungen. Die AACM-Musiker hatten gegenüber ihren Kollegen den Vorteil, dass sie ausgiebiger miteinander proben und spielen konnten. Die positiven Auswirkungen derartiger gemeinsamer Erfahrungen werden offenkundig, wenn man die kurzfristig zusammengestellten Sessions zum Vergleich heranzieht, bei denen die Teilnehmer nicht miteinander vertraut sind. Leo Smith verwies auf die stillschweigende Vereinbarung, die unter New-Yorker Musikern gilt: dass jemand, der bei einem Aufnahmetermin hinzugezogen wird, den Gefallen zurückzahlen muss. Er meinte dazu: „Das ist kompletter Blödsinn. Der setzt mich nicht ein, weil ich gern mit ihm spiele oder weil unsere Musik zusammenpasst. Das gefällt mir nicht besonders. Ich spiele lieber mit Leuten, die mich unbedingt dabeihaben wollen."

Im Großen und Ganzen waren die Chicagoer fantasievoller als ihre Kollegen an der Ostküste. Sie fanden oft Platz für Humor und verstanden sich insbesondere darauf, Stille geschickt einzusetzen. Die New-Yorker Musik jener Zeit mag Dynamit gewesen sein, doch sie hatte etwas Verzweifeltes an sich, das mit dem Tempo des dortigen Lebens in Verbindung stand. Man bekam den Eindruck, dass die Chicagoer Musiker Zeit gehabt hatten, in Ruhe nachzudenken. Die Strukturen der Musik, die in beiden Städten gespielt wurde, spiegelten die jeweilige Architektur wider: das zusammengedrängte, durcheinander gewürfelte, erstickende New York – und Chicago mit seinen offenen Flächen, die die Gebäude zur Geltung kommen lassen.

Abrams' eigene musikalische Planung sah eine Reihe langer Improvisationen vor, die sich über einen ganzen Konzertabend hinziehen sollten, mit kaum wahrnehmbaren Veränderungen der Klangfärbung und des rhythmischen Impetus. Er hatte Teile davon für die frühen, von der Experimental Band gespielten Versionen niedergeschrieben. Donald Garrett sagte jedoch zu ihm, dass eine Zeit kommen werde, in der die Musiker derartige Leitlinien nicht mehr brauchen würden. John Litweiler, dem unermüdlichen Chronisten der AACM-Aktivitäten, erzählte Garrett: „Bevor ich Musiker hatte, die einen Part gestalten konnten, musste ich ziemlich viel schreiben. Jetzt kann ich acht Takte nehmen und ein Konzert geben."[5]

Die ersten Gruppen ließen sich stark von Ornette Colemans Vorstellungen leiten. Fielder besitzt Aufnahmen aus dem Jahr 1965 mit einem Quartett von Roscoe Mitchell, dem der Trompeter Freddie Berry, damals ein junger Musiklehrer, Favors und Fielder selbst angehörten. Die Dankesschuld ist offenkundig. Bald darauf tauchte jedoch etwas wirklich Neues auf. Delmark, die von dem Blues-Enthusiasten Bob Koester geleitete Chicagoer Plattenfirma, nahm 1966 mit dem Mitchell-Sextett die LP *Sound* auf. Durch sie erfuhr die Welt, was in Chicago vor sich ging. Zu den Mitwirkenden gehörten der Posaunist und Cellist Lester Lashley, den Abrams wegen seiner inspirierenden Eigenschaften mit Donald Garrett koppelte, sowie der Trompeter Lester Bowie.

Die diesen Aufnahmen zugrunde liegenden Ideen zeigten den Weg auf, den viele Musiker in Chicago und anderswo einschlagen sollten. „Das Wort ‚Sound‘ ist sehr bedeutungsvoll", sagte Leo Smith. „Es ist kein Zufall, dass Roscoe dieses wichtige Stück *Sound* nannte. Ihm kam es nicht auf die Tonlage an, sondern auf den Klang." Mitchell erläuterte die näheren Umstände: „Den Musikern steht es frei, jeden Klang zu produzieren, den sie für geeignet halten, jeden, den sie zu einem bestimmten Zeitpunkt hören. Kann sein, dass einer auf den Boden stampfen möchte – nun, dann stampft er auf den Boden. Man merkt auch, dass die Musiker ihre Instrumente etwas anders einsetzen, als man es gewohnt ist. Nicht die Trommeln, sondern die Becken werden zur Verstärkung eingesetzt, und zwar wegen ihres Oberton-Effekts."

„Ich probierte immer eine Menge Instrumente. Das gefällt mir. Die Musik interessiert mich mehr und mehr als etwas rein Atmosphärisches. Zu spielen, nur damit man spielt, ist mir nicht so wichtig. Ich überlege, wie ich andere Klänge schaffen kann."[6]

Lester Bowie ist einfach einer der beeindruckendsten und überzeugendsten Interpreten der New Music, ganz gleich, auf welchem Instrument. Er wurde1941 als Sohn eines Trompeters und Musiklehrers in Frederick, Maryland, geboren und wuchs in St. Louis auf. Dort fing er im Alter von fünf Jahren zu spielen an. Er wechselt zwischen einem feierlichen und einem „Gutbucket"-Ton und verwendet Effekte, die aus sieben Jahrzehnten Jazz stammen. Gequetschte Töne aus dem halb gedrückten Ventil (ein Markenzeichen von St. Louis) stoßen an sorgfältig konstruierte Linien. Das breite Vibrato, das er oft verwendet, erinnert an New Orleans. Es gibt jede Menge Humbug und Humor, aber auch Wut und Trauer. Vor allem aber gibt es Ironie. Diese Qualität hat er mit Mitchell, Favors und Jarman gemein. Sie verleiht der Musik, die sie zusammen als Art Ensemble of Chicago spielen, eine besondere Raffinesse.

Bevor sich Bowie 1966 in Chicago niederließ, war er mit Bands unterwegs, die von den Sängern Jerry Butler, Gene Chandler, Jackie Wilson und Joe Tex geleitet wurden. Diese Zeit war eine gute Vorbereitung auf die kargen Einkünfte beim Art Ensemble. Als Bowie beispielsweise mit Little Milton zusammenarbeitete, verdiente er pro Abend fünfundzwanzig Dollar, bekam aber zehn davon für Unkosten abgezogen.

Wie Ornette Coleman ging Bowie sogar mit einigen Zirkussen auf Tournee. In Dallas, Texas, spielte er bei nächtlichen Sessions mit James Clay und David „Fathead" Newman zusammen. In St. Louis spielte er Bebop mit den Altsaxofonisten Julius Hemphill und Oliver Lake, dem Pianisten John Chapman und dem Schlagzeuger Phillip Wilson. Letzterer spielte später neun unvergessliche Monate lang mit dem Mitchell Art Ensemble. Anschließend fand er eine Verdienstquelle, die seinem überragenden Talent entsprach. Er spielte eine Zeit lang bei der Paul Butterfield Blues Band und ist nun in New York tätig.

In St. Louis arbeitete Bowie mit Albert King zusammen sowie mit Oliver Sain, der wie er ein Sideman von Little Milton gewesen war. Als Sain den Sänger verließ, folgten ihm die anderen Musiker und wählten ihn zum Bandleader. Sängerin und Pianistin der Band war Fontella Bass. Sain hatte sie für Milton angeheuert, und sie wurde später Bowies Frau. Als Fontella Bass mit ihren Soloaufnahmen, die zum Teil von Sain komponiert und produziert worden waren, einige Erfolge erzielte, wurde Bowie ihr musikalischer Leiter. Zwei seiner Brüder, der Posaunist Joseph und der Saxofonist Byron, übernahmen später diese Aufgabe.

Lake, Wilson und Bowie „hatten die anderen Typen einfach an die Wand gespielt", ganz gleich, ob diese zur Avantgarde oder eher zum Bebop gehörten. In Chicago stellte der Trompeter jedoch zu seiner Überraschung fest, dass es dort viele Musiker seines Kalibers gab. Als er das erste Mal eine Probe der Experimental Band besuchte, stieg er gleich ein. Eine Weile spielten er und Mitchell im *Hungry Eye* mit dem Vanguard Ensemble, das der AACM-Drummer Ajaramu (Gerald Donovan) gegründet hatte. Ihm gehörte Amina Claudine Myers (Orgel) an; manchmal kamen die Saxofonisten Kalaparusha und Gene Dinwiddie hinzu.

Bowie meinte: „Wenn du einen Job bekommst, bei dem du Rock and Roll spielen sollst, kannst du noch ein bisschen hip sein, aber du bewegst dich hauptsächlich in diesem Idiom. Beim Bebop und beim Free Jazz sind die Grenzen festgelegt. Bei Mitchell hingegen wurde einem nicht vorgeschrieben, was man verwenden durfte. Dort gab es eine Kombination verschiedenster Möglichkeiten. Es war die einzige Gruppe, in der ich wirklich alles machen konnte, was ich wollte, ohne dass ich mich deswegen genieren musste."[7]

Unter den vier Gründungsmitgliedern des Art Ensemble ist der Bassist Malachi Favors der Älteste. Er wurde 1937 in Lexington, Mississippi, als Sohn eines Predigers geboren und wuchs in einer religiösen Umgebung auf, in der die Meinung vorherrschte, dass die Kirchenmusik die einzig wahre Musik sei. Mit fünfzehn fühlte er sich jedoch zum Bass hingezogen. Heutzutage spielt Favors den elektrischen wie auch den akustischen Bass, außerdem Banjo, Zither, *Balafon* und viele andere „kleine Instrumente". Er ist einer der besten Bassisten in der Geschichte dieser Musik und wird von seinen Kollegen wegen seiner integrierenden Wirkung und seiner Ausgewogenheit geschätzt.

Als er noch bei Delmark war, sorgte Chuck Nessa dafür, dass die AACM-Musiker Aufnahmetermine bekamen. Ab 1967 nahm er sie für sein eigenes Label auf. Die erste LP entstand mit einer Gruppe, die die Vorläuferin des Art Ensemble war. Bei Bowies *Numbers 1 & 2* kam Joseph Jarman zur damaligen Gruppe des Trompeters hinzu. Im darauf folgenden März wurde *Congliptious* unter Mitchells Namen aufgenommen. Robert Crowder gastierte dabei am Schlagzeug.

Jarman, ein schalkhafter kleiner Mann, der einst Schlagzeilen machte, als er auf der Bühne außer einer Saxofonschlinge nichts anhatte, ist nicht nur ein Musiker, sondern auch ein Poet, ein Philosoph und ein Polemiker. Er wurde später der Sprecher des Art Ensemble. Oft wurde er auch, ohne es zu wollen, als Sprecher der AACM betrachtet. Als Mitchell seine erste Schallplatte einspielte, war Jarman mit seinen eigenen Gruppen beschäftigt, zu denen oft der Trompeter Bill Brimfield und der Tenorsaxofonist Fred Anderson gehörten. Im Mittelpunkt seiner Musik standen jedoch der impressionistische Pianist Christopher Gaddy, der junge Bassvirtuose Charles Clark, ein Schüler von Wilbur Ware und – nach Meinung eines Beobachters – „das aktivste und beliebteste AACM-Mitglied", sowie der Drummer Thurman Barker. Ihm hatte Jarman eine eher dekorative Rolle zugewiesen; Barker spielte oft nicht den Rhythmus, sondern allenfalls eine Andeutung davon.

Als Jarman seine zweite Delmark-LP *As If It Were the Seasons* aufnahm, war Gaddy bereits an einem Herzleiden gestorben. Ein paar Monate danach starb Charles Clark im Alter von vierundzwanzig Jahren, als er auf dem Rückweg von einer Probe des Chicago Civic Orchestra eine Gehirnblutung erlitt. Zwei seiner wichtigsten Mitwirkenden zu verlieren war für Jarman einfach zu viel. Er hatte nicht die Kraft, allein mit Barker weiterzumachen. Als ihn Bowie, Favor und Mitchell einluden, bei Konzerten und einer Aufnahmesession mitzumachen, willigte er ein. J. B. Figi, ein weiterer engagierter Chronist der Chicagoer Szene, zitierte Jarman wie folgt: „Das war eigentlich genau das Richtige. Wir merkten, dass wir etwas sehr Wichtiges gemeinsam hatten, nämlich die Lust, Neues zu entdecken."[8]

Im Juni 1969 reiste das Art Ensemble nach Frankreich und trat dann überall in Europa bei Festivals und Konzerten sowie in Klubs auf. Der Drummer Don Moye, 1946 in Rochester geboren, kam 1970 in Paris zu der Gruppe dazu. Bei seinem ersten Europaaufenthalt spielte das Art Ensemble fünfzehn LPs ein, die nach und nach in Frankreich, England und Deutschland veröffentlicht wurden. Außerdem nahm es zwei Film-Soundtracks auf, von denen einer, nämlich *Les Stances à Sophie,* später von Chuck Nessa als Schallplatte veröffentlicht wurde. Jedes der Alben unterschied sich deutlich von dem vorhergegangenen. Mit seiner Suche nach neuen Ausdrucksmitteln erregte das Art Ensemble immer wieder Erstaunen. Dank ihres umfassenden theoretischen Wissens sahen die Mitglieder aber auch keine Veranlassung, etablierte Werte über Bord zu werfen. Mal spielten sie den Blues, mal wieder völlig „frei". Wie Sun Ra befassten sie sich sowohl mit dem Swing, dem Bebop und den Ausläufern von Ornette Colemans Musik. Bei ihrer Ankunft in Europa spielten sie zusammen eine so große Zahl von Instrumenten, dass sie zwei Stunden brauchten, um diese auf der Bühne aufzustellen. „Es ist einfach unmöglich, die subtilen Einzelheiten der Formen und Strukturen zu erläutern, für die wir uns interessieren", sagte Joseph Jarman. „Wir werfen außerdem musikalische Probleme auf, um die sich andere Leute niemals kümmern würden."

Als Beispiel verwies er auf eine von ihm, Mitchell und Bowie gespielte Melodielinie. „Da stehen also drei Hornspieler nebeneinander. Zuerst bekommt man drei verschiedene Interpretationen, deshalb müssen wir zusammenarbeiten und versuchen, die Phrase so hinzubekommen, dass sie einen einzigen

Sound ergibt. Das gelingt uns meist, und das ist ermutigend. Dann ziehen wir los und arbeiten mit anderen zusammen, damit sie es auch erreichen, dass drei Hornspieler dies schaffen."

In Chicago, dem Ziel vieler Migranten aus dem tiefen Süden, gab es immer den Blues aus deren Heimat. Die meisten AACM-Mitglieder haben irgendwann den Blues gespielt. Als Leo Smith in Mississippi aufwuchs, verkehrten bei ihm zuhause Musiker, die heute landesweit bekannt sind: Maurice McIntyre spielte mit J. B. Hutto und Little Milton, Roscoe Mitchell mit Jerry Butler, Phillip Wilson mit Otis Rush und Paul Butterfield. Lester Bowie kann auf eine ganze Reihe solcher Kontakte verweisen. Trotzdem verwendeten sie anfangs nur das Timbre des Blues und – zumindest bei Aufnahmen – nicht dessen Form. Das war einer der Gründe für Vergleiche zwischen ihnen, Cage und anderen weißen Komponisten, aber auch für die Ablehnung durch verschiedene New-Yorker Musiker, die ihr kreatives Schaffen als zu intellektuell und zu wenig gefühlvoll kritisierten. Bei späteren Plattenaufnahmen ließ sich das Art Ensemble immer mehr auf den Blues ein. Zu Beginn hatte es jedoch den Anschein, als wollte es solch elementare Formen unter allen Umständen beiseite lassen, und zwar im Gegensatz zu der in den Fünfzigerjahren vorherrschenden Haltung, so oft wie nur möglich Blues zu spielen.

Anthony Braxton erläuterte, welche Überlegungen dahinter standen: „Bei dem, was die meisten Leute als kreativ betrachten, handelt es sich meist um technische oder konzeptionelle Standardsysteme. Diese sind dann irgendwann so oft angewandt worden, dass es nicht mehr um Kreativität geht, sondern darum, dass man anderer Leute Vorstellungen von Form nachkommt."

Kurz nach der Abreise des Art Ensemble machten sich auch Braxton, Smith und Leroy Jenkins auf nach Europa. Bevor sie ein Trio bildeten, hatten sie mit Charles Clark, Thurman Barker und Kalaparusha zusammengespielt. Mehr als alle anderen Musiker in Chicago gaben sie ein Musterbeispiel für die Ablehnung der Form und der bewährten, vertrauten Formeln der Vergangenheit ab. Von Litweiler wurde ihre Musik deshalb als „akademisch und willkürlich" abgetan. Über Braxton schrieb Litweiler, offenbar sei er „oft fest entschlossen, jeglichen Hang zum Ensemblespiel zu zerstören, der sich bei dem Trio im Verlauf des Auftritts zeigt".[9] Zuvor hatte er behauptet, die Musik des Saxofonisten sei „unbeholfen und schwierig"[10] und dass Jenkins' „formlosen Soli" „rhythmische Vielfalt und melodische Substanz" fehlen.[11] Zum damaligen Zeitpunkt konnte man dies als Einschätzung eines Zuhörers gelten lassen, der sich den traditionellen Vorstellungen verpflichtet fühlte. Jenkins und Braxton zeigten jedoch bei nachfolgenden Auftritten ihre Vertrautheit mit der Vergangenheit sehr deutlich. Dies gilt im Übrigen auch für die traditionelle und willkürliche

Definition „Swing". Smith hat sein Soll in dieser Hinsicht bereits erfüllt und hat sich weiter voranbewegt.

Braxton gilt inzwischen als einer der wichtigsten Vertreter der dritten Free-Jazz-Generation. Er ist jedoch der Meinung, echte kreative Aktivität sei so sehr unterdrückt worden, dass der Graben zwischen der Bevölkerung und den wirklich kreativen Ideen von Jahr zu Jahr tiefer werde. Er findet zwar Gefallen an guten Stilisten, doch galt seine Aufmerksamkeit immer den wirklichen Neuerern, „den Leuten, die neue Welten erschließen".

Aus diesem Grund hielt er sich immer öfter in Europa auf und ließ sich durch das Zusammenspiel mit einheimischen Musikern inspirieren. Für einen schwarzen Künstler ist dies ungewöhnlich. Nach Braxtons eigenen Worten sind Leute wie der Gitarrist Derek Bailey für ihn sehr wichtig geworden. „Sie machen dermaßen kreative Dinge, dass man ihre Welt einfach kennen lernen muss."

Obwohl Braxton von der Gruppenarbeit nicht mehr viel hält, fällt es ihm – wie auch allen anderen, die mit der AACM in Berührung kamen – schwer, von dem Wissen Abstand zu nehmen, das ihm Muhal Richard Abrams vermittelte. Er und seine Kollegen haben etwas gemein, das Leo Smith so in Worte fasste: „Ich spiele nur, wenn ich dabei eine Gelegenheit bekomme, mich selbst zu erforschen, wenn jeder dieser Anlässe für die Leute und mich selbst eine echte Herausforderung bringt. Damit meine ich keinen Rückgriff auf Vergangenes, sondern eine Beschäftigung mit unserer Gegenwart. Sie stellt unsere Zukunft dar."

Nach Meinung von Leroy Jenkins begriff Smith die Vorstellungen der Chicagoer schneller als alle anderen, und zwar trotz seines sehr traditionellen Backgrounds. Smith' gegenwärtige Lebensweise hat jedoch nichts Traditionelles an sich. Zurückgezogen in einer kleinen Stadt in Connecticut lebend, fühlt er sich einem persönlichen Lebensstil verpflichtet, der ebenso streng wie wohltuend ist. So hat er die Zahl seiner öffentlichen Auftritte begrenzt, um jedes Mal erstklassige Leistungen bieten zu können. Bei seinen seltenen Besuchen in New York nimmt er sein Instrument nicht mit, und er will auch mit den dortigen Musikern keinen geselligen Umgang pflegen. „Sessions" gehören seiner Meinung nach der Vergangenheit an. „Die Musik hat sich inzwischen weiterentwickelt", meinte Smith.

Er zeigte sich entschlossen: „Ich möchte nicht den Eindruck erwecken, dass ich in New York bin und dass ich von Bedeutung bin, weil ich mit einer Gruppe von New-Yorkern irgendetwas mache. Ich möchte die Bedeutung in meinem Inneren spüren und das für mich behalten." Seiner Meinung nach ist das New-Yorker Umfeld schädlich, weil es die Künstler einander gleichmache. Ihre Musik sei nunmehr „weniger spezifisch als vielmehr beliebig". Er findet, dass diese Verflachung der Musik und der Lebensweise nicht zu einer Konzentration des Einzelnen auf seine persönliche Lebensaufgabe führe. „Das lenkt von der Arbeit an sich selbst ab." Bei Smith gehört zu dieser Arbeit ein Workout mit seinen Instrumenten, dann zum Ausgleich etwas anderes zur Entspannung und ein

Spaziergang zum Nachdenken. Im hektischen Treiben von New York wäre so etwas kaum vorstellbar, doch bei den von der AACM beeinflussten Musikern ist so etwas durchaus normal. „Diese Dinge kann man nicht machen, wenn alles beliebig ist oder wenn man sich in einem Umfeld befindet, das die Gleichmacherei fördert und verstärkt", sagte Smith.

Deshalb betrachtete er New York als „einen Ort, an dem Kreativität fast keinen Platz mehr hat". Und das trotz der Tatsache, dass die Mehrheit der Musiker weiterhin dort lebt? An der Küste bei seinem Haus plätscherte der Atlantik träge. Smith schaute in diese Richtung und lächelte. „Sie können zu diesem Teil des Ozeans hinüberschauen und sagen: ‚Da sind all die Wassermassen.' Aber deswegen muss das Wasser noch lange nicht sauber sein."

In einem Artikel in *Black World*[12] betonten Abrams und Jackson, das Hauptaugenmerk der AACM gelte dem Überleben, dem Verantwortungbewusstsein und der Leistung. Im Mai 1975 feierte die Kooperative ihr zehnjähriges Bestehen mit einem viertägigen Festival der Musik und des Kunsthandwerks. Die „Missionare schwarzer Kultur" hatten zehn Jahre lang trotz aller widrigen Umstände überlebt. Durch ihr Engagement für das Konzept eines unablässigen kreativen Lernprozesses hat die AACM dazu beigetragen, dass die Öffentlichkeit über afrikanische und afroamerikanische Beiträge aufgeklärt wurde. „Die Schwarzen sind jetzt so weit, dass sie ihren Stolz entdeckt oder wieder gefunden haben", schrieben Abrams und Jackson. „Dieser Stolz hat so ansteckend und begeisternd gewirkt, dass andere ethnische Gruppierungen ihr Erbe wieder entdeckt haben und auf ihren ethnischen Background großes Gewicht legen."

Dem Beispiel dem AACM folgend, haben Musiker überall in Amerika angefangen, eigene Aktivitäten zu entfalten. Abrams und Jackson betonten zu Recht: „Die AACM ist der Ansicht, dass das, was die schwarze Bevölkerung tut, nicht von ihrem Potenzial abhängt, sondern vielmehr davon, wie sie sich selbst einschätzt."

Quellen:
1. *Creative Music – I* (tms-1).
2. Begleittext zu *Three Compositions of the New Jazz* (Delmark DS-415).
3. Begleittext zu *Song For* (Delmark DL-410).
4. Interview mit Ray Townley in *Down Beat*, 15. August 1974.
5. John B. Litweiler, „Chicago's Richard Abrams: A Man with an Idea", *Down Beat*, 5. Oktober 1967.
6. Interview von Terry Martin, „Blowing Out in Chicago", *Down Beat*, 6. April 1967.
7. J. B. Figi, „Art Ensemble of Chicago", *Sun Dance Magazine*, November 1972.
8. Figi, a. a. O.
9. John B. Litweiler, „Three to Europe", *Jazz Monthly*, November 1969.
10. John B. Litweiler, „Altoists and Other Chicagoans", *Coda*, März 1967.
11. Ebenda.
12. Muhal Richard Abrams und John Shenoy Jackson, „The Association for the Advancement of Creative Musicians", *Black World*, November 1973.

ZWEITER TEIL

WER SIND DIE NEUEN MUSIKER?

So ernst wie das richtige Leben

Das Gerede, dass der Jazz tot sei, ist lächerlich. Es macht mich ganz fertig, wenn ich das höre, denn der Musiker selbst ist der Jazz. Wenn es heißt, der Jazz verschwinde allmählich – heißt das nicht auch, dass der schwarze Mann von der Bildfläche verschwindet?

Billy Harper

„Spielen zu lernen ist was Unvergleichliches, glauben Sie mir. Ich blieb soundso viele Wochen lang zuhause und lernte, wie man spielt. Was ich lernte, war vielleicht etwas Altes, aber dadurch wurde es leichter, in Zukunft etwas anderes zu spielen. Nun wusste ich nämlich, wie man mit dem Instrument umgeht – zumindest war mir das einigermaßen klar, auch wenn ich noch längst kein Meister bin. Ich möchte das spielen können, was mir gerade durch den Kopf geht. Dann brauche ich nicht mehr zu reden, nur noch zu spielen. Das ist mein Ziel. Ich möchte erreichen, dass ich mit meinem Instrument verschmelze und keine Person mehr bin. Wenn möglich, möchte ich auf der Straße herumspazieren und wie eine Trompete aussehen. Das bin ich nämlich."

Dass er mit sich selbst zufrieden ist, das ist für den neununddreißigjährigen Trompeter Earl Cross immer noch wichtiger als der materielle Erfolg. Er macht schon lange Musik. In San Francisco verdiente er in den Klubs und den Studios genug, um seine Familie ernähren zu können, ohne dass er die Stadt verlassen musste. Eine Weile arbeitete er mit Larry Williams zusammen, dem Sänger und Verfasser von Songtexten wie „Dizzy Miss Lizzy". Rock-and-Roll-Bands, Jazzgruppen und unbekannte Bluessänger haben von seinem starken, runden Sound profitiert, der sich die Dirty Tones und „Half-valve"-Effekte zunutze machte, die bei Trompetern aus seiner Heimatstadt oft zu finden sind – so bei Clark Terry, Miles Davis, Lester Bowie und Floyd LeFlore. Auch wenn seine Musik manchen nicht so geschliffen vorkommt wie das, was eine der modischen Bands vorgegeben hat, die alle trendigen jungen Musiker von Tokio bis Toronto zu kopieren versuchen, so hat sie doch etwas von dem Geist und dem Drängen der frühen Bebop-Zeit in sich. Vor allem aber spürt man, dass sie sich selbst treu bleibt.

Eine Zeit lang arbeitete Cross mit Rashied Ali und Noah Howard zusammen. Dann beschloss er, sich hauptsächlich mit der Suche nach einem eigenen musikalischen Konzept zu beschäftigen. Für einen fast vierzigjährigen Mann, der nicht sehr bekannt war und sich und seine Familie zu ernähren hatte, war das keine leichte Entscheidung. Ein Musiker, der in diesem Alter keinen hohen Bekanntheitsgrad erreicht hat, wechselt im Allgemeinen in einen sicheren kommerziellen Job oder gibt das Musizieren ganz auf. Es lässt jedoch das Engagement erkennen, das einen Künstler antreibt, etwas Persönliches hervorzubringen, wenn er eine derartige Entscheidung trifft und sich deswegen Einschränkungen auferlegen muss.

Niemand schätzt den Musiker herkömmlicher Art gering ein, der seine Erfüllung findet, wenn er die Kompositionen anderer spielt. Sich darauf zu beschränken, was andere geschrieben haben, ist jedoch für den improvisierenden Musiker das Gegenteil dessen, was seine Kunst ausmacht. Wer sich aber weigert, kommerzielle Musik spielen, unterschreibt praktisch sein eigenes Todesurteil, es sei denn, er hätte eine zusätzliche Einnahmequelle. In einer Stadt wie New York ist der ökonomische Druck so stark, dass ein Musiker, der in den Aufnahmestudios Beschäftigung finden kann, dort bleibt, auch wenn er ursprünglich nur so lange dort arbeiten wollte, bis er genügend Geld zusammengespart hat. Haben sich diese Musiker an ein geregeltes Einkommen gewöhnt, hat kaum einer das Bedürfnis, etwas Individuelles hervorzubringen.

Cross ging zwar in New York keinen lukrativen Studiotätigkeiten nach, verdiente aber eine Zeit lang seinen Lebensunterhalt, indem er bei Bluesaufnahmen im Hintergrund mitwirkte. Eine derartige Tätigkeit stünde ihm wohl weiterhin offen. „Aber da bekommst du keine Gelegenheit, etwas Neues anzufangen", meinte er. „Da spielst du nur immer wieder das Gleiche. Das ist wie jede andere Arbeit, aber es ist auch das Gegenteil von Musik. Ich bin nicht vollkommen, ich weiß nur, wie ich bestimmte Dinge anpacken möchte. Ich habe schon so viel Blues und Rock and Roll gespielt, dass ich mich im Moment von keiner Bluesband anheuern lassen möchte. Nächste Woche vielleicht, aber jetzt geht es nicht."

Als Kind hatte sich Cross für die Air Force begeistert, und nach der Highschool schloss er sich ihr tatsächlich an. Als Teenager hörte er eifrig Schallplatten. Wenn er und seine Freunde ein bisschen Spaß haben wollten, nahmen sie einen Stoß Platten von Gillespie, Parker, Kenton und Tristano zu einer Wochenendparty mit und legten sie auf. „Wenn man eine Party ruinieren wollte, musste man nur eine Jazzplatte laufen lassen und beim Zuhören einen Joint rauchen." Seine Familie hatte nichts gegen Jazz einzuwenden, doch als Cross verlauten ließ, er wolle von Beruf Jazzmusiker werden, „da warfen sie mich beinahe hinaus! Sie sagten: ‚Hier kannst du keine Musik machen, such dir lieber einen Job.‘ Also musste ich das sein lassen."

Die Reaktion der Familie war nichts Ungewöhnliches. Jungen Schwarzen hat man oft davon abgeraten, sich im Musikbereich zu betätigen, weil man wusste, dass er keine sichere Existenzgrundlage bietet. Abschreckend wirkten auch die stereotypen Vorstellungen von der Lebensweise der Musiker. Hinzu kommt, dass der Eindruck vorherrscht, Schwarze könnten in der von Weißen geprägten Gesellschaft nur als Entertainer oder Athleten Karriere machen. „Wenn man darüber nachdenkt, macht einen das richtig fertig", erzählte Cross. „Aber dann sagt man sich: Was soll's? Man fängt etwas an und versucht es zu rechtfertigen. Die einzige Möglichkeit, die Musik zu rechtfertigen, ist, wenn man etwas Gutes produziert. Es reicht nicht, wenn man behauptet, ein guter Musiker zu sein. Man muss es durch sein Spiel beweisen. Und das ist mir bisher recht gut gelungen."

Art „Shaki" Lewis machte andere Erfahrungen. Er wurde in New Orleans geboren, doch seine Familie zog an die Westküste, als er fünf Jahre alt war. Sein Vater spielte Trompete, sein Großvater Posaune und ein Onkel Schlagzeug. Deshalb legte man ihm nichts in den Weg, als er Schlagzeug spielen wollte. „In der Gemeinschaft der Schwarzen gehört Musik zum täglichen Leben", sagte Lewis. „Sie lag bei mir im Blut. Da es in meiner Familie viele Musiker gab, war das ganz einfach für mich. Manche brachten mir Achtung entgegen, manche nicht. Wieder andere beneideten mich jedoch. Es war so eine Art Nebentätigkeit, hauptsächlich am Wochenende, nichts richtig Ernstes. Aber dann kam der Punkt, an dem ich nichts anderes mehr tun wollte, weil mich nichts anderes befriedigte. Es war, als würde ich den Leuten einen Dienst erweisen. Ich kam mir wie eine Art Medizinmann vor. Ich zog herum und spielte die Musik und brachte die Leute dazu, dass sie sich wohl fühlten und vergnügten."

Die Pattersons aus North Philadelphia, einer als „Dschungel" berüchtigten Gegend, die von Taxifahrern gemieden wird, waren ebenfalls eine musikalische Familie. Als Robert Patterson senior den Namen Rashied Ali annahm, gab er seinen Söhnen ebenfalls neue Namen. Zwei von ihnen wurden bekannte Drummer. Muhammad, der früher Raymond hieß, hat in New York und in Europa längere Zeit mit dem Saxofonisten Frank Wright zusammengearbeitet. Den ältesten Bruder, der ebenfalls Robert geheißen hatte und auch in Rashied umbenannt worden war, machte John Coltrane in seinen letzten zweieinhalb Lebensjahren zu seinem Schlagzeuger. Der Drummer hat seinen Vater als einen „frustrierten Musiker, dafür aber begeisterten Plattensammler" in Erinnerung, „der alles hatte, was gerade angesagt war". Als Rashied Ali einmal krank im Bett lag, brachte ihm sein Vater eine Billie-Holiday-Aufnahme von „Gloomy Sunday" als Geschenk mit und wünschte ihm gute Besserung. Die Platte war eben erst erschienen, aber Rashieds Mutter fand die Selbstmord-Thematik nicht besonders passend. „Kauft man einem Kranken so eine Platte?", fragte sie. „Das ist doch völlig daneben."

Ms. Patterson hatte einst im Jimmy-Lunceford-Orchester gesungen, das damals eine der führenden Swingbands war. Ihre Mutter, eine ordinierte Pfarre-rin, hatte eine kleine Baptistenkirche geleitet, bei deren Sonntagsgottesdienst die Familienmitglieder in der Überzahl waren. Rashieds Mutter und ihre fünf Schwes-tern sangen alle und spielten Klavier, und die ganze Familie musste im Kirchen-chor mitsingen. „Bei uns zuhause war es üblich, Klavierunterricht zu nehmen. Meine Großmutter sorgte dafür, dass alle Unterricht nahmen. Jazz mochte sie nicht sehr, das war für sie ‚Teufelsmusik'. Er wurde aber im Haus gespielt."

Rashied Alis jüngste Tante war mit einem Schlagzeuger verheiratet. Wenn die Großmutter bei der Arbeit war, hielten die beiden Proben ab. Sie kam aber manchmal früher zurück und erwischte die Musiker in voller Aktion. Zu guter Letzt sagte sie: „Wir ihr das spielen wollt, dann spielt es eben. Ich möchte aber nichts damit zu tun haben." Dann machte sie die Tür zu. „Ich saß dabei und schaute zu, weil mich das Schlagzeug schon immer fasziniert hatte", erzählte Rashied Ali. „Ich schaute dem Drummer zu und meiner Tante – eine der talen-tiertesten Pianistinnen, die ich je gehört habe. Ich beobachtete auch den Bassis-ten und den Hornisten. Ich saß einfach da und schaute zu, und wenn sie etwas machten, das ich nicht mitbekommen sollte, schickten sie mich raus. Dann ging ich mit meinen Brüdern zur Vorderseite des Hauses. Wir kletterten zum Fens-ter hoch, pressten uns an die Scheiben und schauten zu, wie sie drinnen spiel-ten und Joints rauchten und so weiter. Damals bekam ich zum ersten Mal mit, wie Musik gemacht wird. Ich war ungefähr neun."

Alis Tante starb in jungen Jahren, ungefähr zum selben Zeitpunkt, als seine Eltern sich trennten. Er zog vom Haus seiner Großmutter weg, und sein Inter-esse an der Musik ließ vorübergehend nach. „Ich machte all die Sachen, die ein Junge so macht, aber in der Nachbarschaft gab es einige Burschen, die immer am Klavier saßen und übten. Zum Beispiel Freddie Simmons und McCoy Tyner. Ich sagte oft: ‚Hört doch auf mit dem Blödsinn und kommt raus! Wir möchten ein Spiel machen.' Die Typen übten jedoch weiter und kamen nicht raus. Ich hörte die ganze Zeit, wie sie sich abmühten. In ihren Familien ging es strenger zu. Nach der Trennung war meine Mutter nur streng, was den Gesangsunterricht betraf. Da musste ich hingehen. Ich musste singen und ein bisschen Klavier spielen. Schlagzeug zu spielen fiel mir überhaupt nicht ein. Mit zwölf oder dreizehn wurde ich immer wieder beauftragt, sonntags in der Kirche zu singen, und ich ging auch zu Talentwettbewerben für Sänger."

Earl Cross, Art Lewis und Rashied Ali sind drei erfahrene Musiker Ende dreißig, die in ihrem bisherigen Berufsleben mehr Hindernisse überwinden mussten als die meisten Leute im Lauf ihres ganzen Lebens. Sie wuchsen in unterschiedlichen Gegenden auf, aber aus ihren Geschichten und ihrer Haltung ergibt sich ein Gesamtbild, das Aufschlüsse darüber liefert, wie es schwarzen Musikern, die keine kommerziellen Ziele verfolgen, heutzutage in Amerika ergeht. Sie wohnten zusammen mit Roger Blank, einem weiteren Schlagzeuger, in einem Haus in Brooklyn, bis dort ein Feuer ausbrach, welches das Innere zerstörte. 105–107 Broadway war eine legendäre Musikerkommune, in der auch Coltrane einst Proben abhielt. Dort wohnten zu verschiedenen Zeitpunkten viele von denen, die mit der New Music zu tun hatten: Don Cherry, Marion Brown, Clifford Thornton und so weiter. An dem Gebäude hätte man eine Gedenktafel anbringen sollen. Stattdessen gab es dort eine Brandstiftung, und am Eingang hängt jetzt ein Schild „Zutritt verboten".

Coltrane hielt viel von Alis „multidirektionalen Rhythmen" und meinte, dieser sei „definitiv einer von den großen Drummern". Er sagte: „Ich kann wirklich zu jeder beliebigen Zeit eine beliebige Richtung wählen und darauf vertrauen, dass es mit dem zusammenpasst, was er macht."[1] Nach Coltranes Tod verhalf dies Ali aber nicht zu Plattenaufnahmen oder zu Engagements für seine eigene Gruppe. Er musste schließlich in seiner Wohnung ein Studio einrichten, damit seine Musik an die Öffentlichkeit gelangen konnte. Cross musste mit unbekannten Rockbands arbeiten und Lewis mit Nachtklubsängerinnen und Tanzgruppen. Was sie lieber gemacht hätten, kann man sich denken. Lewis sagte: „Ich beschäftigte mich mit der New Music, als es dazu keine Alternative zu geben schien. Meiner Ansicht nach hatte man den Bebop lange genug gespielt, und ich hielt es für nahe liegend, mich einer Art von Musik zu widmen, die klarer und freier war."

Lewis und Earl Cross hatten sich aus freien Stücken entschieden, Musiker zu werden. Rashied Ali, der in einer problematischen Schwarzengegend aufgewachsen war, stand nur der Musikerberuf oder ein Schieberdasein offen. James Baldwin schrieb, in Harlem müsse ein junger Mann entweder Prediger oder Zuhälter werden, um auf seine Altersgenossen Eindruck zu machen; manchmal sei der Musiker eine Art Prediger, und das sei fast genauso gut. „Viele Leute zieht es zur Musik, weil sie die Musiker wirklich bewundern", sagte Art Lewis. „Sie wollen sich ihnen anschließen, aber sie haben eigentlich keinerlei Talent. Sie wollen in die Szene rein, weil sie glauben, dass es dort ganz toll ist und dass man viele Miezen kennen lernen kann. Sie meinen, dass sie da nachts unterwegs sind und tagsüber schlafen können, dass sie sich als Teil einer Minderheit fühlen können, einer Art Clan."

Art Lewis kam 1966 mit dem Sänger Jon Hendricks nach New York. Zuvor hatte er mit dem Saxofonisten Harold Land und den meisten von den Musikern, die an der Westküste wohnten, zusammengearbeitet. Sein Interesse für die Musik war erwacht, als er *Bop City* besuchte, den Klub in San Francisco, in dem Leute wie Dexter Gordon, Charlie Parker und Bud Powell einstiegen, wann immer sie sich in der Stadt aufhielten. Seine ersten Erfahrungen sammelte er im Zusammenspiel mit solchen Gastsolisten. An ihrer Musik beeindruckte ihn der Sound am meisten. „Er gab mir ein gutes Gefühl, und das wollte ich auch erzeugen. Zuerst wagte ich es kaum, mich den Leuten, die ich bewunderte, zu nähern. Aber schließlich spielte ich mit ihnen zusammen und lernte sie näher kennen. Ich wusste jedoch, dass ich es schaffen würde, weil ich als Jugendlicher ein guter Tänzer gewesen war und Wettbewerbe gewonnen hatte. Damals gab es diese großen Tanzveranstaltungen mit B. B. King und all diesen Gruppen. Da tanzte ich immer, und die Leute versammelten sich um mich und schauten mir zu.“

Wann im Leben eines schwarzen Musikers der entscheidende Zeitpunkt war, lässt sich nach Meinung von Don Cherry nicht bestimmen. „Wer in Amerika in eine Familie von Schwarzen hineingeboren wird, der wird in die Musik hineingeboren. Da wird die ganze Zeit getanzt und gesungen. Da hört man Musik, ob man würfelt oder Murmeln wirft. Und selbst wenn man in die Kirche geht – Musik ist ständig dabei.“ Der Status eines Musikers in seiner Gemeinschaft ist trotzdem von Ort zu Ort verschieden. In Ossining, einer dreißig Meilen von New York entfernten Kleinstadt, waren der Trompeter Ted Daniel und sein Vetter Sonny Sharrock in den Fünfzigerjahren in ihrer Altersgruppe die einzigen, die Musik machen wollten. In und um Sharrock gab eine Menge Gesangsgruppen, aber wenn die Vettern Instrumentalmusik hören wollten, mussten sie eine halbstündige Bahnfahrt nach Manhattan unternehmen. Daniel blieb oft die ganze Nacht auf und hörte sich Symphony Sids Radioübertragungen aus dem *Birdland* an. Dann machte er sich fertig und ging, ohne geschlafen zu haben, in die Schule. Als sie dann eine Band zusammenstellten und mit ihr in örtlichen Bars auftraten, kam eine Anzahl treuer Anhänger. Schließlich erschien es ihnen jedoch notwendig, nach New York zu ziehen.

In Chicago wurde ein Musiker nur dann geachtet, wenn er Geld verdiente. Im Gegensatz zu New York, wo es andere Überlebensmöglichkeiten gibt, gehen die meisten Chicagoer Musiker tagsüber einem Beruf nach oder spielen eine andere Art von Musik. Während die Mitglieder der AACM an ihren individuellen Projekten arbeiteten, konnte man beispielsweise Muhal Richard Abrams in einer Bar auf der South Side als bluesartig spielenden Klavierbegleiter eines Saxofonisten antreffen. Währenddessen war Thurman Barker mit einem Musical auf Tournee und spielte im Orchestergraben sein Schlagzeug. „Es ist kein fauler Kompromiss“, sagte Abrams, „weil es kein großer Auftritt ist, sondern nur ein Gig. Mit den Konzerten ist das nicht zu vergleichen. Wenn man auf die Bühne geht und Kompromissmusik spielt, ist das was anderes.“[2]

Der 1946 geborene Jerome Cooper ist ein Drummer, der sowohl in *Theresa's*, der berühmten Bluesbar auf der Chicagoer South Side, gespielt hat als auch im Art Ensemble of Chicago. Er erzählte: „Es gibt die Tagschicht und die Nachtschicht. Wenn die Leute sehen, dass ein bestimmter Typ den ganzen Tag und die ganze Nacht zuhause sitzt, fragen sie sich, auf welche Schicht er wohl geht! So ist das bei der breiten Bevölkerung, auch wenn ein Musiker in bestimmten Kreisen eine Sonderstellung einnimmt."

Leroy Jenkins, der vierzehn Jahre älter ist als Cooper und mit ihm zusammen im Revolutionary Ensemble spielt, machte eine andere Erfahrung. Sie hat damit zu tun, dass er als Instrument die Violine wählte. Er trat jeden Sonntag in der Ebenezer Baptist Church auf, und zwar Seite an Seite mit Bo Diddley, der damals ein gewandter Geiger war und der später im Rhythm & Blues einen wichtigen schöpferischen Einfluss ausübte. Jenkins hatte das Gefühl, dass er mit seiner Geige einen sehr unmännlichen Eindruck machte. Das Instrument und den Kasten, in dem er es umhertrug, fand er dermaßen peinlich, dass er sich eine Methode einfallen ließ, wie er den Geigenkasten beim Gehen verbergen konnte. „Ich war nicht besser oder schlechter als andere in der Gegend, aber die Leute schauten zu mir auf, weil ich ein Musiker war. Sie meinten, ich sei ein besonders netter oder besonders kluger Junge. Als ich anfing, meinen Eltern gewisse Schwierigkeiten zu machen, wollte das keiner für wahr halten."

Obdachlose haben Musikern immer denselben Respekt entgegengebracht wie den anderen Helden des Gettos – den Zuhältern, Glücksspielern, Schiebern, Weiberhengsten und Straßenpredigern. Die stärkste Diskriminierung erfahren sie bei der berufstätigen Bevölkerung. Der Saxofonist Jimmy Lyons wurde von Obdachlosen akzeptiert, weil sie ihn für einen Drogenabhängigen hielten. Wenn sie sein Horn zu Gesicht bekamen, boten sie ihm Drogen an. Um ihre Achtung nicht zu verlieren, musste er eine Abhängigkeit vortäuschen. Lyons' Mutter kannte jedoch berühmte Musiker, die in ärmlichen Verhältnissen lebten. Sie kaufte ihrem Sohn zwar sein erstes Instrument, versuchte ihn aber davon abzubringen, dass er Berufsmusiker wurde. „Sie schaute sich zum Beispiel Bud Powell an, wie der damals spielte und wie schlecht er finanziell dran war. Seine Kleidung war zerlumpt, er hatte sie tagelang nicht ausgezogen, aber was er spielte, war herrlich. Meine Mutter sagte, es wäre schlimm, wenn ich Musiker würde."

Alvin Fielder war einer der ersten Drummer in der AACM. Er stammte aus Meridian, einer Stadt in Mississippi. Obwohl es dort sechs oder sieben Bands gab, standen Musiker in keinem guten Ruf. Sie galten als minderwertig, weil sie tagsüber einen Beruf ausübten. Seine ersten Erfahrungen sammelte Fielder in einer Schulband und an der Seite eines Freundes. „Er spielte gar nicht so toll, aber alle meinten, er sei große Klasse. Ich beschloss, ebenfalls Schlagzeug zu spielen. Ich kam aber nicht weit, weil ich bei den Leuten im Vergleich zu ihm nicht so gut abschnitt. Es war eine Art Rivalität, und ich musste versuchen, ihn zu übertrumpfen. Ich war in Mississippi, und dort war man nicht darauf erpicht, mit anderen zusammenzuspielen und etwas zu lernen, sondern sie an die Wand zu spielen."

Im ländlichen Süden war die Lage anders. In Leo Smith' Heimatgemeinde im Mississippidelta wurde Musikern hohe Wertschätzung entgegengebracht. „Sie waren der Meinung, dass Musiker ‚drüberstehen‘. Das sollte heißen, dass Musiker nicht auf den Baumwoll-, Spinat- und Bohnenfeldern schuften oder sich sonst wie krumm legen mussten." In einer Gegend, in der Schwarze nur körperlicher Arbeit nachgehen konnten, wurden Musiker geschätzt, weil sie „sich mit geistigen Dingen beschäftigten".

Frank Lowe wurde 1943 in Memphis geboren. Er wuchs in der Stadt auf, die für arme Schwarze aus Mississippi auf dem Weg nach Norden der erste Zwischenstopp war. Er erinnert sich daran, dass er auf der berüchtigten Beale Street Sänger und Gitarristen hörte, die den Blues spielten. Er beschäftigte sich in der Schule mit Vokalmusik, bis er den schwergewichtigen Tenorsaxofonisten Gene Ammons hörte und von Schallplatten wie „Hittin' the Jug" fasziniert war. Dann besuchte er eine Zeit lang die University of Kansas. „Ich behauptete, ich wolle Soziologie studieren, obwohl ich im Grunde wusste, dass mir die Musik wichtiger war. Ich sagte das, weil meine Eltern sonst ausgeflippt wären und von Geldverschwendung gesprochen hätten."

Als Jugendlicher arbeitete Frank Lowe eine Weile in dem Plattenladen, der zu Stax Records gehörte. Stax wurde später eine wichtige Plattenfirma, doch im Jahr 1958 hatte sie nur ein paar Räume in einem Theater an der East McLemore Street. Rufus Thomas war damals der heißeste Interpret bei Stax; Steve Cropper, Booker T. and The MGs waren gerade dabei, sich einen Namen zu machen; Otis Redding und Sam and Dave waren noch nicht aufgetaucht. Lowe konnte sich alle Schallplatten anhören, die ihn interessierten, und kam in Kontakt mit den Musikern. Dies brachte ihn auf den Gedanken, selbst Musiker zu werden. Wie Jimmy Lyons, der in Gesellschaft von Musikern aufblühte, gefiel auch Lowe die „Luft der Freiheit", die sie umgab. „Obwohl wir alle unter derselben geistigen und körperlichen Versklavung zu leiden hatten, schienen sie freier zu sein, weil sie auf die Bühne gehen und schöpferisch tätig sein konnten."

„Wenn man in Memphis ein Musiker vom Kaliber eines Otis Redding oder Rufus Thomas war, dann war man genauso gut oder genauso cool wie der Bürgermeister oder ein Ratsmitglied. Ich kannte damals einen Burschen, der schon etwas älter war – er war ungefähr fünfunddreißig und ich fünfzehn. Er kam immer wieder rein und sagte zu mir: ‚Mensch, hör dir mal Eric Dolphy an und Ornette.‘ Und ich erwiderte: ‚Okay, mach ich.‘ Er galt aber als seltsamer Typ. Sein Name war Benny Moss. Musiker wie er hatten es sehr schwer, sie mussten tagsüber einer Arbeit nachgehen."

Frank Lowe wurde Saxofonist und zog nach San Francisco. 1966 ging er von dort nach New York und nahm Kontakt mit Sun Ras Arkestra auf. Bei einem zweiten Besuch in New York traf er mit Alice Coltrane zusammen, die gerade mit einer Band auf Tournee gehen wollte und einen Tenorsaxofonisten suchte. Da der Süden langsamer auf die New Music reagierte, mussten Musiker stets nach New York gehen, um außerhalb ihres unmittelbaren Umfelds bekannt zu werden. Diejenigen, die zuhause bleiben, weil sie sich um ihre Familie kümmern wollen oder weil ihnen einfach der Ehrgeiz fehlt, finden anderswo selten Anerkennung. Außerdem sind sie mit den neuesten Entwicklungen der Musik nicht hinreichend vertraut. Sie bekommen vielleicht bei Radioübertragungen manches mit, aber die meisten Musiker, die zuhause bleiben, sind nicht besonders unternehmungslustig. Sie richten sich weiterhin nach den Wünschen ihres einheimischen Publikums und spielen die Musik, die es gewöhnt ist. Frank Lowe meinte, Coltrane, Dolphy und Ornette seien heutzutage in Memphis durchaus bekannt, aber wenn man das einheimische Publikum beeindrucken wolle, müsse man ihm „immer noch was ganz anderes auftischen".

Das soll nicht heißen, dass außerhalb von New York keine neuen Ideen entwickelt werden. Ornette Colemans Vorstellungen entstanden bekanntlich in Texas und Kalifornien, von den Neuerungen Sun Ras und der AACM ganz zu schweigen. Einst hatte jeder Bundesstaat, jede Stadt und jede ländliche Gegend einen unverwechselbaren Stil. So gab es beispielsweise den Trompetenstil von St. Louis. Die Stilarten wurden von umherziehenden Musikern aufgegriffen und anderswo weitergegeben. Durch die Schallplatte werden neue Ideen viel schneller Allgemeingut. Gleichzeitig lässt sich nicht mehr so leicht rekonstruieren, wo bestimmte Elemente ihren Ursprung hatten.

Der Bassist Hakim Jami, der in Detroit geboren wurde und später mit so unterschiedlichen Musikern wie Don Byas und Sun Ra zusammenspielte, arbeitete und studierte an verschiedenen Orten an der Ostküste, bevor er schließlich nach New York zog. Damals kam es häufig vor, dass er zu einem Gig erschien und nur einer von den Musikern etwas taugte. „Da war nicht viel zu machen. Aber wenn man nach New York geht, kommt so gut wie immer was Tolles zustande. Da muss man in Form sein, um mithalten zu können. Ich merkte das, sooft ich Typen zuhörte, die aus New York stammten. Ich sagte: ‚Menschenskind, da wird anders gespielt!' Wenn ich heutzutage mit anderen zusammenspiele, muss ich mich manchmal zurückhalten, weil ich sie sonst an die Wand drücke."

Als Art Lewis an der Westküste aufwuchs, war es wichtig für ihn, alles möglichst anders als andere Musiker zu spielen. Zuerst hatte er versucht, bestimmte Figuren von Schallplatten zu übernehmen. Als er merkte, dass dies nicht möglich war, bemühte er sich, selbst die bestmögliche Interpretation zu erreichen. „Ich fand es immer schwierig, etwas zu spielen, das schon ein anderer gespielt hatte. Man wird sowieso höher eingeschätzt, wenn man einen eigenen Sound findet."

Für die schwarzen Interpreten der New Music wurde es im Lauf der Zeit immer weniger wichtig, in New York zum Erfolg zu kommen. Einige Mitglieder der AACM stellten dies unter Beweis, indem sie in Europa reüssierten. Musiker aus der Black Artists Group in St. Louis folgten ihrem Beispiel. Allen, die anderswo in Amerika lebten oder dort umherreisten, war es oft unverständlich, dass die New-Yorker Musiker so sehr im Mittelpunkt standen. „Es hieß immer, dass man nach New York gehen muss, wenn man spielen will, und dass man erst spielen kann, wenn man in New York ist", sagte Lester Bowie. „Solche Sachen las ich, wenn ich unterwegs war, und ich fragte mich: Was soll das? Hier gibt's einen, von dem man noch nie gehört hat, und der ist einfach umwerfend! Und deshalb war ich nie erpicht darauf, nach New York zu gehen. Es gibt doch überall so viele talentierte Leute."

Um einigermaßen zurechtzukommen, verbrachte Byard Lancaster eine Weile fast genauso viel Zeit in Europa wie in Amerika. In seiner Heimatstadt Philadelphia betätigte er sich auf zweierlei Weise. Free Jazz spielte er in einer Gruppe, die er zusammen mit dem Schlagzeuger J. R. Mitchell leitete. Außerdem betätigte er sich bei den Sounds of Liberation, einem von dem Vibrafonisten Khan Jamal geleiteten Septett, das kommerzieller orientiert ist und deshalb regelmäßig zu tun hatte. Von 1965 an arbeitete er mit Sunny Murray zusammen. Lancaster sagte: „Wo man auch hinkommt, es gibt immer einen, der ein Spitzenjazzmusiker ist, und einen anderen, der die erste Geige spielt. Es gibt noch eine andere Kategorie: Einer verdient ziemlich viel Geld, indem er in seiner Heimatstadt spielt, und ein anderer verdient es, indem er umherreist. Ich glaube, bei Bach, Beethoven und so weiter war's genauso: Manche reisten umher, andere blieben zuhause, der eine hatte Kinder, der andere nicht. Wenn man sich mal wirklich mit der Musikgeschichte beschäftigt, dann beginnt man zu begreifen, dass es eigentlich keine Stars gibt. Es ist genauso, wie Sly Stone es ausdrückte: ‚Jeder ist ein Star.' Jeder hat eine Aufgabe zu erledigen. Derjenige, der begriffen hat, was er zu tun hat, findet seine persönliche Einstellung, die dann in seiner Musik zum Ausdruck kommt. Manche haben die Aufgabe, an ihrem Heimatort zu bleiben, weil sie ihr Wissen an die jungen Leute weitergeben müssen. Wenn alle erfahrenen Männer weggingen, hätten die Jungen keine Vorbilder mehr."

Donald Garrett, der es vorzieht, seinen zweiten Vornamen Rafael zu verwenden, gehört zu denen, die längere Zeit zuhause blieben. In San Francisco hatte er in den Musikerkreisen eine herausgehobene Position. Bei Plattenaufnahmen mit Coltrane, Shepp und Dewey Redman spielte er Bass, Klarinette und Bassklarinette. Außerdem machte er mit seiner Frau Zuzaan bei ESP eine Reihe von Duett-Aufnahmen. Von Musikern wurde jedoch seine Weisheit seit langem ebenso geschätzt wie sein Spiel. Insbesondere Frank Lowe ist ihm zu Dank verpflichtet: „Rafael brachte mir bei, dass man nicht seine ganze Zeit der Musik widmen sollte. Man sollte lieber mal sein Haus streichen oder ein paar Stunden täglich einer anderen Arbeit nachgehen. Früher gab es die utopische Vorstellung, dass sich ein Musiker in seinen Elfenbeinturm verkriechen kann und dass er, wenn er ihn verlässt, einfach sein Horn spielen kann. Das stimmt nicht. Wir müssen raus, wir müssen unter die Leute kommen. Wir müssen in Verbindung bleiben."

Garrett, der aus El Dorado, Arkansas, stammt, wuchs in Chicago auf. Dort besuchte er zusammen mit den Saxofonisten John Gilmore und Clifford Jordan die Highschool. Mit Heroin herumzuexperimentieren galt damals als hip. Deswegen kam Garrett schließlich in die Federal Narcotics Institution in Lexington, Kentucky. Zuvor hatte er sich als Klarinettist und Saxofonist einen Namen gemacht. Nachdem er in Lexington mit dem unermüdlichen Wilbur Ware zusammengetroffen war, widmete er sich aber auch dem Bass. Die sehr unterschiedlichen Erfahrungen führten dazu, dass Garrett ein anderer Mensch wurde. Aus dem trendigen Macker wurde ein kreativer Guru. Er widmete sich dem Instrumentenbau und verbrachte viel Zeit mit wissbegierigen jungen Musikern, die ständig in sein Haus strömten. Zu den Instrumenten, die ihn bekannt machten, zählen „Daumenklaviere" und Bambusflöten. Dem Vernehmen nach ist in San Francisco in fast allen Bands ein Instrument von ihm zu finden.

Als Coltrane noch bei Miles Davis spielte, war dieser immer mit Garrett zusammen, wann immer sich das Quintett in Chicago aufhielt. Muhal Richard Abrams traf in Garretts Haus erstmals mit Coltrane zusammen. „Trane mochte ihn sehr", sagte der Pianist, „er wollte immer, dass ihn Garrett mit neuen Rhythmen bekannt machte, und Garrett brachte ihn deshalb mit Ravi Shankar zusammen."[3] Die beiden spielten in Chicago zusammen, und 1965 verbrachte Garrett drei bedeutsame Wochen bei Coltranes Gruppe. Damals entstanden *Om, Kulu Se Mama* und *Selflessness*. Später kam noch *Live in Seattle* hinzu. Coltrane hatte Garrett hinzugeholt, als dieser für eine Weile aus seinem Haus in den Bergen bei Big Sur aufgetaucht war. „In gewisser Weise bedauere ich das", sagte Garrett. „Es hätte mich interessiert, was passiert wäre, wenn ich dort geblieben wäre. Sechs Monate später war ich nämlich völlig fertig. Die ganze Scheiße ging mir wieder im Kopf rum."

Auf Anpassungsfähigkeit legt Garrett großen Wert. Für ihn sind alle Instrumente im Grunde gleich und unterscheiden sich lediglich durch die technische Handhabung. Für ihn ist der wirklich kreative Musiker einer, der jedes Instrument spielen kann. „Es ist jedem freigestellt, wie weit er gehen will. Wer Angst hat, beim Überwechseln auf andere Instrumente seine Technik zu verlieren, hat vielleicht sowieso keine. Viele Leute treten auf der Stelle, weil sie seit Jahren ein Tenorsaxofon am Hals hängen haben, statt mal beispielsweise ans Schlagzeug überzuwechseln. Einer, der kreativ sein möchte, gerät unter Umständen in die Tretmühle und wird völlig ausgepresst. Man könnte meinen, dass die Technik des Spitzenvirtuosen mit Kreativität Hand in Hand geht und dass wir diese haben sollten. Das, worauf es ankommt, ist jedoch Kreativität."

Mitten in Atlanta, der blühenden Handelsmetropole des New South, gibt es einen feudalen Nachtklub, der wie ein altes Kriegsschiff angelegt und ausgestattet ist. Drei Musiker, die seit 1963 beisammen sind, arbeiten dort sechs Tage in der Woche. Ihr Repertoire besteht aus eigenen Stücken und aus Songs von Stevie Wonder und Roberta Flack. Die drei machen trotz der vielen Stunden, die sie jeweils spielen müssen, einen zufriedenen Eindruck, denn sie haben einen sicheren Job, und ihre Gagen werden immer wieder erhöht. Paul Mitchell, Allen Murphy und Laymon Jackson sind ein treffendes Beispiel für das, wovon Byard Lancaster sprach. Sie wuchsen nämlich zusammen mit Marion Brown auf, der ein bekannter Altsaxofonist wurde und in den Staaten auf Impulse wie auch in Europa Aufnahmen gemacht hat. Außerdem wuchsen sie mit Norris Jones auf, der als Bassist mit allen Größen der New Music von John Coltrane und Archie Shepp bis zu Cecil Taylor und Ornette Coleman zusammengespielt hat. Im Jahr 1974 unterrichtete Marion Brown jedoch in einer fremden Stadt, um seine Familie ernähren zu können, und Jones, der jetzt als Sirone bekannt ist, saß an der Lower East Side in einer schmuddeligen Wohnung, in der Ratten und Kakerlaken hausten. Das Paul-Mitchell-Trio brachte 1973 eine Platte heraus, und die Fans sorgten dafür, dass sie bald restlos vergriffen war. Was die Musik betrifft, sind die drei also keineswegs Leichtgewichte, und sie wissen genau, was für ein Leben sie führen möchten, wenn sie vierzig geworden sind.

Wie viele andere auch hatte Marion Brown Atlanta hinter sich gelassen, weil ihn der reaktionäre Süden angewidert hatte. Ein paar Jahre danach hatte er schon mit allen Größen der New Music zusammengearbeitet, so auch mit John Coltrane. 1966 ging Sirone auf Browns Veranlassung nach New York. Er sagte: „Die Musiker hatten ein bisschen Angst vor New York, weil all diese Geschichten in Umlauf waren. Aber wenn du angerufen und gebeten wirst, einen Job in New York zu übernehmen, und wenn du zu hören bekommst, wer da mitspielt und dass John Coltrane an erster Stelle steht, dann ist dir klar, dass du da mitmachst, selbst wenn du zu Fuß nach New York gehen müsstest."

Sirone hatte als Posaunist angefangen. Als Marion Brown ihn anrief, war er fast achtundzwanzig und hatte in Atlanta ausreichend zu tun. Die Band, die er dort leitete, war seiner Meinung nach „Dynamit" und ihrer Zeit voraus. Nach seinem Eintreffen in New York, dem viel gepriesenen Mekka der Musiker, war er sehr überrascht, dass viele der Musiker, die er bewunderte, sich nur mühsam durchschlugen und dass einige von ihnen in ernsten Schwierigkeiten steckten.

„Man muss sich wirklich erst mal an die völlig anderen Lebensbedingungen gewöhnen", sagte Sirone. „Bestimmte Dinge fehlen einem, und vor allem fehlt einem das Geld. Es ist sehr traurig, dass auf Geld so viel Gewicht gelegt wird. Wenn man keines hat, muss man ja nicht gleich aufhören zu existieren. Ich hoffe jedoch, dass wir genügend Geld zusammenbekommen, um ein Zentrum für junge Musiker aufzubauen. Wenn beispielsweise ein junger Kerl aus

Atlanta nach New York kommt, dann weiß er nur, dass dort was los ist, und sonst weiß er nichts über die Stadt."

Die Musiker, die im Süden geboren wurden, gingen nicht alle in den Norden. Einige von ihnen zogen nach Los Angeles oder San Francisco, um den bedrückenden Restriktionen zu entkommen. Sonny Simmons, Prince Lasha, Dewey Redman und Frank Lowe waren vier Saxofonisten, die an die Westküste zogen. Noah Howard war ein weiterer. In New Orleans, wo in jedem Wohnzimmer, in jeder Bar und jeder Gasse Musik gehört wird, war Howard unter einer Dauerberieselung. Eine Coltrane-Platte hörte er aber erst, als er nach San Francisco umgezogen war. „Ich war überwältigt. Ich fand es fantastisch. Für mich war es das Größte, das ich je gehört hatte. Ich verspürte den Drang, etwas zu spielen, wusste aber nicht, was ich spielen sollte."

Der Trompeter Dewey Johnson, der später bei Coltranes bedeutungsvollem *Ascension*-Aufnahmetermin dabei war, half Howard auf die Sprünge. In dem Haus, das sie in der Haight Street zusammen mit Byron Allen bewohnten, erteilte er Howard Unterricht. Das Haus wurde von elf Uhr morgens bis in die späte Nacht hinein von Musikern aufgesucht. „Ich begeisterte mich immer mehr für die Musik", erzählte er. Da er mit seinem Trompetenspiel unzufrieden war, nahm er bei Byron Allen Unterricht auf einem Altsaxofon. „Je mehr ich spielte, desto schwieriger wurde es, aber desto besser kapierte ich das auch. Es war wie ein Krebsgeschwür. Ich war von diesem Metallding ganz besessen. Ich musste einfach weitermachen."

Howard erlebte zum ersten Mal, dass ihm ein neues Spielzeug nicht langweilig wurde. „Ich wollte das Instrument anders als andere Saxofonisten spielen. Wenn man sich mit dem Instrument beschäftigt, lässt man sich von anderen Saxofonisten beeindrucken. Aber wenn man etwas in seinem tiefsten Inneren empfindet, kommt es schließlich zum Vorschein. Das führt dazu, dass man eine Notenfolge auf eine ganz bestimmte Weise spielt und nicht auf die fünf oder sechs Arten, auf die andere Leute das gespielt haben."

Howard zog schließlich nach New York und dann nach Europa. James Black, ein Schlagzeuger aus seiner Heimatstadt New Orleans, ist dort nach wie vor einer der Underground-Heroen. Der „Funk"-Beat von New Orleans ist so einzigartig, dass der Motown-Präsident Berry Gordy auf Erkundungsreisen ging, um ihn für seine Aufnahmen zu bekommen. James Black ist einer der Hauptexponenten dieses Beats. Er spielt mit einer gewissen nonchalanten Arroganz und gilt in New Orleans als „ein Musiker für Musiker". Diese Bezeichnung gefällt ihm zwar nicht ganz, aber sie sorgt dafür, dass er selten ohne Arbeit ist. Zusammen mit einem Rhythm&Blues-Pianisten namens Joe Jones verließ er New Orleans für eine Weile. Über einen Zeitraum von sechs Jahren hinweg, in dem er sich in New Orleans und anderswo aufhielt, arbeitete er mit Cannonball Adderley, Horace Silver, Yusef Lateef und Lionel Hampton zusammen. Er war einer von den Musikern, die wieder nachhause zurückkehrten, obwohl sie mit ihrem Talent und ihrer Erfahrung auch anderswo vorangekommen wären.

Aus den Erfahrungen, die James Black zu Beginn in New York machte, lässt sich erkennen, wie ein Musiker vorgehen muss, der mit den dortigen Verhältnissen nicht vertraut ist. Zwei Männer freundeten sich mit ihm an. Zum einen der (inzwischen verstorbene) Tenorsaxofonist Frank Haynes, der ihm alles beibrachte, was ein Musiker über die Stadt wissen musste. Zum anderen Brian Perry, „der ein bisschen Schlagzeug spielte, aber in Wirklichkeit ein Zuhälter war". Er machte Black mit anderen Bereichen bekannt. „Brian zeigte mir, was sonst noch alles lief, bei den Gangstern und so weiter. Ich schaute mich um und sagte: ‚Wow – New York!'"

Blacks wichtigster Kontakt war jedoch der aus New Orleans stammende Drummer Wilbert Hogan, der bei Lionel Hampton und Ray Charles spielte. Als sie eines Tages zusammen den Broadway entlanggingen, zeigte ihm Hogan Lionel Hampton und machte sich sogleich an diesen heran. „Gates, das ist James Black, ein Drummer aus meiner Heimatstadt", sagte Hogan. „Er ist ein Wahnsinnstyp und braucht einen Job. Lass ihn doch mal zum Vorspielen vorbeikommen." Hampton erwiderte: „Okay, Wilbert, wenn du sagst, dass er gut ist, dann stimmt das auch." Black durfte vorspielen und kriegte den Job.

„Wilbert Hogan war für mich so eine Art Ausweis. Ohne ihn wäre ich wohl nirgendwo reingekommen. Die einheimischen Musiker kannten und achteten ihn. Da ich aus New Orleans kam, hatten wir etwas Gemeinsames, und er verschaffte mir Zugang zur Szene." Er erinnert sich daran, dass die anderen Musiker „nicht besonders freundlich" waren. Zuerst dachte er, sie hätten eine Abneigung gegen ihn, doch dann merkte er, dass sie die Konkurrenz fürchteten. „Ich fragte manchmal, ob ich einsteigen dürfe. Manche waren dagegen, andere erlaubten es. Da stieg ich ein und legte los. Die Typen schauten mich dann merkwürdig an und sagten: ‚Ja, das war recht gut.' Sie brummelten ein paar Dankesworte, und damit war die Sache erledigt. Niemand möchte seinen Job verlieren, und wenn man etwas dagegen tun kann, dass einer kommt und einem den Job streitig macht, dann tut man das auch. Man denkt: Da kommt wieder so einer. Mal sehen, ob wir ihm nicht den Schneid abkaufen können, damit er wieder nachhause geht. Ich ließ mich jedoch nicht so leicht entmutigen."

Als Noah Howard nach zwei Jahren Militärdienst heimkehrte, fand er New Orleans trotz seines Charmes erdrückend und ging wieder weg. James Black zog es nach der Anspannung und dem Schmutz und Elend von New York zum „Big Easy" nach New Orleans. „Ich wartete ständig darauf, kurzfristig abreisen zu müssen, aber hier kann ich mir's gemütlich machen und die Schuhe ausziehen und sogar im Unterhemd die Straße langgehen, wenn ich Lust dazu habe." Er stellte außerdem fest, dass die talentiertesten Musiker oft am wenigsten arbeiteten, während diejenigen, die sich kaum über Wasser halten konnten, stets auf dem Bandstand zu finden waren. Um seinen Unterhalt zu sichern, entwickelte er im Umgang mit den Klubbesitzern eine aggressive Vorgehensweise. „Wenn man einfach dasitzt und wartet, kommt man nicht weiter. Man muss reingehen und den Kerl am Kragen packen und sagen: ‚Ich bin der Soundso, gib mir einen Job! Wenn du das nicht machst, kannst du was erleben!‘"

Aggressivität mag für den gestandenen Musiker einen guten Schutz darstellen. Wer jedoch in die kompromisslose New-Yorker Musikerszene hineinkommen will, braucht Taktgefühl und viel diplomatisches Geschick. Das Leben in New York ist ohnehin hart, aber die Cliquen im Musikgeschäft sind fast hermetisch abgeriegelt. Ein Neuling muss erst einmal einen Lernprozess durchmachen. „Du kannst nicht einfach in die Stadt kommen und meinen, du gehörst dazu", sagte Art Lewis. „Du musst zuerst beweisen, dass es dir ernst ist, dass du wirklich ein engagierter Musiker bist. Das musst du unter Beweis stellen durch deine Aufrichtigkeit und deine Anteilnahme und indem du dich zeigst und mit Leuten zusammenkommst." Manch ein junger Musiker ist mit eingezogenem Schwanz nachhause gegangen, weil er nicht merkte, dass er sich zeigen, aber ganz ruhig darauf warten musste, bis ihn jemand zum Mitspielen aufforderte. Erst dann galt er als halbwegs brauchbar.

Nicht ohne Grund sind die Musiker ziemlich dickfellig. Sie wissen, was sie wert sind, bekommen aber selten eine Gelegenheit, es zu zeigen. Wenn ein fremder Musiker in der Stadt aufkreuzt, muss er erst mal getestet werden. Ein Saxofonist, der einen ziemlich guten Ruf hatte, hielt sich schon einige Wochen in New York auf, als schließlich ein Anruf von zwei Schwergewichten des Instruments kam. Sie bestellten ihn in ein schmuddeliges Apartment auf der Lower East Side, in dem sie damals wohnten. Es war ganz spärlich möbliert und wurde von einer einzigen nackten Glühbirne erhellt. „Nun spiel mal", forderten ihn die beiden auf. Am Telefon war davon die Rede gewesen, dass die drei zusammenspielen sollten, aber dazu kam es nicht. Der Neuankömmling nahm sein Saxofon und spielte eine halbe Stunde lang in der kafkaesken Umgebung. Die Juroren hörten ihm aufmerksam zu. Als er meinte, er habe nun unter Beweis gestellt, dass er was draufhatte, hörte er auf. Alles, was die Gutachter zu sagen hatten, war: „Du willst also eine Schallplatte machen, ja?"

Bei einer anderen Gelegenheit, während einer Loft-Session, konnte zwar die Anfrage zweier Alteingesessener akzeptiert werden, ob sie nach der Pause einsteigen dürften, nicht aber die eines unbekannten Saxofonisten. Ein grüner Junge, der einfach auf die Bühne kam und mitspielte, wurde von der Musikern rundweg abgelehnt. Sie legten ihre Instrumente weg, lachten spöttisch und machten spitze Bemerkungen. Der Organisator der Veranstaltung setzte der Sache schließlich ein Ende, indem er dem jungen Mann ins Gesicht hinein applaudierte und die Zuhörer dazu brachte, ebenfalls Beifall zu spenden. Man sorgte jedoch dafür, dass der Neuling einen solchen Fehltritt kein zweites Mal begehen würde.

„Niemand sagt etwas, wenn du dreist genug bist, um einfach auf den Bandstand zu springen, dein Instrument rauszunehmen und zu spielen – sofern du wirklich spielen kannst", sagte Earl Cross. Für ihn und alle anderen, die viel Zeit und Mühe auf ihr Instrument verwandt haben, gibt es jedoch nichts Schlimmeres als einen, der in einer Pfandleihe ein Horn holt, eine Woche lang drauf herumbläst und dann meint, er sei jetzt ein Musiker. Cross verwies auf einen Vorfall, der sich im Tompkins Square Park bei einem Openairkonzert ereignet hatte:

„Da kam dieser Typ mit seiner Trompete im Rucksack, der von nichts 'ne Ahnung hatte. Er sprang auf den Bandstand und richtete ein heilloses Durcheinander an. Er brachte die Musiker so auf die Palme, dass sie fast auf ihn losgingen. Er wurde schließlich von der Bühne entfernt. Ich habe das schon öfter erlebt. Als ich nach New York kam, machte ich das nicht, obwohl ich schon recht gut spielen konnte. Aber heutzutage, wo es diesen anderen Stil gibt, beißen sie einfach auf ihr Mundstück und fangen an zu blasen, oder sie pusten in die Trompete und hantieren an den Ventilen herum. Was herauskommt, ist alles andere als Musik. Bei der Trompete kenne ich mich aus. Man kann sie nicht einfach in die Hand nehmen und losblasen."

Nach Ansicht von Earl Cross sind die Musiker in der Vergangenheit gegenüber unausgebildeten und untalentierten Leuten zu nachsichtig gewesen. Musiker, die wirklich spielen können, verlangten jetzt, dass andere erst mal lernen, ihr Instrument zu beherrschen, bevor sie in ihre Kreise vorstoßen. Diese Musiker meinten, die „Nichtskönner" seien schuld daran, dass viele Klubs schließen und dass die Zuhörer einen falschen Eindruck von der New Music bekommen. „Leute, die Musik mögen und dann dieses Durcheinander und diese Verzerrung erleben, machen das nicht lange mit. Sie sagen: ,Oh, die Musik hat sich aber sehr verändert.' Ich verstehe das durchaus. Diejenigen, die nicht spielen können, bringen auch die anderen, die spielen können, in Verruf."

Jimmy Lyons räumte ein, er sei insofern ein Purist, als er voraussetze, dass man sich auf seinem Instrument auskennt. „Viele, die Trompete oder Saxofon spielen, sind der Meinung, einem Künstler sei alles erlaubt. Sie nehmen Asche und werfen sie in die Luft hinauf und behaupten, das gehöre dazu. Musiker wie Louis Armstrong und Charlie Parker wollten mit ihrer Technik etwas zum Ausdruck bringen. Sie spielten nicht einfach drauflos, in der Hoffnung, vielleicht per Zufall auf etwas stoßen. Ich will nicht in erster Linie ein Künstler sein, sondern ein Saxofonspieler."

Wenn erfahrene Musiker keine Rücksicht auf Akkorde und Tempovorgaben nehmen, geschieht dies mit voller Absicht. Ihnen ist klar, dass man die New Music nicht spielen kann, wenn man mit vorangegangenen Formen nicht vertraut ist. Für Neulinge, die auf die oberflächlichen Aspekte des Stils fixiert sind, haben sie wenig Verständnis. Rashied Ali meint, ein Musiker, der etwas tauge, müsse in jeder Band mitspielen können. „Wer nur Gehupe und Gequietsche spielt, wird nichts zustande bringen. Wer jedoch über die elementaren Grundlagen verfügt und eine Ahnung hat, was man daraus macht, kann dazulernen und es zu etwas bringen.

Es gibt jetzt die Musik, aber es geht einfach nicht, dass du jemandem ein Horn in die Hand drückst und ihn einfach mitmachen lässt. Du sagst: ‚Hör mal, wir spielen das frei, aber wir machen das wie in einem Blues, damit wir eine gewisse Struktur reinkriegen.‘ Der schafft das aber nicht, weil er davon keine Ahnung hat. Er meint vielleicht, dass er das gar nicht wissen muss, aber in musikalischer Hinsicht kommt er so einfach nicht weiter. Er wird nur das, was er kennt, ewig wiederholen. Musiker entwickeln sich durch Disziplin.“

Dass sich Musikercliquen bilden, hat mehrere Gründe. Wichtige Leute, die oft in den Aufnahmestudios tätig sind, verwenden meist dieselben Sidemen. Von diesen Leuten erwarten sie ebenfalls einen Gefallen, wenn es ihnen gelingt, selbst einen Auftrag zu bekommen. Andere Cliquen werden von Musikern gebildet, die einen bestimmten Sound erzielen wollen. In diesem Fall hat der Sound Vorrang vor den persönlichen Beziehungen der Gruppenmitglieder. Musiker, die aus derselben Stadt stammen, arbeiten häufig zusammen. Manche Künstler, die zum Islam übergewechselt sind, spielen gern mit anderen Muslims zusammen, doch handelt es sich hier um keinen exklusiven Zirkel. Elvin Jones erwähnte, dass sich mehrere Musiker zu einem bestimmten Zeitpunkt mit denselben Traditionen des Hinduismus befassten wie John Coltrane. Das Zusammenspiel auf einer Anzahl von Instrumenten sei ihnen dadurch leichter gefallen. „Es fiel ihnen nicht schwer, die Klänge zu nutzen, die man in der indischen Musik findet.“

Am Rande sei vermerkt, dass der Islam einer Reihe von Schwarzen, unter denen sich auch Musiker befanden, bei ihrer Drogen- oder Alkoholabhängigkeit eine Hilfe war. In einigen Fällen hörten aber die orthodoxeren Konvertiten mit dem Musizieren auf. Wenn ein Afroamerikaner seinen Namen ändert, heißt dies übrigens nicht notwendigerweise, dass er den Glauben gewechselt hat. Wenn schwarze Nationalisten afrikanische Namen annehmen, stehen in der Regel kulturelle Überlegungen im Vordergrund. Diese Namen stammen meist aus der auf dem Arabischen basierenden Suaheli-Sprache, der Lingua franca Ostafrikas. Maurice McIntyre war der Ansicht, er habe im Lauf der Jahre einen höheren Bewusstseinsstand erreicht, und nannte sich deshalb Kalaparusha Ahra Difda. Norris Jones nahm die Bestandteile seines „Sklavennamens“ und nannte sich Sirone. „Ich habe für den Islam wie für alle Religionen große Hochachtung, aber ich hatte das Gefühl, dass ich dem Islam zu diesem Zeitpunkt nicht gerecht werden könne. Ich spürte jedoch in meinem Inneren, dass es da neben Norris Jones noch etwas anderes gab."

Wie in der Welt des Rock gibt es auch unter Jazzmusikern, die bestimmte Drogen verwenden, eine Kameradschaft. Sie ähnelt derjenigen, die im Theater unter Homosexuellen existiert. Ein bestimmter Musiker behauptete, er sei aus einer Band rausgeworfen worden, weil er keine Drogen konsumierte. „Ist man auf Tournee, kommt ein Anruf: ‚Wir gehen um acht Uhr zu dem Konzert, und um sieben Uhr sollen alle im Zimmer von Soundso sein.‘ Das heißt: alle bis auf mich, denn für mich gibt es keinen Grund. Und dann werden alle high und sorgen dafür, dass sie spirituell was bringen."

Es gibt Musiker, die weder Drogen noch Alkohol zu sich nehmen und trotzdem geachtet werden. Ein gutes Beispiel ist McCoy Tyner, der selbst Muslim ist. Im Allgemeinen ist jedoch der Drogen- und Alkoholkonsum ein Mittel, um den kameradschaftlichen Zusammenhalt zu festigen. Drogen hat es in der Musikwelt immer gegeben, auch in New Orleans (selbst wenn das einige Autoren abstreiten). Für viele der heutigen Musiker stellen sie eine Art Kompensation dar für den Mangel an Anerkennung. Manche benutzen sie auch, um sich interessant zu machen.

Untalentierte Neulinge meinen bisweilen, sie könnten an die Musiker, die sie bewundern, herankommen, wenn sie Rauschmittel mitbringen. Ob sie nun eine Flasche Wild Irish Rose oder ein Tütchen Heroin dabeihaben: Dass sie damit mehr ergattern als einen Platz am Rand des Geschehens, heißt das noch lange nicht. Es ist schon vorgekommen, dass mittelmäßige Musiker wegen ihrer guten Beziehungen toleriert wurden, aber das hat Seltenheitswert. Die Musiker machen solche Spielchen nicht mit.

„Die Musiker haben unterschiedliche Geschmäcker", sagte einer. „Viele von ihnen rauchen, viele nehmen Kokain, andere nehmen gar nichts. Manche mögen Wein, manche Heroin. Wenn jemand lernen will, wie er sein Instrument spielen soll, und bestimmte Leute hat, die ihm behilflich sein könnten, dann findet er heraus, was diese besonders mögen, und beschafft es dann. Der Typ, den er besuchen will, oder die Leute, mit denen er sich rumtreiben will, verstehen selbstverständlich mehr von Musik als er. Und wenn er etwas mitbringt, kauft er ihnen sozusagen ihr Wissen ab."

Diese Vorgehensweise ist alles andere als neu. Red Holloway, ein Saxofonist aus einer früheren Ära, lernte so viel wie möglich von älteren Kollegen. Lester Young war ihm behilflich. Mit Charlie Parker hatte Holloway zwar keinen sehr vertrauten Umgang, aber dieser half ihm dennoch mit verschiedenen Licks. Als er schließlich sechs Monate lang mit Ben Webster zusammenarbeitete, brachte er jeden Abend eine Flasche Whisky mit. „Er gab mir die verschiedensten Tipps und erklärte mir, wie man Akkorde spielt. Das war wirklich eine große Hilfe."

Für Art Lewis sind die Soundqualität, die besondere Art der Darbietung und die spirituellen Qualitäten eines jungen Musikers die Indizien für dessen Potenzial. Technik hält er für wichtig, aber sie hat nicht Vorrang gegenüber den anderen Kriterien. Ob er gewillt ist, sein Wissen begabten Leuten mitzuteilen, hängt von deren Aufrichtigkeit ab. Lewis erläuterte seine zögerliche Haltung: „Vielen gefällt dieses Leben, und sie kommen auf den Gedanken, selbst Musiker zu werden. Das halten sie vielleicht ein paar Monate oder ein Jahr lang durch, aber in den Pfandleihen liegt dann jede Menge Instrumente rum. Dem Betrachter kommt es einfach vor, aber es steckt viel Mühe dahinter und viel langweiliges Üben." Lewis meinte, es dauere zehn bis fünfzehn Jahre, bis ein Instrumentalist zum Künstler werde, und dann komme die eigentliche Bewährungsprobe. „Jetzt habe ich den Eindruck, dass ich allmählich meinen eigenen Sound kriege." Auf die Frage, ob er nicht in dem Ruf der Kompromisslosigkeit stehe, antwortete er: „Das ist doch genau der Ruf, den du dir verdienen musst."

Bevor sich ein Musiker etablieren kann, ist es zweifellos nötig, dass er sich überall rumtreibt. Die Meinungen darüber sind jedoch geteilt. „Bis zu einem gewissen Grad sollte man das machen", sagte Ted Daniel. „Aber nicht gewohnheitsmäßig. Besonders in New York nicht, weil man dabei nur Geld verplempert." Frank Lowe erblickte in diesem „Hanging-out" eine Art Musikunterricht: „Max Roach setzt sich vielleicht dazu und sagt ein paar Worte, und das kann schon eine Erleuchtung sein. Du bleibst diesen Typen auf den Fersen, weil sie so viel Fachwissen haben und weil sie's an dich weitergeben können. Du willst an dem musikalischen Erbe teilhaben, und deswegen bist du mit ihnen zusammen. Sie sind die Lehrer, und du bist der Schüler. Sie sollen etwas von dem Wissen weitergeben, das sie so groß und anziehend gemacht hat, das geheimnisvoll ist, aber kein Geheimnis zu sein braucht."

Lowe hält sich daran. Er ist überall in New York anzutreffen, sei es, dass er arbeitet, irgendwo mitspielt oder mit irgendwelchen Leuten probt. Wenn er nicht spielt, hört er zu, und wenn er kein Zuhörer ist, redet er, und zwar immer über Musik. Er will immer etwas dazulernen. In seiner Lebensweise zeigt sich die Einstellung von Hakim Jami: „Wenn du sagst ,Ich spiele Musik', ist damit ein bestimmter Lebensweg gemeint."

Frank Lowe verdient zwar mit seiner Musik nicht viel Geld, aber er weiß sehr wohl, dass es ihm schlimmer ergangen wäre, wenn er nicht zum richtigen Zeitpunkt mit Alice Coltrane zusammengetroffen wäre. So kam es, dass er in ihrer Gruppe mit Archie Shepp, Jimmy Garrison und den beiden Drummern Clifford Jarvis und Freddie Waits zusammenspielte, als er erstmals vor ein Jazzpublikum trat. Um den Musikern, mit denen er zusammenarbeiten wollte, unter Beweis zu stellen, dass er sich auf seinem Instrument wirklich auskannte, sorgte er dafür, dass er überall zu hören war. „Ich spielte in vielen schmuddeligen Klubs. Bei manchen Gigs versuchte ich, meine Charlie-Parker-Licks hinzubekommen. Ich hatte sie noch nicht richtig drauf, aber ich gab mir Mühe." Oft kam er morgens um vier oder fünf Uhr erschöpft und frustriert nachhause. Drei Stunden später stand er schon wieder auf und versuchte das zu spielen, was ihm im Lauf der Nacht nicht eingefallen war.

Lowe stieg bei verschiedenen Leuten ein, so bei Elvin Jones, der im *Slug's* so kraftvoll spielte, dass die Bühne vibrierte. Als Lowe das erste Mal mitmachte und mitten in einem Solo war, sprang ein Mann auf die Bühne und fing an zu tanzen. Lowe wurde nervös. Er gab sich alle Mühe, die Zuhörer zu beeindrucken, nahm aber nichts anderes wahr als das Beben der Bühne und das Getue von Jones' regulärem Saxofonisten Frank Foster. Dieser klopfte ihm auf die Schulter und schrie: „Los! Los!" Er war ganz durcheinander, aber dann beschloss er, sich durch nichts abbringen zu lassen, selbst wenn ihm die Decke auf den Kopf fiele.

Den Musikern, die nach New York kommen, geht unter Umständen der Ruf voraus, den sie zuhause hatten. Im Übrigen sind sie alle ziemlich arm dran. Die meisten lassen sich auf der Lower East Side nieder. Diese war zuerst ein jüdisches, dann ein polnisches Getto und ist jetzt eine heruntergekommene Gegend, die zu gleichen Teilen von Puerto-Ricanern, Juden, Italienern und Afroamerikanern bewohnt wird. Überall liegen zerbrochene Flaschen und Abfälle herum, und im Sommer drängen sich die Leute auf den Gehwegen. Trotz der elenden Umgebung liegt ein Gefühl von Vitalität in der Luft, das sich in der Musik der Leute ausdrückt, die hier hausen.

Als Pharoah Sanders nach New York kam, hatte er kein Geld und schlief deshalb in der U-Bahn und in den Treppenhäusern von Mietskasernen. Sein Horn musste er versetzen. Rashied Ali nächtigte in den Parks. Als er eine Wohnung bekam, befand sich diese im vierten Stock. Da es keinen Fahrstuhl gab, musste er sein Schlagzeug die Treppen hinunter- und hinauftragen. Angeblich gab es einen sonderbaren Saxofonisten aus dem Süden, der eines Tages im „Apple" ankam. Er hatte entkraustes Haar und fuhr einen Cadillac. Das waren die Anzeichen dafür, dass er es als Schwarzer zu etwas gebracht hatte. Diesen Lebensstil hatten die Interpreten der New Music abgelehnt.

Wenn sie in New York keine Freunde oder Verwandten haben, müssen die Neuankömmlinge schleunigst einen Job innerhalb oder außerhalb des Musikbereichs suchen oder sonst eine Methode finden, sich über Wasser zu halten. Archie Shepp suchte als Schauspieler Arbeit. Musiker haben sich als Handelsvertreter, Packer und Tellerwäscher betätigt, und im Postamt gab es immer etwas zu tun. Gleichzeitig mussten sie dafür sorgen, dass sie in Musikerkreisen wahrgenommen wurden. Die ersten paar Monate in der City sind immer voll von hektischer Betriebsamkeit, denn sie sind für den Ruf des Neuankömmlings entscheidend.

Hat der Neue ein positives Image erworben, wird er zu einem „New-Yorker Musiker". Dann kann er mit allen Kollegen zusammenspielen, deren Vorstellungen mit den seinen übereinstimmen. Allerdings mag es eine Weile dauern, bis er diese Leute findet. „Du musst dir tausend Leute vornehmen, bis du drei Musiker findest, mit denen du wirklich zusammenarbeiten und auch rumziehen kannst", meinte Earl Cross. Der Drummer Roger Blank sah dies reichlich spät ein. Da er außerhalb von Manhattan in Westchester County wohnte, musste er in die City umziehen, um mit den progressiven Bands Schritt halten zu können. Sein Selbstvertrauen wurde durch den Trompeter Charles Tolliver und den Pianisten John Hicks, die mit ihm zusammen in einem Loft wohnten, noch weiter gestärkt, und dann entwickelte er einen Übereifer. Blank war ganz erpicht darauf, in den Zirkel älterer Musiker aufgenommen zu werden. „Ich trat bei Leuten auf, die schon viele, viele Jahre gespielt hatten, und das ist nicht gerade vorteilhaft."

In den Sechzigerjahren war Blank der Hausdrummer des berühmten *Hotels Theresa* in Harlem. Dort hatte sich vor der Ermordung von Malcolm X das Hauptquartier der Organisation of Afro-American Unity befunden. Hank Mobley spielte ständig in dem Hotel. Durch seinen Job lernte Blank Musiker vom Rang dieses bekannten Saxofonisten kennen. Als Pianist war eines Abends Barry Harris tätig, der wegen seiner Berufserfahrung, seiner Lehrtätigkeit und seiner Zusammenarbeit mit Charlie Parker recht angesehen war.

Angesichts der Erfahrung des älteren Mannes musste Blank einsehen, dass ihm manches fehlte. „Er war sehr höflich, er wies mich nicht zurecht. Das lag wohl daran, dass sich so viele Musiker aus allen Teilen des Landes in New York aufhalten und ältere Musiker höflich und zuvorkommend sein müssen." Blank musste jedoch feststellen, dass andere Schlagzeuger, die sich im Hotel zeigten, vorrangig zum Mitspielen aufgefordert wurden, sodass er das Nachsehen hatte. Zum seinem Leidwesen merkte er, dass ihm die Kraft fehlte, um mit den erfahrenen Musikern mithalten zu können. Die konnte er nur bekommen und weiter ausbauen, wenn er ständig mit Musikern seines Alters zusammenspielte. „Manchmal hatte ich Freude an meinem Schlagzeugspiel, und die Kollegen auch, aber die meiste Zeit merkte ich, dass mir die jahrelange Spielpraxis fehlte. Und die fehlt so vielen Musikern, die heutzutage aktiv sind."

1972 ergab sich für Roger Blank eine ähnliche Situation, als er an Montagabenden mit Kenny Dorham im *Minton's* auftrat, der Bar in Harlem, die als Geburtsstätte des Bebop gilt. Er hatte den Eindruck, dass sich der Trompeter in einer ähnlichen Situation befand wie Harris und Mobley im *Hotel Theresa*, weil er mit unreifen Musikern wie ihm und dem Bassisten Benny Wilson zusammenspielen musste. „Da hatte er junge Burschen um sich, die nicht viel Erfahrung hatten, aber groß herauskommen wollten – und das an einem historischen Ort wie *Minton's*." Blank besann sich jedoch eines Besseren. Er hielt sich zurück und achtete darauf, was man von ihm verlangte.

Es ist verständlich, dass sich junge Musiker in dem Bestreben, andere zu beeindrucken, manchmal zu viel zumuten. Ihnen kommt es darauf an, einen Job zu kriegen, und wie Hakim Jami sagte, ist die Musik schließlich dazu da, dass man sie zu Gehör bekommt. Ganz für sich allein zu spielen macht keinen Spaß. „Ich könnte ja hier oben nur für mich spielen", sagte er und schaute sich in seiner einfachen Wohnung um. „Als ich die Engagements nicht bekam, die ich heutzutage kriege, tat ich das über Jahre hinweg, damit ich mir weiterhin wie ein Musiker vorkam. Ich wusste, ich konnte mir hinter verschlossenen Türen die Seele aus dem Leib blasen, wenn mir danach war. Aber man braucht auch Feedback und zwischenmenschliche Beziehungen. Gestern Abend gaben wir zum Beispiel ein Konzert, und da sagte eine junge Dame zu mir, sie habe zuerst nicht kommen wollen, weil sie Kopfschmerzen hatte. Dann sei sie aber doch gekommen und habe sich die Musik angehört. Ihre Kopfschmerzen seien verschwunden. Es ist doch schön, dass die Musik so etwas bewirken kann. Das soll sie auch – sie soll heilen." Der Vorfall, von dem Jami berichtete, ist kein Einzelfall. Marion Brown, Milford Graves und Malachi Favors haben Ähnliches erlebt. Albert Ayler nannte eines seiner Stücke „Music is the Healing Force of the Universe".

Unter bestimmten Musikern scheint die Kameradschaft stärker ausgeprägt zu sein als bei sonstigen vergleichbaren Gruppierungen von Schwarzen, obwohl es in diesem Geschäft immer um Geld geht. Leroy Jenkins musste jedoch seine Einstellung ändern, als er in New York eintraf. Er kam aus einer gut organisierten schwarzen Gemeinde in Chicago, die das Gedankengut von Black Power in die Tat umsetzte. In New York fand er eine völlig andere Situation vor. Wie die meisten anderen schwarzen Musiker, die in der City keine Verwandten hatten, ging er sofort nach Greenwich Village. Dort stellte er fest, dass die meisten seiner Nachbarn Weiße waren. „Ich blieb der Sache der Schwarzen weiterhin verbunden, aber bei den Leuten, zu denen ich aufschaute, fiel mir so manches auf. Sie hielten sich nicht an das, was sie als ihre Richtschnur ausgaben."

Jenkins' Desillusionierung nahm zu, als er erkannte, dass weiße Musiker oft genauso schlecht behandelt wurden wie schwarze. „Was die Bezahlung betrifft, scheinen alle in Amerika – Schwarze wie auch Weiße – zu glauben, dass die Musiker umsonst arbeiten sollten. Anders ausgedrückt: In Amerika ist es ehrenvoller, berühmt als finanziell solvent zu sein." Dies wurde ihm eines Abends noch deutlicher, als er sich bei Ornette Coleman in dessen Loft aufhielt. Der Saxofonist hatte einen bekannten weißen Musiker zu Gast, der mit seinen Schallplatten eine schöne Stange Geld verdient haben musste. „Dieser Typ sagte, bei ihm sei davon nicht viel angekommen! Ornette war ganz platt, und ich auch. Ich glaube, wir hatten ganz vergessen, dass Weiße auch übers Ohr gehauen werden konnten."

Angesichts der ökonomischen Wirklichkeit von New York fing Jenkins an, seine Einstellung zu seiner Musik zu überdenken. „Im Gegensatz zu früher bin ich jetzt nicht mehr sosehr ein *Künstler,* weil das eher ein Nachteil ist. Ein Musiker zu sein, ob ein weißer oder schwarzer, ist schon ein Nachteil, und wenn man ein Schwarzer ist, hat man einen ganz besonderen Nachteil. Ich beschloss also, etwas gegen diese schlechten Startchancen zu unternehmen. An der Tatsache, dass ich ein Schwarzer bin, ließ sich nichts ändern. Aber die Vorstellung, dass ich ein Künstler sei, konnte ich über Bord werfen. Jetzt sage ich mir, dass ich in erster Linie hierher gekommen bin, um Geld zu verdienen. Ich hatte berühmt werden wollen, aber nachdem ich gesehen hatte, was Ornette die Berühmtheit gebracht hatte, ließ ich das fallen. Berühmtheit hilft nichts. Du kannst berühmt und gleichzeitig bettelarm sein. Du kannst auch viele Freunde verlieren, wenn du berühmt und pleite bist. Und der Vermieter wirft dich dann noch schneller aus dem Haus."

Einer der wichtigen Unterschiede zwischen den neuen Musikern und ihren Vorgängern liegt darin, dass Erste die Möglichkeit haben, sich die Fehler vor Augen zu führen, die in der Vergangenheit gemacht wurden. Längst nicht alle von ihnen haben aus den abschreckenden Beispielen von Künstlern, die sich falsche Prioritäten gesetzt hatten, etwas gelernt. Es gibt jedoch genügend Leute, die die Methoden kennen, mit denen die Musiker in ein Abhängigkeitsverhältnis gedrängt wurden. Diese Leute können dafür sorgen, dass ihre Nachfolger bessere Vorbilder bekommen. „Es kommt immer noch vor, dass auf der Bühne ein Typ in einem Zweihundertfünfzig-Dollar-Anzug mit Zweihundert-Dollar-Schuhen steht und sein Horn spielt", sagte Frank Lowe. „Und wenn er dann nachhause kommt, kriechen Ratten in seiner Bude rum. Ich kenne immer noch viele Leute von dieser Sorte. Manche von ihnen sind meine Mitspieler, mit einigen bin ich sogar befreundet. Aber sie leben immer noch auf die alte Art. Sie gilt noch für sie, aber für mich nicht. Ich ziehe es vor, mit Leuten wie Alice Coltrane und Milford Graves zu spielen, die Familien haben und verantwortungsbewusst leben und sowohl in der Musikwelt als auch außerhalb zurechtkommen. Ignorante Musiker sind heutzutage einfach fehl am Platz. Man kann nicht einfach sein Instrument spielen und sagen: ‚Meine ganze Inspiration kommt aus dem Instrument.' Okay, man spielt zwar schon aus der Inspiration heraus, aber wenn man wo hingeht, muss man wissen, was eine Schüssel Reis kosten darf und wieso die Preise gestiegen sind und was man unter Umständen dagegen unternehmen kann."

„Die größte Leistung ist nicht, in New York zu spielen, sondern in New York zu überleben", sagte Dewey Redman. „Manchmal verdiene ich meinen Lebensunterhalt, manchmal auch nicht. Mir geht es nicht in erster Linie darum, das nötige Geld zu verdienen. Das muss man akzeptieren. Die meiste Zeit denke ich über Musik nach. Ich glaube an die Musik, und ich bin der Meinung, wenn man sich seiner Aufgabe ehrlich und aufrichtig widmet, dann wird schon etwas dabei herauskommen. Und das hat bis jetzt auch funktioniert."

In den Siebzigerjahren waren viele junge Schwarze froh, aus dem Süden wegzukommen, aber gleichzeitig hatten sich dort die Lebensbedingungen beträchtlich verbessert. Marion Brown hatte dem reaktionären Atlanta den Rücken gekehrt, doch im Jahr 1970 kehrte er in diese Stadt zurück, damit sein Sohn dort zur Welt kommen konnte. Während eines längeren Europaaufenthalts war ihm klar geworden, wie wichtig Traditionen sind und wie die Menschen mit ihrer Geschichte umgehen sollten. Er merkte, dass er ebenfalls ein Erbe hatte, aber dass sich dieses nicht in New York befand. „Ich wusste, dass ich für eine Weile in den Süden zurückkehren und sehen musste, was sich dort tat, denn dort liegt die Stärke der Schwarzen."

In Atlanta hatte Browns Familie an einer unbefestigten Straße gewohnt, „auf der ständig alle möglichen Wandermusiker vorbeikamen. Es gab Jugbands und Waschbrettbands. Es gab Gitarristen, von denen manche durch Fusel erblindet waren. Sie zogen hollernd auf der Straße umher wie in *Porgy and Bess*. Als würde andauernd eine Oper gespielt. So muss man das betrachten, aber die meisten von uns nahmen das nicht so wahr." Nach seiner Rückkehr sah sich Brown viele alte Gegenden erneut an und unterhielt sich viele Stunden lang mit seinem Onkel, der in einer kleinen Baptistenkirche Pfarrer war. Von ihm erfuhr er, von wo sein Großvater mütterlicherseits gekommen war. Dieses Wissen hat dazu beigetragen, dass er innerlich immer mehr Kraft fand. „Die Nähe zur Natur, die ich hatte, als ich aufwuchs – Bäume um sich zu haben, Vögel singen und Hunde bellen zu hören: All diese Dinge wurden für mich wichtig, seit ich mich so stark für ethnische Musik interessiere."

Alvin Fielder kehrte nach Meridian zurück, als sein Vater davon sprach, dass er den in Familienbesitz befindlichen Drugstore verkaufen wolle. Er hatte selbst eine Ausbildung als Pharmazeut und beschloss, das Geschäft zu übernehmen. „Ich überlegte mir das und kam zu dem Schluss, dass es überall gute Musiker geben müsste – auch in Mississippi." Zu dem Zeitpunkt, als er zurückkehrte, waren die wenigen Jazzmusiker, die es in diesem Bundesstaat noch gegeben hatte, längst weggezogen. Fielder hat es deswegen nicht geschafft, einheimische Musiker zu finden, mit denen er zusammenarbeiten kann. Die AACM-Mitglieder wunderten sich über seine Entscheidung. Vorwürfen, dass er ein Aussteiger sei, begegnete er dadurch, dass er sich umgehend um neue Gelder bemühte. Dank der Mississippi Arts Commission schaffte es Fielder, mehrere AACM-Musiker zu Konzerten zu verpflichten, und das National Endowment for the Arts ermöglichte es ihm, in Meridian eine Reihe von Kursen abzuhalten. Da Fielder auf dem Gebiet der New Music ein umfassendes Wissen besitzt, waren diese Kurse in dem in musikalischer Hinsicht rückständigen Staat von besonderem Wert. Er lebt weiterhin nach den Vorstellungen der AACM und möchte dafür sorgen, dass diese Verbreitung finden.

Jazzmusiker waren fast immer eine Elite, die sich durch ihre musikalischen Vorlieben von anderen Musikern unterschied. Im Verlauf der Geschichte konnte der schwarze Musiker selten frei wählen, welche Art von Musik er spielen wollte. Der Begriff „Elite" erinnert die meisten Schwarzen an Klassenunterschiede und weiße Privilegien. Die Entscheidung eines Musikers, etwas anderes als den Blues und den Boogie zu spielen, kann aber in einer schwarzen Gemeinde dennoch als elitär aufgefasst werden. Dass es möglich ist, ist an sich schon ein Anzeichen für eine gewisse Freiheit. Insoweit der Lebensstil des Jazzmusikers den Inbegriff von „Hipness" darstellt, ging es aber oft über die Kräfte des Einzelnen, das Ausmaß an Engagiertheit aufzubringen, das ein solches Leben erfordert. Schon in den frühen Dreißigerjahren tolerierten es die Mitglieder der Andy-Kirk-Band nicht, dass die Pianistin Mary Lou Williams beim Musizieren plauderte. „Es hieß: ‚Konzentriere dich ganz auf die Musik' und ‚Halt bloß den Mund'. Ich konnte mich jahrelang mit niemandem unterhalten. Sie wollten nur Musik machen und nichts anderes, auch noch im Schlaf."[4]

Im Grunde hat sich die Situation nicht geändert. Rashied Ali sagte: „Zwischen einem ernsthaften Musiker und einem nicht ernsthaften gibt es einen großen Unterschied. Letzterem geht es nur darum, bei Frauen Eindruck zu schinden und überhaupt gut dazustehen. Er spielt nicht um der Musik willen, sondern weil er möchte, dass man ihn für einen tollen Hecht hält. Die meisten Typen, die nur berühmt werden wollten, haben in der Musik sowieso kaum Spuren hinterlassen. Sie haben der Musik nichts gebracht, sondern höchstens etwas genommen. Es hat immer ernsthafte Musiker gegeben, denen die Musik am Herzen lag, und es gibt sie auch heute noch. Deswegen lebt die Musik nach wie vor. Wenn es keine ernsthaften Musiker gäbe, würde es auch keine Musik geben."

Quellen:

1. Von Nat Hentoff zitiert in seinem Begleittext zur LP *Coltrane/Live at the Village Vanguard Again* (Impulse A-9124).
2. Steve Lake, „Number One Man", *Melody Maker,* November 1973.
3. Interview mit Ray Townley in *Down Beat,* 15. August 1974.
4. Interview mit Roland Baggenaes, „Mary Lou Williams", *Coda,* Juli 1974.

DRITTER TEIL

LASST DEN DRUMMER MITGESTALTEN!

9

Die Kraft, die auf
die Musiker einwirkt

James Brown sagte mal bei einer Plattenaufnahme: „Lasst den Drummer mitgestalten!" Das hat dann vielen Leuten die Augen und die Ohren geöffnet.

Beaver Harris

„Manche Afrikaner glauben, durch den Klang der Trommel habe Gott dem Menschen die Fähigkeit gegeben, zu sprechen und einander zu verstehen, und dies unterscheide ihn von den niederen Lebewesen. Das ist vielleicht eher symbolisch oder bildhaft gemeint, zeigt aber, wie wichtig ihnen die Trommel ist. In unserer Musik ist die Trommel sozusagen die Urmutter von allem, sie ist wie der Herzschlag. Sie überträgt den Pulsschlag, die Energie, die Grundstimmung der Musik, und deshalb ist sie überaus wichtig. Die meiste Black Music wäre wahrscheinlich ziemlich leblos, wenn man die Trommel wegließe. Das gilt auch für den Rock, denn die Leute reagieren beim Rock und beim Rhythm & Blues nur auf die Trommel, alles andere ist nur Verzierung."

Andrew Cyrille, der von 1964 bis 1975 mit Cecil Taylor zusammenarbeitete, einschließlich zweier Jahre als „Artist in Residence" am Antioch College in Yellow Springs, hält häufig Vorträge über die Trommel und ihre Bedeutung in der Geschichte der afroamerikanischen Musik. 1974 hatte er bei Radio WKCR-FM in New York eine allwöchentliche Sendung zu diesem Thema. Er weiß: Ohne das Schlagzeug fällt in der Black Music alles in Stücke.

Baby Dodds, der als der erste große stilbildende Schlagzeuger gilt, nannte einmal den Drummer den Dirigenten der Band. Roger Blank verglich den Drummer mit einem Kutscher: „Er hat vier Pferde und eine Peitsche. Bis zu einem gewissen Grad kontrolliert er die Geschwindigkeit der Pferde. Er ist nicht der Bandleader, aber er hat die Möglichkeit, beim Rhythmus Tempo zu machen." Weiße Kritiker, die einen nicht perkussiv orientierten Hintergrund haben, hatten oft Schwierigkeiten, zum Schlagzeug eine Beziehung zu finden. Sie brachten den Zuhörern bei – und manchmal übten sie auch auf Schlagzeuger einen Einfluss aus (Connie Kay, der neunzehn Jahre lang ein integraler Bestandteil des Modern Jazz Quartet war, hat sogar eine Abneigung gegen Schlagzeugsoli. Er erzählte Whitney Balliett in *Ecstasy at the Onion*: „Das Schlagzeug ist ein eintöniges Instrument. Catlett ist sowieso schon tot, und es gibt nur einen Buddy Rich. Ich weiß, wie mir zumute ist, wenn andere Drummer Soli spielen. Es kommt einem vor, als hätte man alles schon gehört. Es gibt da einfach nicht sehr viele schöpferische Leute") –, einfach nicht darauf zu achten, dass der Drummer bei jeder Gruppe von Musikern derjenige ist, der das Feeling eines Stücks bestimmt, und zwar unabhängig von den Intentionen des Komponisten oder des Solisten.

Aus diesem Grund sollte ein Schlagzeuger nicht nur nach seiner individuellen Leistung beurteilt werden, sondern auch danach, was er zur Band durch sein Zusammenspiel mit den anderen Musikern beiträgt.

Andrew Cyrille meint, dass die meisten Kritiker ursprünglich dahin tendierten, den Jazz mit europäischer Musik zu vergleichen, mit der sie vertraut waren. „Und das ist von vornherein ein Fehler, weil es zwei ganz verschiedene Ausdrucksformen sind. Von der Stimme abgesehen, war die Trommel natürlich eines der ersten Instrumente. Bald nachdem die Menschen zu sprechen begonnen hatten, fingen sie vermutlich an, auf Baumstümpfe zu klopfen, und so entstanden dann die Trommeln. In der europäischen Musik wurde die Trommel hauptsächlich als Begleitinstrument verwendet oder zur besonderen Betonung einer Stelle. In der afrikanischen Musik und in der Musik anderer Völker, wie zum Beispiel der Indianer, spielte die Trommel hingegen stets eine sehr wichtige Rolle. Sie gehörte unbedingt dazu und hatte einen besonderen Nimbus."

Cyrille ist der Meinung, dass der Schlagzeuger für die Musik dieselbe Funktion hat „wie das Skelett für den Körper". Er glaubt, dass die Trommel bei der Arbeit aller Erneuerer implizit eine Rolle spielte, auch wenn sie für die Musik der jeweiligen Ära nicht bestimmend und richtungweisend war. „Damit meine ich, dass ihr Rhythmus sehr definitiv ist, dass es dabei in Wirklichkeit um den Rhythmus geht, auch wenn sie sich mit der Melodik und den Harmonien befassen. Das gilt sogar für Louis Armstrong. Die Tatsache, dass sein Rhythmus so stark ist, machte ihn zu einem großen Erneuerer. Zwar nicht im strengen, aber doch im übertragenen Sinn ist die Trommel also von zentraler Bedeutung."

Roger Blank merkte das, als er mit Pharoah Sanders *Tauhid* einspielte, seine erste Platte bei Impulse. Nach zwei anstrengenden Wochen voller Proben wurde ihm klar, dass Sanders' emotionale Spielweise im oberen Register des Saxofons von den Rhythmen bewirkt wurde, die er hinter sich hörte. „In jedem Stück gibt es einen bestimmten Rhythmus, der mit der Melodie einhergeht. Die beiden kommen zusammen, vermählen sich, bekommen Kinder und breiten sich aus. Wenn es keinen Rhythmus gibt, mit dem sie sich verbinden kann, schwebt die Melodie ganz allein herum."

Elvin Jones, der 1927 in Pontiac, Michigan, geboren wurde, war einer der Schlagzeuger, die über die Rolle des „Timekeepers" hinausgingen, indem sie neben dem vorgegebenen Rhythmus einen zweiten spielten. Dies war schon von anderen erprobt worden, erreichte aber seinen Höhepunkt, als Jones dem John-Coltrane-Quartett angehörte.Bis hin zu dem Zeitpunkt, als Jones Berühmtheit erlangte, hatten die Schlagzeuger die Angewohnheit gehabt, mit der rechten Hand auf dem Becken präzise den Takt zu schlagen, während sie mit der linken auf der kleinen Trommel die verschiedensten Akzente setzten. Der rechte Fuß produzierte auf der großen Trommel weitere Akzente. Das aus zwei überein-ander gelegten Becken bestehende Hi-Hat wurde mit dem linken Fuß bedient; die Becken trafen meist beim zweiten und vierten Taktschlag aufeinander. (Da jeder Drummer eine etwas andere Vorgehensweise hat, handelt es sich hier natürlich um eine vereinfachte Darstellung.)

Die Hauptaufgabe des Schlagzeugers bestand stets darin, hinter den Solis-ten als Metronom zu agieren und dem persönlichen Gusto und den eigenen Möglichkeiten entsprechend Ergänzungen zu bringen, wann immer dies not-wendig oder möglich war. Jones war zwar nicht der erste Drummer, der sowohl „Timekeeper" war als auch blitzschnell weiterführte, was der Solist gerade machte. Er trieb die Entwicklung jedoch einen Schritt weiter als beispielsweise Max Roach, dessen Spiel zusammen mit Clifford Brown bis dahin als meister-haft gegolten hatte.

Bevor Elvin Jones seine Neuerungen einführte, war ein durchgehender Beat auf dem Becken unverzichtbar gewesen. Er hielt es jedoch nicht für nötig, Takt für Takt den Rhythmus vorzugeben. Er verzichtete oft auf die regelmäßigen Beckenschläge und brachte stattdessen Akzente auf der kleinen Trommel. Durch Jones hörte der Drummer auf, ein Begleiter zu sein, und wurde dafür gleich-berechtigter Teilnehmer einer Konversation mit den anderen Instrumenten.

Elvin Jones arbeitete von 1960 bis 1965 mit John Coltrane zusammen. In dieser Zeit schuf er zusammen mit den Saxofonisten den Sound und die Musik des Coltrane-Quartetts. Der britische Schlagzeuger John Stevens hat sogar behauptet, dass der Beitrag von Jones bedeutendere Auswirkungen auf die zukünftige Musik haben könnte als der von Coltrane, weil er derjenige war, der die Zwiesprache mit dem Solisten und den anderen Instrumenten des Quar-tetts einführte. Jones nahm nicht mehr die übliche untergeordnete Rolle des Perkussionisten ein und spielte auch nicht auf Anweisung des Solisten irgend-etwas Überflüssiges. Die Konversation und die neue Aufgabenverteilung waren

Vorläufer einer zukünftigen Spielweise. Jones hat selbst betont, dass er sich klar darüber war, welch tief greifende Veränderungen er vornahm.

Sein Nachfolger Rashied Ali hat dazu angemerkt: „Wie wir wissen, war John Coltrane der Innovator des Saxofons, aber er brauchte auch einen Rhythmus. Um einen neuen Sound auf dem Horn rüberzubringen, braucht man eine neue Art von Rhythmus. Folglich brauchte Elvin Jones für die Musik von Trane eine sehr freie Art von Schlagzeugspiel. Mit anderen Worten: Als Bird spielte, musste ein Max Roach dabei sein, der mit diesem Stil zurechtkam und ihn umsetzte. Wenn der Rhythmus nicht stimmt, passiert in der Gruppe gar nichts."

Jones ist ein bedeutender Erneuerer dieser Musik, doch im Gegensatz zu späteren Innovatoren wie Sunny Murray und Milford Graves, die sich von der Aufgabe des „Timekeepers" völlig befreit haben, gehört er durch seine Einstellung immer noch in eine frühere Ära. Er sagte: „Der Drummer hat in erster Linie die Aufgabe, den Takt vorzugeben. Das tut er immer irgendwie, sei es auf bewusste oder unbewusste Weise. Auch wenn es noch so abstrakt erscheinen mag, wenn man es umfassend analysiert, ist letztlich ein definitiver durchgängiger Rhythmus vorhanden."

In diesem Sinn leisteten die Drummer Edward Blackwell und Billy Higgins die wichtigsten Beiträge zur Musik von Ornette Coleman, obwohl ein Könner wie Charles Moffett, ein früherer Klassenkamerad von Coleman, von 1961 bis 1967 mit dem Saxofonisten zusammenarbeitete und sogar Elvin Jones ebenfalls Aufnahmen mit ihm gemacht hat. Auf Colemans „Free", das auf der LP *Change of the Century* enthalten ist, ist Higgins der Taktgeber. John Stevens hat jedoch darauf hingewiesen, dass Higgins dem Rhythmus an einer Stelle die Grundlage entzieht und eine freie Spielweise zum Durchbruch kommt. Vierzehn Monat danach spielten Higgins und Blackwell im Doppelquartett von Coleman, als die Epoche machende LP *Free Jazz* aufgenommen wurde.

„Billy ist ein Naturtalent", sagte der Sopransaxofonist Steve Lacy, der einst mit Cecil Taylor zusammengearbeitet hatte. „Er kann auf einem Aschenbecher, auf einer Bartheke oder auf dem Fußboden spielen, und es klingt immer gut. Er hat außerdem einen natürlichen Sinn für die Form, eine echte Musikalität, sodass man von seinem Schlagzeugspiel – im Gegensatz zu dem der meisten anderen Drummer – sagen kann, dass es melodiös ist."

Während Higgins Wert darauf legt, flott swingend zu spielen, produziert Blackwell andauernd verschiedene Rhythmen. Blackwell nutzt das gesamte Schlagzeug und verwendet sogar die Becken als zusätzliche Trommeln. Er ist sehr direkt, spielt fast *auf* dem Beat und kann als direkter Nachfahre von Max Roach gelten, den er als ein großes Vorbild betrachtet.

„Obwohl das Schlagzeug nicht sehr melodisch ist, kann es doch sehr suggestiv wirken. Es kann sehr warme Gefühle zum Ausdruck bringen und Stimmungen andeuten. Auf dem Schlagzeug kann man Geschichten erzählen. Manche Leute behandeln das Schlagzeug jedoch genauso, wie es der durchschnittliche Laie tun würde, nämlich als etwas, auf dem man herumklopfen kann. In Wirklichkeit kann das Schlagzeug genauso melodiös sein wie jedes andere Instrument, es ist bloß nicht so angelegt, dass eine Melodie rauskommen kann wie bei den anderen Instrumenten. Aber wenn man unterschiedliche Lautstärken und verschiedene Akzentuierungen verwendet, wenn man sozusagen mit dem Schlagzeug *singt,* dann tut sich wirklich was. Dann kommt etwas zustande. Auf diese Weise spielen die Trommler in Afrika, insbesondere in Nigeria, wo sie die sprechende Trommel haben. Sie singen tatsächlich mit ihrer Trommel, und das ist phänomenal."

Wie Elvin Jones sind auch Higgins und Blackwell „Time"-Spieler, obwohl beide mit Musikern zusammengearbeitet haben, die einen freien, ungebundenen Background brauchen. Tony Williams, der 1963 im Alter von siebzehn Jahren zu Miles Davis stieß, war in den Sechzigerjahren ein weiterer einflussreicher Drummer. Williams war sehr modern, aber nicht ganz so innovativ, wie es manchmal hieß. Er übernahm eine Reihe von Figuren und Ideen von Vorgängern wie Roy Haynes und stellte sie auf eine Weise neu zusammen, die weiterhin von Einfluss ist. Sein Trick, zwischen den Grundschlägen einen Rimshot einzubauen, wirkte beispielsweise überraschend und war sehr eindrucksvoll. Zahllose Drummer ahmen das inzwischen nach. Williams gehört in die Tradition der Show-Schlagzeuger. Er spielte mit der Band, die damals voll im Trend lag; er war jung, sah gut aus und war sich dessen bewusst. Im Gegensatz zu Blackwell, Higgins und Jones versuchte er nicht, mit dem Solisten eine Konversation anzufangen. Vielmehr spielte er neben dem Solisten her und ergänzte dessen Linie mit seiner eigenen, die genauso hip war. Nach Davis' Weggang gründete er die zum Rock tendierende Gruppe Lifetime. Ihr gehörten der Organist Larry Young und zwei britische Musiker an, der Bassist Jack Bruce und der Gitarrist John McLaughlin.

Sunnys Zeitgefühl

In der Zeit, als Tony Williams mit Miles Davis weltweite Tourneen unternahm und in den Aufnahmestudios von Blue Note wie zuhause war, konnte man in New York zwei Männer hören, die die traditionelle Aufgabe des Schlagzeugers als „Timekeeper" weit hinter sich ließen. Bei Sunny Murray und Milford Graves hörte das Schlagzeug auf, eine Ansammlung von Instrumenten zu sein, von denen jedes eine spezifische Funktion hatte. Murrays Ziel war es, den Solisten gänzlich von den Restriktionen des Takts zu befreien. Zu diesem Zweck erzeugte er mit dem Schlagzeug einen wahren perkussiven Schauer. Dabei ließ er den Drumstick fortwährend auf den Rand der Becken prasseln, erzeugte auf der Snaredrum immer wieder ein Stakkato-Sperrfeuer, setzte auf der Bassdrum sporadisch Akzente und verwendete konstant das Hi-Hat, jedoch nicht als Metronom. Er spielte mit offenem Mund und stieß dabei ein Geheul aus, das sich mit den Geräuschen des Schlagzeugs vermischte. Der Zuhörer musste sich den Beat selbst dazudenken. Wenn man Murray auf konventionelle Art zuhört, scheint sein Spiel oft sehr wenig mit dem zu tun zu haben, was der Solist macht. Was er wirklich machte, war Folgendes: Er breitete hinter dem Solisten eine glitzernde Tapisserie aus, die diesen in die Lage versetzte, sich in jede beliebige Richtung voranzubewegen. Bei Albert Ayler entwickelte Murray eine Spielweise, bei der er auf alles achtete, was vor sich ging. Später wurde er jedoch dominanter.

Zu Beginn war sein Schlagzeug nicht sehr umfangreich, weil er es sich meist borgen musste. Es bestand aus einer Snaredrum und einer Bassdrum, einem Hi-Hat und einem einzigen Becken. Um vielfältigere Klänge zu bekommen, fügte er später Tomtoms, Gongs, chinesische Rhythmushölzer, bis zu drei normale und vier Sock-Cymbals hinzu. „Ich erzeuge gern natürlicher klingende, menschliche Sounds. Wenn man jederzeit vielfältige Möglichkeiten hat, kann man das erreichen. Es ist wichtig, dass man nicht lange danach suchen muss. Manche Leute haben eine Menge Zeug um sich herum, verfügen aber nicht über die Energie, damit zu spielen."

Sunny Murray wurde 1937 in der Nähe einer Indianerreservation in Idabel im Südosten von Oklahoma geboren. Seine Mutter sang und tanzte, und eine Schwester sang bei Red Prysock. Sunny wurde von einem Onkel aufgezogen, der später starb, weil man ihn in einem Krankenhaus in Oklahoma als Schwarzen nicht behandeln wollte. Der Stiefbruder John, der bei Lionel Hampton gespielt hatte und später an einer Überdosis Heroin starb, machte Sunny mit der Musik bekannt. Im Alter von neun Jahren spielte Sunny Murray Schlagzeug. Seine Jugend verbrachte er im schlimmsten Viertel von Philadelphia. Zwei Jahre lang war der Teenager in einer Besserungsanstalt untergebracht. Zeitweilig wechselte er auf die Trompete und die Posaune über, aber als er 1956 nach New York kam, spielte er wieder Schlagzeug. Bis dahin hatte er kaum eine musikalische Ausbildung gehabt. Da er die Musik sehr ernst nahm, studierte er zwei Jahre lang Perkussion. Seinen Lebensunterhalt verdiente er mit so unterschiedlichen Betätigungen wie Bauaufseher und Autowäscher. Bei einem Arbeitsunfall verlor er Teile von zwei Fingern. Gegen Ende der Fünfzigerjahre spielte Murray jedoch mit Leuten wie dem Trompeter Ted Curson und den Saxofonisten Rocky Boyd und Jackie McLean.

Er arbeitete auch mit älteren Musikern wie dem Trompeter Henry „Red" Allen und dem Pianisten Willie „The Lion" Smith zusammen, bis er nach einem zufälligen Zusammentreffen mit Cecil Taylor seine Einstellung zur Musik von Grund auf änderte. Das war 1959, und Murray erinnert sich: „In den folgenden sechs Jahren erschien mir alles andere unwichtig."

Robert Levin erzählte er: „Andere Drummer hatten natürlich auch mit ihm gespielt, aber auf eine eher konventionelle Weise. Ich entschloss mich, anders zu spielen und den Beat auf eins zu legen. Das kam mir sehr hip vor. Bassisten sagten immer: ‚Mensch, du bringst ja den Beat ganz durcheinander.‘ Viele Musiker hatten deshalb eine Abneigung gegen mich, aber manchen gefiel das.“[1]

Als Murray nach der Begegnung mit Taylor wieder mit Beboppern zusammenspielte, wurde er ausgelacht. „Sie sagten immer wieder: ‚Hey, Sunny hat mit Cecil zusammengespielt‘, und machten sich lustig darüber. Ich dachte: Wer ist das eigentlich? Was ist denn dieser Cecil für ein Typ?“ Murray machte sich auf die Suche nach dem Pianisten, der ihn so beeindruckt hatte und der bei den anderen Musikern so berüchtigt war. Er stellte schließlich fest, dass Taylor im Loft des Gebäudes wohnte, in dem er selbst untergebracht war. Erst drei Wochen später brachte Sunny Murray den Mut auf, wieder in Gegenwart von Taylor zu spielen. Der Pianist, der den ganzen Tag im Bett lag, schaute dann zu, wie er das Schlagzeug aufbaute. Eines Tages stand Taylor auf und setzte sich an sein altes, ramponiertes Klavier. „Ich möchte, dass du spielst, wie du noch nie gespielt hast“, sagte er zu Murray. „Meinst du damit so was wie ein Schlagzeugsolo?“, fragte Murray. Als er mit einem Solo anfing, unterbrach ihn Taylor: „Nein, hör auf. Spiel aus dir selbst heraus.“[2]

Es dauerte fast drei Jahre, bis Murray klar wurde, dass ihn Taylor zu einem neuen Musiksystem hinführte. Er ist einer von drei Drummern, die über längere Zeit hinweg gut mit dem Pianisten zusammenarbeiteten. Die anderen sind Dennis Charles, den Murray ersetzte, und Andrew Cyrille, der 1964 seine Nachfolge antrat. Charles war bis zu dem Zeitpunkt, an dem er zu Taylor stieß, ein strikter „Timekeeper“. Von Cyrille wusste man, dass er das Schlagzeug sehr gut beherrschte. Murray war ebenfalls ein „Timekeeper“ gewesen, zumal er mit Ansätzen einer freieren Spielweise bei seinen Kollegen auf wenig Gegenliebe gestoßen war. Dies änderte sich grundlegend, als er mitbekam, was Elvin Jones machte. „Ich merkte, dass ich so nicht mehr weiterspielen konnte“, sagte Murray. „Und in den folgenden fünf Jahre konnten mich die anderen Drummer nicht ausstehen.“ Taylor ermutigte ihn jedoch, in seinem unkonventionellen Stil fortzufahren, und ging auf diesen ein. Murray schuf eine völlig neue Konzeption des Schlagzeugspiels. Ihm ging es nicht um erkennbare Rhythmen, sondern darum, Impulse zu geben und dem Wort „swingen“ eine neue Bedeutung zu verleihen. „Bringt er dich zum Swingen? Tut sich was?“, fragte sich LeRoi Jones, als ein anderer Neuerer des Schlagzeugs spielte. „Das Pochen, das du hörst, ist dein eigener Pulsschlag.“[3] Bei Murray, den LeRoi Jones „einen Übermittler von Energie“ nannte, wurde der Pulsschlag zu einem Metronom, das eine neue Art von Takt bestimmte.

Was Murray machte, war jedoch für die meisten anderen Drummer eine völlige Negierung der Rolle des Schlagzeugs. Erst als er 1962 von einer Europareise mit Taylor zurückgekehrt war, machte sich sein Einfluss allmählich bei etablierten Schlagzeugern in New York bemerkbar, so bei J. C. Moses und Paul Motian.

Murrays Spielweise ist auf drei Stücken des Taylor-Quintetts (mit Jimmy Lyons, Archie Shepp und Henry Grimes) zu hören, die auf einer Seite der LP *Into the Hot* zu finden sind. Die Platte kam 1961 unter dem Namen von Gil Evans heraus, der damit Taylors Schaffen bekannt machen wollte. Die Aufnahmen, die 1962 im *Café Montmartre* in Kopenhagen bei Murrays erstem Europaaufenthalt mit Taylor und Lyons entstanden, zeigen einen viel freieren Umgang mit dem Rhythmus. „Bei Cecil musste ich auf dem Schlagzeug eine völlig neue Richtung einschlagen, weil er damals anders spielte, nämlich nicht so rhythmisch." Zwei Jahre danach war Murrays simples, bopartiges Schlagzeugspiel jedoch immer noch auf Aufnahmen wie „Like a Blessed Baby Lamb" zu hören (aufgenommen von den New York Contemporary Five, mit Shepp, Ted Curson, dem Bassisten Ronnie Boykins und dem Gasttrompeter Don Cherry).

Murray ist der Meinung, dass die rhythmische Rolle, die er bei Taylor spielte, dazu beitrug, die Musik des Pianisten verständlicher zu machen, wie dies bei Albert Ayler der Fall war. Er und Ayler trafen im Dezember 1962 zusammen und nahmen als Mitglieder der Cecil Taylor Unit an Aufnahmen des dänischen Fernsehens teil. Nach ihrer Rückkehr nach Amerika fingen sie mit ihrer Zusammenarbeit an. Auf zwei LPs des dänischen Debut-Labels folgten die revolutionären Trio-Aufnahmen für ESP mit Gary Peacock am Bass. Murray machte insgesamt neun Plattenaufnahmen mit Ayler. An der ESP-Platte *New York Eye and Ear Control* waren allerdings auch andere beteiligt. *Sunny's Time Now* kam unter seinem eigenen Namen auf LeRoi Jones' Jihad-Label heraus. Das 1961 live im *Village Gate* in New York aufgezeichnete Stück „Holy Ghost" wurde in die Impulse-LP *The New Wave in Jazz* aufgenommen.

Die Kraft und Intensität der Musik hat Murray stets beschäftigt. 1966 hatte er den Eindruck, dass die New Music einen bestimmten Grad von Intensität erreicht hatte und dass er als einziger Drummer dazu befähigt sei, diese Barriere zu durchbrechen. Murray ist der Meinung, da Sound um seiner selbst willen eines der Hauptmerkmale der New Music ist, sei das Schlagzeug in seiner bisherigen Form praktisch obsolet geworden. „Es hat nur eine bestimmte Tonlage, und mehr kann man damit nicht spielen. Es kann Töne nicht aushalten, und da diese Musik immer mehr in Richtung Aushalten tendiert, geht sie sogar über Rhythmen hinaus." Angesichts dessen bemühte sich Murray, eine neue Art von Schlagzeug zu entwickeln, das mithilfe der Elektrizität schwingende Klänge halten kann. Was dabei entsteht, soll „der Stimme eines Menschen ähnlich sein, der summt, schreit, lacht und weint".

1966 machte Murray mit seiner eigenen Gruppe Aufnahmen für ESP. Der Bassist Alan Silva, die Saxofonisten Jack Graham und Byard Lancaster sowie der französische Trompeter Jacques Coursil, dessen Eltern aus Martinique stammten, bildeten den Kern der Truppe. Bei den wenigen Engagements, die Murray in jener Zeit bekam, war außerdem noch der Tenorsaxofonist Frank Wright mit dabei. Später reiste er allein durch Europa und schloss sich dort des Öfteren mit Lancaster und Silva zusammen, gelegentlich auch mit Wright. 1968 machte er mit einem elfköpfigen Orchester Aufnahmen für Columbia. Diese blieben jedoch unveröffentlicht. Einem Bericht zufolge gab die Firma bekannt: „Die Musik war so chaotisch, dass wir sie nicht veröffentlichen konnten." (Eine Aufnahme mit dem weißen Pianisten Burton Greene kam jedoch heraus, obwohl es hieß, diese lasse sich „auch nicht absetzen".) Bei dem angeblichen Chaos waren dabei: die bewährten Mitstreiter Wright und Silva, der Saxofonist Dewey Redman, der oft mit Ornette Coleman zusammengespielt hatte, der Posaunist Clifford Thornton, der später auf Murrays BYG-LP *Homage to Africa* Kornett spielen sollte, der Pianist Dave Burrell, Junie Booth am elektrischen Bass sowie der Perkussionist Art Lewis. Er spielte alles von Maraccas und Glockenspiel bis hin zur Autohupe und zum Waschbrett.

Zwei Drummer einzusetzen war nichts Neues. Coltrane hatte dies zuvor schon getan, als er Rashied Ali dem Quartett hinzufügte. Doch als Murray diese Entscheidung traf, betrachtete es Art Lewis als eine Ehre, dass dieser bedeutende Pionier der New Music ihn ausgewählt hatte. „Er ist sehr wählerisch, was die Mitspieler angeht, besonders bei den Schlaginstrumenten", sagte Lewis. Die beiden arbeiteten in New York zusammen, wobei Lewis' vorwiegend afrikanische Instrumente die schwebende, ungebändigte Spielweise Murrays zur Geltung brachten. Da sich die New Music immer stärker auf die Perkussion hin orientiert, sieht Lewis für die Schlagzeuger neue Möglichkeiten. „Die meisten Drummer spielen jetzt vorwiegend auf dem Becken. Oft hört man mehr Becken als Trommeln. Ich glaube, dass die Becken verschwinden und Gongs, Glocken und Ähnliches an ihre Stelle treten werden. Außerdem werden die Schlagzeuger ihre Trommeln so spielen wie früher die Becken – in der gesamten Musik, sowohl in der konventionellen Musik als auch in der New Music, die man jetzt hört."

Wenn Murray spielt, hat es manchmal den Anschein, als antworte er dem Solisten (was von jedem guten Drummer erwartet wird). Im Grunde spielt er jedoch so, dass beide die Freiheit haben, in jede beliebige Richtung zu gehen. Die Gesamtwirkung entsteht aus einer Kombination ihrer unterschiedlichen Bestrebungen. Dies kann jedoch nur von einem Drummer erreicht werden, der weiß, was der Bläser braucht. Sein Spiel ist nicht so einfach, wie es scheinen mag, und dies gilt auch für die Freiheit, die darin zum Ausdruck kommt. „Bei aller Freiheit sollte doch ein gewisses Gefüge da sein, wenn man als professioneller Musiker auftritt", sagte Murray. „Wenn einer nur ein Amateur ist, dann gibt es für alles, was er macht, Verständnis. Wenn man aber mit bedeutenden Musikern zusammenarbeitet, muss man sich bemühen, ein konstruktiver Sideman zu sein." Die neue Richtung, die Schlagzeuger einschlagen müssten, könne man als „kontrollierte Freiheit" beschreiben, meinte Murray. „*Völlige* Freiheit kann einem jeder vorführen, der die Straße entlanggeht. Man braucht ihm nur zwanzig Dollar zu geben, dann macht er wahrscheinlich etwas Entsprechendes!"

Zu einem bestimmten Zeitpunkt hatte Murray den Eindruck, dass er der Prüfstand für unbekannte junge Musiker sei. Die Hindernisstrecke zu überwinden, die er mit seinem Trommelfeuer von Geräuschen aufbaute, galt Mitte der Sechzigerjahre in New York als eine der größten Herausforderungen. Er verglich seine Position mit derjenigen, die Art Blakey Jahre zuvor eingenommen hatte. „Wenn man bei ihm durchkam, konnte man mit jedem spielen. Ich spüre so viel Kraft in mir, dass ich oft etwas zerstöre, das auf seine Art großartig und kreativ ist. Ich habe Musiker aus Washington kommen und vorspielen lassen, aber sie haben aufgegeben. Die Leute brauchen das Feeling von Trommeln. Sie sind nicht reif für das, was ich mache. Ich will natürliche Sounds finden und versuche nicht, dass es nach Trommeln klingt. Manchmal bemühe ich mich, dass es wie ein Automotor klingt oder wie das fortwährende Zerbrechen von Glas.“

Sunny Murray fuhr fort: „Nehmen wir mal an, ein junger Künstler ist in die Stadt gekommen, hat hier mit fünf jungen Avantgarde-Drummern gespielt und kommt sich sehr kompetent vor. Aber wenn er dann mit mir zusammenspielt, hört er nicht mehr, was er selber spielt. Da ich so viel über natürlichen Sound weiß, bringe ich in einer Sekunde doppelt so viel zustande wie er. Deshalb spürt er schließlich, dass er entweder mit seiner Kraft oder mit seiner Kreativität völlig am Ende ist. Wenn das vorüber ist, merkt er, dass er in einem völlig anderen Zustand ist, nicht nur mit dem Klang der Trommeln konfrontiert, sondern auch mit dem Lärm kollidierender Autos und dem Ausbruch eines Vulkans und dem Donner am Himmel. Er hat sich nie vorgestellt, dass er mal in einem Raum eingesperrt sein könnte und solche Geräusche auf ihn eindringen würden.“

Botschaft für die Vorfahren

Als Milford Graves in die New-Yorker New-Music-Szene kam, war Sunny Murray in Europa. Murray hatte das Schlagzeug mit Nachdruck in den Vordergrund des Geschehens gerückt, doch als Graves an der Reihe war, spielte er noch weniger für den Solisten und fast völlig für sich selbst. Das soll nicht heißen, dass dies eine Beeinträchtigung der Musik darstellt. Graves hat vielmehr gewaltige Beiträge geleistet. Ganz gleich, ob er allein, mit einem anderen Perkussionisten, mit dem Pianisten Don Pullen, mit seiner eigenen Gruppe oder der von Albert Ayler spielt: Er ist stets beeindruckend. Ein Beispiel: Auf Aylers Impulse-LP *Love Cry* tragen die Dichte seines Spiels und seine ständigen Rhythmuswechsel unglaublich viel zu dem offenen Konzept des Saxofonisten bei.

Milford Graves wurde 1941 in Jamaica, New York, geboren. Im Haus befand sich schon vorher ein Schlagzeug, und als er drei war, begann er darauf zu spielen. Die frühesten Einflüsse kamen von seinem Onkel, der die Folkmusic von North Carolina spielte, und seinem Großvater mütterlicherseits, der sich zu ihm setzte und auf seiner Gitarre die neuesten Rhythm&Blues-Titel spielte. Wie die meisten schwarzen Musiker bekam Graves als Kind viel Rhythm &

Blues mit, aber in die Welt des Trommelns erhielt er sogar eine besondere Einführung. Sein Jugendfreund Raleigh Sahumba ist ein guter Congaspieler, der im Lauf der Jahre in verschiedenen Bands von Milford Graves mitgewirkt hat. Dessen älterer Bruder machte die beiden Jungen mit den Congas vertraut, als Graves acht Jahre alt war und Sahumba zehn.

Damals fing Graves an, sich für Musik und insbesondere für die Perkussion zu interessieren. Bis zum Alter von neunzehn Jahren befasste er sich mit afrikanischen Handtrommeln. Unter der Anleitung von Washantha Singh widmete er sich auch eine Weile der indischen *Tabla*. Für Graves war diese Zeit im Hinblick auf die Entwicklung seines Klangkonzepts sehr wichtig. Von 1959 bis 1962 leitete er auf Long Island Tanzorchester und spielte alle großen Latin-Gigs in New York. Einmal arbeitete er auch mit Miriam Makeba zusammen. Graves wartete jedoch den richtigen Moment ab, bevor er mit seiner kreativeren Seite an die Öffentlichkeit trat. „Ich hatte es immer vor, aber die Umstände behagten mir nicht. Ich wollte mit Leuten zusammenspielen, die sich für die Musik engagierten und nicht bloß ans Geld dachten."

1963, zwei Jahre nachdem er Elvin Jones zum ersten Mal mit John Coltrane gehört hatte, wagte sich Graves in die nichtkommerzielle Musikwelt vor. In Boston traf er mit Giuseppi Logan zusammen, der dort am New England Conservatory studierte. (Giuseppi Logan ist kein aktiver Musiker mehr. Verschiedene Musiker, die sich Ende der Sechzigerjahre einen Namen machten, haben seinen Einfluss gewürdigt. Der Pianist Don Pullen, der lange mit Graves in Verbindung stand, war einer von ihnen. „Giuseppi war für mich wie ein Lehrer", erzählte er Giacomo Pellicciotti. „Mein musikalisches Konzept und meine geistige Einstellung, das alles reifte unter seinem Einfluss heran" [„Mingus Dynasty", *Jazz Magazine*, Mai/Juni 1975].)

Der aus Norfolk, Virginia, stammende Logan spielte sämtliche Holzblasinstrumente. Graves war fasziniert von ihm und probte mit ihm zusammen. Der Bassist Don Moore lud Logan später zu einer Session ein, die in New York in einem Loft abgehalten wurde, das Mike Snow gehörte. (Dieser Maler, Bildhauer und Musiker war in den Sechzigerjahren Gastgeber vieler Musikeraktivitäten.) Graves entschloss sich, mitzukommen. Die Session entpuppte sich als Probe einer Band, die als New York Art Quartet bekannt war. Sie bestand aus dem Schlagzeuger J. C. Moses, Don Moore am Bass, dem Posaunisten Roswell Rudd und dem Altsaxofonisten John Tchicai, der in Dänemark geboren worden war und dessen Vater aus Zaire stammte.

Moses, der seine Aktivitäten 1970 wegen eines Nierenleidens einschränken musste, war damals einer der meistbeschäftigten Freelance-Drummer der ganzen Stadt. Er verdiente seinen Lebensunterhalt bei Tourneen mit Charles Lloyd und Rahsaan Roland Kirk und spielte zu seinem Vergnügen mit dem NYAQ und Eric Dolphy. Er und Moore hatten in Dänemark mit Archie Shepp, Tchicai und Don Cherry als New York Contemporary Five zusammengespielt. Moses hatte auch in einer Gruppe mit Rudd und dem Sopransaxofonisten Steve Lacy zusammengearbeitet. „Milford war ein viel versprechender junger Mann", sagte er. „Er spielte recht gut, aber für mich war Sunny Murray der Größte. Bei Sunny tat sich so viel. Wenn in der New Music irgendjemand einem anderen den Platz streitig machen konnte, dann war das Sunny Murray."

Milford Graves war jedoch derjenige, der Moses schließlich ablöste. Lewis Worrell trat an die Stelle von Don Moore, der später heiratete und den Musikerberuf aufgab. Das NYAQ war richtungweisend für eine Anzahl anderer Musiker, die in der Musik des Quartetts die Weiterentwicklung der Ideen von Ornette Coleman hörten. „Manche behaupten vielleicht, ich sei jetzt auf einem Egotrip", sagte Graves. „Aber ich war damals der einzige Drummer, der eine bestimmte freie Methode spielte und dabei verschiedene Rhythmen verwendete. Das machte John und Roswell ganz schön zu schaffen. Sie waren harmonisch und melodisch auf etwas Bestimmtes festgelegt, und dann kam der Rhythmus und brachte alles durcheinander."

Tchicai bestätigte dies. „Das war eine angenehme Überraschung, und mehr noch: Graves überrumpelte Rudd und mich. Wir hatten damals in New York keinen jüngeren Musiker gehört, der gleichermaßen einen Sinn für die Verbindung zwischen rhythmischer Kohäsion und Polyrhythmik wie auch für Intensität oder Musikalität besaß."[4] Graves meinte: „Viele Gruppen wollten freier spielen, aber es gab nicht genug Schlagzeuger, die das bewerkstelligen konnten. Als wir zusammenkamen, funkte es plötzlich. John hörte bestimmte Dinge, und Roswell – er ist wirklich ein perfekter Musiker – ebenfalls, aber dieser Rhythmus, den dieser Drummer lieferte, war genau das, was sie suchten."

Knapp zwei Monate nach seinem Erscheinen bei der Oktoberrevolution des Jazz nahm Graves zwei LPs für ESP auf, eine mit dem NYAQ und eine mit dem Pianisten Lowell Davidson und dem Bassisten Gary Peacock. Bei dieser Aufnahmesession, die ein Meilenstein der New Music wurde, spielte er auch mit Giuseppi Logans Gruppe und mit dem Pianisten Paul Bley. Mit diesen Kombinationen erreichte er einige weitere ESP-Veröffentlichungen. Logans Platte gehörte zu den ersten drei, die das ESP-Label herausbrachte. Sie ließ sofort erkennen, dass hier ein Perkussionist mit einer erstaunlichen Technik am Werk war. Graves bewegte sich an seinem Schlagzeug mit erstaunlicher Schnelligkeit und trommelte dabei beidhändig auf allen Oberflächen. Jeder Schlag war klar definiert, sodass es keine Trommelwirbel hergebrachter Art gab. Klarheit stand dabei im Vordergrund. Er verwendete die Becken so, wie andere einen Gong oder eine Trommel verwendeten. Beim NYAQ war die Snaredrum von Graves so gestimmt wie üblich, doch seine Tomtoms produzierten einen tieferen Klang als sonst. Gegen Ende der Siebzigerjahre hatte er jedoch die Snaredrum aufgegeben, und seine drei Tomtoms waren so tief gestimmt, wie es heute im Rock üblich ist. Der sich daraus ergebende gedämpfte Sound unterschied sich stark von der scharfen Präzision, die bis dahin bei allen führenden Schlagzeugern üblich gewesen war. Heutzutage ist es normal, dass Trommeln nur mit einem Fell bespannt sind. Wahrscheinlich war Graves jedoch der erste amerikanische Drummer, der die unteren Felle alle entfernte, weil sie die Tendenz hatten, den Sound zu absorbieren. Später erläuterte er, dass er auch alle sonstigen Hindernisse entfernt hatte, die den „stärkeren, volleren" Sound beeinträchtigt hatten, den er bevorzugte.

Bevor Graves die Verbindungen zu ESP abbrach, um seine eigene Produktion aufzubauen, nahm er noch fünf Perkussionsstücke mit einem weiteren Drummer auf, nämlich mit Sunny Morgan, der regelmäßig mit dem Sänger Leon Thomas zusammengespielt hatte und 1976 auf tragische Weise ums Leben kam. Was die Planung und die Ausführung angeht, stellt dieses Album bis heute die brillanteste Perkussions-LP dar. Andrew Cyrilles *What About?* auf BYG ist eine reife Leistung, wie auch die von ihm und Graves im Jahr 1974 auf ihrem eigenen Label IPS eingespielte LP *Dialogue of the Drums,* doch die ESP-Duette waren zum damaligen Zeitpunkt zweifellos die revolutionärsten.

Graves hat bei seiner Perkussionsarbeit eine breitere Perspektive als die meisten seiner Kollegen. Dass er sich eingehend mit afrikanischem und indischem Trommelspiel befasst hat, zeigt sich deutlich. Er war einer der ersten abendländischen Musiker, die die *Tabla* spielten. Die Verwendung von Glocken, Gongs und Shakers auf der ESP-LP ging damals genauso auf indische wie auf afrikanische Einflüsse zurück. Die Aufnahmen entstanden nämlich zu einer Zeit, als sich die gesamte Jazz- und Rockwelt für indische Musik begeisterte. Dies hatte mit John Coltranes Interesse an dieser Musik und seiner Verwendung bestimmter indischer Tonalitäten eingesetzt und reichte bis zur Begeisterung der Beatles für Ravi Shankar. (Das mit doppeltem Rohrblatt ausgestattete indische Instrument *Shenai* wird beispielsweise oft von Clifford Thornton verwendet. Ornette Coleman und Dewey Redman spielen eine Abwandlung davon, die oft ungenau als Musette bezeichnet wird, in Wirklichkeit aber einer tibetischen Oboe gleicht. Miles Davis nutzte um 1974/75 herum die Fertigkeiten des indischen *Tabla*-Spielers Badal Roy. Der erste Amerikaner, der indische und andere fernöstliche Instrumente verwendete, war jedoch der Multiinstrumentalist Yusef Lateef. Ahmed Abdul-Malik, der sonst meist Bass spielte, verwendete die arabische Ud. Während Lateef seinen Namen nach der Hinwendung zum Islam angenommen hatte, stammte der Vater von Abdul-Malik tatsächlich aus dem Sudan.)

Dass Graves Sunny Morgan als zusätzlichen Drummer einsetzte, leitete in der Perkussion eine völlig neue Ära ein. Graves' Neuerungen waren beispielhaft und kamen zum richtigen Zeitpunkt, da es ein Erstarken des schwarzen Nationalismus gab und viele Musiker das Bedürfnis verspürten, ihren afrikanischen Background zum Ausdruck zu bringen, indem sie zusätzliche Perkussionsinstrumente, wie zum Beispiel Handtrommeln, verwendeten.

1966 hatte es Graves bedauert, dass die Schlagzeuger die Trommel zu weit von ihren afrikanischen Ursprüngen entfernt hatten: „Im Zusammenhang mit der Sklaverei und dem Auftauchen während der New-Orleans-Periode tritt hier ein ethnisches Problem auf. Die Leute hatten ihre Identität völlig eingebüßt. Was die Drummer bis heute gespielt haben, das hat wenig mit ihrer afrikanischen Herkunft zu tun. Das war bei allen Musikern in Amerika das Problem: Sie spielen in einer abendländischen Tradition." Graves konnte nicht verstehen, dass es Menschen afrikanischer Herkunft gab, die die New Music ablehnten. Er prophezeite, dass sie eines Tages auch für eher traditionell eingestellte Musiker akzeptabel sein würde. Er behielt natürlich Recht. Später entstanden zahlreiche Trommelchöre, unter ihnen das ausdrucksstarke Perkussion-Ensemble M'Boom, das von Max Roach mit Roy Brooks, Joe Chambers, Omar Clay, Richie „Pablo" Landrum, Warren Smith und Freddie Waits ins Leben gerufen wurde.

Auf zwei 1966 bei einem Konzert in der Yale University aufgenommenen und später auf ihrem eigenen Label SRP veröffentlichten LPs bildeten Graves und der Pianist Don Pullen eine weitere unübertreffliche Formation. Das Duo, das viele Stunden lang privat zusammengespielt hatte, präsentierte eine höchst komplexe Musik. „Viele wissen nicht, dass man seinen eigenen Rhythmus hat. Wenn man entsprechend trainiert, kann er jederzeit zum Vorschein kommen. Don Pullen und ich, wir motivieren einander dazu. Was wir machen, erfordert ein tiefes Verständnis des Instruments und langjährige Erfahrung hinsichtlich der Klangmöglichkeiten. Beim Jazz üben viele Leute ganz einfach die Melodien ein. Aber wenn man sich hinsetzt, die Sache ernsthaft bespricht und dann einfach mal die Musik spielt, tun sich ungeahnte Möglichkeiten auf. Die Leute nennen das total abgefahrene Musik, aber in Wirklichkeit spielen wir bloß keine Sachen, die dermaßen simplifiziert sind."

Graves' präzises Spiel entspricht seinen eigenen Wertvorstellungen. Er legt in seinem Leben ethische Maßstäbe an, die in der Musikwelt relativ selten anzutreffen sind. Er hat viel Zeit darauf verwandt, die Möglichkeiten der Trommel intensiv zu studieren, auch deren Geschichte sowie den therapeutischen Wert der Musik. Er hat für geistig Behinderte gespielt und in Schulen und Museen zahlreiche Vorträge und Vorführungen abgehalten. Eine Zeit lang arbeitete er in Brooklyn bei einem Programm für Jugendliche mit. Später widmete er sich der Laborarbeit. „Ich hatte die Chance, mit Musik viel Geld zu verdienen, aber da hätte ich Dinge machen müssen, die mir nicht besonders gefallen. Mir kommt es vor, als wäre die Musik von Leuten kontrolliert worden, die nach wirtschaftlichen Gesichtspunkten urteilten. Für mich hat Musik jedoch eine Bedeutung, die darüber weit hinausgeht." Graves ist vor allem überzeugt davon, dass sich die Schlagzeuger mit ihrem Instrument genauer als früher befassen müssen, wenn sie die Musik der Zukunft spielen wollen. „Damit meine ich, dass man den ganzen Tag auf einem Drumpad spielen, dass man Jahre darauf verwenden kann.

Aber warum sollte man neunundneunzig Prozent Aufmerksamkeit auf das Drumpad verwenden und nur ein Prozent auf das Schlagzeug? Es sind zwei verschiedene Dinge. Man muss herausfinden, was man genauso gut auf dem Straßenpflaster spielen kann und was man nur auf dem Schlagzeug spielen kann."

Graves konnte den Sound, den sein Schlagzeug produziert, kontrollieren. Er glaubt, dass die meisten Drummer zu sehr darauf achten, Rhythmen zu spielen, und sich zu wenig mit dem tatsächlichen Sound befassen. „Die Trommel erzeugt eine Menge Sound. Den haben sie nicht unter Kontrolle, der kommt von selbst." Er hält es für wichtig, dass sich die Drummer mit der Membran beschäftigen, dass sie unterschiedliche Sounds ausprobieren und ein anderes Feeling bekommen, indem sie auf jedem Teil des Fells spielen und nicht immer auf derselben Stelle, wie es die Drummer meist gemacht haben. Wie viele von den heutigen Perkussionisten „übt" er genau genommen überhaupt nicht. Wenn er allein ist, geht er beim Spielen einer konstruktiven Idee nach, bis er den Punkt erreicht, an dem er zufrieden ist. „Manchmal fange ich an zu spielen, dann schaue ich auf die Uhr und stelle fest, dass eine halbe Stunde vergangen ist. Ich merke, dass ich meinen Körper so sehr in Schwung gebracht habe, dass ich nicht mehr weiterzumachen brauche. Es kommt ganz auf die Energieerzeugung an. Man erreicht einen Punkt, an dem der Körper so in Schwung ist, dass man den Stoffwechsel bremsen muss."

Graves' Energieaufwand wurde auf *Black Woman* gut dokumentiert, einer LP, die unter der Leitung des innovativen Gitarristen Sonny Sharrock entstand. Im Allgemeinen geben die Platten höchstens eine Andeutung davon, wie Graves bei Liveauftritten wirkt. Da er die Snaredrum abgeschafft hat, setzt er die zum abendländischen Trommelspiel gehörenden Akzentuierungen auf einem der beiden stehenden Tomtoms. Die Bassdrum, die er an seinen Sitz angebunden hat, damit sie nicht wegrutscht, verwendet er häufig. Seine Stöcke hält er gewohnheitsmäßig an der Spitze fest und verwendet sie so wie ein afrikanischer Trommler seine Schlägel. Graves setzte den „matched grip" ein, schon bevor dieser Mode wurde, und er hat noch einen weiteren einzigartigen Griff, mit dem er zwei Stöcke halten und praktisch gleichzeitig auf zwei verschiedenen Oberflächen spielen kann. Manchmal hält er einen gewaltigen Schlägel oder seine Maraccas zusammen mit dem eigentlichen Schlagstock in der Hand. Damit schlägt er entweder gleichzeitig oder abwechselnd auf dieselbe Oberfläche. Manchmal nimmt er ein kleines Paar gestimmter Bongos, stellt sie vor sich auf das Fell eines Tomtoms und spielt sie in dieser Position. Dabei entsteht ein perkussiver Strudel von vielschichtiger Intensität.

Die Verwendung einer Reihe von unterschiedlichen Griffen führt beim Drummer zu einer Anpassung der psychischen Einstellung, die automatisch bewirkt, dass er seine Gesamteinstellung zu der Musik ändert. „Die meisten Drummer halten die Stöcke immer in einer bestimmten Höhe. Der Schwung, mit dem sie schlagen, ist zwar unterschiedlich, aber der *tatsächliche* Druck, den sie auf das Fell ausüben, bleibt meist derselbe. Der einzige Unterschied ist, ob man den Stock abprallen lässt oder die Vibration stoppt, wenn der Stock das Fell getroffen hat. Die Afrikaner haben dafür auch eine Methode, aber die Hauptsache ist, dass sie genau wissen, aus welchem Winkel sie zuschlagen müssen." (Interessanterweise demonstrierte ein Meistertrommler aus Ghana genau diese Technik 1974 in einer Übertragung des ghanaischen Fernsehens.)

Heutzutage spielt Graves meist bei Bildungsveranstaltungen in einer Trio-Formation. Hugh Glover, der seit 1964 mit ihm in Verbindung steht, spielt Klarinette, Bassklarinette, Altsaxofon, verschiedene Flöten sowie Perkussion, und eine Reihe anderer Rohrblattinstrument-Spieler hat in der Gruppe eine ähnliche Funktion ausgeübt, so Arthur Doyle, Frank Lowe und Joe Rigby. Von Zeit zu Zeit zieht Graves einen Congaspieler (Sahumba oder Tony Wiles) hinzu, manchmal auch jemanden, der Trompete oder Vibraharp spielt.

Graves bemüht sich selten, andere Musiker hinzuzuziehen, aber es herrscht dennoch kein Mangel an Bewerbern. Für viele junge Bläser sind das offene Format und die vokalisierte Spielweise, die er bevorzugt, die ideale Gelegenheit zur Selbstdarstellung. Der Drummer freut sich darüber, dass sie seine Musik anziehend finden, aber dann zieht er ihre Motive doch in Zweifel. „Begeistern sie sich wirklich ehrlich für diese Musik, oder glauben sie, sie könnten sie ganz gut für ihre Zwecke benutzen?" Wer in seinen Zirkel aufgenommen werden möchte, muss entweder ein qualifizierter Musiker sein oder viel Begabung und Lerneifer mitbringen. Im Einklang mit seinen Grundsätzen beschäftigt sich Graves auch mit der persönlichen Situation seiner Mitspieler. Manchen anderen ist diese völlig gleichgültig, solange die Musik gut klingt. Hat ein Musiker jedoch gewisse Komplexe, die in seinem unreifen Verhalten zum Ausdruck kommen oder die sich nur durch die häufige Verwendung von Drogen und Alkohol überwinden lassen, ist Graves mitfühlend und versucht zu helfen. Wenn sich der Betreffende jedoch nach einer gewissen Zeit nicht geändert hat, sieht sich Graves gezwungen, ihm mitzuteilen, dass sie nicht mehr zusammenspielen können.

Anstatt wie früher mehrere Monate lang zu proben, um das Potenzial eines Mitspielers kennen zu lernen, setzt Graves heutzutage eine Art Schockbehandlung ein. „Ich rede ein paar Mal mit dem Betreffenden, oder wir kommen zweimal zusammen, und dann schaue ich, ob ich etwas entdecken kann. Beim vierten Mal bekommt er dann eine ‚praktische Ausbildung'. Ich nehme ihn einfach zu dem Gig mit und sage: ‚Geh auf die Bühne und stell dich vor die Leute hin. Ich möchte deine Reaktion erleben.' In den Pausen zwischen den Sets rede ich ständig mit den Mitspielern. Ich sage ihnen laufend: ‚Haltet euch ein bisschen zurück, seid nicht zu aufdringlich.'"

Neulingen in seiner Gruppe liefert Graves ein gewisses Maß an formalen Anhaltspunkten, und dann gibt er ihnen vom Schlagzeug aus Anleitungen. Was dann geschehen wird, ist jedoch völlig offen. „Viele Musiker sind heutzutage am Anfang etwas hilflos. Bei vielem, was wir spielen, macht das Schlagzeug den Anfang. Alle bekommen ihr Feeling mehr oder weniger vom Schlagzeug."

„Milford denkt, das Saxofon sei auch eine Trommel", meinte Frank Lowe, der sehr davon profitierte, dass er zusammen mit Hugh Glover dem gutturalen, rau klingenden Saxofonteam angehörte. „Er sagt, dass alles Rhythmus ist. Wir atmen rhythmisch, wir gehen rhythmisch, wir stehen mit einem bestimmten Rhythmus auf. Ob wir es wissen oder nicht: Alles, was wir machen, ist Rhythmus. Unsere Zeiteinteilung basiert auf dem Rhythmus der Uhr. Als ich mit Milford zusammen war, wurde mir das ein bisschen klarer."

Multidirektionaler Rhythmus

Im Frühjahr 1969 gaben Graves und Andrew Cyrille in Brooklyn ein gemeinsames Konzert, das in musikalischer Hinsicht lohnend war. Als man an eine Wiederholung dachte, griff Graves sofort Cyrilles Vorschlag auf, Rashied Ali ebenfalls mitwirken zu lassen. Das war ungewöhnlich, weil Graves, wie er selbst zugab, den Empfehlungen anderer Drummer nie so recht traut. „Ich spiele nicht gern mit x-beliebigen Drummern zusammen, weil es mich irritiert, wenn jemand nicht richtig spielen kann. Aber mit Rashied war das ganz anders, und mit Andrew auch. Das gab es keine Gegnerschaft, keine Konkurrenz. Bei den meisten Drummern, mit denen ich zusammentreffe, bekomme ich das Gefühl, dass wir nicht zusammenspielen, sondern auseinander driften."

Die drei Schlagzeuger traten schließlich bei einer Konzertreihe auf, die als *Dialogue of the Drums* präsentiert wurde. Rashied Ali, der selbst Schwierigkeiten hatte, als er bei Coltrane anfing, bestätigte jedoch, dass das Selbstwertgefühl bei Schlagzeugern eine große Rolle spielt: „Drummer scheinen von Natur aus Anführer zu sein. Mit einem guten Drummer kann es eine Band sehr weit bringen. Eine Band ist eigentlich nur so gut wie ihr Drummer. ‚Dieser Drummer hat ein starkes Ego' fällt mir dabei gleich ein, aber das habe ich von so vielen Leuten gehört. Die Rhythmusgruppe ist bei einer Band die Hauptsache. Wenn die Bläser Schwierigkeiten haben, kann die Rhythmusgruppe die Sache manchmal ausbügeln. Sie kann die Unebenheiten glätten und alles wieder in Schwung bringen.

Folglich ist jeder Drummer, der es zu einigen Gigs gebracht hat, ziemlich von sich eingenommen, weil er weiß, dass er es ist, der die Band zusammenhält. Egal, was passiert, die Drummer wissen das einfach, und deshalb betrachten sie sich als einen ‚tough guy' oder als einen sagenhaften Wahnsinnstyp. Und wenn sie mit einem anderen Drummer auf die Bühne kommen, wird nicht Musik gemacht, sondern eine Schlacht ausgetragen. Gut, da wird zwar gespielt, aber sie kämpfen gegeneinander und versuchen, einander zu übertreffen und klarzustellen, wer der Allergrößte ist."

Obwohl es für Rashied Alis Selbstwertgefühl nicht gut war, dass er die Bühne mit Coltranes regulärem Schlagzeuger Elvin Jones teilen musste, war der Einsatz von zwei Drummern, den es im Lauf der Fünfzigerjahre schon bei Art Blakey, Max Roach, Charli Persip, Art Taylor, Philly Joe Jones und anderen gegeben hatte, auch für ihn nichts Neues. Damals hatten er und sein jüngerer Bruder Muhammad zuhause in Philadelphia in Anwesenheit von zwei Bassisten auf zwei Schlagzeugen zusammengespielt. Als Rashied Ali 1963 für immer nach New York kam und mit Gruppen zusammenarbeitete, die von Bill Dixon und Paul Bley geleitet wurden, hielt er sich auch zeitweilig bei Sun Ra auf, dessen Musik stets sehr perkussionsorientiert war und der damals einen zweiten Drummer einsetzte. Als er und Sunny Murray im darauf folgenden Jahr im Dom am St. Mark's Place mit Albert Ayler zusammenspielten, machte dies nach Alis Angaben auf Coltrane, der ihnen zuhörte, einen nachhaltigen Eindruck. „Er mochte diesen Sound und diesen Beat wirklich sehr. Was die Schlagzeuge da machten, half ihm bei seinen Neuerungen."

Zuvor war Ali immer wieder mal in New York gewesen. Er hatte mal gespielt, mal zugehört und im Sommer im Freien übernachtet. War er pleite, dann kehrte er nach Philadelphia zurück. Er merkte, dass die Musik in eine neue Richtung ging, und suchte nach einer Spielweise, die dazupasste. Jedes Mal, wenn er nachhause zurückkam, kritisierten ihn die einheimischen Musiker. „Sie wollten weiter so spielen wie zuvor. Und ich erzählte ihnen, wie Cecil Taylor und andere jetzt spielten."

Coltrane brachte Ali dazu, Philadelphia zu verlassen. „In den letzten beiden Jahren hörte ich auf zu spielen und war nicht mehr aktiv. Ich bekam keine Gigs mehr. Trane meinte, ich sei erwachsen geworden und über Philly hinausgewachsen. Als ich mit der freien Spielweise anfing, ließ man mich links liegen. Die Musiker und die anderen Leute konnten nicht verstehen, wieso ich meine Spielweise geändert hatte."

Im Jahr 1965 stieß er zu Coltranes Gruppe. 1966 schied Elvin Jones aus und schloss sich Duke Ellington an. Zeitweilig holte der Saxofonist den West-Coast-Drummer Ray Appleton hinzu. Bei einigen Engagements spielte Frank Butler mit, doch als die Gruppe 1966 nach Japan flog, war Ali der einzige Drummer. Coltrane fügte von Zeit zu Zeit weitere afrikanische Perkussionsinstrumente sowie Congas und Timbales hinzu. Jack DeJohnette, J. C. Moses und Muhammad Ali spielten vorübergehend mit, aber letztendlich gab Coltrane Rashied Ali den Vorzug. Der Saxofonist gab zu verstehen, Alis „multidirektionale Rhythmen" ermöglichten ihm, praktisch alles zu spielen, was er wolle. Gleichzeitig könne er sicher sein, dass das, was der Drummer gerade machte, kompatibel sei. Das war ein Kompliment und eine Verpflichtung, der Ali weiterhin nachkam. Das einzigartige Zusammenspiel der beiden ist auf der Duo-LP *Interstellar Space* zu hören, die nach Coltranes Tod veröffentlicht wurde.

Bekanntlich bekommen Schlagzeuger, die unkonzentriert und nicht vollkommen gelöst spielen, oftmals Verspannungen und Schmerzen in den Armen und Beinen. Ali bildet in dieser Hinsicht keine Ausnahme. Er sagt jedoch, wenn er mitten im Spielen sei, denke er an nichts anderes als das Schlagzeug. „Ich versuche, so viele Sounds wie möglich aus dem Instrument rauszubekommen, und wenn ich mit anderen zusammenspiele, dann versuche ich, sie dahin zu bringen, dass sie das Beste aus sich machen. Ich mache mir ihre Sache zu Eigen. Wenn ein Bläser möglichst hoch spielen will, dann spiele ich möglichst so, dass er noch höher spielen kann.

Ich tue mein Bestes, um mit meinen Mitspielern wirklich vertraut zu werden. Ich versuche, in sie hineinzuschlüpfen und so zu denken wie sie. Manchmal erreiche ich es, dass ich etwas in dem Moment, in dem der andere gerade damit anfängt, schon spiele, und zwar Note für Note. Ich versuche, viele Dinge offen zu lassen durch mein Spiel, damit der Solist jede beliebige Richtung einschlagen kann. Er kann sehr langsam spielen, wenn er will, oder schnell oder in einem mittleren Tempo. Ich bemühe mich, so zu spielen, dass er all das tun kann. Und manchmal sind wir einander so nahe, dass es sich anhört, als wären wir eine einzige Person."

Andere Methoden für ein anderes Publikum

Was gerade Mode ist, spielt auf dem Gebiet der Perkussion eine genauso große Rolle wie in anderen Bereichen. Schlagzeuger, die eher auf Wirkung bedacht sind und nicht so sehr um der Musik willen spielen – zum Beispiel Billy Cobham und Alphonze Mouzon –, sind deshalb wesentlich bekannter als die einzigartigen Perkussionisten, die in diesem Kapitel ausführlich behandelt werden. Cobham und Mouzon sind zum Rock-Jazz übergewechselt. Sie spielen die Polyrhythmen des Jazz zu einem Rock-Schlag, bringen dem Rock-Drumming so eine neue technische Qualität und verschaffen ihm Beachtung. Die anderen tüchtigen Schlagzeuger, die jetzt aktiv sind, leisten alle ihren individuellen Beitrag zur Kunst der Perkussion: Clifford Jarvis, Roger Blank, Joe Chambers, Andrew Cyrille, Art Lewis, James Black, Phillip Wilson, Beaver Harris, Norman Connors, Don Moye, Jerome Cooper, Thurman Barker, Alvin Fielder, Leonard Smith, Eric Gravatt, Lenny White, Steve McCall, Wilby Fletcher, Charles „Bobo" Shaw Jr., Rashid Sinan und der Südafrikaner Louis Moholo.

Don Moye, der seit 1970 mit dem Art Ensemble of Chicago spielt, hat sich mit *Tablas* befasst und einige Zeit mit anderen Drummern zusammengespielt. Die Fähigkeit, spezifische Rhythmen zu spielen, ist für ihn eine Frage der Technik; das tatsächliche Feeling hängt jedoch seiner Meinung nach vom Drummer ab und nicht von der Trommel. „An das normale Schlagzeug, die Congatrommeln und sonstige Trommeln kann man ähnlich herangehen, aber es kommt immer auf die individuelle Spielweise an. Um die *Tabla* oder andere Arten von

Trommeln zu meistern, muss man viel Zeit aufwenden, aber das liegt nicht daran, dass die eine Art schwieriger wäre als die andere."

Billy Cobham, der zuvor sowohl bei Horace Silver als auch beim Mahavishnu Orchestra spielte, hat so viele Anhänger, dass seine LPs an die Spitze der Charts gelangen. Im Gegensatz zum Prototyp des Rock-Drummers, der trotz der überwältigenden Effekte und der Aura der „Cleverness", die er verbreitet, eine begrenzte Dynamik hat, bemüht sich Cobham, komplizierte Patterns zu spielen. Dabei baut er jedoch unaufhörlich einen so dichten Sound auf, dass er die Effektivität seiner Polyrhythmen praktisch zunichte macht. Dennoch hat Cobham den Drummer so sehr in den Mittelpunkt gerückt, wie es seit den Tagen, als Gene Krupa im Benny-Goodman-Orchester Triumphe feierte, nicht mehr der Fall gewesen war.

Alphonze Mouzon stammt aus Charleston, South Carolina. Er hat mit McCoy Tyner, Weather Report und Larry Coryells Eleventh House zusammengearbeitet. Wenn er spielt, befinden sich die Becken in Reichweite seines Arms über seinem Kopf, fast senkrecht zum Boden. Der visuelle Effekt ist ähnlich wie bei Krupa in dem Kurzfilm *Shadow Rhapsody*. Mouzon begründet dies damit, dass die Vibrationen der Becken nicht von den Tomtoms absorbiert werden können, wenn man sie von den Trommeln fern hält. Die weit ausholenden Bewegungen, die er mit dem Arm machen muss, um von den Trommeln zu den Becken zu gelangen, müssen ziemlich anstrengend sein. 1974 war Mouzons Bestand an Tomtoms auf acht angewachsen, was ihm viel Beweglichkeit abverlangte. Ihm zuzuhören und zuzuschauen ist jedoch ein Genuss, und seine spektakuläre Technik verfehlt ihre Wirkung nicht.

1973 traten zwei Drummer zusammen in der Band von Lynda und Sonny Sharrock auf. In ihrem Spiel war der Einfluss von Sunny Murray unüberhörbar. Beide folgten jedoch der herrschenden Mode, indem sie ihre Becken im Stil von Mouzon anbrachten. Am Schluss wurde diese Mode bei einigen Rockbands dadurch ad absurdum geführt, dass die Drummer ihre Becken so hoch aufhängten, dass sie diese kaum noch erreichen konnten. Aus musikalischer Sicht gab es keinerlei Grund dafür, die Becken so zu befestigen, dass man nur noch den Rand treffen konnte.

Der ewige Rhythmus

Die Verwendung zusätzlicher Perkussionsinstrumente zur Betonung schwarzer Identität ist eine Umkehrung früherer Gegebenheiten. In der Zeit der Sklaverei war die Trommel verboten gewesen. Heutzutage verwenden die meisten Bands Handtrommeln, und die Bläser setzen außerdem eine Reihe „kleiner Instrumente" ein. Weiße Musiker haben dieses Konzept im Rock wie auch im Jazz übernommen. Man findet heute kaum eine Band, in der nicht wenigstens ein Tamburin vorhanden ist.

Inzwischen hat das Publikum begonnen, bei der Perkussion mitzumachen. Als die afrikanischen und karibischen Musiker der „Afro-Rock"-Gruppe Osibisa von einer Amerikatournee zurückkehrten, klagten sie darüber, dass das Publikum bei ihren Konzerten Tamburine und Pfeifen verwendet hatte. Manche Leute nehmen sogar Tamburine in Diskotheken mit. Wir mögen uns zwar im Zeitalter der Elektronik befinden, was die Verbreitung der Musik angeht, dennoch steht die Trommel heutzutage ganz im Mittelpunkt.

Afrikanische Instrumente sind in immer größer werdender Zahl in der Musik aufgetaucht. So macht Pharoah Sanders keine Aufnahmen ohne irgendein afrikanisches Instrument. Bei „Bailophone Dance" verwendete er das Balafon, ein afrikanisches Xylofon. Als Verstärker hat dieses Instrument resonierende Kalebassen, die unter den Holzstäben aufgehängt sind. Graves, Murray und der Bassist Malachi Favors haben mit diesem Instrument ebenfalls Aufnahmen gemacht.

Der polyrhythmische Effekt mehrerer gleichzeitig gespielter Trommeln kann sehr intensiv sein. Richtig eingesetzt, bauen sie im Hintergrund eindringliche Soundwellen auf, die das Geschehen im Vordergrund auf eine andere Ebene befördern. Fast alle Musiker verwenden jetzt diese Effekte, aber dies ist nicht immer der Fall gewesen. Mitte der Sechzigerjahre setzte der Saxofonist Robin Kenyatta in seiner Gruppe Congas, Bongos und Timbales ein, nachdem er ein Jahr in der Latin-Band Pucho and the Latin Soul Brothers gespielt hatte. „Damals wussten die Schlagzeuger nicht, wie sie damit umgehen sollten, weil sie's gewohnt waren, frei zu sein und nur für sich zu spielen", sagte er. „Viele Schlagzeuger konnten Congas, Timbales und dergleichen nicht ausstehen, aber die liegen jetzt voll im Trend und bereichern die Musik. Die meisten Schlagzeuger akzeptieren sie inzwischen. Wenn man sie verwenden will, muss man seinen Rhythmus ändern. Der swingt immer noch, aber auf eine andere Weise."

Wenn Milford Graves das Saxofon als eine Trommel bezeichnet, meint er damit zweierlei. Zum einen hat er den Eindruck, dass schwarze Saxofonisten von vornherein gehemmt sind, weil sie das Instrument als eine europäische Erfindung betrachten. Er bemüht sich deshalb vorwiegend, die melodischen Möglichkeiten zu erkunden und nicht den eigentlichen Sound und das rhythmische Potenzial. Zum anderen meint er, dass jedes von einem Schwarzen gespielte Instrument automatisch eine andere Bedeutung bekommt, ganz gleich, von wo es herstammt. Mit anderen Worten: In den Händen eines Schwarzen wird es unabhängig von der Herkunft zu einem afroamerikanischen Instrument.

Das nationalistische Konzept der Drum Culture kann sowohl bei der Untersuchung der Geschichte der Musik wie auch zur Erklärung zeitgenössischer Phänomene verwendet werden. Es gilt nicht nur für die eigentlichen Perkussionsinstrumente. Eine der frühesten beim Spielen des Kontrabasses verwendeten Techniken liefert ein Beispiel dafür. Dabei musste der Bassist mit der offenen rechten Hand auf dem Griffbrett zupfen und gleichzeitig die zu spielende Saite festhalten. Eine andere Möglichkeit war, die Saite zuerst vom Griffbrett wegzuziehen und sie dann loszulassen. Beim Auftreffen auf das Griffbrett entstand ein starkes Klatschen. Dieses „Slapping" galt in New Orleans als „Hot"-Sound, vergleichbar mit dem „Growl" der Trompete. Damit wurde die perkussive Rolle des Instruments betont. Andrew Cyrille sieht einen Zusammenhang mit der perkussiven Behandlung des Banjos (das möglicherweise das einzige aus Afrika importierte Instrument war, das in Amerika Bestand hatte) und „in mancher Hinsicht eine Analogie zum Schlagen einer vibrierenden Membran".

Daher kann das „Slapping" des Kontrabasses nicht nur mit den Sound-Patterns verglichen werden, die angeblich den afrikanischen Wurzeln der Musik sehr nahe kommen. Man kann sogar sagen, dass es direkt an die Trommel erinnert. In der Praxis setzte Sun Ra den Bass von Ronnie Boykins als eine Trommel ein, als er seine Musik auf dessen rhythmischem Pulsieren aufbaute und nicht auf dessen harmonischen Patterns. In den oft gewollt arhythmischen Explorationen des Art Ensemble of Chicago spielte der Bass von Malachi Favors in Abwesenheit eines „Drummers" eine wichtige Rolle für den Zusammenhalt.

In den Zwanzigerjahren hatte Earl Hines auf dem Piano den „Trompetenstil" entwickelt. Vierzig Jahre später wurden die perkussiven Möglichkeiten des Instruments hervorgehoben. Für manche basierte Cecil Taylors Spiel auf abendländischen Konzepten und Techniken, andere erblickten in seiner perkussiven Attacke eine Weiterführung afrikanischer Tradition. In den Siebzigerjahren gab es Pianisten, die die Tastatur als achtundachtzig gestimmte Trommeln betrachteten.

Das Vibrafon, dem Lionel Hampton und Milt Jackson seinen Platz im Jazz verschafften, war im Grunde ein Perkussionsinstrument wie das Xylofon, hatte aber trotzdem eine melodische Funktion. Im Gegensatz zu ihren Vorgängern favorisierten Vibrafonspieler wie Bobby Hutcherson und Walt Dickerson später einen härteren, metallischeren Ton. Der aus Philadelphia stammende Khan Jamal, der mit Sunny Murray und Byard Lancaster zusammengearbeitet hatte, betonte die perkussive Rolle noch stärker. Er verzichtete oft auf die ansprechenden Eigenschaften des Instruments und hob dessen rhythmische Qualitäten hervor.

Die Chicagoer Musiker in der AACM und von Sun Ras Arkestra waren die Ersten, die die perkussiven Möglichkeiten des Nicht-Drummers herausarbeiteten. In der AACM gab es genügend erfahrene Schlagzeuger, doch das Art Ensemble hatte acht Jahre lang keinen regulären Drummer. Unter Roscoe Mitchell als nominellem Leiter war Alvin Fielder der erste Drummer gewesen. Ihm folgten Leonard Smith, Phillip Wilson und (für eine einzige Schallplattenaufnahme) Robert Crowder. Keiner von ihnen war Mitglied der AACM. Wilsons Weggang war für die anderen offenbar ein Schock, doch sie entwickelten glücklicherweise ein Feeling für Gruppen-Perkussion. Als sie keinen Ersatz für Wilson finden konnten, sprang Mitchell ein und gelegentlich auch Jarman, wenn reguläres Schlagzeugspiel erforderlich war. Der Gemeinschaftsgeist der vier Musiker wird bei *People in Sorrow* deutlich, einer ihrer in Frankreich entstandenen Schallplatten. Bei dieser zeitgenössischen Sinfonie von Jarman ist eine Plattenseite fast ganz einer Erprobung der Klangfarben der Perkussion, aber nicht der Rhythmen gewidmet.

Joseph Jarman ging es jedoch um die politische Wirkung, die durch die ritualistischen Aspekte der Auftritte des Art Ensemble erzeugt wurde. In diesem Zusammenhang waren die von ihm gespielten afrikanischen Trommeln von besonderer Bedeutung. Dass ein Bläser eine Kuhglocke verwendete oder einen Gong schlug, war im Grunde nichts Neues. Dizzy Gillespie hatte seine Sidemen viele Jahre zuvor in diese Rolle gedrängt, als er den Congatrommler Chano Pozo, einen Lucumi-Kult-Drummer aus Kuba, in seine Bigband aufnahm und die afrokubanischen Rhythmen einführte. Für das Art Ensemble, das im Grunde revolutionär eingestellt war, bedeutete die Verwendung afrikanischer Perkussionsutensilien etwas anderes, als wenn eines von Gillespies Bandmitgliedern eine Kalebasse ergriff und sie schüttelte. Wenn Jarman seine mit Schnitzereien verzierten afrikanischen Trommeln schlug, waren sein Gesicht bemalt und sein Oberkörper nackt. Gillespie hatte absichtlich einen radikalen Schritt unternommen, als er der musikalischen Impulse wegen afrikanische Rhythmen aufgriff. Seine Sidemen sahen darin jedoch keine politische Relevanz. (Dies wurde von Charles Majeed Greenlee bestätigt, der 1949 zu Gillespies Posaunensatz gehörte und auch mit Archie Shepp zusammengespielt hat. „Es war einfach etwas, das man machte. Es bedeutete damals gar nichts für uns. Wir hatten nur Maraccas und Claves und wussten nichts von den afrikanischen Perkussionsutensilien.") Jarman ging jedoch einen Schritt weiter und machte durch sein Erscheinungsbild ein revolutionäres Statement.

Aus dem immer mehr um sich greifenden Einsatz der Perkussion in der afroamerikanischen Musik und aus den Konstruktionsveränderungen des Schlagzeugs lassen sich allerlei soziologische Schlüsse ziehen. Andrew Cyrille vermutet, dass das konventionelle Schlagzeug und dessen Beiwerk „dem Wunsch entsprang, die an afrikanische Trommelchöre erinnernden Polyrhythmen und Tonalitäten zu spielen", dass aber Form und Größe durch praktische Überlegungen bestimmt wurden. Von welchem Zeitpunkt an das kleine Tomtom an der Basstrommel befestigt wurde, lässt sich nicht mehr feststellen. Cyrille hält es jedoch für möglich, dass dies wegen des Platzmangels geschah, der in Städten wie New Orleans im Orchestergraben der Theater herrschte.

Wir haben uns so sehr an die handelsüblichen Versionen der Erfindungen von Schwarzen gewöhnt, die überall erhältlich sind, dass ein Anfänger einem bunt zusammengewürfelten Schlagzeug oft mit Geringschätzung begegnet. Als Sunny Murray für Jihad Aufnahmen machte, hatte er an seinem Schlagzeug verschiedene eigene Behelfskonstruktionen. Das Becken hatte eine schmiedeeiserne Halterung, und am Hi-Hat war zwischen den beiden Becken eine Drahtbefestigung. Drummer wie Ed Blackwell und Milford Graves hat es immer mit Stolz erfüllt, ihr eigenes Schlagzeug zusammenzubauen. Graves hat außerdem immer wieder darauf hingewiesen, dass es beim Schlagzeug auf den Sound ankommt und nicht auf dessen weitgehend verwestlichtes Erscheinungsbild.

Juma Sultan, der Leiter der Aboriginal Music Society, hat abendländische Rohrblattinstrumente sorgfältig auseinander genommen und sie in etwas Persönliches, etwas Afroamerikanisches verwandelt. Auf ähnliche Weise bemühen sich viele Perkussionisten, Schlagzeuge zu konstruieren, die ihrer Herkunft besser gerecht werden als die Fließbandware. Nach Meinung von Art Lewis ist bei Trommeln westlicher Art die Kompaktheit ausschlaggebend, nicht der Sound. Wie Graves und Murray möchte auch er diese Prioritäten ändern. Er hat Vorschläge für eine neue Art von Schlagzeug, möchte aber zuerst einmal dafür sorgen, dass die Schlagstöcke durch Schlägel ersetzt werden. Durch die Verwendung unterschiedlicher Schlägel, von sehr harten bis zu ganz weichen, könnte eine Vielzahl von Klängen erzielt werden.

„Ein Musiker zu sein ist in Amerika nicht sehr prestigeträchtig", sagte Elvin Jones. „Ich glaube, dass man besser angesehen ist, wenn man Automechaniker ist oder so etwas. In Afrika ist die Trommel dagegen ein wesentlicher Teil der Kultur, und sie gilt etwas bei den Leuten. Nicht nur in Afrika, auch in anderen Teilen der Welt hat man einen gewissen Status, wenn man ein Drummer ist."

Da der Schlagzeuger die Kraft ist, die auf die Musiker einwirkt, nimmt die Wertschätzung, die ihm entgegengebracht wird, in der westlichen Welt jedoch zu. „Sobald du zur Trommel greifst, denkst du an den schwarzen Mann", sagte Milford Graves. „Du denkst an Afrika und glaubst, dass das seine Kultur ist." Dass die Rolle des Perkussionisten immer wichtiger wird, hängt mit den politischen Veränderungen in der Black Community zusammen. Einst war die Trommel verboten, doch nun dominiert sie bei jeder Musikveranstaltung. Die Schmach ist getilgt.

Quellen:
1. Robert Levin, „Sunny Murray: the Continuous Cracking of Glass", in: Rivelli und Lewin (Hrsg.), *The Black Giants,* New York und Cleveland 1970.
2. Ebenda.
3. LeRoi Jones, „Apple Cores No. 6", *Down Beat,* 1966; nachgedruckt in *Black Music,* New York 1968.
4. Anmerkungen zum New York Art Quartet (Fontana 681 009 ZL).

10

Eine Familie von Rhythmen

Durch Blackwells Musik kam es dazu, dass der Rock empfänglicher wurde und die Leute das ganze Feeling zu hören kriegten. Er spielte einfach so, wie es heute jeder tut, aber er spielte nie gängige Musik. Blackwell war immer gehaltvoll.

Alvin Batiste

„Blackwell ist ein großer Individualist. Er lässt sich von keinem sagen, wie man mit dem Schlagzeug umgeht, weil er da selbst genauestens Bescheid weiß." Roger Blank zählt zu denen, die Blackwell bewundern und von ihm hingerissen sind. Seine Worte galten dem Mann, den man als einen integralen Bestandteil des Ornette-Coleman-Quartetts kennt und der für alle jungen Schlagzeuger, die nach New York kommen, immer ein Vorbild und eine Inspiration darstellt.

Der Ray-Charles-Saxofonist Leroy Cooper bestätigte diese Einschätzung. Er und Blackwell wohnten eine Zeit lang zusammen, als der Drummer in einer der Bands von Ray Charles mitspielte. „Damals gab Ray den Drummern immer Anweisungen. ‚Black' war der Einzige, bei dem er das nicht machte. Einmal sagte er Blackwell, bei der langsamen Nummer könne er pausieren. Blackwell antwortete daraufhin: ‚Quatsch, ich bin hier, um meine Trommeln zu spielen!' Das tat er dann auch, und Ray hatte seine Freude dran. Er sagte: ‚Ooh, wirklich! Los, junger Mann, spiel!'"

„Du schaust dir die Einzelteile des Schlagzeugs an und überlegst, was sie darstellen", sagte Roger Blank. „Sie bilden eine Familie von Rhythmen, aber das ist den wenigsten Drummern klar. Blackwell weiß es, und deshalb habe ich eine intuitive Beziehung zu ihm. Er arbeitet mit diesen Polyrhythmen, und genau dafür ist das Schlagzeug da. Jede Trommel soll einen bestimmten Ton repräsentieren und für einen bestimmten Rhythmus sorgen."

Dass Ed Blackwell ein extrovertierter Typ sei, könnte man wahrlich nicht behaupten. Auf der Straße könnte man ihn glatt übersehen, denn er trägt meist eine Windjacke mit Reißverschluss, ein altes Unterhemd und eine Wollmütze. Wenn er spielt, sieht es so aus, als bewegten sich nur seine Hände und seine Füße. Seine Augen verdeckt eine getönte Brille, die mit Klebeband an den Ohrmuscheln befestigt ist, damit sie ihm nicht von der Nase rutschen kann. Blackwell hält den Kopf gesenkt, stülpt die Lippen nach innen und bietet so ein Bild höchster Konzentration. Es hat den Anschein, als reichte es für Blackwell schon aus, dass Coleman anders Atem holt, um dessen Absichten erahnen zu können.

Coleman selbst schrieb im Covertext von *This is Our Music*: „Blackwell hat ein musikalisches Ohr für das Rhythmusspielen wie sonst kaum einer. Dieser Mann kann den Rhythmus so nahe an den temperierten Noten spielen, dass der Zuhörer meint, das eine ginge ins andere über."[1]

In Blackwells Leben dreht sich alles um das Schlagzeug. Wenn er nicht schläft, spielt er, bereitet Trommelübungen für seine Schüler vor oder baut irgendeinen Teil seines Schlagzeugs um. Er hat immer ein Paar Trommelstöcke bei sich, die er meist mit Klebeband umwickelt hat, um sie griffiger zu machen. Ich erinnere mich, dass ich mal mit ihm in London in einem indischen Restaurant saß und die Kellner große Augen machten, als er mit einem Filzstift Drum-Patterns auf das Tischtuch malte. Für Blackwell ist die Musik stets das Allerwichtigste.

„Man verliert so viel, wenn man seine Zeit mit etwas anderem verplempert, statt sich künstlerisch zu vervollkommnen", sagte er einmal. „Bei den Chinesen heißt es ganz zutreffend: Wenn du deine Kunst einen Tag lang vernachlässigst, wird sie dich zwei Tage lang vernachlässigen. Wenn ich mich hinsetze und keine Stöcke in der Hand habe, denke ich: Jetzt tue ich gar nichts, aber ich könnte doch wenigstens dafür sorgen, das meine Handgelenke elastischer werden. Deshalb achte ich darauf, dass ich immer Stöcke dabeihabe. Ich glaube, man kann nie genug üben. Wenn ich ’ne ganze Weile nicht gespielt habe und mich schließlich irgendjemand irgendwo spielen hört und sagt: ‚O Mann, ist das öde!‘, dann weiß ich selbst, dass es Mist war und dass viel mehr dabei herausgekommen wäre, wenn ich nicht gefaulenzt hätte."

In Blackwells Wohnung an der Lower East Side in New York hielten sich immer zahlreiche Musiker (oft andere Drummer) auf, die ihn als eine Art Guru der Perkussionskunst betrachteten. Roger Blank, der einmal mit Blackwell zusammen an einem Buch arbeitete, sagte: „Blackwell half mir sehr dabei, den Cymbal-Beat besser zu verstehen und jede einzelne Trommel richtig zur Geltung zu bringen. Er zeigte mir, wie wichtig es ist, die Trommeln zu stimmen und zu jeder einzelnen wie auch zu allen gemeinsam in Beziehung zu treten. Die vier

Gliedmaßen sind dazu da, mit den Trommeln individuell wie auch kollektiv umzugehen. Blackwell ist einer der wenigen Drummer, die das schaffen."

Blank berichtete von einem Konzert, in dem Alice Coltrane mit fünfzehn Violinen sowie mit den Saxofonisten Pharoah Sanders und Archie Shepp gespielt hatte. „Sie waren zu laut und hatten nicht mal geprobt. Es hörte sich schrecklich an. Blackwell ging hinauf und spielte mit Alice. Er machte das so leise, dass man hörte, wie die Violinen mit ihr zusammenspielten. Nur ein Klassedrummer kann das: die Sache auf die Reihe bringen, indem er ganz zart und leise spielt."

Blackwell – so nannten ihn alle, auch seine Frau – wuchs in New Orleans auf. 1949 traf er dort mit Ornette Coleman zusammen, und als sich die beiden vier Jahre später in Los Angeles wiedersahen, fingen sie an, zusammenzuspielen. Blackwell produziert immer klar definierte Rhythmen und führt dauernd mit Coleman ein Zwiegespräch. Das ist gewiss eine produktive Spielweise, doch zu Beginn kam er sich in Gesellschaft des Saxofonisten klein und mickrig vor.

„Er zeigte mir eine neue Methode, Schlagzeug zu spielen. Die kannte ich nicht, weil ich ein Anhänger von Max Roach war. Wenn ich mit Ornette zusammenkam, zeigte er mir, dass man mit dem Schlagzeug einen ganz anderen Sound entwickeln und es zum Sprechen bringen konnte und dass man es freier spielen konnte. Bevor ich nach Afrika reiste, wusste ich nicht so recht, was er damit sagen wollte. In Afrika merkte ich aber, was er damit meinte und wie man das Schlagzeug spielen sollte."

„Wenn wir zusammenkamen, sagte er: ‚Okay, jetzt nimmst du deine Stöcke, und dann schauen wir mal. Wir swingen einfach mal.' Also wenn man das zu hören bekommt, wird man sofort stutzig. Man fragt sich, was er mit ‚Swingen' meint. Ich war eine Zeit lang ziemlich verwirrt. Da sagte er: ‚Spiel doch einfach mal, ganz gleich, was du unter Swingen verstehst.' Ich fing also an zu spielen, und dann wurde mir allmählich klar, was er meinte. Er meinte damit nicht die alte Art von Swingen. Er verwendete den Begriff für eine freie Spielweise, mit der ich mein eigenes Ich zum Ausdruck bringen sollte."

Die Booker T. Washington High School in New Orleans hat mehrere herausragende Schlagzeuger hervorgebracht, so Earl Palmer, June Gardner und Blackwell. Der älteste Bruder von Edward Blackwell spielte Klavier, eine Schwester sang, und beide steppten. Als sich Edward fürs Schlagzeugspiel interessierte, ermunterte ihn seine Schwester. Dass seine Familie eine Musikerlaufbahn in einem positiven Licht sah, steht im Gegensatz zu den Erfahrungen, die andere Musiker machen mussten. Blackwell meinte dazu: „Oft denken die Familienangehörigen, dass eine feste Stelle besser wäre, zum Beispiel im Postamt oder als Fahrer bei der Müllabfuhr! Aber ich wurde mit so was nie behelligt."

Alvin Fielder, der an der Xavier University in New Orleans Pharmazie studierte, wollte sich auch weiter mit dem Schlagzeug befassen. Auf Anraten von Earl Palmer ging er zu Blackwell. In dessen Wohnung fand gerade eine Session statt. Blackwell saß hinter einer großen, mit blauer und silberner Farbe bemalten Basstrommel. Das Schlagzeug war alt, aber fachmännisch gestimmt, wie es bei Blackwell üblich war. Er spielte auf einem großen Ride Cymbal, das dicker war als alle, die Fielder je gesehen hatte. „Die meisten Becken, die ich gehört und gespielt hatte, hatten einen ,matschigen' Effekt. Blackwells Becken klang so hell und klar wie eine Glocke."

Die Musiker spielten Titel aus dem Repertoire von Charlie Parker, Miles Davis und Max Roach. Fielder saß ehrfürchtig und wie gebannt da und dachte: Dieser Typ spielt ja all die Sachen, die Max Roach spielt. Als die Session zu Ende war, fragte er Blackwell, ob er bei ihm Unterricht nehmen könne. „Ich habe genügend Zeit zur Verfügung", erwiderte Blackwell mit der ihm üblichen Bescheidenheit. Aus seiner Antwort ging auch hervor, dass er trotz seines enormen Talents wenig Arbeit finden konnte.

Von Blackwells Technik war Fielder ganz überwältigt. „Da ich aus Mississippi kam, war ich als Schlagzeugschüler automatisch im Nachteil. ,Cross-sticking', das kannte in Mississippi keiner, da gab es nur Back-Beat- und Shuffle-Drummer. Blackwell hatte einen ganz starken Einfluss auf mich, und ich übte dann auch wirklich." Durch den Unterricht bei Blackwell und auf dessen Anraten kam Fielder dazu, die Soli von Max Roach zu transkribieren. Genauso verfuhr er dann mit dem Schaffen von Art Blakey, Kenny Clarke, Philly Joe Jones, Art Taylor und Roy Haynes. Vierzehn Jahre später schloss er die Arbeit an einem Buchmanuskript ab, das sich mit deren Techniken befasst. Wieso es unveröffentlicht blieb, behält Fielder für sich. Im Fall einer Veröffentlichung will er das Buch jedoch Blackwell widmen und dafür sorgen, dass dieser die Tantiemen erhält.

Blackwell hat trotz seines außergewöhnlichen Könnens selten über längere Zeit hinweg Arbeit gehabt. Selbst zu dem Zeitpunkt, als Fielder ihn kennen lernte, „redeten alle über ihn und priesen ihn als einen sagenhaften Schlagzeuger, aber kaum jemand wollte ihn einsetzen. Wahrscheinlich hätte Blackwell in den meisten Bands den anderen die Show gestohlen. Er wäre ein Star gewesen, ohne es zu wollen. Seine Art zu spielen und seine Coolness beim Spielen, das war wirklich etwas ganz Fantastisches."

Im Jahr 1951 zog Blackwell nach Los Angeles und traf dort mit Ornette Coleman zusammen. Die beiden spielten drei Jahre lang täglich zusammen und wohnten auch im selben Haus, bis der Saxofonist heiratete. Die Vorarbeit für Colemans erste Aufnahmen wurde allem Anschein nach in jener entbehrungsreichen Zeit geleistet.

Kurz bevor Colemans Zusammenarbeit mit Don Cherry einsetzte, beschloss Blackwell, nach New Orleans zurückzukehren. Sein weiteres Schicksal blieb jedoch mit dem des Saxofonisten verknüpft. Coleman stand ihm menschlich und musikalisch sehr nahe. „Als wir zusammenlebten, merkte ich, was für ein friedliches Wesen er hat. Ich war in Kalifornien ziemlich wild, und sein Naturell färbte auf mich ab. Er übte einen starken Einfluss auf mich aus, meine Spielweise so zu verändern, wie sie heute ist. Er weiß, dass ich auf dem Schlagzeug ziemlich genau das spielen kann, was er hören möchte."

Nach der Rückkehr in seine Heimatstadt fuhr Blackwell fort, mit kleinen Gruppen Bebop zu spielen. Unter ihnen befand sich das American Jazz Quintet mit dem Saxofonisten Harold Battiste, dem Klarinettisten Alvin Batiste und dem Pianisten Ellis Marsailis. Im Sommer 1957 schloss sich Blackwell der Band von Ray Charles für eine sechswöchige Tournee an und blieb dann bis zum Jahresende bei ihr. Der aus Texas stammende Leroy Cooper führte es auf Blackwell zurück, dass in dieser Zeit eine neue Art von „Funk"-Drumming entstand: „Dabei spielte er was für Ray und dazu noch was für die anderen. Das war der Anfang von dem, was heutzutage gemacht wird. Blackwell hat damit begonnen."

Als Blackwell nach einem Urlaub nicht zurückkehrte, rief ihn Charles ständig an. „Ray mochte meine Spielweise, aber ich wollte nicht dauernd unterwegs sein, ich wollte Bebop spielen. Wer modernen Jazz hören wollte, musste dorthin gehen, wo wir spielten." Eine Gruppe dieser Art war die von Roy Montrell. Bei ihr standen der (inzwischen verstorbene) Tenorsaxofonist Nat Perrilliat und der Bassist Curtis Mitchell im Vordergrund. „Ich hörte mir Blackwell oft an", sagte James Black, der später in der Gruppe dessen Platz einnahm. „Er motivierte mich dazu, dass ich fleißig übte."

In New Orleans galt Earl Palmer als der King unter den Drummern. Als Palmer an die Westküste ging, war Charles „Hungry" Williams Blackwells schärfster Konkurrent, obwohl die beiden auf unterschiedlichen Gebieten tätig waren. Williams war der begehrteste Session-Drummer, während Blackwell nach Meinung von Mac Rebbenack (Dr. John) für die Studioarbeit „zu hip, zu jazzig"[2] gewesen sei. Folglich war Williams bei allen Plattenaufnahmen von Huey „Piano" Smith dabei, obwohl Blackwell mit dem bekannten Rhythm & Blues-Pianisten in den Bars zusammenspielte. (Entgegen den Angaben, die Rebbenack in einem *Down Beat*-Interview machte, versuchte Blackwell in New Orleans nicht, in dessen Band zu gelangen. Blackwell hat darauf verwiesen, dass es damals in New Orleans wegen der Rassentrennung noch zwei getrennte Ortsverbände der American Federation of Musicians gab.)

Um 1958 herum nahm er an mehreren R&B-Sessions teil und ging auch mit dem Trompeter Wallace Davenport und der Sängerin Blanche Thomas in die Aufnahmestudios. Er machte außerdem mit Ellis Marsailis und dessen Mentor Edward Frank Schallplatten.

„Viele Musiker, die ich so höre, haben sich nie mit Rhythm & Blues beschäftigt, und sie haben auch Größen wie Charlie Parker nie richtig zugehört. Es gibt heutzutage Musiker, die angeblich Stars sind. Sie kennen Charlie Parker nur dem Namen nach und wissen gar nicht genau, was er verkörpert. Das schadet ihrer Musik. Ihnen entgeht viel, wenn sie den Rhythm & Blues übergehen, der ja mit dem Blues zu tun hat. Ornette hat zum Beispiel ein Stück mit dem Titel ‚When Will the Blues Leave?‘."

Der Saxofonist James Rivers, der mit sechzehn erstmals auf Tournee ging, sprach davon, dass ihm andere Musiker Respekt entgegenbringen, wenn sie hören, dass er aus New Orleans stammt. Dort gibt es allerdings so viele Musiker, dass der Beruf ungefähr so normal ist wie der des Automechanikers. Der umherreisende Musiker findet jedoch mehr Beachtung, wenn er von dort stammt. „Da halten dich die Leute für was Besonderes", sagte Blackwell. „In New Orleans hatte ich aber eine ganze Anzahl Fans." In den späten Fünfzigerjahren wollte ein Teil des Publikums den New-Orleans-Jazz hören, der die Stadt berühmt gemacht hatte, ein anderer den Bebop, der damals aktuell war. Das American Jazz Quintet war ein Exponent des Bebop. Es trat regelmäßig an Wochenenden auf und hatte viele Anhänger. „Solange ich in New Orleans war, musste ich mir keine Gedanken machen, was ich spielen sollte, um über die Runden zu kommen", sagte Blackwell. „Ich konnte genau das spielen, was mir zusagte, und das war Klasse."

Coleman wollte Blackwell 1959 zu sich holen, als sein erster Aufnahmetermin für das Label Contemporary feststand. Der Schlagzeuger lehnte jedoch ab. „Ich war damals noch nicht so weit. Er setzte deshalb Billy Higgins ein und nahm ihn dann auch mit nach New York." Coleman empfahl Blackwell im folgenden Jahr John Coltrane, der gerade dabei war, ein neue Gruppe zusammenzustellen. Blackwell fand, dass es jetzt an der Zeit sei, in den Norden zu ziehen. Higgins hatte aber in der Zwischenzeit in New York Probleme mit der Arbeitserlaubnis, und Blackwell traf genau rechtzeitig ein, um in Colemans Gruppe, die im *Five Spot* spielte, dessen Nachfolge anzutreten. (Damals wurde die für New-Yorker Nachtklubs erforderliche Arbeitserlaubnis verweigert, wenn ein Vorstrafenregister existierte. Diese Praxis wurde inzwischen abgeschafft.)

Das Quartett, in dem Don Cherry Trompete spielte und Charlie Haden Bass, trat drei Monate lang im *Five Spot* auf. Dass Colemans Musik eine geteilte Reaktion hervorrief, ist bekannt. Blackwell meinte dazu: „Wenn Ornette und ich zusammenspielten, achteten die Leute mehr auf das, was ich machte, als auf das, was Ornette gerade hervorbrachte. Ich begreife aber nicht, wie sie so einen Unterschied machen und mir den Vorzug geben konnten, wo ich doch nur das spielte, was *er* spielte!" Billy Higgins äußerte sich zu dieser Situation ähnlich: „Die Leute sagten: ‚Mann, was du machst, gefällt mir, aber was *der* so macht, reizt mich gar nicht.‘ Dabei gab Ornette wirklich sein Letztes."

Nach dem Engagement im *Five Spot* ging Colemans Gruppe auf Tournee. Der Drummer arbeitete nach der Rückkehr nach New York mit Don Cherry und John Coltrane zusammen und machte ein Schallplatte mit ihnen. Die LP *The Avant Garde* kam 1960 heraus. Im folgenden Jahr spielte er eine Zeit lang mit dem Pianisten Mal Waldron und dem Bassisten Richard Davis in einer Kombo, die von dem Trompeter Booker Little und Eric Dolphy gemeinsam geleitet wurde. „Er erinnerte mich mit seiner Musik sehr an Ornette", sagte Blackwell über Dolphy. „Und Booker glich Ornette mit seinem bescheidenen Wesen."

Es folgten zwei harte Jahre, in denen es außer gelegentlichen Kaffeehaus- oder Loft-Gigs kaum Arbeit gab. Schallplattenaufnahmen gab es ebenfalls selten. 1965 fing Blackwell an, mit dem Pianisten Randy Weston zusammenzuarbeiten. Mit Weston ging er im folgenden Jahr auf eine vom US-Außenministerium organisierte Afrikatournee.

Obwohl Charles Moffett Blackwell in der Coleman-Gruppe ersetzte, blieb Blackwell die erste Wahl des Saxofonisten. Er blieb immer derjenige, an den man im Zusammenhang mit Coleman unwillkürlich denkt. Billy Higgins trat 1957 an Moffetts Stelle, als Blackwell mit Randy Weston in Marokko war. Doch sobald Blackwell wieder zurück war, bekam er den Job.

Im folgenden Jahr verbrachte der Drummer wieder mehrere Monate mit Weston und dem Bassisten Vishnu Wood in Marokko. Blackwell holte seine Frau und seine drei Kinder zu sich, erklärte aber nach einiger Zeit, er habe genug davon, immer wieder das gleiche Material zu spielen. Weston war zwar ein guter Pianist, hatte aber ein schmales Repertoire, das den Vergleich mit Colemans Vielfalt nicht aushielt. „Das Schöne am Zusammenspiel mit Ornette ist, dass es mir bei ihm nie langweilig wird. Selbst wenn dieselben Stücke immer wieder gespielt werden, geschieht es doch auf eine andere Art. Wenn man sich langweilt, ist es so, als arbeite man. Es sollte aber ein Vergnügen sein. Das Zusammenspiel mit Ornette ist genau das: ein Vergnügen."

Als Weston für das Trio schließlich nicht mehr genug Beschäftigung fand, kehrten Wood und Blackwell nach New York zurück. Der Drummer schloss sich Coleman sofort wieder an und arbeitete weiter mit ihm zusammen. 1973 musste er seine Tätigkeit jedoch wegen eines beidseitigen Nierenversagens stark einschränken. Dies kam ihm denkbar ungelegen. Er hatte sich lange mühsam durchschlagen müssen und arbeitete nun mit einem Musiker zusammen, der für seine Konzertauftritte stattliche Gagen verlangen konnte. Blackwell war außerdem seit zwei Jahren an der Wesleyan University in Middletown, Connecticut, tätig. Die Stelle hatte er auf Betreiben des Trompeters und Posaunisten Clifford Thornton erhalten, der Assistenzprofessor für afrikanische und afroamerikanische Musik war und dem es auch gelungen ist, mehrere bekannte Musiker zu Gastvorlesungen zu verpflichten.

Da Blackwell stets von denjenigen Schlagzeugern verehrt wurde, die die Zusammenarbeit mit anderen Musikern höher einschätzen als bloße technische Brillanz, lag es nahe, dass er eine Aufgabe im Black-Studies-Programm übernahm. Wenn Coleman so kontinuierlich gearbeitet hätte wie Coltrane in den Sechzigerjahren und Blackwell nicht so zurückhaltend gewesen wäre, hätte der Drummer den Bekanntheitsgrad von Elvin Jones erreichen können. Tatsache ist jedoch, dass Alphonze Mouzon und Billy Cobham die Schlagzeuger sind, die nach Jones die Aufmerksamkeit des Publikums auf sich zogen. Der überaus kompetente Cobham, dem jedoch ein wenig von der Liebe und dem Verständnis Blackwells für das Schlagzeug fehlt, stand 1974 mit seiner bei einem bedeutenden Label erschienenen LP *Spectrum* mehrere Wochen lang an der Spitze der Jazz-Charts. Zur selben Zeit bemühte sich der Saxofonist Clifford Jordan, genügend Geld aufzutreiben, um eine LP veröffentlichen zu können, die er einige Jahre zuvor für sein eigenes Label unter Blackwells Namen aufgenommen hatte.

Blackwell hatte nie gedacht, dass er einmal jede Woche mit dem Zug nach Connecticut fahren und dann zwei Tage lang Unterricht erteilen würde. Ins Lehrfach zu gehen war ihm nie eingefallen. „Vielleicht war ich einfach zu bescheiden. Ich hatte nie den Eindruck, ich sei selbst so gut, dass ich anderen das Spielen beibringen könnte. Ich dachte eher, ich müsste erst mal mehr dazulernen." Das zerfledderte Notizbuch, in dem er immer Übungen skizzierte, wurde jedoch bald durch ein imposanteres ersetzt, das er stets bei sich hatte. Die Aufschrift lautete: „Darf von Drummern und anderen wichtigen Leuten geöffnet werden." Im Jahr 1973 erhielt Blackwell ein Stipendium, das es ihm ermöglichen sollte, ein Lehrbuch für das Schlagzeug zu schreiben. Das Geld musste jedoch für medizinische Behandlungskosten verwendet werden.

Roger Blank, Dennis Charles und Billy Higgins zählen zu denen, die Blackwells Einfluss immer wieder gewürdigt haben. Art Lewis sagte, Blackwell gehöre „zu den Leuten, die ich als Drummer am meisten bewundere". Er nahm sich dessen Übungen zur Kräftigung der Hände vor. Blackwell selbst meinte, es sei doch selbstverständlich, dass unter Kollegen ein Austausch stattfinde. „Die ahnten vielleicht gar nicht, wie viel ich von ihnen profitiert habe."

Dennis Charles, der Anfang der Sechzigerjahre schwer heroinabhängig war und nur gelegentlich von Cecil Taylor oder Steve Lacy aus seiner Lethargie gerissen worden war, erzählte etwas, das Blackwells hingebungsvolle Haltung verdeutlicht: „Diejenigen, die mich für die Musik begeisterten, waren Blackwell und Billy Higgins. Wir waren damals dicke Freunde. Sie kamen damals viel rum, auch nach Harlem, wo ich damals rumhing. Nach einiger Zeit merkte ich, dass das, was sie da so machten, ihr Spiel und ihre Musik überhaupt nicht beeinträchtigte. Sie widmeten sich trotzdem jeden Tag soundso viele Stunden lang ihrem Instrument. Das war für mich eine Lektion. Ich tat das nämlich nicht. Ich habe einfach gepennt. Nach einer Weile kamen sie dann immer zu mir und nahmen mich mit. Blackwell sagte: ‚Los, steh auf, Mann.' Und dann gingen sie mit mir zu einem Aufnahmetermin, nur um mein Interesse zu wecken."

Während es in New Orleans einen regen Gedankenaustausch gegeben hatte, waren Charles und Roger Blank die einzigen Drummerkollegen, mit denen Blackwell in New York regelmäßig zum Üben zusammenkam. Blackwell sagte, die meisten hätten Starallüren, und deshalb könne man sie kaum für so etwas interessieren. „Das ist schade, weil mehr dabei rauskommt, wenn sich zwei über etwas Gedanken machen. Man kommt da viel weiter. Aber mancher denkt wohl, wenn er mit einem anderen Drummer zusammenkommt, dann klaut ihm dieser womöglich die Ideen oder die Technik. Davor habe ich nie Angst gehabt. Ich glaubte immer, ich hätte die Gabe und die Fähigkeit, mir dauernd etwas Neues einfallen zu lassen. Deshalb waren mir solche Befürchtungen fremd, aber manche Kollegen waren da ganz anders."

Der erste der drei Afrikaaufenthalte mit Randy Weston war für Blackwells Spiel und für ihn persönlich von großer Bedeutung. Während die beiden anderen Besuche auf Marokko beschränkt waren, ging die Tournee des Jahres 1966 mit einem Sextett in mehrere Länder, die überwiegend in Schwarzafrika lagen und nicht im muslimischen Norden. In Ghana, wo die Trommeln je nach Größe und Klangfarbe „Mutter", „Vater", „Sohn" und „Tochter" genannt werden, fand Blackwell sein Konzept vom Schlagzeug als „Familie von Rhythmen" bestätigt. Die Trommler, die er in Nigeria, im Senegal, in Gabun und anderswo hörte, bestärkten ihn in seinem Streben nach musikalischer Freiheit und in seinen egalitären Vorstellungen, was die Funktion des Musikers wie auch das Instrument selbst betrifft:

„Sie haben meist einen Haupttrommler, und der hat eine Pfeife. Die bläst er als Signal für einen Rhythmuswechsel. Sie spielten diese ganz strikten Rhythmen, aber es gab viel Freiheit, weil jeder einen ganz simplen Rhythmus produzierte, das Ganze aber in seiner Einfachheit doch komplex war. Und es war sehr hip. Da spielten einige eine Reihe Achtelnoten und ein anderer Sechzehntel, und wieder einer spielte vielleicht Viertelnoten-Triolen. Anders ausgedrückt: nicht genau jene Art von Rhythmen, aber den gleichen oder beinahe gleichen Groove. Und wenn man das Ganze hörte, da klopfte man unwillkürlich mit dem Fuß auf den Boden."

An der Wesleyan University wollte Blackwell den Studenten eine Vorstellung von der Freiheit vermitteln, die durch trommeln erreicht werden kann. Außerdem wollte er authentisch afrikanische Ideen in seinen Kurs einbringen. „Um das spielen zu können, was ich in Afrika gehört habe, muss der Drummer die Trommeln als ein singendes Instrument begreifen." Blackwells Fähigkeit, die Trommeln zum Singen zu bringen, ist auf zwei Doppelalben dokumentiert, die er im Oktober 1969 in Paris mit Don Cherry für das französische BYG-Label einspielte. Sie tragen die Bezeichnungen *Mu – First Part* und *Mu – Second Part* und stellen unter Beweis, was das Schlagzeug leisten kann, wenn es von einem sensiblen Künstler gespielt wird.

Durch seine außergewöhnliche Sensibilität ist Blackwell – wie Billy Higgins – der ideale Drummer für Gruppen aller Art, aber wegen seiner Zusammenarbeit mit Coleman hatten offenbar viele Musiker die Befürchtung, er werde ihnen Restriktionen auferlegen. Dies brachte Blackwell in der Zeit, als Coleman höhere Gagen verlangte, aber sehr selten spielte, erhebliche finanzielle Einbußen. Von zwei Wochen mit Thelonious Monk abgesehen, kamen 1972 mehrere Monate lang keinerlei Einladungen. „Es ist kaum zu glauben: Andere Musiker begegnen mir immer mit der festen Vorstellung, dass das, was ich mache, nicht zu dem passt, was sie machen. Ich glaube, sie denken: ‚Er spielt mit Ornette auf eine bestimmte Art zusammen, aber ich spiele eben anders, und deshalb kann es einen Konflikt geben.‘ Es kann aber gar keinen geben, weil es keine feste Spielweise gibt. Ich habe nie eine gehabt, ganz gleich, mit wem ich zusammenspiele."

Trotz seiner Genialität hat es Blackwell nie sehr weit gebracht. Das Leben war für ihn stets ein Kampf mit der Armut. Die schlimmen Verhältnisse, die in der Stadt herrschen, in der er so lange gehaust hat, sollen keinesfalls entschuldigt werden, aber ironischerweise wurde Blackwell gerade durch sie in die Lage versetzt, seine Fertigkeiten zu entwickeln. Roger Blank fasste das so zusammen: „Ein Drummer kann in New York durch die Lebensweise auf Abwege geraten. Das, was viel Zeit und Mühe erfordert, lässt er links liegen. Wenn bei einem Job das, was du leistest, schon vollauf genügt und du gutes Geld dafür bekommst, wirst du dich nicht weiter verausgaben. Aber so einer wie Blackwell bekommt nicht viele Jobs, und deshalb hat er mehr Zeit zur Verfügung. Also denkt er über seine Musik nach und betätigt sich."

Blackwell hat sich immer mit neuen Ideen beschäftigt, ganz gleich, wie die Umstände waren, in denen er sich befand. Tag für Tag kommen neue Eintragungen in sein Notizbuch, und er hat stets ein Paar Schlägel in der Tasche. Als ich ihn das erste Mal interviewte, trommelte er mit diesen Schlägeln die ganze Zeit auf seinen Oberschenkeln herum. Im September 1974 zog er mit seiner Familie in eines der Häuser, die die Wesleyan University Fakultätsmitgliedern zur Verfügung stellt. Er war weiterhin dort tätig, außerdem an der Creative Music Foundation in Woodstock. Da er aber häufig zur Dialyse gehen musste, konnte er als Schlagzeuger kaum noch auftreten. Blackwell machte jedoch mehrere Schallplattenaufnahmen und arbeitete auch mit Don Cherry und Karlhans Berger zusammen. 1976 reiste er mit Berger nach Berlin und gab dort ein Konzert. Eine Zeit lang zog er eine Transplantation in Betracht, kam aber dann doch davon ab. „Blackwell lebt, um zu spielen, und er muss spielen, um zu leben", sagte seine Frau. Ende 1976 kehrte er für kurze Zeit nach New Orleans zurück. Er nahm seine Familie mit. Dort wurde er öffentlich geehrt als ein bedeutender Sohn der Stadt. Er spielte mit Ellis Marsalis und Alvin Batiste zusammen und wurde für einen Auftritt beim New Orleans Heritage Festival verpflichtet. Verglichen mit seiner persönlichen Tragödie erschienen die Zustände, die ihn sechzehn Jahre zuvor veranlasst hatten, der Stadt den Rücken zu kehren, in einem milderen Licht.

Quellen:
1. *This is Our Music*, gespielt vom Ornette-Coleman-Quartett (London LTZ-K 15228).
2. Zitiert in: John Broven, *Walking to New Orleans*, Bexhill-on-Sea 1974.

John Coltrane, 1961

Coltranes Quartett: Jimmy Garrison, 1971 (links), Elvin Jones und McCoy Tyner, 1961 (rechts)

Ein Haarschnitt für den Bandleader (vom Bruder der Autorin beobachtet), London, 1961

Eric Dolphy, 1961   Steve Lacy, 1973

Dewey Redman und Ornette Coleman beim Newport Jazz Festival, 1971

Cecil Taylor, 1975

Sunny Murray, Edward Blackwell, Dennis Charles, New York, 1982

Andrew Cyrille, Countee Cullen Library, New York, 1976

Albert Ayler, 1966

Ayler in einer Armeeband, 9. November 1958 *Foto: Myrtle und Albert Ayler*

Earl Cross (Flügelhorn) und Roy Brooks (stehend) auf dem New York
Musicians' Festival, 1975

Khalil und Rashied Ali in Brooklyn, New York, 1971

Jimmy Lyons (rechts) unterrichtet ehemalige Drogenabhängige im Narcotics Rehabilitation Programme, New York, 1971

Ornette Coleman und Anthony Braxton, 1971

Sun Ra im *Village Gate*, New York, 1976

Ahmed Abdullah (Trompete)
und Marshall Allen (Kora) im
Village Gate, New York, 1976

Bill Dixon, Vermont, 1972

Art „Shaki" und Aura Lewis, Brooklyn, New York, 1973

Amina Myers (Piano) und Lester
Bowie, London, 1979

Geiger Leroy Jenkins mit dem
Bassisten Sirone vom Revolutionary Ensemble, New York, 1971

Rashied Ali und Frank Lowe, New York, 1972

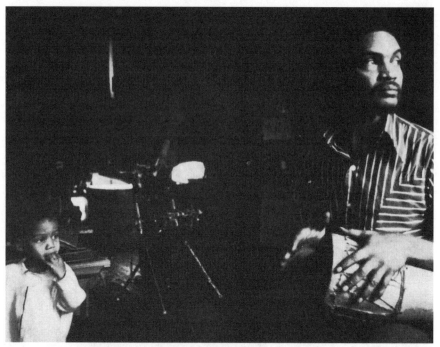

Ravi und Roger Blank, Brooklyn, New York, 1971

Marion Brown, New Haven,
Connecticut, 1971

Der wegweisende Holzbläser
Giuseppi Logan, New York, 1972

Claude Bartee und Billy Higgins jammen unter einem Foto von Malcolm X, Brooklyn, New York, 1971

Pharoah Sanders, Henry Grimes, Ed Blackwell und Don Cherry (von links) im *Five Spot,* New York, in den Sechzigern   *Foto: Raymond Ross*

Sonny und Lynda Sharrock,
New York, 1971

Bea und Sam Rivers,
im Studio Rivbea, 1972

Cal Massey, Archie Shepp und Beaver Harris diskutieren das Album *Attica Blues* mit dem Anwalt William Kunstler, New York, 1972

VIERTER TEIL

DIE ROLLE DER FRAU

Zu zweit klappt es besser

Wir warten wohl alle auf eine Darstellung der Rolle und der Funktion der Frauen in der Musik, insbesondere der schwarzen Frauen. Und zwar nicht nur als Musikerinnen, sondern auch als Großmütter, Mütter, Schwestern, Ehefrauen und Managerinnen. Als Kraft, die Unterstützung und Ermutigung gibt. Frauen haben einen wichtigen Beitrag zur Erhaltung und Förderung dieser Kultur geleistet. Wir wissen, dass deren Zahl groß war.[1]

Clifford Thornton

An einem kalten Frühjahrsmorgen machte eine junge schwarze Frau entschlossen die Tür hinter sich zu, die zu der kargen Untergeschosswohnung führte, in dem sie mit ihrem Mann, einem Musiker, wohnte. Mit ihren vier Kindern und einigen Habseligkeiten zog sie durch die schmutzigen Straßen der Lower East Side von Manhattan in Richtung Flughafen. Das war ihre erste Etappe auf dem Weg nach Ostafrika. Barbra erklärte dies so: „Ich war die ganzen Jahre in New York und kam nie über die East Fourth Street hinaus. Ich muss ein neues Leben anfangen, weil ich es nicht mehr ertragen kann, noch einmal die Tür aufzumachen, die zu jener Straße führt."

Wer bedenkt, dass die Straßen zwischen der Avenue A und der Avenue D gefährlich und mit Abfällen übersät sind, kann Barbras Entschluss verstehen. Hätte eine schwarze Frau so etwas zehn Jahre zuvor gesagt, dann hätte dies nicht weiter überrascht. Die traditionellen Einstellungen erläuterte eine andere Frau, die zwar selbst weiß, aber mit einem der großen schwarzen Bassisten verheiratet ist: „Der Sister war der Jazz bis vor kurzem völlig gleichgültig. Sie wusste, dass ein schwarzer Jazzmusiker nie Geld verdienen und vorankommen würde, dass sie vom ihm niemals die Zuwendung und die rücksichtsvolle Behandlung bekommen würde, die sie von einem schwarzen Ehemann erwartet. Sie ist zwar das Familienoberhaupt, aber ihre Werte sind die Werte derer, die hierzulande das Establishment bilden: ein schönes Haus und ein großes Auto haben und nach außen hin Eindruck machen."

Das war jedoch in den Jahren nach 1970, nach Malcolm X und nachdem Stokely Carmichael die Frauen informiert hatte, dass sie in der Bewegung gebraucht wurden. Auch nachdem der schwarzen Frau bewusst geworden war, wie wichtig es – für die Selbstachtung des Mannes – war, dass sie die privilegierte Rolle ablehnte, die sie angeblich als weibliches Wesen in der weißen Gesellschaft hatte. Obwohl es genügend Belege gibt,[2] dass die schwarze Frau genauso ausgebeutet wird wie der schwarze Mann oder sogar noch mehr, ist sie starkem Druck ausgesetzt, den Mann zu unterstützen, ganz gleich, ob er für den Lebensunterhalt sorgt oder nicht. Fontella Bass meinte: „Sie muss von ihrem Podest runter und sagen: ‚Er ist ein Mann, er ist mein Mann‘, auch wenn er manchmal nicht wie ein Mann behandelt wird."[3] Im Zusammenhang mit dem Status der Frau sprach Eldridge Cleaver von deren „Pussy-Power". Die Black Panther Party modifizierte später ihren Standpunkt und rückte von derartigem Chauvinismus ab, indem sie Frauen als „unsere andere Hälfte" bezeichnete. „Wir sagen, dass eine schwarze Frau in erster Linie die Fähigkeit haben muss, ihren Mann zu inspirieren. Darüber hinaus muss sie in der Lage sein, unsere Kinder zu unterweisen und einen Beitrag zur sozialen Entwicklung der schwarzen Nation zu leisten", hat Imamu Baraka geschrieben.[4] Dass Barbra ihren ums Überleben kämpfenden Mann im Stich ließ, war also – zumindest aus ideologischer Sicht – nicht in Ordnung.

Shirley Brown (Name geändert) ist Malerin, hat aber oft einen Bürojob ausgeübt, um ihren Ehemann Raymond zu unterstützen, wenn dieser als Schlagzeuger keine Arbeit finden konnte. Sie meint: „Ich will nicht behaupten, dass die vielen Tussis im Women's Liberation Movement Unrecht haben, aber ich muss mich als schwarze Frau sehen mit einem schwarzen Mann, der keinen so guten Job hat wie diese Tussis. Es wäre doch ein Witz, wenn ich mich hinstelle und den Posten des Präsidenten von General Motors verlangen würde, wenn mein eigener Mann nicht mal einen Job als Schmiermaxe kriegen kann."

Da im Musikgeschäft andere Regeln gelten und ein aufstrebender Musiker stets abrufbereit sein muss, kam es Carmen Lowe, selbst Künstlerin, einfacher vor, tagsüber einer Beschäftigung nachzugehen und so ihr beiderseitiges kreatives Schaffen zu ermöglichen. „Wenn ein Gig in Aussicht steht, kann Frank nicht sagen: ‚Ich bin ab dreizehn Uhr frei, können wir dann mit den Proben anfangen?‘ Das meiste, was er macht, läuft ganz spontan. Er muss verfügbar sein. Wenn einer ohne jede Unterstützung dasteht, kann das sehr schwierig sein." Carmen Lowe betonte, dass sie die Entscheidung, einer Büroarbeit nachzugehen, ganz allein getroffen habe. „Da wurde nicht drüber diskutiert, da hieß es nicht: ‚Carmen, geh du arbeiten, und Frank macht Musik.‘ Ich wollte das so haben. Ich bin sicher, wenn er einen Job als Tellerwäscher haben möchte, würde er sich einen suchen. Aber seine Musik ist ihm wichtiger. Wieso sollte er Tellerwäscher werden, wenn er die Qualifikationen, die Erfahrung und die Fähigkeiten hat, um Musiker sein zu können? Wieso sollte er das auf sich nehmen?"

Die Einführung eines umfassenden Sozialhilfeprogramms hat in den USA angeblich dazu geführt, dass eine Anzahl Musiker ohne die Unterstützung einer Partnerin existieren kann. Seit der Jazz keine populäre Musik mehr darstellt, verlassen sich jedoch männliche Musiker, die noch keinen Namen haben, im Allgemeinen darauf, dass sie von ihrer Ehefrau oder Lebensgefährtin finanziell unterstützt werden. „Wenn man sich nicht den Kopf zerbrechen muss, wo das Geld herkommen soll, fällt es einem viel leichter, morgens aufzustehen und nur an die Musik zu denken", meinte Earl Cross in diesem Zusammenhang. „Ich könnte jetzt mein Instrument in die Hand nehmen und einen Haufen Noten spielen, ohne groß nachzudenken, aber wenn ich den Kopf frei hätte, dann könnte ich wirklich was Schöpferisches hervorbringen."

Milford Graves gehört zu denen, die eine Ausnahme darstellen. Als er ein medizinisches Labor betrieb, tat er das, weil er sich für Medizin genauso interessiert wie für Musik. Viele von denen, die bekannte Namen tragen, hätten jedoch ohne ihre berufstätigen Frauen große Probleme. „Die meisten älteren Musiker hatten eine schwer arbeitende Frau, die zu ihnen hielt", sagte eine der Betroffenen. „Ich glaube, viele von ihnen hatten weiße Frauen, weil sich die Sister nicht mit einem Mann abgibt, der kein Geld nachhause bringt. Ein junger Mann, der noch ziemlich neu ist im Musikgeschäft, hat mir erzählt, eine weiße Frau könne man zu allem bringen, aber eine Sister sei nicht unter Kontrolle zu kriegen. Bei jüngeren Männern gibt es jedoch heutzutage den Trend, dass man aus politischen Gründen eine schwarze Frau haben sollte."

Seit es den schwarzen Nationalismus gibt, haben einige Künstler tatsächlich ihre weißen Ehefrauen und ihre Kinder verlassen, um mit einer schwarzen Frau zusammenzuwohnen. Dass ein bestimmter Mann, der sich mit seinen radikalen politischen Ansichten besonders hervorgetan hat, selten mit seiner Frau zu sehen ist, kommentierte die Ehefrau eines seiner engsten Freunde wie folgt: „Vielleicht liegt ihm nicht viel daran, dass bekannt wird, dass sie eine Weiße ist. Er denkt wohl, sie könnte seinem Ansehen schaden." Andererseits verließ ein Mann in Chicago seine schwarze Ehefrau und seine Kinder und ging nach New York, um dort mit einer weißen Frau zusammenzuleben, die in der Lage war, ihn zu unterstützen, solange er als Musiker noch keinen festen Boden unter den Füßen hatte. Als er sich schließlich bewusst wurde, wie ungerecht es war, dass die Frau den Lebensunterhalt bestreiten musste, stellte er seine künstlerischen Ziele zurück und dachte in erster Linie ans Geldverdienen.

Von politischen Überlegungen abgesehen, gab es in der Subkultur schon immer die Tendenz, Musiker abzulehnen, denen Frau und Kinder wichtiger waren als ihre Musik. Die Gruppe ist häufig ein Ersatz für die konventionelle Familie, insbesondere dann, wenn es wenig Arbeit gibt und die Musiker oft zusammenkommen, um miteinander zu spielen und einen Gemeinschaftsgeist zu entwickeln. „Du findest dieselbe Zuneigung wie in einer Familie und kannst dich wirklich aussprechen", sagte Sirone, der dies beim Revolutionary Ensemble fast täglich erlebte. Ein bestimmter Familienvater blieb zuhause, während seine Frau einer Arbeit nachging. Er kümmerte sich dort um das Baby. Der Mann merkte bald, dass er nicht mehr so oft zu Proben erscheinen konnte, wie seine Mitspieler es verlangten. „Das passte nicht mehr so richtig zusammen", sagte er. „Vieles, was ich gemacht habe, war für die Gruppe nicht gut: tagsüber einer Arbeit nachgehen, eine Familie gründen oder bestimmte Gigs übernehmen. Die anderen wollten jeden Tag zu einer bestimmten Zeit üben, aber sie mussten sich dann nach meinem Zeitplan richten. Sie mussten keiner Arbeit nachgehen, weil ihre Frauen für sie sorgten. Sie konnten sich ganz der Musik widmen. Die gemeinsame Liebe zur Musik hätte das Verbindende sein müssen. Die persönlichen Dinge spielen aber eine sehr große Rolle. Mir kamen sie nicht so wichtig vor."

Dieser Mann war vermutlich nicht auf dem Niveau seiner Kollegen. Wäre er wirklich ein Könner gewesen, dann hätte er es nicht zugelassen, dass sein Privatleben dazwischenkam und die Solidarität der Gruppe gefährdete. Nachdem man einen Ersatz für ihn gefunden hatte, bemerkte einer seiner früheren Kollegen: „Ein Künstler zu sein, Musik zu spielen ist schon ein schweres Los. Da muss man viele Opfer bringen, zum Beispiel, was die Familie angeht. Es ist nicht so, dass man keine haben möchte, aber wenn es um Musik geht, muss diese an die erste Stelle gesetzt werden, und alles andere ist dann zweitrangig. Wenn ein Mann eine Beziehung zu einer Frau hat, gibt es einen Konflikt zwischen der Liebe zu ihr und der Liebe zu seinem Instrument. Das passiert vielen. Es ist eine der Fallen, in die man geraten kann. Im Grunde ist man ein Ausgestoßener. Man weiß nur, dass die Musik gespielt werden muss und dass man in Form bleiben muss, um sie spielen zu können. Alles, was es sonst noch zu tun gibt im täglichen Leben, ist eine Zeitverschwendung."

Ein anderer Mann, ein Drummer, fasste die verbreitete Einstellung so zusammen: „Für manche Musiker wäre es nervend, wenn ihre Frau sich von ihnen trennte. Man muss jedoch bedenken, dass die Musik an erster Stelle steht und eine Frau dahinter rangiert. Man gibt nicht die Musik auf wegen einer Frau. Man könnte eher eine Frau wegen der Musik aufgeben."

Wenn diejenigen, die einen derart rigorosen Standpunkt einnehmen, viel Zeit und Mühe auf ihre Musik verwenden und dann doch kein Engagement bekommen, kann Folgendes passieren: Ihre Frustration kann leicht dazu führen, dass sie bei Alkohol, Rauschmitteln oder exzessivem Sex Zuflucht suchen. „Ich glaube, dass den meisten Musikern etwas fehlt, wenn sie keine Familie gründen können", meinte einer. Um dies zu kompensieren, legen viele Musiker ein Macho-

Gebaren an den Tag. Sie ergehen sich in „Hanging-out"-Ritualen und pflegen ihre Kameradschaft. Ted Daniel sagte dazu: „Wenn du ein Problem hast, treibst du dich jeden Tag rum und versuchst, bei deinen Freunden als großer Macker dazustehen. Das ganze Gehabe mit dem Handflächen-Zusammenklatschen und so weiter bringt aber auch nicht viel. Nach einer Weile bedeutet es gar nichts mehr."

Frank Lowe sagte: „Einen Menschen zu haben, der dich versteht, ist so wichtig wie dein Rückgrat. Wenn du in mieser Laune nachhause kommst, weil man dich nicht hat einsteigen lassen oder weil sonst was schief gelaufen ist, dann hast du ein Ventil. Dann staut sich das nicht tagelang in dir auf und raubt dir womöglich den Verstand."

„Etwa drei Monate im Jahr möchte ich mich mit meinen Kindern abgeben oder einfach mit meiner Frau zusammen sein, und danach möchte ich mich drei Monate lang gründlich vorbereiten, damit ich ein Konzert geben kann. Aber wieso sollte ich von meiner Frau weggehen? Schwarze Musiker sind manchmal wie Zigeuner, sie ziehen umher und haben nur einen Koffer bei sich. Aber es gibt auch andere, die ertragen es einfach nicht, wenn sie immer wieder von ihrer Familie getrennt sind."

Obwohl es offenbar Männer gibt, die lieber allein leben, ganz ohne familiäre Bindungen, hält es eine ebenso große Zahl von Männern für wichtig, von einer Frau spirituelle und finanzielle Unterstützung zu bekommen. „Das ist wirklich zutreffend", sagte eine Ehefrau. „Ich glaube, wir spielen eine Mutterrolle. Wir sind ihre Stütze, ihre Rettung. Bei uns können sie abladen, was sie bedrückt, aber sie können auch ihre guten Gefühle rauslassen."

Als Albert Ayler frustriert war, weil seine Musik nicht genügend gewürdigt wurde, und er davon überzeugt war, dass man ihn ausbeutete, übte Mary Maria einen positiven Einfluss auf ihn aus und förderte seine Kreativität. Sie waren auf zwischenmenschlichem wie auch auf musikalischem Gebiet Partner. „Ich möchte annehmen, dass ich eine Kraft war, die ihn auch dann inspirierte, wenn er nur meditieren wollte", sagte sie.

Als Edward Blackwell 1958 mit Frances die Ehe schloss, mussten sie in New Orleans einige Tage im Gefängnis verbringen. Da er schwarzer und seine Frau weißer Hautfarbe ist, hatten sie gegen ein Gesetz verstoßen, das in Louisiana damals noch gemischtrassige Ehen untersagte. Ihr Fall machte in der Lokalpresse Schlagzeilen, aber sie blieben dennoch zusammen. „Frauen sind für Musiker sehr wichtig", sagte Blackwell. „Ich glaube, ich wäre ohne eine Frau durchgekommen, aber ich bezweifle, ob ich genügend inneren Frieden gefunden hätte nach dem Spielen. Was die Musik betrifft, wäre ich klargekommen. Aber nachher, wenn man nachhause kommt, ist es immer schön, wenn man jemanden hat, der einen erwartet."

„Zwei zweit klappt es besser", meint Sirone. „Eine Person muss etwas zum Ausdruck bringen können, und die andere muss zuhören können. Wenn man niemanden hat, mit dem reden kann, der einem zuhören kann, ist das sehr nervenaufreibend."

Eine Anzahl Musikerfrauen kümmert sich um die Angelegenheiten des Ehemanns. Die Frauen bemühen sich um Engagements, erledigen die Post, kümmern sich um die Steuererklärung, sammeln Presseveröffentlichungen und helfen ihren Männern bei Bewerbungen um Stipendien. Darüber hinaus ermutigen sie sie dazu, selbst in ihren düstersten Momenten schöpferisch tätig zu sein. Dass eine Frau zu einem Gig mitkommt oder bei einer Probe zuhört, geht jedoch den meisten Musikern zu weit. Das sind die Zeiten, in denen sie sich in ihrer Männerrunde entspannen wollen. Raymond Browns Frau stellt hier eine Ausnahme dar. Brown sagte: „Mir gefällt es, wenn meine Frau bei einem Gig dabei ist. Da frage ich sie: ‚Wie war's denn, Baby?' Und sie sagt dann vielleicht: ‚Na ja, heute Abend warst du nicht so besonders stark.' Diese Art Kritik ist sehr wichtig. Man lebt nicht für sich allein, man braucht jemanden."

Die armselige Existenz des Künstlers war Shirley Brown als Malerin nicht unbekannt. Sie traf mit Raymond zusammen, als sie von befreundeten Künstlern und Schriftstellern zu einem Loft mitgenommen wurde. Shirley hatte noch nie einen Loft gesehen, in dem tatsächlich jemand wohnte. „Raymond probte gerade. Wir fingen einfach an zu quatschen und kamen einander näher. Wie es ihm finanziell erging, war mir sofort klar. Aber man ist eben nur so arm, wie man sich fühlt. Wenn man will, kann man aus allem etwas machen. Man kann improvisieren. Man kann Sachen aufklauben und herrichten und damit eine Wohnung einrichten, die schicker aussieht als eine, in die jemand zwanzigtausend Dollar investiert hat. Da ich aus armen Verhältnissen stamme und das sowieso mein ganzes Leben lang gemacht habe und Musiker gewöhnt war, konnte ich mich darauf einlassen, ohne einen Moment zu zögern. Ich wusste, die Sache könnte klappen, man musste nur den Willen aufbringen. Es gibt viele Leute – sogar ich gehöre manchmal zu ihnen –, die glauben, wenn man ein Album veröffentlicht hat, wenn man ein paar Mal im Fernsehen aufgetaucht und im Radio interviewt worden ist, dann verdiene man einen Haufen Geld. Ich habe jedoch festgestellt, dass man da vielleicht einen Monat lang jede Menge Knete hat, aber im Monat drauf ist man genauso übel dran wie alle anderen auch. Aber deswegen wird man nicht schief angesehen. Es ist allgemein bekannt, dass ein Musiker kein regelmäßiges Einkommen hat. Ganz gleich, wie viel du diesen Monat verdienst, im nächsten bist du vielleicht wieder ganz arm dran – wenn du nichts dagegen unternimmst."

Shirley Brown ist in einer besseren Lage als manche anderen Musikerfrauen. Sie muss sich zwar um die beiden Kinder kümmern, findet jedoch immer noch genügend Zeit zum Zeichnen und Malen. Einer anderen Frau, die jetzt von ihrem Mann getrennt lebt und ebenfalls eine talentierte Malerin ist, war es nicht so gut ergangen. „Ich war mir immer im Klaren darüber, dass bei uns nur *ein* Genie Platz hat und dass es meine Aufgabe war, für Ruhe zu sorgen", sagte sie. „Ich meinte immer, er brauche viel Ruhe und müsse beschützt werden vor den Blutsaugern, die ihn umgaben, vor den Leuten, die nicht spielen konnten und ihn nur belästigten."

Mit einem Musiker verheiratet zu sein ist gewiss eine der schwierigsten Aufgaben für eine Frau. Sie muss stark sein, damit sie mit dem unregelmäßigen Einkommen und den Anforderungen fertig wird, denen ihr Mann als Musiker ausgesetzt ist. Aber sie darf sich ihm nicht aufdrängen und ihm laufend unerbetene Ratschläge geben. Den meisten Musikern gefallen solche „Einmischungen" gar nicht. Diese werden oft als Hauptgrund für das Scheitern einer Ehe bezeichnet. Manche Frauen haben eine romantische Vorstellung von der Musik: „Eines Tages wird er reich und berühmt sein", meinen sie. Andere üben einen Einfluss aus, der in Musikerkreisen als destruktiv angesehen wird. Sie ermuntern die Männer, die Musik aufzugeben und einer geregelten Arbeit nachzugehen, damit ein besserer Lebensstandard erreicht werden kann. Ein Mann dachte an die guten Drummer zurück, die in seiner Jugend in seiner Heimatstadt zu hören waren, und schilderte das weitere Schicksal eines bestimmten Schlagzeugers: „Nach einiger Zeit sorgte seine Frau dafür, dass er damit aufhörte, und dann ging es bergab mit ihm." Wie sich herausstellte, hat der Betreffende jetzt eine hervorragende Stelle als Flugzeugbauer. Die Haltung des Informanten macht jedoch deutlich, dass es zwischen der Musik und den persönlichen Beziehungen ein Spannungsverhältnis gibt.

Eine derartige Einflussnahme wird nicht von allen negativ bewertet. Nachdem er selbst fast zwanzig Jahre lang mit einer namhaften Band unterwegs gewesen war, meinte ein Saxofonist, viele Musiker reisten nur deswegen umher, weil sie den misslichen häuslichen Verhältnissen entrinnen wollten oder weil sie die richtige Partnerin nicht hatten finden können. Wenn ein umherreisender Musiker „die Richtige" gefunden habe, bleibe er meist an Ort und Stelle. „Wenn ein Typ einen Hausstand gründet, schiebt er das meist auf die Frau, aber in Wirklichkeit hat er sich ja ganz gern darauf eingelassen."

Die Jazzwelt hat immer eine große Anzahl Frauen angezogen, die sich für jemanden aufopfern möchten. Früher waren das meist weiße Frauen, die von der Aura angetan waren, die „ihren" Künstler umgab, aber diese Situation hat sich zusammen mit der Musik geändert. Carmen Lowe führt dies auf die neue Einstellung zurück, die mit der New Music einhergeht. „Zu Zeiten von Bird hielten sich die Frauen im Hintergrund auf, weil das damals so üblich war. Den meisten Frauen fehlte es an Eigenständigkeit. Sie waren mehr oder weniger Vorzeigeobjekte und hatten zur Stelle zu sein, wenn der Mann sie brauchte."

„Wenn ich solchen Tanten begegne, weiß ich gar nicht, was ich mit ihnen reden soll", sagte Shirley Brown. „Ich kann ihnen doch nicht raten, sie sollten sich lieber ein Hobby zulegen. Wenn du etwas dein ganzes Leben lang getan hast oder in etwas hineingewachsen bist, dann findest du das gut und wirst es weiterhin tun, selbst wenn dich Leute bedrängen, damit aufzuhören. Aber wenn jemand nur für eine andere Person lebt, dann ist das schlecht, dann ist das tragisch. Wenn diese Person stirbt oder sonst etwas passiert, was bleibt dann noch? Die Ehe bedeutet nach meinem Verständnis, dass sich zwei Menschen verstehen und lernen, miteinander zu leben, und dass sie eventuell Kinder großziehen. Aber jeder von beiden ist eine eigenständige Persönlichkeit. Andererseits kann ich aber nicht einfach mit meinen farbbekleckerten Hosen losziehen und im Village rumhängen, wenn ich eine Familie zu versorgen habe."

Das Musikleben, das sich nachts in einer Umgebung abspielt, in der die Leute Entspannung und Geselligkeit suchen, hat immer Männer angezogen, die dort sexuelle Eroberungen machen wollen. Ein Musiker hat zweifellos mehr Gelegenheiten als die meisten Männer in anderen Berufen, mit Frauen zusammenzutreffen und sie näher kennen zu lernen. Ein alter Posaunist meinte, das Spielen mache ihm zwar keinen großen Spaß mehr, aber das Drumherum schon: „Wenn du da draußen stehst und immer wieder neue Mädchen zu Gesicht bekommst, das bringt's!" Das Image des Musikers ist jedoch nicht immer eine Garantie für schnelle Erfolge. Als Earl Cross beim Militär war, spielte die Musik eine untergeordnete Rolle in seinem Leben. „Wer keinen Job auf dem Armeestützpunkt hatte und drei- oder vierhundert Dollar die Woche verdiente, war ein Nichts. Kein Mensch wollte etwas mit ihm zu tun haben. Einmal bin ich einem Mädchen begegnet, das dann anfing, mit mir zu flirten. Aber als ich nach meinem Trompetenetui griff, bekam ich zu hören: ‚Mein Gott, das ist ja ein Instrumentenköfferchen! Da läuft aber nichts zwischen uns!' Mir blieb nichts anderes übrig, als zu verschwinden. Es war mir sehr peinlich."

Der Umgang mit einem Künstler oder einem „echten Musiker" sei wie der Umgang mit einem Medizinmann, sagte ein Drummer. „Ich kenne viele Musiker, die 'ne Menge Frauen hatten. Man muss 'ne Menge haben, weil eine nicht befriedigt. Aber es ist nicht so, dass diese Musiker 'ne Menge Freundinnen haben, das ist immer nur für eine Nacht. Ich möchte nicht behaupten, dass Sex beim Spielen die hauptsächliche Antriebskraft ist. Wenn es zum ultimativen Zustand der Musik kommt, wirst du mit der Musik eins und die Musik mit dir. Es hat also nichts mit Sex zu tun. Sex spielt dann eine Rolle, wenn du so in der Musik drin bist und die Musik so sehr ein Teil von dir ist, dass du das Feeling auf jemanden projizieren kannst. Meist ist es ein Mann, der das da oben tut, und drunten ist eine Frau, und die spürt, dass sie das haben muss. Was er projiziert, kommt von anderswo her, aber es wird durch ihn auf die Frau übertragen. Sie spürt, dass der Geist stark ist, aber sie kann das nicht am Ursprung erfassen. Deswegen muss sie die Person zu sich holen, durch die das kommt!"

Der Mythos von der Sexualität des schwarzen Mannes ist oft von den Musikern verbreitet worden, die durch ihre Tätigkeit mit weißen Frauen in Kontakt kamen. Sie haben von diesem Mythos in finanzieller und erotischer Hinsicht profitiert. Aber nicht nur die Frauen haben allmählich erkannt, wie nachteilig es ist, wenn sie lediglich ein Lustobjekt darstellen. Dem schwarzen Mann ist klar geworden, dass auch er ausgebeutet wird, wenn Sex im Überlebenskampf zur Ware gemacht wird. „Es sieht so aus, als hätten die Musiker ebenfalls ein Problem", sagte eine Frau. „Sie sind im Grunde Objekte und werden als Schwarze auch als solche angesehen. Ich glaube, sie machen sich das zunutze. Der schwarze Weiberhengst, das ist ein Teil ihrer Geschichte. Das ist für sie eine Möglichkeit gewesen, sich durchzuschlagen, und das haben sie eigentlich nicht aufgegeben."

Die Beziehung zwischen schwarzen Männern und weißen Frauen hat natürlich etwas Besonderes an sich. Eine Frau, die eine solche Beziehung erlebt hat, verglich sie mit der Bewusstseinserweiterung, die in der feministischen Revolution propagiert wurde. „Die weiße Amerikanerin, die mit einem schwarzen Musiker liiert ist, hat das Wertesystem des weißen Mannes verworfen. Die Welt der Schwarzen gibt ihr mehr als die Welt der Weißen. Wenn du das erlebt hast, wirst du's nie vergessen. Du betrachtest die Dinge aus dem Blickwinkel der Schwarzen." Für eine andere Frau, die ihrem Mann befremdet gegenübersteht, bringt dies jedoch viel Negatives mit sich. „Ich glaube, ich habe viel von seiner Abneigung gegen Weiße abbekommen. Er hat es mich spüren lassen. Nicht als Person, sondern als weiße Frau verkörperte ich für ihn vieles. Wir redeten auch darüber, dass er vielleicht mit einer schwarzen Frau zusammenleben sollte, dass das besser für ihn wäre."

Es gibt weiße wie auch schwarze Frauen, die mit psychisch gestörten Musikern nicht mehr zurechtkommen. (Wegen der Situation der schwarzen Künstler in Amerika gibt es viele solcher Fälle.) Diese Frauen sind zwar in der Jazzszene, gehören aber nie ganz zu ihr. Eine Frau, die sich von ihrem paranoiden Ehemann um ihrer eigenen geistigen Gesundheit willen trennen musste, meinte dazu, in einer Beziehung zu einem schwarzen Musiker stehe es einer weißen Frau frei, zu gehen, sofern sie das schaffe. „Wenn sie sich verdrückt, wie ich das gemacht habe, ist sie für die Brothers einfach eine Unperson. Sie kennen sie zwar noch und mögen sie auch, aber sie existiert für sie nur im Hinblick auf ‚ihren' Musiker, aber nicht als Individuum."

Für einen Vertreter der älteren Generation wie den Trompeter Cootie Williams hatte die Musik als solche immer etwas mit Frauen zu tun. „Alle großen Jazzmusiker, jeder von ihnen, haben im Lauf ihres Lebens viele Liebschaften gehabt. Das liest man zwar nicht in Büchern, aber die Mädchen gehören einfach zum Jazz. Sie lösen im Kopf etwas aus, das einen dazu bringt, Jazz zu produzieren." Später beschäftigten sich die Musiker jedoch mit anderen Aspekten des Lebens und analysierten die Situation ein wenig anders.

Ornette Coleman hat beispielsweise gesagt, das Sexualleben der Musiker sei gestört und nehme einen Großteil ihrer Energie in Anspruch. Lynda Sharrock, die als Sängerin mit ihrem Gitarre spielenden Mann auftritt, ist der Meinung, dass die Musiker durch die ungewöhnlich breite Palette sexueller Betätigungsmöglichkeiten in eine besondere Situation geraten. „Für einen Musiker gehört es dazu, dass er alle Wünsche erfüllt bekommt, wie es sonst wohl nur bei einem König der Fall ist. Bei Musikern gibt es viel Außergewöhnliches, und diese Aura wird ein Teil von ihnen. Sie kommen dann dazu, dass sie sich von weißen Damen aushalten lassen. Die Art und Weise, wie sie ihre Frauen behandeln, ist ein weiteres Beispiel für ihren Mangel an Respekt, der darauf zurückzuführen ist, dass sie keine Selbstachtung haben. Wer sich selbst nicht akzeptieren kann, kann auch keine Frau akzeptieren – ganz gleich, was für eine Hautfarbe sie hat. Aber schon gar keine weiße Frau, wenn es sich um einen Schwarzen handelt."

Aus ihrem „Weiberhengst"-Image haben amerikanische Musiker insbesondere in Europa Kapital geschlagen. Von den zahlreichen Musikern, die Ende der Sechzigerjahre Jahre nach Frankreich strömten und sich um Jobs und Publicity bemühten, hätte kaum einer sein Ziel erreicht ohne die Unterstützung durch Frauen. Einer von ihnen beschrieb den typischen Tagesablauf im Leben eines Musikers: „In Paris sitzt man einfach den ganzen Tag in den Cafés und macht es sich gemütlich. Dann geht man mit den Kollegen ins *Le Chat* und hängt dort die ganze Nacht rum. Schließlich geht man wieder zu den Frauen und dann zurück in die Cafés. Dort kommt jeder zurecht, wenn er's nur richtig anstellt. Die Frauen sorgen schon dafür, dass man durchkommt. Die Französinnen tun alles für einen.

Wenn man eine so große Liebe zur Musik hat, denkt man nicht lange darüber nach, ob das moralisch oder ethisch in Ordnung ist. Ich bin ganz gern für mich, aber wenn man unbedingt spielen möchte, ist es einem egal, wie man das anstellt. Eine Mahlzeit am Tag und eine Unterkunft ist alles, was man braucht – solange man nur spielen und seiner Sache nachgehen kann."

Der Musiker sprach ungewöhnlich freimütig über dieses Thema, aber die Überlebensstrategie, die er schilderte, findet nicht überall Zustimmung. „Bei uns gibt es einige, die von einer Dame zur nächsten gehen, aber das gibt es ja in allen Lebensbereichen", sagte Ted Daniel. „Ich selbst bin der Musik verpflichtet. Ich möchte nicht auf Abwege geraten und mich wie ein Zuhälter aufführen. Denn so ist das ja beinahe. Natürlich braucht man jemanden, das ist klar, aber nicht eine, die einen aushält. Das billige ich nicht. Das halte ich für keine gute Idee. Es bedeutet, dass man jemanden ausnützt, und das ist nicht in Ordnung."

Musiker haben auch unterschiedliche Einstellungen, was die Verantwortung der Familie gegenüber betrifft. Sunny Murray musste 1961 nach seinem Europaaufenthalt mit Albert Ayler auf einem Truppentransporter in die USA zurückfahren, weil er das bisschen Gage, das er verdient hatte, seiner Frau geschickt hatte. Fünf Jahre danach wohnte er in Paris und kam etwas besser voran. Die meisten seiner Kollegen waren allein stehend. Doch sobald Murray ein paar Aufnahmetermine bekommen hatte, ließ er seine Frau und seine beiden Kinder zu sich kommen und brachte sie in einer sehr bescheidenen, aber zweckmäßig eingerichteten Arbeiterwohnung unter. Wie bei anderen im Ausland lebenden Amerikanern gab es auch für Murray immer weniger Arbeitsmöglichkeiten, als sein Neuigkeitswert abnahm, und er befand sich in einer schwierigen Lage.

Wie die anderen Musikrichtungen hat auch die zeitgenössische Black Music ihre „Groupies", die Musiker abschleppen. Ebenso wie die Ehefrauen der an der New Music beteiligten Musiker sind sie jedoch in der Regel intelligenter als andere „Groupies". „Ich glaube, die meisten Frauen, die mit Musikern zusammenleben, wissen die Musik zu schätzen", sagte Jerome Cooper. „Intelligente Frauen fühlen sich von Jazzmusikern angezogen. Als ich Rock and Roll spielte, hatte ich den Eindruck, dass die Frauen nicht alle Lichter am Baum hatten. Die gesamte Rockszene bewegt sich ja auf einem primitiven Niveau. Für den Jazz und ganz besonders für die New Music interessieren sich jedoch sehr kluge Frauen."

Dies stimmt mit dem überein, was ein kalifornischer Saxofonist einst Sun Ra berichtete: „Er erzählte von den Gesangsgruppen und den Vokalisten und dass man dort immer dasselbe Zeug spielen müsse. Er sagte, es sei unter aller Sau. Er habe die Nase voll davon und wolle jetzt etwas anderes spielen. Die Musiker, die Geld machten, spielten meist dieses Zeug. Aber mit Musik habe das eigentlich nichts zu tun."

Frank Lowe sagte: „Also wenn Frauen zu dir kommen, wollen sie sich hauptsächlich für die Musik bedanken. Sie wollen dir zeigen, dass sie das, was du machst, zu schätzen wissen. Im Übrigen haben wir jetzt ganz andere Sachen im Kopf."

Im Hinblick auf Frauen, die ihr Mann nach dem Set oder dem Konzert kennen lernt, haben Ehefrauen eine viele freiere Einstellung als früher. „Bevor ich heiratete, gehörte ich selbst zu den Frauen, die bei den Musikern rumhingen", sagte Shirley Brown. „Und ich legte es nicht darauf an, mit jedem ins Bett zu gehen. Wenn ich jetzt welche rumhängen sehe, komme ich gar nicht auf den Gedanken, dass sie darauf aus sind. Es ist ja sehr wohl möglich, dass sie musikbegeistert sind. Ich kann doch nicht jedes Mal, wenn ein paar Miezen aufkreuzen, eine Szene machen. Wenn sie meinen Mann bewundern, ist das ja durchaus schmeichelhaft für mich."

Manche Musikerfrauen waren selbst künstlerisch tätig. Die Exfrau eines Musikers, der oft mit einer namhaften Band umherreiste, war Tänzerin gewesen. Über die sexuellen Freiheiten, die mit dieser Lebensweise einhergingen, war sie sich im Klaren: „Wenn ich mit einem verheiratet war, der einen Beruf hat, bei dem man so im Mittelpunkt steht, dann musste ich mich damit abfinden, dass er vermutlich auch noch andere Frauen haben würde. Aber wenn er seine Freizeit in der Hauptsache bei mir verbringen würde, dann wäre ich diejenige, die ihm am Herzen liegt. Also war das nie ein Problem für mich. Angenommen, du hast einen Mann, der eine lange Europatournee macht. Wenn du zuhause hockst und dir einbildest, er habe nichts mit anderen Frauen zu tun, bist du ganz schön blöd."

Dass es Don Juans unter den Musikern gibt, wird von Männern wie auch von Frauen mit einer stereotypen Vorstellung abgetan. „Sie meinen einfach, dass das von ihnen erwartet wird, und viele Frauen bieten sich ihnen ja geradezu an", sagte Shirley Brown. „Aber es kostet ja so viel Kraft, all diese Miezen zu vögeln – ich weiß nicht, wie sie das schaffen. Typen, die die ganze Zeit bumsen müssen, können ja nicht mehr viel Grips haben. Diese Energie könnten sie in ihrem Hirn verwenden, statt sie bei Orgasmen zu verpulvern! Die buddhistischen Mönche, die sind weise. Die sind enthaltsam, weil das das Denken fördert. Man sollte also auch mal was für den Kopf tun!"

Ted Daniel stimmte damit überein. „Bei den Musikern ist es mehr oder weniger eine Sache des Egos, aber es kann sich auch sehr destruktiv auswirken. Wenn man ein Verhältnis nach dem anderen hat – eine Frau in Harlem und dann eine in Paris, so läuft das nämlich –, dann baut man nichts auf, dann verpulvert man einfach seine Kraft. Ich glaube, viele Musiker sollten mal darüber nachdenken. Vermutlich hat der Background was damit zu tun. Aber von einem bestimmten Punkt an ist das Individuum selbst dafür verantwortlich. Wer Musiker sein will und diesem Beruf nachgeht, der sollte das auch als seine Lebensaufgabe betrachten und ihr seine ganze Kraft widmen."

Art Lewis wies darauf hin, dass die New Music viel Energie erfordert. „Manchmal kommt es vor, dass man sich besonders an Frauen wendet", sagte er. „Kann sein, dass man im Publikum eine bestimmte Frau sieht und mit ihr durch die Musik Verbindung aufnehmen möchte. Für einen Musiker ist es inspirierend, eine schöne Frau im Publikum zu sehen. Es kann aber auch ablenkend sein, weil man sich nicht so konzentrieren kann, wie man möchte. Nach dem Spielen bin ich erschöpft. Später ist mir vielleicht nach Sex. Wenn dann Frauen zu einem kommen, ist es, als ob sie sagen wollten: ‚Okay, ich habe was für dich getan, und jetzt kannst du was für mich tun.' Und meistens ist damit Sex gemeint."

Die Vorstellung von exzessiver Promiskuität in Musikerkreisen gehört nach Meinung von Carmen Lowe zum negativen Image des Künstlers. „Viele Leute glauben, dass Musiker so sind, und sie meinen auch, dass die meisten Musiker drogenabhängig sind. Diese Mentalität vermutet man bei allen Künstlern, nicht nur bei Musikern. Künstler sind jedoch Menschen wie alle anderen auch, sie haben Familie, ziehen Kinder groß. Manche wollen ein großes Auto, andere gar keines. Die einen wollen eine Villa, die anderen nicht."

Einmal stand Earl Cross am Silvesterabend kurz vor Mitternacht auf der Bühne. Er hatte eben seine Trompete abgesetzt, um „Auld Lang Syne" zu singen, als eine Frau heraufsprang und ihn umarmte. Jemand machte ein Foto von dieser Szene. Als die Frau des Trompeters das Foto sah, wurde sie wütend. Cross fand das verständlich: „Ich kann nachfühlen, wie das auf eine Frau wirkt, die zuhause bleiben und auf die Kinder aufpassen muss, während ihr Mann seiner Musik nachgeht. Ich war mal auf Tournee und kam völlig abgebrannt zurück, weil sich jemand mit dem Geld aus dem Staub gemacht hatte. Das war eine schlimme Ernüchterung für sie. Sie war nicht dabei, sie ahnte nicht, was passiert war, und sie konnte es einfach nicht fassen. Aber es ist doch sehr schön, wenn eine da ist, die einen mag und für einen sorgt. Die vielleicht sogar arbeiten geht, damit man seiner Musik nachgehen kann. Es ist ein großer Unterschied, wenn man einer Arbeit nachgehen muss und erst dann proben kann. Wenn man irgendwann aufstehen, sein Instrument in die Hand nehmen und ohne Schwierigkeiten üben kann, ist es allemal besser. Das ist der Grund dafür, dass Musiker solche Dinge abklären, bevor sie eine feste Verbindung eingehen. Es gibt jedoch Frauen, die derart musikbegeistert sind, dass sie die Reparaturkosten des Instruments übernehmen oder sogar ein neues kaufen. Aber solche Frauen sind rar, die findet man selten."

Milford Graves hält viel von den kosmologischen Prinzipien Yin und Yang und vom Zusammenwirken des Weiblichen und Männlichen. Die Beziehung mit seiner Frau ist ihm deshalb sehr wichtig. „Ob die Männer die Vormachtstellung haben oder die Frauen, interessiert mich nicht so sehr. Ein Mann hat eine bestimmte Denkweise. Meine Frau betrachtet bestimmte Probleme auf eine feminine Weise. Für mich ist es sehr wichtig gewesen, dass ich zu einer Frau eine vertrauensvolle Beziehung habe, dass wir miteinander kommunizieren können. Ich habe oft Entscheidungen getroffen, wenn ich gerade wütend war. Wenn ein anderer Mann dabei war, der genauso wütend war, brachte uns das einfach nicht weiter. Kam jedoch eine Frau dazu, dann legte sich die Aufregung. Das ist sehr wichtig."

„Eine Frau ist sehr wichtig, wenn es darum geht, etwas aufzubauen", sagte Shirley Brown. „Zum Beispiel, wenn es um die Familie geht oder um ein gemütliches Heim, in dem es was Gutes zu essen gibt, in das man seine Freunde einladen kann,oder wo man spielen kann. Diese Art von Wärme sollten alle haben. Das haben sie verdient, glaube ich."

„Als ich schwanger wurde, wurde es Zeit, die Karten auf den Tisch zu legen", fuhr Shirley Brown fort. „Das passiert ja nicht jeder, und deshalb kann es jahrelang so weitergehen, dass man jemanden unterstützt. Aber als ich aufhören musste zu arbeiten, kam der entscheidende Moment: Würde er sich von mir trennen? Oder würde er einspringen? Er übernahm von da an die Verantwortung. Er zeigte seine Anerkennung für das, was ich für ihn getan hatte, und legte sich ins Zeug, auch in ganz normalen Arbeitsverhältnissen. Das hätten nicht alle Musiker getan, weil sie die Frauen nicht gefunden haben, mit denen sie sich gut verstehen. Mein Mann hat immer gearbeitet. Wenn er keinen Job als Musiker hatte, dann als Klempner. Wenn ich jetzt nicht arbeiten gehen kann, betätigt er sich als Möbelpacker oder als Elektriker. Ich war mir aber im Klaren darüber, dass die Musiker alle etwas Bedeutsameres taten als ich. Dass ich jeden Tag zur Arbeit gehen und mich mit den Weißen und dem System auseinander setzen musste, das war im Grunde gar nicht so schlimm. Auf diese Weise konnten die Rechnungen bezahlt werden, die so oder so bezahlt werden mussten. Vor der Musik und den Musikern habe ich große Achtung. Die Musik ist die höchste Kunstform, und ihr muss man sich widmen."

Raymond Browns Vater war ein Trompeter, der einst in einer bekannten Bigband gespielt hatte. Im Gegensatz zum Großvater, der seine Familie als Saxofonist hatte ernähren können, gab Raymond Browns Vater die Musik auf, weil er meinte, er könne damit nicht genug Geld verdienen, um seine Familie über Wasser zu halten. Er wurde Hilfsarbeiter. Raymond konnte das damals nicht verstehen. Jetzt ist ihm aber klar, wie wichtig die Familie ist. „In meiner ethnischen Gruppe gibt es ein großes Problem. Viele Brothers haben ihre Familie verlassen, weil sie diese nicht ernähren können. Mein Vater ist ein Musterbeispiel für die andere Haltung. Als Erwachsener begreife ich, warum er so gehandelt hat. Ich kenne jedoch viele, die eine Familie haben, sich aber ganz woanders aufhalten. Das zerstört dann alles. Dabei ist die eigene Vergangenheit etwas sehr Wichtiges. Auch wenn das viele lächerlich finden: Die Familienbindungen sind sehr wichtig, weil du dann eine feste Grundlage hast, die dir ein gewisses Maß an Kraft gibt. Du kannst dich in aller Ruhe bemühen, etwas aufzubauen."

Raymond Brown fügte hinzu: „Ich selbst habe viel Mist gebaut. Unglaublich viel Mist. Aber Gott sei Dank habe ich eine gute Frau gefunden. Meine Frau und ich arbeiten zusammen und helfen einander. Sie ist eine junge Malerin, und ich bin ein junger Musiker. Wir möchten zusammenhalten und uns gegenseitig voranbringen."

Quellen:
1. Korrespondenz mit der Autorin.
2. Maxine Williams, „Why Women's Liberation is Important to Black Women", *The Militant,*
   3. Juli 1970; abgedruckt in: Maxine Williams und Pamela Newman, *Black Women's Liberation,*
   New York 1970.
3. Interview mit Pat Griffith in *Melody Maker,* Datum unbekannt.
4. Imamu Baraka, *Raise, Race, Rays, Raze,* New York 1971, Seite 148.

12

„Für eine Frau spielst du recht gut"

Im Jazz gibt es genügend Männer. Wir müssen versuchen, mehr Frauen reinzubringen, damit wir ein Gleichgewicht haben. Es gibt viele Frauen, die sehr gut spielen, aber sie können sich im Jazz nicht durchsetzen. Das gilt auch für andere Bereiche der Musik und anderswo.[1]

Rafael Garrett

Im Sommer des Jahres 1972 war in der Wohnung eines Drummers ein Plakat der Frauenbewegung an der Wand befestigt. Immerhin war das ein Anzeichen dafür, dass sich in der Welt der kreativen Black Music etwas änderte. Die Frauenbewegung hat der Rockmusik im Hinblick auf Inhalte und Praktiken Sexismus nachgewiesen. Ähnliche Sachverhalte und Praktiken sind aber auch im Bereich des Jazz anzutreffen.

In der Black Music kommt es meist darauf an, dass der Interpret Aggressivität entwickelt – „Blowing a masculine stick, avoiding the faggot's trick", verlangt der Poet Ted Joans von den Musikern.[2] Diese Haltung soll auch im Privatleben praktiziert werden. So war es – von wenigen Ausnahmen abgesehen – für Instrumentalistinnen sehr schwer, Zugang zur Jazzwelt zu finden. Von den meisten ihrer Kollegen wurden den Musikerinnen nur Steine in den Weg gelegt. In der Anfangszeit der New Music fing beispielsweise einer der jüngeren Saxofonisten an, mit einer weißen Cellistin zu proben. „Als es sich herumgesprochen hatte, dass ich mit einer Frau zusammenspielte, machten mir die Kollegen die Hölle heiß", berichtete er. „Sie sagten: ‚Wie kommst du bloß dazu, mit einer Frau zusammenzuspielen – und dazu noch mit einer weißen Schnalle?'" Als sie die

Musik hörten, überlegten es sich einige von ihnen jedoch anders und wollten unbedingt mit der Frau zusammenspielen. „Sie erschien in einem Kleid im Stil der Vierzigerjahre, mit Stöckelschuhen, Haartolle und geschminkten Lippen, aber sie holte das Letzte aus dem Cello heraus", erzählte der Saxofonist. „Danach wollten einige Streicher ihre Adresse haben, weil sie bei ihr Unterricht nehmen wollten." Dies ändert jedoch nichts an der Tatsache, dass die meisten Frauen, die es wagen, in die – schwarzen oder weißen – Männerzirkel vorzudringen, in der Regel auf ähnliche Reaktionen stoßen.

Alice Coltrane war bereits als Musikerin tätig gewesen, bevor sie ihren Mann kennen lernte. Der Saxofonist integrierte sie in seine Arbeit. Dies verschaffte ihr bei den Kollegen Respekt, und diese spielten auch nach Coltranes Tod mit ihr zusammen. Alice führte einige von seinen Ideen weiter und brachte eigene hinzu. Da sie ein gutes Einvernehmen mit dem Establishment hatte, konnte sie für Liveauftritte stattliche Gagen verlangen. Dies hatte zur Folge, dass es anderen Musikern gut ging, wenn sie mit ihr zusammenarbeiteten.

Für die meisten Musikerinnen, die eine Beziehung zu einem Kollegen hatten, sah die Sache jedoch ganz anders aus. Ein schwarzer Drummer war beispielsweise mit einer weißen Frau verheiratet, die ebenfalls Schlagzeug spielte. Als er merkte, dass seine Frau mehr Arbeit hatte als er, zwang er sie, mit dem Schlagzeugspielen aufzuhören. In einem anderen Fall bestand ein schwarzer Bassist darauf, dass er seine Freundin, eine Gitarristin und Sängerin, nur dann heiraten werde, wenn diese ihre Tätigkeit beendete. Die Frau lehnte das ab, und die Beziehung ging in die Brüche.

Wenn es in früheren Zeiten dazu kam, dass Musikerinnen akzeptiert wurden, dann erwartete man meist, von ihnen nebenbei noch „bemuttert" zu werden. Der Saxofonist Jimmy Lyons wohnte einmal mit einer Frau auf demselben Stockwerk, die ein Klavier besaß und oft so bekannte Musiker wie Bud Powell, Elmo Hope und Thelonious Monk zu Gast hatte. „Sie war sehr schön", erzählte er, „und sie glaubte, dass alle Musiker in sie verliebt waren." Als in den Vierzigerjahren die Grundlagen des Bebop geschaffen wurden, versammelten sich Gillespie, Parker und Monk des Öfteren in der Wohnung von Mary Lou Williams, und diese stand ihnen mit Rat und Tat zur Seite. Mary Lou Williams ging überdies Abend für Abend zu *Minton's* und war eine der wenigen Musikerinnen ihrer Generation, die die Revolutionäre bestärkten und ermutigten. In einem anderen Fall war es die Posaunistin und Arrangeurin Melba Liston, die, im wahrsten Sinn des Worts, „den Kessel am Kochen hielt", um bedürftige Musiker mit Essen zu versorgen. Einige Musiker gaben sogar ihre Adresse als Postanschrift an.

Fontella Bass lernte ihren späteren Ehemann Lester Bowie kennen, als sie beide in St. Louis in der Bluesband von Oliver Sain spielten. Sie hat mit Platten wie dem millionenfachen Seller „Rescue Me" selbst Karriere gemacht. Doch als sich das Art Ensemble of Chicago zweieinhalb Jahre lang in Europa aufhielt, lebten die Bowies mit ihren Kindern in Frankreich als Familie zusammen, und Fontella trat mit Lester Bowie und seinen Kollegen auf und machte *deren* Musik. Auch Frauen wie Sherri Scott (mit Joseph Jarman) und Rita Omolokun Worford (mit Kalaparusha) trugen als Sängerinnen viel zu den Aktivitäten in Chicago bei.

Als Sängerinnen konnten sich Frauen schon immer einen Platz in der Jazzhierarchie sichern. Lynda Sharrock hat aber mehr zu bieten als ihre Stimme. Das Konzept der Musik, die sie und ihr Mann zusammen machen, stammt weitgehend von ihr. Sonny Sharrock ist dankbar dafür, dass sie immer mehr Einfluss ausübt. Ihre Situation ist jedoch nicht unproblematisch. Er sagte: „Wenn eine Frau in den sakrosankten Bereich der Künstler eindringt, kriegt sie jede Menge Probleme. Für einen Musiker ist es ja schon schwer genug, aber einer Frau muss das wirklich absurd vorkommen. Ich weiß sehr wohl, dass es Leute gibt, die Lynda jegliche Anerkennung verweigern.

Mir ist klar, dass meine Einstellung zur Musik durch sie beeinflusst worden ist. Ich hatte bestimmte Vorstellungen. Und dann kam Lynda mit ihrer völlig neuen Sichtweise. Sie hatte keine Ausbildung und eine ganz andere Vorstellung, wie die Musik sein sollte. Und die brachte sie mir bei. Es ist schon sehr merkwürdig: Wenn wir auftreten, habe ich oft den Eindruck, dass viele Musiker nicht einsehen wollen, dass Lynda ein Teil des Ganzen ist, dass sie so wichtig ist wie ich oder sonst jemand in der Band."

Immer mehr weiße und schwarze Frauen lernen ein Instrument und fangen an zu spielen, doch die Vorurteile bleiben bestehen. Im Jazz macht sich die Diskriminierung stärker bemerkbar als im Rock. Als Sly Stone, eine der einflussreichsten Gestalten im heutigen schwarzen Rock, 1967 eine Trompeterin und eine Organistin in seine Family Stone aufnahm, erregte das keinerlei Aufsehen. Aber als der Saxofonist Sonny Simmons seine Frau, die Trompeterin Barbara Donald, nach New York brachte, wurde sie von einer ganzen Anzahl Musiker ignoriert, obwohl sie ihr Instrument wirklich gut beherrschte. „Sie ist großartig, sie ist fantastisch", meinte Earl Cross. Sonny Simmons erwähnte, wenn er zuhause in Kalifornien Gigs bekomme, könne er seine Frau oft nicht mitnehmen.

Dass ein anderer Mann mit seiner Frau um die Welt reist und mit ihr zusammen musiziert, wurde wie folgt kritisiert: „Ist ja alles schön und gut, aber wann bleibt er endlich an Ort und Stelle und macht eine Musik, die wirklich was taugt?" Dabei wurde unterstellt, dass nicht viel dabei herauskommen könne, wenn jemand mit einer Frau zusammenspiele.

Dass kreative Musikerinnen keine Anerkennung finden, weil man sie lediglich als Lustobjekte betrachtet, widerfährt nicht nur weißen Frauen. Eine schwarze Frau, die mit ihrem schwarzen Mann zusammenarbeitet, sagte ganz unverblümt: „Wenn ich mit anderen Musikern zusammentreffe, denken die nur ans Ficken.

Sie trauen sich aber nicht, weil ich mit ihm zusammen bin und weil ich auch noch die Frechheit besitze, auf der Bühne aufzutreten. Damit kommen sie nicht zurecht, und das führt dazu, dass sie sich abfällig äußern."

Der betreffenden Frau gegenüber äußern sich diese Musiker allerdings anders. „Ich weiß, wie ich mit ihnen umgehen muss, denn sie sind trotz allem recht interessante Leute. Sie sagen dann zu mir ‚Du klingst gut' oder ‚Jetzt bist du eine richtige Showbusiness-Frau'. Sie haben aber auch das Gefühl, dass mein Mann auf musikalischem Gebiet mit ihnen konkurriert und dass ich eine Art Verlängerung von ihm bin. Also sagen sie mir etwas, um es ihm heimzuzahlen."

In der New Music akzeptiert zu werden ist für eine schwarze Frau alles andere als einfach. Ihre Lage ist jedoch ein klein wenig besser als die der weißen Frau, weil sie von gerade gängigen Vorstellungen wie dem „Respect" profitiert. Ihr Mitwirken bei Musikveranstaltungen zeigt nicht nur, wie sich die Rolle der Frau in der westlichen Welt wandelt. Dies hängt auch direkt damit zusammen, dass schwarze Männer immer mehr einsehen, dass sie die Beiträge, die Frauen ihnen gegenüber geleistet haben, zu wenig gewürdigt haben. Dies hatte mit ihrem Mangel an Selbstachtung zu tun, der auf die vielfältigen Formen der Unterdrückung und Benachteiligung zurückzuführen ist. Pop-Interpreten, die in die Rolle des Predigers schlüpften, brachten die Veränderungen in der Einstellung der Black Community zum Ausdruck. „All I'm asking for is a little respect when you come home", forderten Otis Redding 1965 und Aretha Franklin 1967. Im Jahr 1971 verlangten die Staples Singers: „Respect Yourself".

Die Gitarristin Monette Sudler ist schon seit längerem ein Mitglied der Gruppe von Byard Lancaster. Der Saxofonist findet, dass bestimmte Gepflogenheiten der Vergangenheit angehören sollten. Seiner Meinung nach sind Frauen genauso tüchtig wie Männer. Sie brauchen nur genügend Motivierung zum Spielen.

Eine Anzahl neuerer Gruppen fängt an, Frauen aufzunehmen und sie zu einem integralen Bestandteil des Ensembles zu machen. Dabei handelt es sich meist um Sängerinnen. Die Ablehnung, der zugegebenermaßen männliche wie auch weibliche Neulinge ausgesetzt sind, ist jedoch noch nicht verschwunden. Als eine schwarze Congatrommlerin nach ihrem Eintreffen in New York Trommler suchte, mit denen sie zusammenspielen konnte, wurde ihr von einer Gruppe junger Burschen aus Bedford-Stuyvesant der Fehdehandschuh hingeworfen. Sie wurde einige Meilen durch die verfallenden Straßen des berüchtigten Brooklyner Gettos geführt, ohne dass ein Wort gewechselt wurde. Als sie endlich am Ziel eintrafen, hieß es nur: „Spiel mal." Sie hatte ihre Congas in der Untergrundbahn und bei dem Fußmarsch selbst schleppen müssen, wusste aber, dass sie der Herausforderung mehr als gewachsen war. Sie bewies ihr Können, indem sie über eine halbe Stunde lang vorspielte. Das genügte, um in den Zirkel aufgenommen und respektvoll behandelt zu werden.

„Vor zehn Jahren waren mir überhaupt keine Congatrommlerinnen bekannt", sagte Carmen Lowe. „Ich glaube nicht, dass man einer erlaubt hätte, bei einer Session zuzuhören, geschweige denn mitzuspielen. Manches ändert sich, und zwar zum Besseren. Frauen können zur Musik und den schönen Künsten überhaupt viel beitragen, genauso wie die Männer."

Damit würde Rafael Garrett sofort übereinstimmen. Er war schon immer ein Pionier und arbeitet jetzt eng mit seiner jungen Frau Zuzaan Fasteau zusammen. Sie haben für ESP Aufnahmen gemacht, bei denen sie sangen und verschiedene Instrumente spielten. Eine Anzahl Männer sind in die Fußstapfen von John Coltrane getreten und haben Frauen in ihre Arbeit integriert. Albert Ayler tat dies zum Beispiel mit Mary Maria. Dennoch ist Garretts Einstellung ungewöhnlich. Er ist der Meinung, dass es im Jazz genügend Männer gibt und dass mehr Frauen mitmachen sollten, damit ein Gleichgewicht erreicht wird. Garrett hat mit Alice Coltrane und Barbara Donald zusammengearbeitet. Für ihn ist die Geschlechtszugehörigkeit ähnlich wie das Lebensalter und die Rassenzugehörigkeit ein Faktor, der sich nachteilig auf die Beurteilung eines Musikers auswirken kann. Er sagte: „Die Leute denken, Frauen könnten nur singen, tanzen und auf ganz bestimmten Instrumenten musizieren. Niemand will zugeben, dass sie auch auf dem Saxofon gut sind oder am Schlagzeug oder am Bass. Ich hörte mal eine Bassistin, die spielte so gute Soli wie Richard Davis."[3] (Es ist natürlich unvermeidlich, dass Frauen immer noch mit Männern verglichen werden. „Du spielst wie ein Mann", war immer schon das höchste Lob, das eine Musikerin bekommen konnte. Es ist immerhin ein bisschen besser als das andere leidliche Klischee: „Für eine Frau spielst du recht gut.")

Bevor sie Albert Ayler kennen lernte, hatte Mary Maria nie Saxofon gespielt, und sie hatte dies auch niemals in Betracht gezogen. Ayler gab ihr Unterricht auf dem Sopransaxofon, und sie spielte bei dem Konzert in Saint-Paul-de-Vence mit ihm zusammen (bei den auf Schallplatte erschienenen Stücken ist sie allerdings nicht dabei). Statt von dem Einfluss zu sprechen, den sie auf Ayler hatte, hob Mary Maria hervor: „Ich glaube eher, dass Albert mich beeinflusste, indem er einen in mir schlummernden Ehrgeiz weckte." In früheren Zeiten wäre es einem Musiker nicht in den Sinn gekommen, seiner Lebensgefährtin Instrumentalunterricht zu geben.

Mehrere Frauen haben Instrumentalunterricht genommen, weil sie einen Beitrag zur Musik ihres Mannes leisten wollen. Moki Cherry ist eine von ihnen. Auf einer anderen Ebene ist sie jedoch schon seit längerem an seiner Musik beteiligt: Sie näht nicht nur seine auffallenden Kleidungsstücke, sondern auch die Behänge, die er in Konzerten verwendet. Auch Carmen Lowe, die ein chinesisches Saiteninstrument spielt, betätigt sich künstlerisch als Näherin. Dabei hat sie sich bei ihren Kreationen oft von etwas inspirieren lassen, das ihr Mann spielte. Auf seinen Alben sind Arbeiten von ihr zu sehen. Als Rashied Ali sein

Studio der Öffentlichkeit zugänglich machte, stattete er es mit einem ihrer unverwechselbaren Wandbehänge aus. Diese Kombination aus visuellen und musikalischen Elementen ist übrigens in den Arbeiten vieler junger Musiker anzutreffen. Sie gehört zu den Bestrebungen, zwischen der Musik und der Lyrik, dem Tanz, dem Theater und der darstellenden Kunst eine wechselseitige Befruchtung herzustellen. Das ist nicht auf die Black Music beschränkt, eignet sich jedoch hervorragend für das ritualistische Erbe der Afroamerikaner.

Musiker haben sich stets an Anekdoten ergötzt, in denen sie sich über Frauen lustig machten. Eine derartige Anekdote erzählt man sich über eine Bassistin namens Donna Lee. „Sie hatte längere Zeit nicht gespielt, und als sie dann bei Charlie Parker einstieg, bekam sie Blasen an den Fingern. Man sagte ihr, um Schwielen zu kriegen, müsse sie die Blasen aufstechen und Whiskey draufschütten. Kaum hatte sie diesen Rat befolgt, forderte der Bassist sie auf, den Set zu Ende zu spielen. Er und Parker setzten sich dann unter das Publikum und schauten lachend zu, wie sie sich eine halbe Stunde lang mit blutenden Fingern abmühte. Am Schluss sagte Parker, das sei die beste Methode, Schwielen zu kriegen." Der Kommentar des Anekdotenerzählers lautete: „Sie schaffte es also. Aber das erklärt vielleicht auch, wieso es nicht allzu viele Musikerinnen gibt."[4]

Diese Geschichte mag erfunden sein. Andere Musiker schildern Donna Lee, nach der Parker eine seiner Kompositionen benannte, als eine Frau, die umherziehende Musiker immer gastfreundlich aufnahm. Die Anekdote zeigt jedoch, wie viele Musiker mit Frauen umgingen, die sich auf ihr Terrain wagten. Dass sich die Situation gebessert hat, kann man einer anderen Geschichte entnehmen, die ebenfalls auf Erfindung beruhen mag. Ein junger Saxofonist erzählte sie jedoch vor einiger Zeit mit großem Behagen:

„Ein bedeutender Tenorsaxofonist spielte in einem kalifornischen Nachtklub, als plötzlich zwei Saxofonistinnen auf die Bühne stürmten. Der Betreffende ist eine anerkannte Größe, aber die beiden Neuankömmlinge hatten auch mächtig was drauf. Sie spielten ihn beinahe an die Wand. Daraufhin packte der Mann sein Instrument zusammen und verschwand. Und damit verabschiedete er sich wieder für längere Zeit aus der Musikszene."

Das mag eine Übertreibung sein, oder vielleicht war es so, dass der Vorfall dem Tenorsaxofonisten den letzten Rest gab. Für Musikerinnen ist jedoch die bloße Tatsache, dass ein junger Musiker diese Geschichte zum Besten gab, ein weiterer Fortschritt. Sie werden in einer Kunstform, in der bisher die Männer dominierten, allmählich als gleichberechtigt angesehen.

Quellen:
1. Interview mit Philippe Carles in *Jazz Magazine*, Oktober/November 1973.
2. Ted Joans, „The Black Jazz Smile", enthalten in: *A Black Manifesto in Jazz Poetry and Prose*, London 1971.
3. Carles, a. a. O.
4. Robert George Reisner, *Bird – the Legend of Charlie Parker*, New York 1962.

FÜNFTER TEIL

DIE VERSCHWÖRUNG UND WAS DAGEGEN UNTERNOMMEN WIRD

13

Bill Dixon und die Jazz Composers Guild

Als wir uns an dieser Bewegung beteiligten, merkten wir, dass wir als Musiker nicht isoliert waren. Und dann erkannten wir, dass wir uns auch als Menschen nicht fremd gegenüberstehen mussten. Das war uns vorher nie so richtig klar gewesen. Aber dadurch, dass wir da mitmachten, begannen wir menschlich zu wachsen und einander näher zu kommen.

Cecil Taylor

Anfang Oktober 1964 standen Archie Shepp, Ornette Coleman, Cecil Taylor und einige andere an das Geländer gelehnt vor dem *Cellar Café* in der West 96th Street in New York. Sie waren interessierte Zaungäste einer Revolution, die drinnen stattfand und an deren Entstehung sie beteiligt gewesen waren. Bei dem Festival „October Revolution in Jazz" waren so gut wie alle „jungen Wilden" von New York dabei. Etwa zwanzig Gruppen traten auf, und die Musiker legten einen wahren Feuereifer an den Tag.

Das kleine *Cellar Café* in der Nähe des Broadway, das normalerweise etwa fünfundsechzig Personen Platz bietet, war in den vier Tagen und Nächten des Festivals brechend voll. Dixon hatte behauptet, für die New Music, die sich damals noch in den Kinderschuhen befand, gebe es durchaus ein Publikum. Der Ansturm der Besucher (sie mussten bis auf den Gehweg hinaus Schlange stehen) bestätigte dies. Für die meisten war dies die erste Gelegenheit, Leute wie Sun Ra, Milford Graves und Giuseppi Logan zu hören. Dixon nahm seinen Auftritt auf Band auf, doch die anderen Musiker kümmerten sich weniger um die Nachwelt. Die nachfolgende Konzertreihe *Four Days in December* wurde in voller Länge aufgezeichnet (die Aufnahmen sind jedoch unveröffentlicht geblieben). An ihr nahmen Shepp, Taylor, Graves, Paul Bley, Dixon (mit Rashied Ali am Schlagzeug) und Sun Ras Arkestra (mit Pharoah Sanders) teil.

Die Jazz Composers Guild wurde unmittelbar nach der „Oktoberrevolution" gegründet. Ihr geistiger Vater war Bill Dixon, der auch der Urheber der „Revolution" war. Die Pianistin Carla Bley sagte dazu: „Die Leute glauben, es sei etwas gewesen, das alle im Sinn hatten. Das stimmt nicht. Es war Bills Idee. Es klappte aber letzten Endes nicht, weil es der falsche historische Zeitpunkt war."

Dixon, der von Nantucket Island stammt, das nicht weit von Boston entfernt vor der Küste von Massachusetts liegt, ist seiner Zeit oft voraus gewesen. Er wurde 1925 geboren und ist damit, von Sun Ra abgesehen, wesentlich älter als die anderen Avantgardemusiker. In der Zeit vor 1964 bemühte er sich, den Status und das Image der Musik zu verbessern. Im Jahr 1958 rief er die United Nations Jazz Society ins Leben. Er hielt oft Vorträge, gab Kurse in der Erwachsenenbildung und erteilte privat Trompeten- und Kompositionsunterricht. Er hat auch gemalt und Unterricht in Kunstgeschichte gegeben. 1962 ging er mit einem Quartett, das er zusammen mit Archie Shepp leitete, nach Europa. Das Quartett bildete die Grundlage für die Gruppe New York Contemporary Five, die für die New Black Music von großer Bedeutung war.

Nach der „Oktoberrevolution" sprach Dixon mit Cecil Taylor über die Gründung einer Organisation, die Jazzmusikern und Komponisten einen Schutz gegen die vorherrschende Ausbeutungspraxis bieten sollte. „Ein Individuum kann man fertig machen, eine Organisation nicht", meinte Dixon. Er legte fest, welche Personen als Mitglieder der Jazz Composers Guild infrage kamen. Manche von ihnen lehnten ab (zum Beispiel Ornette Coleman); andere wurden nicht eingeladen, weil Dixon das Projekt möglichst schnell vorantreiben und weitere Mitglieder erst zu einem späteren Zeitpunkt aufnehmen wollte.

Dixon forderte auch weiße Musiker zum Beitritt auf, weil er der Meinung war, dass ihre Lage nicht wesentlich besser sei als die der schwarzen Musiker. „Sie sind dabei, weil sie ein bisschen, aber nicht sehr viel besser behandelt werden als die schwarzen Musiker. Und das nur, weil sie Jazz spielen, der als etwas Primitives angesehen wird."[1] Roswell Rudd, Jon Winter, Mike Mantler, Burton Greene sowie Paul und Carla Bley, die damals verheiratet waren, wurden deshalb Gründungsmitglieder – zusammen mit Sun Ra, Archie Shepp, John Tchicai, Cecil Taylor und Dixon selbst.

Eines der Ziele der Jazz Composers Guild war, die Selbstachtung der Musiker zu stärken. Einige Mitglieder erwogen einen Boykott der Plattenkonzerne. Arbeit sollte nur dann angenommen werden, wenn diese für die gesamte Vereinigung von Vorteil war. Im Dezember 1964 wurde mit vier Konzerten in der Judson Hall ein Anfang gemacht. Bei jedem Konzert traten zwei Gruppen auf. Zu ihnen gehörte das Jazz Composers Guild Orchestra unter der Leitung von Mantler und Carla Bley, in dem Shepp, Graves und Paul Bley mitspielten. Auf die Konzerte folgten allwöchentliche Auftritte im Contemporary Center, einem Loft über dem *Village Vanguard* an der Seventh Avenue.

Man kam überein, dass Verträge für Nachtklub- und Konzertauftritte mit der Guild ausgehandelt werden sollten und nicht mit einzelnen Musikern. Man verpflichtete einen aufgeschlossenen Rechtsanwalt. Außerdem war geplant, dass die Vereinigung ihren Mitgliedern und anderen Musikern Rechtsschutz gewähren sowie die Buchführung der Schallplattenfirmen überprüfen sollte, um sicherzustellen, dass fällige Tantiemen ausbezahlt wurden. Erwogen wurde auch die Gründung eines eigenen Plattenlabels. Leider aber waren die Voraussetzungen nicht erfüllt, um als gemeinnützige Organisation Fördermittel beantragen zu können.

Es sollte sich jedoch bald herausstellen, dass die Ziele der Jazz Composers Guild mit Leuten, die am Rand der Armut lebten, nicht erreicht werden konnten. Kurz nach der Gründung fing Archie Shepp mit Impulse Verhandlungen wegen eines Plattenvertrags an, ohne die anderen Mitglieder davon in Kenntnis zu setzen. Jeder müsse eben für sich selbst sorgen, meinte Shepp später. Er müsse mehrere Kinder ernähren und habe keinen anderen Ausweg gesehen. Die anderen Mitglieder waren außer sich. Shepps Ausscheren führte bald zu Auflösungserscheinungen. Innerhalb weniger Monate kam es dazu, dass Sun Ra bei den jeden Montag stattfindenden Mitgliederversammlungen altes Seemannsgarn zum Besten gab: Wenn eine Frau mit auf Fahrt gehe, werde das Schiff untergehen. Dass Carla Bley mit an Bord sei, bringe Unglück, behauptete der Weiberfeind Sun Ra.

Dixon verließ schließlich das sinkende Schiff. Die anderen Mitglieder kamen weiterhin zusammen, brachten aber ohne ihren Kapitän nichts mehr zustande. Die Jazz Composers Guild war ein kühnes Unterfangen, das jedoch angesichts der damaligen Verhältnisse von vornherein zum Scheitern verurteilt war. Die Kooperative war aber wegweisend für die Vereinigungen, die sechs Jahre später entstehen sollten.

Quelle:
1. Robert Levin, „The Jazz Composers Guild – An Assertion of Dignity", *Down Beat,* 6. Mai 1965.

–14–

Kollektivistisches Denken im Kapitalismus

Vom Eisernen Vorhang will ich gar nichts mehr hören. Den gibt's hier nämlich auch. Man hat ihn um die Jazzmusiker herum angelegt.

Hakim Jami

Am 13. Oktober 1970 war Trevor Howard einer der Gäste von Dick Cavetts Talkshow im Sender ABC. Cavett, der stets ein Millionenpublikum anzog, fragte den britischen Schauspieler: „Was hat sich in New York geändert?" Trevor Howard erwiderte, es gebe jetzt keine Möglichkeit mehr, Jazz zu hören. Daraufhin sprangen im Saal mehr als zweihundert Personen auf und veranstalteten mit Blockflöten und Trillerpfeifen ein wütendes Pfeifkonzert. Dieser Vorfall gehörte zu den vom Jazz and People's Movement organisierten Demonstrationen, die darauf aufmerksam machen sollten, dass das amerikanische Fernsehen das Musikgeschehen ignorierte.

Das Jazz and People's Movement war zwei Monate zuvor erstmals in Erscheinung getreten. Unter Anführung von Rahsaan Roland Kirk hatten damals sechzig Personen die Merv-Griffin-Show auf dieselbe Weise gestört. Sie hatten sich mit Eintrittskarten Zugang verschafft und waren völlig überraschend in Aktion getreten. Beide Male versuchte das Studioorchester vergeblich, die Demonstranten zu übertönen. Die Fernsehaufzeichnung wurde unterbrochen. Die Demonstranten legten ihre Petitionen vor. Auf Plakaten verlangten sie „Mehr Stellen für schwarze Künstler im Fernsehen" und „Schluss mit den Musikkonserven!". Unter den Teilnehmern befanden sich der Saxofonist Billy Harper, die Schlagzeuger Andrew Cyrille und Ron Jefferson sowie der Trompeter Lee Morgan. Sie verwickelten Fernsehgewaltige in eine Diskussion und erläuterten den

230

herbeigeeilten Journalisten und dem erbosten Studiopublikum, was sie zu diesem Protest veranlasst hatte.

Das unmittelbare Ergebnis dieser Aktion war das Versprechen, für die Show eine Einstellung von Jazzmusikern in Betracht zu ziehen. Lee Morgan fasste den Standpunkt der Demonstranten im Gespräch mit einem Reporter wie folgt zusammen: „Wir wollen darauf hinweisen, dass die Ätherwellen der Allgemeinheit gehören. Der Jazz ist die einzige Musikform, die in Amerika entstanden ist. Aber wie oft sieht man einen Jazzmusiker vor einer Kamera stehen? Um die Jazzmusiker, die in der Studioband mitspielen, geht es hier nicht."[1] (Eine kleine Zahl arbeitet beim Fernsehen, unter ihnen die Trompeter Clark Terry und Snooky Young.)

Fünf Wochen danach hatte das J & PM wieder zugeschlagen. Mit Rahsaan Roland Kirk an der Spitze blockierten die Demonstranten bei der Johnny-Carson-Show des Senders NBC die Türen. Eine Fortsetzung der Aufzeichnung erlaubten sie erst, als sie die Zusage erhalten hatten, dass Vertreter der Sendeanstalt zu Diskussionen erscheinen würden. Die nachhaltigsten Folgen hatte jedoch die Attacke auf die Cavett-Show.

Zu den Forderungen der Gruppe gehörten folgende Punkte: Der Jazz und die schwarzen Musiker sollten im Fernsehen und in anderen Medien besser zur Geltung kommen. Die Black Music müsse der Öffentlichkeit durch geeignete Sendereihen nahe gebracht werden. Bei den landesweit ausgestrahlten Sendungen müssten mehr schwarze Musiker beschäftigt werden. Mehr Anerkennung für Jazzmusiker, wenn diese im Fernsehen gastieren.

Den Musikern wurde eine halbstündige Diskussion zugestanden, und in der darauf folgenden Woche erschienen Cecil Taylor, Freddie Hubbard, Harper, Cyrille sowie Kirks Ehefrau Edith bei Cavett und brachten ihre Beschwerden vor. Cyrille sagte später: „Ich habe den Eindruck, dass die meisten Programmverantwortlichen alles, was mit ‚Kunst‘ zu tun hat, als etwas Subjektives und Privates betrachten, das dem Geschmack der breiten Masse nicht entspricht. Oft sind sie gegen die Musik, weil sie keine niedrigen Einschaltquoten bekommen wollen."

Für das J & PM, das erst dann aktiv geworden war, als einzelne Musiker immer wieder vergeblich versucht hatten, beim Fernsehen Arbeit zu bekommen, stellte die Diskussion dennoch einen Erfolg dar. Ein weiteres Resultat war die Ausstrahlung des *Dialogue of the Drums* im Rahmen der NBC-Sendung *Positively Black*. Daran nahmen die Perkussionisten Cyrille, Milford Graves und Rashied Ali teil.

Die Auftrittsmöglichkeiten, die sich nach der Demonstration ergaben, gipfelten in der Verpflichtung einer von Kirk zusammengestellten All-Star-Gruppe für die Ed-Sullivan-Show. Der Doyen des TV-Personenkults ließ sich allerdings nur darauf ein, weil er eine Störung seiner eigenen Sendung befürchten musste.

Als Ed Sullivan von Kirk gefragt wurde, wieso John Coltrane nie bei ihm aufgetreten sei, wollte er wissen: „Sind von John Coltrane Schallplatten erschienen?"

Musikerinitiativen hatten schon lange vor der Entstehung des Jazz and People's Movement in der 1965 in Chicago gegründeten AACM ihren Anfang genommen. Die Jazz Composers Guild war ein ziemlich elitäres Unterfangen gewesen. Collective Black Artists, eine weitere New-Yorker Gruppierung, ist eine selbst verwaltete Einrichtung unter der Leitung des früheren Coltrane-Bassisten Reggie Workman. Zu ihr gehören Interpreten der New Music, aber auch etablierte Künstler wie Rahsaan Roland Kirk. CBA veröffentlichte eine Weile seine eigene Zeitung *Expansions*. All diese Gruppen entstanden aus der Erkenntnis heraus, dass die Musiker ihr Schicksal selbst in die Hand nehmen mussten, weil ihr Publikum andernfalls unter dem Druck der Konzerne, die die Musikindustrie im Griff hatten, immer kleiner werden würde.

Obwohl sich die Anschauungen von Musikern verschiedener Altersgruppen nicht so leicht unter einen Hut bringen lassen, herrscht zwischen den einzelnen Gruppierungen mehr Einigkeit, als Außenseiter gemeinhin annehmen. „Bei den verschiedenen Musikrichtungen gab und gibt es unterschiedliche Einstellungen", sagte Billy Harper. „Von einem älteren Musiker kann man kaum erwarten, dass er den Stil schätzt, den ein jüngerer Musiker spielt. Der ältere ist erfahrener, aber das heißt nicht, dass er mehr von der Musik versteht."

Harper baut auf ein solidarisches Vorgehen der Musiker, weil er das für die einzige Möglichkeit hält, ihre Lage zu verbessern – „und zwar in erster Linie die der schwarzen Musiker, weil sie diejenigen sind, denen es wirklich schlecht geht". Seiner Meinung nach ist eine kollektive Anstrengung nötig, um das Niveau der Musik zu heben und ihr Image zu verbessern. „Nach wie vor sterben viele Musiker in jungen Jahren, und das ist schlimm. Vermutlich liegt das auch an den Lebensumständen. Wenn sie so am Boden waren, dass sie ihre Musik nicht mehr zum Ausdruck bringen können, haben Musiker unter dem ökonomischen Druck, dem sie nach wie vor ausgesetzt sind, oft zu Drogen gegriffen oder Alkohol getrunken. Einige gaben die Hoffnung völlig auf, dass sie es jemals schaffen würden, zu denen zu gehören, die Beschäftigung haben und beachtet werden."

Harper räumte ein, dass es für jüngere Musiker oft schwierig ist, eine Beziehung zu älteren Stilrichtungen herzustellen. Er meinte jedoch, dass ihnen das Schicksal mancher Vorgänger eine Lehre sein sollte. „Ich habe oft erlebt, wie Musiker in jungen Jahren nutzlos gestorben sind. Sie starben für nichts, sie hatten nichts, sie bedeuteten nichts."

Der Bassist Hakim Jami ist der Ansicht, dass selbstzerstörerische Neigungen am besten dadurch bekämpft werden können, dass die Musiker nicht individuelle, sondern kollektive Zielsetzungen verfolgen. „Das gibt ihnen einen Hoffnungs-schimmer. Und genau das brauchen sie: ein bisschen Hoffnung, eine Chance."

Der 1972 verstorbene Lee Morgan war sowohl im Jazz and People's Move-ment als auch bei Collective Black Artists aktiv. Der brillante Trompeter war ein Vertreter des Hardbop. Jazzfreunden ist er durch seine Zusammenarbeit mit eigenen Gruppen sowie mit Art Blakeys Jazz Messengers ein Begriff. Wie die meis-ten schwarzen Musiker jener Zeit war auch Morgan der Meinung, die Bezeich-nung „Jazz" werde häufig dazu benutzt, die Verbreitung der Musik zu blockie-ren. „Ich glaube, dass sich da Rassismus bemerkbar macht", sagte er. Morgan ver-wies darauf, dass die Musikerkollektive gegen eine Verschwörung ankämpfen, die darauf abzielt, die Weiterentwicklung der Musik zu verhindern. „Wir wissen, was dahinter steckt, und die Leute in den Medien wissen das auch. Wenn sie behaupten, wir könnten das oder jenes nicht spielen, ist uns klar, dass das blödes Gerede ist, weil die Öffentlichkeit sowieso nicht mitbestimmen darf, was sie im Radio zu hören oder im Fernsehen zu sehen bekommt. Deshalb versuchen wir, uns direkt mit den Leuten in Verbindung zu setzen – mit *unseren* Leuten."

Die Black-Arts-Gruppe von LeRoi Jones präsentierte die New Music in den Jahren 1963 bis 1965 auf den Straßen von Harlem. Sie lockte dabei Leute an, die aus Neugier aus ihren Häusern kamen und dann aus Interesse dablieben. Einer der ersten Versuche, den Jazz zurück in das schwarze Umfeld zu bringen, hatte jedoch ursprünglich mehr mit Reklame zu tun als mit Basisarbeit und päd-agogischen Zielen. Das Jazzmobil, das von 1964 an in Betrieb war, ging auf eine Initiative des Harlem Community Council zurück. Es war ein Truck mit einer Bühne und wurde zuerst von Coca-Cola und Ballantine-Bier gesponsert. Gegen ein geringfügiges Honorar brachten Musiker jeden Sommer ihre Musik nach Harlem, in die Bronx, nach Brooklyn und in andere kulturell vernachlässigte Gegenden, in denen viele der jungen Schwarzen noch nie Jazz gehört hatten.

Einige Jahre darauf erhielt das Jazzmobil Fördermittel vom New York State Council on the Arts und anderen Körperschaften. Innerhalb von zehn Jahren wurde sein Angebot von zehn Gratiskonzerten im Sommer zu einem ganz-jährigen Programm erweitert. Dazu gehören Vorträge und Konzerte von Billy Taylor in Schulen und ein wöchentlicher Workshop für angehende junge Musi-ker in einer Schule in Harlem.

Jeden Samstag gibt ein Team erfahrener Musiker im Jazzmobil-Workshop Kurse. Diese werden von David Bailey geleitet, der jetzt Geschäftsführer des Jazz-mobils ist und der durch seine Zusammenarbeit mit Gerry Mulligan bekannt wurde. Die Teilnehmer sind zwischen fünfzehn und fünfzig Jahren alt, und die Themen reichen von der Instrumentenkunde bis zur Bigband-Orchestrierung. Wenn Dizzy Gillespie gerade in New York ist, hält er dort Vorträge. Weitere Mit-arbeiter sind der Trompeter Joe Newman, der Posaunist Curtis Fuller, die Saxo-fonisten Jimmy Heath und Billy Mitchell, der Gitarrist Ted Dunbar, der Bassist

Richard Davis sowie die Schlagzeuger Freddie Waits und Albert „Tootie" Heath. Lee Morgan trat ebenfalls regelmäßig in Erscheinung. Die Teilnehmer, die auf Plakaten vor Rauschmitteln gewarnt werden, nehmen ihre Musik sehr ernst.

1975 startete Jazz Interactions unter der Leitung von Joe Newman ein ähnliches Programm. Beide befassen sich in erster Linie mit konventionellen Werten und nicht so sehr mit avantgardistischen Experimenten. In der Wüste der Trivialmusik stellen sie dennoch Oasen dar. Abgesehen von den Buchläden und einigen Einrichtungen, die Hochburgen des schwarzen Nationalismus sind, kann man in Harlem keine Schallplatten mit New Music bekommen. Im Rundfunk wird selten ein Stück gesendet, das für die New Music kennzeichnend ist. Beim Sender WBLS, der sich „the Black Experience in Sound" nennt, kommt auf zweihundert gespielte Stücke eine Jazznummer, und diese stammt dann von einem etablierten Plattenstar wie Donald Byrd oder Eddie Harris. Selbst die Programmauswahl des Senders WRVR, der täglich zweiundzwanzig Stunden Jazz ausstrahlt, ist eher gemäßigt.

Die meisten schwarzen Songschreiber haben vor einiger Zeit den Kopf aus dem Sand gezogen und in ihren Texten politisch Stellung bezogen. Stevie Wonder sagt: „Wir als Volk sind nicht mehr an ‚Baby, Baby'-Songs interessiert. Im Leben geht es um mehr als das."[2] Die Diskjockeys sind jedoch weiterhin auf Rock fixiert und lassen den Jazz links liegen. „Du kannst nicht darauf bauen, dass jemand dafür sorgt, dass deine Musik ankommt", meinte Billy Harper. „Die Musiker müssen das selbst in die Hand nehmen."

Dass es für die New Music kaum schwarze Promotoren gibt, führt dazu, dass der musikalische Status quo im Getto fortdauert. Viele meinen, dass bestimmte politische und wirtschaftliche Interessen dahinter stehen. „Man will die Leute bei Laune halten, indem man ihnen Musik vorsetzt, zu der sie tanzen können, bei der sie ganz auf den Rhythmus eingehen können", sagte Harper. „Ich glaube, wenn mehr zeitgenössische Black Music gespielt würde, dann würden die Leute wahrscheinlich ein bisschen mehr nachdenken. In politischer Hinsicht könnte das manchen recht gefährlich vorkommen. Wenn beispielsweise die Leute in Harlem einfach den ganzen Tag lang zur Radiomusik herumtanzen und darauf abfahren, dann machen sie sich auch keine Gedanken über die aktuellen Probleme.

Wenn wir schon vor langer Zeit eingesehen hätten, dass wir uns um unsere Dinge selbst kümmern müssen, dann hätten wir die Promotion selbst in die Hand genommen. Aber als ich als Musiker anfing, wollte ich auch nichts anderes machen als Musik, weil das mein Lebensinhalt ist. Aber jetzt muss ich mich auch um andere Dinge kümmern. Ich mache nach wie vor Musik, beschäftige mich aber auch mit ihrer Verbreitung und Vermarktung. Das haben die Musiker früher dem Promotor überlassen."

Harper gehört zu den Musikern, die gemerkt haben, dass Leute, die sich durchaus für die New Music interessieren, mit konventionellen Methoden nicht erreicht werden können. „Es gibt immer Schwarze, die von der Musik gehört haben, aber es ist schwierig, sie zu ihnen zu bringen. Andere hingegen ahnen gar nicht, dass diese Musik wichtig ist. Sie bekommen durch all das Zeug, das aus dem Radio dröhnt, eine Gehirnwäsche.

Einige Interpreten der zeitgenössischen Black Music bringen manchmal auf ihrem Instrument zum Ausdruck, dass die Gegebenheiten nicht in Ordnung sind. Aber die Gehirnwäsche funktioniert überall. Ein Auftritt von Archie Shepp im *Apollo* ist einfach undenkbar! Die Leute, die dort hingehen, sind auf eine bestimmte Art von Musik programmiert. Sie sind nur dafür aufnahmefähig. Etwas anderes wollen sie nicht hören."

Der Schlagzeuger Billy Higgins sieht dies ähnlich. „Wenn man eingehämmert bekommt, dass das Sache ist, dann glaubt man das nach einer Weile. Man hört das im Schlaf, man geht in einen Klub, und wenn der Set vorbei ist, stellen sie die Jukebox an ... Die Kids sind ganz begeistert davon. Von Noten haben sie keine Ahnung, aber sie nehmen den Bass und lernen ein bisschen Blues, und das ist dann alles ...

Oder nehmen wir mal einen Profi wie Miles Davis. Den haben sie ganz verdrahtet mit all diesem Elektrozeug, nur weil die Medien das verlangten. Das war der Sound, der ‚in‘ war. Aber das ist auch der Grund dafür, dass die Leute keine Persönlichkeiten und keine Neuerer mehr kennen. Die Kids von heute tun mir leid, sie haben keine gute Zukunft vor sich. Ich habe einen kleinen Kerl in meiner Nachbarschaft gefragt: ‚Was ist denn dein Lieblingsinstrument?‘ Er antwortete, er wolle Bass spielen. Er wusste aber gar nicht mal, wie ein Kontrabass aussieht. Wo man hinkommt, ist von ‚Soulmusic‘ und ‚Rock and Roll‘ die Rede. Aber das ist doch ein alter Hut. Das haben die Schwarzen seit Generationen gemacht, wenn's ihnen langweilig war. Es war für sie ein Mittel, um nicht den Verstand zu verlieren."

Don Pullen, der durch seine Zusammenarbeit mit Charles Mingus bekannt wurde, meinte in diesem Zusammenhang: „Es gibt schon Leute, die nicht bloß mit den Fingern schnalzen, und manche interessieren sich wirklich für unsere Musik. Sie haben Schallplatten von allen möglichen Künstlern, aber wenn sie ausgehen, bekommen sie nur diese Gruppen mit einem Tenorsaxofon und einer Orgel zu hören. Wenn sie die Gelegenheit bekommen, ein Konzert zu besuchen und einen von denen zu hören, die ihnen gefallen, dann kaufen sie eine Karte. Aber wir müssen das selbst organisieren, weil es kaum einen Veranstalter gibt, der das Risiko eingehen will."[3]

In der Vergangenheit praktizierten die Musiker in den Bars ihre Kameraderie, schwiegen sich aber über ihre Arbeit weitgehend aus. Bevorstehende Aktivitäten behielten sich für sich, weil sie ihre persönlichen Kontakte zu den Arbeitgebern nicht gefährden wollten. Diese „Gigging"-Mentalität findet man auch heutzutage unter Musikern, die keinen Gemeinschaftssinn haben, aber die Kollektivinteressen finden immer stärker Berücksichtigung. Wenn Archie Shepp zum Beispiel einen Aufnahmetermin hat, zieht er auch Musiker hinzu, die entweder kaum bekannt oder in Schwierigkeiten geraten sind. Diese leisten manchmal einen nützlichen Beitrag, aber oft hätten Mitglieder seiner regulären Band die Aufgabe genauso gut erledigen können. Die Musiker erhalten nach dem Aufnahmetermin einen Scheck. Das Geld stammt jedoch nicht von der Schallplattenfirma, sondern vom Leiter der Band, weil dieser bei einem Aufnahmetermin für alle Kosten aufkommen muss. Etwas Ähnliches spielte sich 1969 in Paris ab, als BYG Aufnahmen mit den amerikanischen Musikern machte, die am Jazz-und-Pop-Festival im belgischen Amougies teilnahmen. Sunny Murray, Clifford Thornton und andere brachten zahlreiche Kollegen zu ihren Terminen mit. Shepp verpflichtete sogar einige ältere Musiker, die sich zeitweilig in Paris niedergelassen hatten und die der Avantgardemusik damals nach eigenem Bekunden eher fern standen.

Auf diese und andere Weisen hat sich die Musikwelt dem angenähert, was Milford Graves „Sozialismus" nennt. Dahinter steckt die Erkenntnis der Tatsache, dass es in der Musik wie auch im Leben selbst zu einer Schwächung des Einzelnen und zu einer effektiven Minderung seiner Beiträge führt, wenn die Menschen Solidarität vermissen lassen. Dies soll nicht heißen, dass die Bands früherer Zeiten schwache künstlerische Leistungen boten. Im Jazz gab und gibt es bis zu einem gewissen Grad auch weiterhin den Gegensatz zwischen „Stars" und „Sidemen". „Das Geltungsbedürfnis ist bei Musikern immer ein Problem gewesen", sagte Billy Harper. „Man hat sich immer von anderen unterscheiden wollen, und deshalb haben die Musiker und andere Schwarze auch diesen Drang, ‚der Größte' oder ‚die Nummer eins' zu sein. ‚Du bist Nummer drei, du hast mir nichts zu sagen!' Das ist doch dumm. Hier bemühen sich so viele, Musik zu machen. Als ich nach New York kam, bekam ich gesagt: ‚Für mich ist es sehr schwer gewesen. Du musst eben selbst schauen, wie du vorankommst.'"

Das Konkurrenzdenken war immer sehr stark ausgeprägt. Es wird auch durch die Polls gefördert, bei denen Leser und/oder Kritiker ihre „Lieblingsmusiker" ermitteln. Die Gewinner werden dann oft als „die Besten" ihres Instruments bezeichnet, und diese Anerkennung steigert in den folgenden Monaten ihre Aussichten, Beschäftigung zu finden, insbesondere bei den Plattenfirmen. Es führt auch dazu, dass sie von Instrumentenherstellern gebeten werden, für deren Produkte einzutreten, und dass sie im Gegenzug ein Instrument kostenlos erhalten. Es gibt außerdem ein System, bei dem die Kritiker den von ihnen erwähnten Schallplatten Sternchen verleihen. Die Zahl der Sternchen hängt davon ab, wie gelungen die betreffende Aufnahme angeblich ist. Archie Shepp ist der Meinung, dass die Künstler dadurch den Status von Rennpferden erhalten. „Hat man je erlebt, dass Arthur Rubinstein für seine Leistungen Sternchen bekam? Niemand macht sich Gedanken darüber, ob Bach oder Beethoven fünf Sternchen bekommen sollten. Dieser Umgang mit der Kultur der Schwarzen ist diskriminierend, und er wirkt spaltend, weil er das Konkurrenzdenken auf dem niedrigsten, verlogensten Niveau fördert." (Im Übrigen stehen schwarze Musiker mit ihrer Einschätzung nicht allein. In der Londoner *Sunday Times* erläuterte der britische Schriftsteller John Berger im Dezember 1973, wieso er die Hälfte des Preisgeldes vom Booker-Preis, den er für den besten Roman erhalten hatte, der Black Panther Party gespendet hatte: „Auf dem Gebiet der Literatur ist diese Einteilung in Gewinner und Verlierer völlig fehl am Platz.")

Diese Meinung wird jedoch nicht von allen geteilt. Noah Howard sagte: „Wenn sich ein Kind gut aufführt, bekommt es von der Mutter ein Bonbon. Bei einem Künstler ist das nicht anders. Wenn er eine Auszeichnung erhält, bekommt er das Gefühl, dass es Leute gibt, die sein Werk schätzen."

Es lässt sich darüber streiten, ob das Konkurrenzdenken der Musik in der Vergangenheit schadete oder ob es ein notwendiger Bestandteil ihrer Geschichte war. Als die Musiker allmählich merkten, dass sich künstliche Rangfolgen destruktiv auswirkten, führte eine Anzahl von Gruppen kooperative Methoden ein. Auch zuvor hatte es schon Kooperativen gegeben – das Modern Jazz Quartet ist ein bekanntes Beispiel. Auf dem Gebiet der New Music war das von dem Trompeter Charles Tolliver und dem Pianisten Stanley Cowell gemeinsam geleitete Quartett Music Inc. jedoch eine der ersten Kooperativen. Zu den anderen New-Yorker Gruppen gehören Abdullah, das Melodic Art-tet, die Aboriginal Music Society und das Revolutionary Ensemble. In Chicago gibt es viele aus der AACM hervorgegangene Gruppierungen, unter ihnen Third World, das Art Ensemble of Chicago, Air und Light. Der Black Artists Group in St. Louis gehörten zeitweilig fünfundzwanzig bis dreißig Musiker sowie Sängerinnen und Sänger, Dichter, Tänzerinnen und Tänzer sowie bildende Künstler an. Die Black Artists Group und die Human Arts Association brachten Gruppen wie die Solidarity Unit und die Children of the Sun hervor. (Bedauerlicherweise existiert die BAG derzeit lediglich auf einer spirituellen Ebene. Die Mitglieder arbeiten zwar weiterhin zusammen und tauschen Ideen aus. Der Niedergang der Gruppe wurde jedoch durch den Zusammenbruch ihres Finanzierungsprogramms beschleunigt, zu dem es kam, als fünf ihrer führenden Mitglieder nach Europa abreisten. Im Gegensatz zur AACM waren die jüngeren Mitglieder nicht reif genug, um die Zielsetzungen der BAG weiterzuverfolgen.)

Leroy Jenkins, der beim Revolutionary Ensemble Violine spielt, gab an, dass Kooperativen oft gegründet wurden, um das „Sideman"-Image zu überwinden. „Für den Leiter einer Gruppe ist das eine große Entlastung. Er hat normalerweise viel Extraarbeit, und die anderen lehnen sich zurück und ernten die Früchte seiner Arbeit. Außerdem werden die Bandleader Vaterfiguren, aber viele von ihnen wollen einfach keine Vaterrolle übernehmen."

„Wir eröffnen den Kollegen viele Möglichkeiten", sagte Sirone, der Bassist des Ensembles. „Ich glaube, wenn wir uns einig sind, dass es ganz allein auf uns ankommt, brauchen wir keine Hilfe von außen. Es ist ganz einfach: Die Kollegen müssen vor allem glauben, dass die Musik das Ausschlaggebende ist, dann ergibt sich alles andere von selbst."

Persönliche Publicity war früher dem normalen Musiker, der vorankommen wollte, sehr willkommen. Heutzutage bestehen manche Gruppen darauf, dass sie gemeinschaftlich interviewt werden. Wenn sie für die Musik und die öffentlichen Auftritte mitverantwortlich sind, wollen sie auch mitentscheiden, was veröffentlicht wird. Manche Künstler lehnen Interviews grundsätzlich ab.

Einige Musiker sind durch ihre vergebliche Arbeitssuche so entmutigt worden, dass sie angesichts der Erfolge, die andere dank persönlicher Publicity in der Jazzpresse erzielt haben, darauf bestehen, dass sie für ein Interview Geld bekommen. Clifford Thornton verurteilt diese Haltung. Er vergleicht diese Musiker mit jenen, die bei einem Job- oder Schallplattenangebot so hohe Forderungen stellen, dass das Vorhaben scheitert. „Ich kenne hier einige Typen, die weinen immer in ihr Bier und jammern darüber, dass sie in den Zeitschriften nicht erwähnt werden. Sie meinen, dass es da eine große Verschwörung gibt, dass dunkle Mächte dafür sorgen, dass sie totgeschwiegen werden. Und wenn dann einer kommt, der ihre Situation schildern könnte oder einfach neugierig ist, dann fragen sie: ‚Wie viel Geld hast du in der Tasche?' Sie tun so, als wären sie so bedeutend, dass man zuerst mal Geld rausrücken muss, bevor man mit ihnen sprechen darf! Ist das nicht lächerlich?

Diese Typen begreifen nicht, dass die Journalisten nicht ihre Feinde sind, sondern dass diese als Mittler eine wichtige Funktion haben. Sie meinen, sie seien die Einzigen, die Talent haben. Sie glauben, sie allein seien von Bedeutung. Diese merkwürdige Einstellung muss man als konterrevolutionär bezeichnen. Wenn wir mit so einer beschissenen Einstellung rumlaufen, wird es nie Veränderungen geben!"

Nicht alle sind der Ansicht, dass die Kooperativen die Probleme lösen, mit denen kreative Künstler, die sich mit der Black Music beschäftigen, zu kämpfen haben. Ted Daniel ist der Meinung, dass die wirtschaftliche Lage der Mitglieder eine große Rolle spielt. „Wenn etwa aus irgendeinem Grund eine Menge Geld reinkommt, könnte die Begeisterung für das Kollektiv rasch verfliegen. Nicht unausweichlich, aber die Leute hätten die Tendenz, individuell mit der Musik umzugehen. Blakey hat gesagt: ‚Die Gruppe, die zusammenbleibt, spielt wirklich zusammen.' Das ist sehr zutreffend. Wir kommen und gehen so schnell, besonders hier in New York. Man spielt mit einer Gruppe zusammen, und wenn man sie wiedertrifft, sitzen fünfzehn neue Musiker in der Band! Man hat keine Gelegenheit, ein harmonisches Verhältnis und einen wirklich guten Orchestersound zu erzielen. Die Musik ist ganz gut, aber wenn man an eine Band wie die von Trane zurückdenkt, merkt man: Das war ein einzigartiger Sound. Das war eine Band, die über Jahre hinweg Bestand gehabt hatte."

Lee Morgan und Billy Higgins waren beide in *Down Beat* zum „New Star" ihres Instruments gewählt worden. Ihre Haltung änderte sich unter dem Einfluss des Kollektivismus. Was er als Vorteil einer Kooperative sieht, beschrieb Higgins wie folgt: „Bei einer Band, bei der es nicht auf den Leader ankommt, die aber einige so coole Leute hat, dass alle Geld verdienen, legt sich jeder Einzelne ins Zeug. Das Modern Jazz Quartet war ganz toll, weil alle Beteiligten davon profitieren konnten. Diese Typen haben jetzt ein Zuhause, sie haben gut leben und zusammenspielen können. Es wäre schön, wenn es so etwas häufiger gäbe. Ich habe mit diesem und jenem Kollegen zusammengespielt und Schallplatten gemacht. Der eine oder andere wird dann berühmt und kommt auf verschiedene Weisen zu Geld. Aber du bist ein Sideman und kriegst nichts. Oft bekommst du nicht mal Anerkennung. Aber so ist das eben in diesem Geschäft. Die anderen kommen sich dafür wie Stars vor."

Hakim Jami meint, dass es auf den Einzelnen ankommt, ob er damit zufrieden ist, einen Beitrag zur Musik zu leisten und weiterhin ein Unbekannter zu bleiben. „Mir wäre es egal, wenn mich niemand kennt, solange ich das machen könnte, was ich machen möchte. Wenn ich einen bestimmten Punkt erreicht hätte, würde mir das nichts ausmachen. Aber den habe ich noch nicht erreicht. Ich habe nämlich eine Wohnung im fünften Stock, die keinen Aufzug hat. Wenn es darum geht, wie viel Geld man verlangen kann, musst du darauf verweisen können, dass du schon einen bestimmten Grad an Anerkennung gefunden hast. Andernfalls bekommst du nämlich gar nichts. Man muss jemand sein. Es geht nicht darum, dass die Musiker unbedingt Anerkennung suchen, aber was das Geschäftliche angeht, ist es manchmal unabdingbar, dass man einen gewissen Bekanntheitsgrad hat. Das Geschäftliche muss stimmen, und deshalb kommen manche Musiker nicht zum Zug. Die Geschäftsleute machen das, weil sie Geld verdienen wollen, und es kommt oft vor, dass sie den Leuten Anerkennung verschaffen, die ihnen gerade in den Kram passen."

Andrew Cyrille ist stolz darauf, dass er es geschafft hat, seinen Lebensunterhalt ausschließlich mit der Musik zu verdienen. Er sieht ein, dass dabei bestimmte Voraussetzungen erfüllt sein müssen: „Ich bemühe mich, einen klaren Kopf zu behalten und mir nichts zuschulden kommen zu lassen." Er ist sich außerdem im Klaren darüber, dass sich die schwarzen Musiker gemeinsam Gedanken über ihre eigene Kultur machen müssen, weil sich die Weißen im Allgemeinen stets mit anderen Weißen identifizieren werden.

Cyrille gibt nicht allein den Musikern, sondern der schwarzen Bevölkerung insgesamt die Schuld. Eine Lösung sieht er darin, dass diese die in ihrer Mitte lebenden Künstler dazu ermutigt, ihre Musik zum Ausdruck zu bringen, und dafür sorgt, dass sie ihren Lebensunterhalt verdienen können. „Es ist immer noch so, dass Schwarze etwas produzieren und Weiße die Vermarktung übernehmen. Und wir sind dann die Konsumenten. Da jetzt im Erziehungs- und Bildungswesen größere Anstrengungen unternommen werden, wird es vielleicht eines Tages dazu kommen, dass Musiker über geschäftliche Dinge nachdenken, dass sie sich überlegen, kooperative Läden aufzumachen und Schallplatten zu produzieren. Bei der Literatur sieht es genauso aus: Wir haben Schriftsteller, aber keine Verlage, die Schwarzen gehören. Und es gibt auch kaum Schwarze, die Musikinstrumente verkaufen."

Normalerweise haben Musiker stets darauf gewartet, dass das Telefon klingelt. Sie haben immer gewusst, dass ein Publikum vorhanden war. Das war nicht das Problem. Die Promotoren waren diejenigen, die erst mal überzeugt werden mussten. Das war eine mühselige Prozedur. Schließlich begriffen die Musiker, dass sie die Situation nur dadurch in den Griff bekommen konnten, dass sie die Organisation ihrer Aktivitäten selbst übernahmen. Max Roach und Randy Weston hatten in den Fünfzigerjahren mit einer Musikerorganisation nicht viel Erfolg gehabt; Bill Dixon hatte jedoch mit der Jazz Composers Guild gezeigt, dass man sogar anarchistische Typen dazu bringen konnte, sich für ein gemeinsames Ziel einzusetzen. In den Sechzigerjahren gab es häufig Sessions in den Lofts von Musikern und Malern. Die Zahl der Zuhörer war nicht sehr groß, es gab dabei nicht viel Geld zu verdienen, aber die New Music gelangte auf diese Weise an die Öffentlichkeit. „Ich merkte damals, dass alle das Gefühl hatten, dass etwas Neues im Entstehen war", sagte Milford Graves. „Es war wie eine Revolution in der Musik. Viele begriffen nicht, was wir da vorhatten, aber es gab auch Leute, die merkten, dass wir uns bemühten, ein Publikum zu finden."

Allmählich fingen umsichtige Musiker an, Säle zu mieten und selbst Konzerte zu veranstalten. Die Judson Hall (später Cami Hall) gegenüber der Carnegie Hall wurde ein beliebter Treffpunkt. Wenige Musiker konnten es sich leisten, Gigs abzulehnen, doch sie waren nicht mehr sonderlich interessiert, in Klubs aufzutreten. Sirone brachte die Meinung vieler zum Ausdruck, als er sagte: „Klubs haben eine ‚Gig'-Atmosphäre. Nicht, wenn Ornette spielt oder als John spielte. Da konnte man Abend für Abend hingehen, und es war jedes Mal anders. Aber sechs Abende pro Woche auftreten, das ist einfach Sklavenarbeit. Das ist, als bekäme man einen Helm auf den Kopf gesetzt und so fest wie möglich umgeschnallt und würde dann aufgefordert: ‚Jetzt spiel mal schön.'"

Im Jahr 1972 verlegte George Wein das Newport Jazz Festival nach New York. In der Presse war so viel von dem Gewinn die Rede, den er angeblich machte, dass man sich fragte, was die Musiker eigentlich abbekommen hatten. „Das Newport-Festival sollte eine Bühne für all die Talente in New York sein, aber einige gehörten in Wirklichkeit zum alten Eisen. Die Präsentation der

Musik war nicht ausgewogen. Da wurde von oben herab entschieden, was das Publikum hören sollte und was nicht." Der Tenorsaxofonist Sam Rivers, der am Institut für afroamerikanische Musik der Wesleyan University Professor ist, hat in Cecil Taylors Gruppe und in vielen namhaften Bands mitgewirkt, zum Beispiel bei Miles Davis. Er gehörte zu den Initiatoren des Gegenfestivals, das zur selben Zeit wie George Weins Festival ablief. „In New York gibt es ein nahezu unerschöpfliches Reservoir an talentierten Musikern. Für einen Geschäftsmann ist es gut, das auf ein paar Namen zu begrenzen, weil er die Sache dann besser kontrollieren kann. Die Musiker, die beim Festival auftraten, sind aber längst nicht alle so gut wie andere, die nicht teilnehmen durften."

Zu den Organisatoren des ersten New York Musicians Festival gehörten der Trompeter James Dubois, Leiter der Musikerkooperative Studio We, sowie der Congadrummer Juma Sultan, der einst in Jimi Hendrix' Band of Gypsies gespielt hatte und jetzt die treibende Kraft bei der Aboriginal Music Society ist. Rivers, der in der Nähe der Bowery in einem Loft wohnte, stellte diesen als Austragungsort zur Verfügung und gab ihm die Bezeichnung Studio Rivbea. (Rivers erhält später vom New York State Council of the Arts Fördermittel, die es ihm ermöglichten, in dem Loft jeden Abend Konzerte und Workshops zu veranstalten.) Das Gegenfestival sollte Wein nicht kommerziell Konkurrenz machen. Es sollte den Umstand nutzen, dass sich viele Besucher – auch aus Übersee – in der Stadt aufhielten, um die Musik bekannt zu machen.

Dass noch mehr gezielte gemeinschaftliche Aktionen nötig waren, zeigte sich im Jahr 1974. Die jungen Musiker, die sich weitgehend darauf verlassen hatten, im Sommer erneut in den New-Yorker Parks beschäftigt zu werden, fanden sich plötzlich auf der Straße wieder. Im Jahr zuvor hatte Wein eine Alibi-Konzertreihe veranstaltet, bei der die jüngeren Musiker im Mittelpunkt standen. Inzwischen war es ihm gelungen, die Mittel des Parks Department und des New York State Council on the Arts zugesprochen zu bekommen, und diese verwendete er nun für seine eigenen Vorhaben. Bei seinen Konzerten traten nur etablierte Musiker auf. Das Newport-Programm litt erneut darunter, dass betagte Musiker und Personen wie Diana Ross und Johnny Mathis auftraten.

Das Zusammenspiel aus Freude an der Musik wurde immer seltener praktiziert. Es gibt zwar noch einige Musiker, die stets bereit sind, einfach zum Spaß zusammenzuspielen. Die meisten mussten jedoch erleben, dass ihre eigene finanzielle Situation im Zusammenhang mit der Wirtschaftskrise immer schlechter wurde, während sich die Lage ihrer kommerzorientierten Gegenspieler verbesserte. Verständlicherweise ist ihr Enthusiasmus für die Musik einer gewissen Verbitterung gewichen. In den Zeiten des Loft-Jazz war das anders. Damals dachten die Künstler nicht ans Geld, sondern nur daran, ihre Ideen an die Öffentlichkeit zu bringen. „Viele blieben dieser Musikbewegung treu, aber es sind auch viele ausgestiegen", sagte Milford Graves. „Und diejenigen, die dabeiblieben, meinen jetzt, dass sie sich in musikalischer Hinsicht etabliert haben, dass sie ihre Statements gemacht haben und es nicht mehr darauf ankommt, Kontakt mit der Öffentlichkeit zu finden. Sie müssen jetzt schauen, dass sie durchkommen."

Die meisten Musiker blicken jedoch trotz der ökonomischen Rückschläge optimistisch in die Zukunft. Andrew Cyrille meinte, die Menschen würden ungeachtet der Beschäftigungssituation weiter kreativ tätig sein, „selbst wenn sie auf die Straßen gehen müssten wie damals in den Waschbrett-Zeiten. Wo und womit man spielt, ändert sich eben je nach den Umständen."

Quellen:
1. Bericht in *Down Beat,* 15. Oktober 1970.
2. Interview mit Chris Welch in *Melody Maker,* 10. Februar 1973.
3. Interview von Bill Smith, „Don Pullen", *Coda,* Dezember 1970.

15

Schallplattenaufnahmen: Die Musik unter die Leute bringen

In den USA gibt es jetzt einige Plattenfirmen, die nach der Devise ver-
fahren: „Weniger Aufnahmen mit schwarzen Musikern, lieber einen Weißen
nehmen, den man für einen Schwarzen halten könnte." Und das ist wirklich
das Letzte.

Billy Harper

Knapp zwei Jahre nach der „Oktoberrevolution" von 1964 brachten Milford Graves und Don Pullen die erste Schallplatte unter ihrem eigenen Label heraus. Charles Mingus hatte in den Fünfzigerjahren etwas Ähnliches gemacht, als er sich mit Miles Davis und Max Roach zusammentat und ihr Gemeinschaftsprodukt auf Debut veröffentlichte. Diese Firma war jedoch eher wie ein Wirtschaftsunternehmen geführt worden. Sun Ra hingegen, der schon 1957 auf Saturn Aufnahmen machte, dachte nicht geschäftsmäßig und verteilte die ersten Pressungen vorwiegend in seinem Freundeskreis und an die Familien der Musiker. Graves und Pullen waren die ersten Musiker, die alles, was mit der Produktion zusammenhing, selbst erledigten, von den Verträgen über den Transport bis hin zur Buchhaltung. Ihr Label, das die treffende Bezeichnung SRP (Self-Reliance Project) trug, hatte eine Vorbildfunktion. (Mingus startete 1967 mit einem Mailorder-Label einen weiteren Versuch, verkaufte aber schließlich die Originalbänder an eine etablierte Firma.)

Die Plattenhüllen der Original-LPs von dem Konzert des Duos Pullen/Graves in der Yale University bemalte der Drummer von Hand. Als Graves in Latin-Bands spielte, saß Pullen bei einer von dem Altsaxofonisten Charles Williams geleiteten Kombo oft am Klavier. Sie spielte auf Long Island in Klubs sowie bei Tanzveranstaltungen, und dabei soll Cecil Taylor häufig unter den Besuchern gewesen sein. Später kamen Graves und Pullen aus nicht kommerziellen Anlässen zusammen. Sie spielten und machten Aufnahmen mit Giuseppi Logan. Danach traten sie als Duo auf. Zu ihrer zweiten SRP-LP *Nommo* steuerte Pullen den ermutigenden Text bei: „Der Schlüsselbegriff für alle, die mit der New Music zu tun haben und die Dinge selbst in die Hand nehmen wollen, heißt Autonomie. Diese Musiker schaffen jetzt eine Situation, in der die kreativen Fähigkeiten, die wegen der repressiven Bedingungen so lange brachgelegen haben, endlich voll verwirklicht werden können."[1]

Als Graves 1974 ein drittes Album herausbrachte, eine Reihe von Perkussionsduetten mit Andrew Cyrille, waren bereits viele andere dem Beispiel gefolgt, das er zusammen mit Pullen gegeben hatte. In der Vergangenheit hatten sich die Musiker hauptsächlich damit beschäftigt, ihr Instrument gut zu beherrschen und Gigs zu bekommen. In den Siebzigerjahren mussten sie sich jedoch mit ganz anderen Dingen abgeben: mit den Spleens der Toningenieure und dem Sound-Mixing, den Portokosten, der Verpackung und dem Preis von Vinyl. Die auf diesen Gebieten unerfahrenen Künstler hatten nun Gelegenheit, kreative Fähigkeiten, die sich angesichts der kurzsichtigen Geschäftspolitik der Plattenfirmen nicht hatten entwickeln können, voll auszuschöpfen.

„Es geht nicht um den Erfolg, sondern darum, Eigentümer des eigenen Produkts zu sein", sagte der Trompeter Charles Tolliver, der mehrere LPs unter dem Label Strata-East herausbrachte, das er in New York zusammen mit dem Pianisten Stanley Cowell gegründet hatte. „Wenn wir unsere eigene Musik herausbringen, wissen wir, dass sie uns gehört und dass alle Gewinne, die wir dadurch erzielen, wieder der Musik zugute kommen werden."

In Amerika ist es heutzutage so, dass ein Musiker, der etwas gelten will, unbedingt eine Schallplattenveröffentlichung vorweisen muss. Das hängt nicht allein mit dem Geltungsbedürfnis zusammen, wie manche Leute meinen. Da sich Platten mit New Music immer noch ziemlich schlecht verkaufen, spielt der finanzielle Aspekt keine Rolle. Für den Musiker geht es vielmehr darum, eine bessere Verhandlungsposition zu bekommen und der Öffentlichkeit zu beweisen, dass er etwas erreicht hat. Bevor es die Eigeninitiative gab, musste der Musiker mit Managern oder Produzenten einer Plattenfirma Verbindung aufnehmen und um einen Aufnahmetermin nachsuchen. Für den Künstler war dies oft eine demütigende Prozedur: Er wusste, dass er etwas zu bieten hatte, aber bei der Firma galt sein „Produkt" wenig. Ted Daniel, der ein Konzert seines Sextetts an der Columbia University aufzeichnete und unter seinem eigenen Label Ujamaa herausbrachte, kennt die Schwierigkeiten, gegen die ein jüngerer Musiker bei Schallplattenfirmen ankämpfen muss: „Wenn man als Einzelner zu einer Plattenfirma geht und um einen Aufnahmetermin bittet, bringt man sich selbst in eine schwierige Lage. Man hat nichts Konkretes vorzuweisen, man kann nur

Behauptungen aufstellen. Wenn man selbst eine Plattenfirma oder eine Schallplatte oder ein Originalband hat, dann ist man in einer ganz anderen Verhandlungsposition."

Eines der Hauptprobleme, das Musikern zu schaffen macht, die einen Plattenvertrag haben möchten (und heutzutage wird nur eine recht geringe Zahl vergeben), hat damit zu tun: Wie bei der Filmindustrie haben bei den großen Firmen die Verkaufsabteilungen und Justiziare das Sagen, die von Kunst wenig verstehen und sich nicht für sie interessieren. Selbst denjenigen Firmenangehörigen, die sich auskennen, sind enge Grenzen gesetzt, was die Auswahl sowie den Umfang der Promotion betrifft. Ihr eigenes kreatives Denken kommt nicht zum Zug, weil die Verkaufsabteilungen ständig Druck ausüben.

Die Musiker haben schon immer jede Gelegenheit für Aufnahmen ergreifen müssen, wann immer und wo auch immer sie auftauchte. In letzter Zeit gab es diese Gelegenheiten in immer größerer Zahl außerhalb der USA, zum Beispiel in Frankreich und in Deutschland. Die Musiker erhielten zwar für die Aufnahme oder für ein vorhandenes Band eine relativ geringe Vergütung, aber die Musik fand wenigstens außerhalb eines kleinen Zirkels ihre Zuhörer. Einer von ihnen meinte: „Wenn ich hierzulande gewartet hätte, bis ich etwas so Gutes und Kreatives wie mein jetziges Album machen kann, wäre nie was draus geworden."

Im Jahr 1969 startete die französische Firma BYG ein Aufnahmeprogramm beispiellosen Umfangs. Man nahm von Shepp, Murray, dem Art Ensemble of Chicago, Grachan Moncur III, Clifford Thornton, Dave Burrell, Alan Silva, Frank Wright und anderen Material für LPs auf. Cecil Taylor machte damals bei den europäischen Festivals die Runde; zwei seiner Begleiter, Jimmy Lyons und Andrew Cyrille, bekamen von BYG Aufnahmetermine angeboten. Cyrille nutzte die Gelegenheit und nahm das erstaunliche Perkussionsalbum *What About?* auf, eine veritable Tour de Force, bei der die Schlagzeugkunst umfassend zum Ausdruck kommt. Cyrille brachte die LP voller Stolz nach Amerika und legte sie dort den führenden Plattenfirmen vor. Er meinte, dass dieser Beweis seiner Kreativität dazu führen würde, dass man ihm eine Plattenaufnahme in Aussicht stellte.

Cyrille gelang es, bei Columbia einen Termin mit John Hammond zu bekommen, dem millionenschweren Schwager von Benny Goodman und angeblichen „Entdecker" von Billie Holiday und Count Basie. Cyrille legte *What About?* auf den Plattenteller. Hammond hörte sich dreißig Sekunden der Gesamtspieldauer von sechsundvierzig Minuten und achtundvierzig Sekunden an. Dann hob er den Tonarm hoch und teilte Cyrille mit: „Unser Computer interessiert sind nicht für kreatives Schlagzeugspiel. Er möchte, dass Geld verdient wird." Er fügte hinzu, dass amerikanische Firmen so etwas nicht mal mit der Kneifzange anfassen würden. Ironischerweise war Columbia ein paar Jahre später ganz erpicht darauf, den gesamten BYG-Katalog aufzukaufen, zu dem auch LPs wie die von

Cyrille gehörten, die angeblich kommerziell nicht verwertbar waren. (Aus dem Deal wurde nichts, weil Columbia im letzten Moment feststellte, dass das ältere Material bei „Bootleg"-Aufnahmen entstanden und ein Teil davon bereits Copyright-Besitz der Firma war.)

Nicht nur schwarze Künstler wurden auf diese banausenhafte Art behandelt. Als Mike Mantler und Carla Bley sich bemühten, Bänder eines Konzerts des Jazz Composers' Orchestra zu verkaufen, wurde ihnen von demselben Produzenten mitgeteilt: „Machen Sie sich doch nicht lächerlich. Wir haben dafür zu sorgen, dass die Firma Gewinne macht. Dieses Zeug lässt sich nicht verkaufen." Ein anderer Produzent weigerte sich, ihre Telefonate entgegenzunehmen. Carla versuchte schließlich, die Aufmerksamkeit der Firma zu gewinnen, indem sie einen vierjährigen Jungen mit dem Plakat „Macht Aufnahmen von Carla Bley!" hinaufschickte.

Die Schallplattenfirmen sind einerseits bereit, klassische Musik aus Prestigegründen zu bezuschussen. Andererseits gehen sie gegen schwarze und weiße Künstler, die Jazz spielen, diskriminierend vor. Columbia hatte beispielsweise einmal eine Serie „Junge amerikanische Komponisten", die man der Kategorie „Klassisch" zuordnete und von daher für gerechtfertigt hielt. Ornette Coleman war ebenfalls bei Columbia unter Vertrag, aber man lehnte es aus Kostengründen ab, sein sinfonisches Werk „Skies of America" von einem amerikanischen Orchester einspielen zu lassen. Dabei hatte die Firma das New York Symphony Orchestra unter Vertrag. Obwohl es sich um eine neue Komposition handelte, musste Coleman schließlich nach England reisen, damit Columbia Geld sparen konnte. Die Firma hatte jedoch keine Bedenken, eine Beethoven-Sinfonie zum soundso vielten Mal aufzunehmen.

Ted Daniel sagte: „Meiner Meinung nach hatten die Plattenfirmen Anfang der Sechzigerjahre die Wahl, den Rock voranzutreiben oder die New Music zu unterstützen. Sie entschieden sich für den Rock. Das waren ältere Leute in gesicherten Positionen, und denen kam die New Music vermutlich anstößig vor."

Ob sich die Musik weiterentwickeln würde oder nicht, hing zu einem großen Teil von den Plattenfirmen ab. Und sie allein verfügten über die Mittel, die Musik der Nachwelt zugänglich zu machen. Wird Kunst von Schwarzen geschaffen, dann stellte diese für die Plattenfirmen nach wie vor ein Produkt dar. Für dieses Produkt wird jedoch längst nicht so viel Werbung gemacht wie für europäische Musik oder Rock. Oft nimmt man Jazzmusiker auf, damit man steuerlich absetzbare Unkosten hat. Doch selbst dies könnte häufiger geschehen. „In Amerika gibt es bestimmte Kreise, die diese Musik bremsen wollen", meinte Billy Harper. „Wer es schafft, Tiny Tim groß herauszubringen, kann mit Promotion alles durchdrücken. Aber diejenigen, die das Sagen haben, wollen das nicht."

Es gab jedoch eine Firma, die der New Music wenigstens eine Chance gab, gehört zu werden. 1965 erregte die kleine unabhängige Firma ESP-Disk mit der Veröffentlichung von drei Alben großes Aufsehen. Zwei von den beteiligten Künstlern, Byron Allen und Giuseppi Logan, waren relativ unbekannt und sind es immer noch. Der dritte war Albert Ayler. Bernard Stollman, der in New York zuvor als Rechtsanwalt tätig gewesen war, nahm in den Jahren 1964 bis 1970 nahezu alle bedeutenden Musiker der Avantgarde auf. Sein Katalog umfasste Paul Bley, Ornette Coleman, Milford Graves, Henry Grimes, Noah Howard, Frank Wright, Sunny Murray, Sun Ra, Marion Brown, Marzette Watts, Burton Greene und das New York Art Quartet. Pharoah Sanders bekam bei ESP seinen ersten Aufnahmetermin. Für diese weit blickende Programmgestaltung war Albert Ayler indirekt verantwortlich. Bevor er Ayler hörte, hatte Stollman keine Ahnung von der New Music gehabt. Er hatte keinen Plattenspieler und keine Schallplatten besessen, und Jazz war für ihn „nur so ein Wort" gewesen.

Stollman hatte beruflich mit dem Nachlass von Charlie Parker und Billie Holiday zu tun gehabt und war dann Dizzy Gillespies Rechtsanwalt geworden. Andere Musiker hörten von ihm und wurden seine Klienten. Einer von ihnen führte ihn an einem kalten Sonntagnachmittag nach Harlem. Im *Baby Grand* an der 125th Street saß Elmo Hope am Piano, und am Bass war nach Angaben von Stollman Richard Davis (was dieser allerdings verneint). Als die Session dem Ende zuging, sprang ein kleiner Mann, der einen schwarzweißen Bart hatte und einen Lederanzug trug, mit seinem Saxofon auf die Bühne und begann zu spielen. „Die Klangkaskaden waren einfach prachtvoll", erinnerte sich Stollman. „Die beiden anderen Musiker waren überwältigt und schauten ihn bloß an. Elmo Hope klappte schließlich den Deckel des Pianos zu, setzte sich unter die Leute und hörte zu. Der Bassist stellte sein Instrument beiseite und schlich auf Zehenspitzen von der Bühne. An der Reaktion der Musiker konnte ich erkennen, dass etwas sehr Wichtiges im Gange war.

Ayler spielte zwanzig Minuten lang. Die Frauen und Freundinnen von Musikern waren sein Publikum, außerdem war da noch ein Barmann, der seine Gläser polierte und hartnäckig versuchte, der Sache keine Beachtung zu schenken." Als Stollman mit Ayler bekannt gemacht wurde, hörte er sich selbst plötzlich sagen: „Ich bin gerade dabei, eine Plattenfirma zu gründen. Wollen Sie mein erster Künstler sein?"

Spiritual Unity, die erste ESP-Aufnahme, entstand in einem kleinen Studio, das auf Demoplatten lateinamerikanischer Musik spezialisiert war. Ayler traf dort mit zwei Begleitern ein: „Einem großen, sehr schlanken weißen Amerikaner namens Gary Peacock, der ganz abgezehrt aussah, und einem korpulenten Walross, das sich als Sunny Murray entpuppte." Als die Musiker zu spielen begannen, verließ der Toningenieur den Kontrollraum. Er kehrte erst wieder zurück, als das Band fast zu Ende war, weil er die revolutionäre Musik offenbar nicht ertragen konnte. Stollman hingegen konnte sich nicht mehr beherrschen und fing an zu tanzen. „Mein Gott!", rief er Peacocks damaliger Frau Annette zu. „Das ist ein viel versprechender Anfang für ein Plattenlabel!" Zwei Tage danach stellte Stollman fest, dass der Toningenieur eine Mono-Aufnahme gemacht hatte, weil er gemeint hatte, sie solle lediglich als Demo verwendet werden.

Spiritual Unity kam erst ein Jahr später heraus, weil Stollman der Ansicht war, die Firma ESP müsse gleich mit einer Reihe von Alben in Erscheinung treten, wenn sie ernst genommen werden wollte. Die Ausstattung der Platten war recht ausgefallen. Der Text auf den Etiketten und den Hüllen war in Englisch und in Esperanto. Das Design auf der Rückseite von *Spiritual Unity* zog sich um „das Symbol Y, das aus einer Zeit stammt, als es noch keine Geschichtsschreibung gab und das den aufstrebenden menschlichen Geist darstellt". Von den ersten drei Alben erhielt Aylers LP die meiste Aufmerksamkeit. Besprechungen erschienen in *Down Beat* sowie in englischen und französischen Publikationen. Das Echo war sehr unterschiedlich, aber Stollman war entzückt darüber, dass „sein" Künstler in bestimmten Kreisen „dermaßen gehässige Reaktionen" hervorgerufen hatte.

Während der „Oktoberrevolution" hielt sich Stollman Abend für Abend im *Cellar Café* auf. Er hörte dort Sun Ra zum ersten Mal und lud dann alle Beteiligten zu Aufnahmen ein. Die LPs entstanden unter unterschiedlichen Umständen: in Aufnahmestudios, bei Konzerten oder in irgendwelchen Wohnzimmern. Sie hatten jedoch eines gemein: Der Ablauf und die Präsentation wurden von den Musikern selbst bestimmt. Stollman hatte seine Lehren gezogen, nachdem er Ayler einmal den Vorschlag gemacht hatte, eine Single aufzunehmen. „Er meinte, da ließe sich vielleicht etwas machen. Dann stimmte die Gruppe einen zwei Minuten dauernden Song an, und mir wurde bald klar, was das zu bedeuten hatte: dass ich die Finger weglassen sollte von solchen Sachen. Ayler hatte eine respektvolle Art, aber er teilte mir durch dieses Musikstück mit, dass ich meine Grenzen überschritten hatte."

Im Gegensatz zu anderen Firmen veröffentlichte ESP kein Material, das der Künstler ursprünglich verworfen hatte. (Das posthum erschienene Album *Prophecy*, das Stollman in Zusammenarbeit mit Aylers Witwe herausbrachte, wurde aus Bandaufnahmen zusammengestellt, die nicht im Auftrag von ESP entstanden waren.) Zuerst waren die meisten Musiker ganz erpicht darauf, bei ESP Aufnahmen zu machen. Als John Coltrane im *Village Gate* ein Neujahrskonzert gab, stieg Frank Wright, der zusammen mit Ayler in Cleveland aufgewachsen war, bei ihm ein. Als Wright die Bühne verließ, fragte ihn Stollman, ob er ein Album machen wolle. Seine Antwort lautete: „Ob ich das will? Da können Sie Gift drauf nehmen!"

Stollmans Beliebtheit war jedoch nur von kurzer Dauer. Obwohl er eine Art Genossenschaft geplant hatte, bei der ESP im Grunde als Koproduzent und

Geldgeber fungieren sollte, erhielt keiner der Musiker mehr als einen gering-fügigen Vorschuss, und manche bekamen nicht einmal das. Sie unterzeichne-ten entsprechende Verträge, meinten jedoch, dass bald Vergütungen ausbezahlt würden. Als es nicht dazu kam, gab es in New York viele wütende Musiker. Als Sun Ra und seine Kollegen über die Situation redeten, meinte einer, bei Auf-nahmen für ESP könne man nicht mit Geld rechnen. Sun Ras Antwort lautete: „Na ja, aber er ist eben der Einzige, der diese Musik aufnimmt." Das stimmte zum damaligen Zeitpunkt. Was die Interpreten der New Music betrifft, wurde Bernard Stollman jedoch nicht nur zum gesuchtesten, sondern auch zum meist-gehassten Mann der Schallplattenindustrie.

Mit seinen schlauen Geschäftspraktiken wurde Stollman zwangsläufig zum Prügelknaben frustrierter Musiker, die sich ihres Talents bewusst waren. „In gewisser Weise könnte ich sagen, dass er mich manipulierte, weil er wusste, dass er mir etwas anbot, bei dem ich nicht ahnte, was es beinhaltete", sagte Noah Howard. „Er gab mir aber einen Vertrag, als in Amerika niemand auch nur im Traum daran dachte, und den habe ich unterschrieben. Lesen kann ich ja. Es war nicht das, was ein Musiker eigentlich für ein Schallplattenalbum bekom-men sollte, aber ansonsten hat er mir da nichts vorgegaukelt."

Einige wenige weigerten sich, für ESP Aufnahmen zu machen. Wie Sun Ra zutreffend feststellte, war Stollman der Einzige, der bereit war, in etwas Geld zu investieren, das in Wahrheit eine unbekannte Größe darstellte. Immerhin wurde die Jazzwelt mit Ayler, Graves, Sanders, Sun Ra und Murray durch ESP bekannt gemacht – dem Label, das einmal im Rahmen einer Werbekampagne Aylers *Bells* auf eine Seite eines roten, durchsichtigen Stücks Plastik pressen ließ.

Mit dem Finanzgebaren von ESP und dessen Graswurzel-Image hatte John Coltrane nichts zu tun. In den fünf Jahren vor seinem Tod, in denen er mit Impulse zusammenarbeitete, erschienen insgesamt achtzehn LPs. Von *Africa/Brass* bis hin zu *Live at the Village Vanguard Again* waren alle aufwändig ausge-stattet, als wollten sie auf diese Weise seiner Bedeutung entsprechen. Alle waren von Rudy Van Gelder, dem Doyen der Toningenieure, aufgenommen worden. Mit Ausnahme des ersten Albums waren alle von Bob Thiele produziert wor-den. Als dieser gerade bei Impulse angefangen hatte, war beschlossen worden, Coltrane „live" im *Village Vanguard* aufzunehmen.

Die Beziehung des Saxofonisten zu Thiele war in zweierlei Hinsicht einzig-artig. Zum einen hatten sie eine Absprache, dass Thiele im Studio für einen Ter-min sorgen würde, wann immer Coltrane eine Aufnahme machen wollte. Dies geschah ungeachtet der Tatsache, dass ihm sein Vertrag keine derartigen Frei-heiten einräumte. Thiele legte die Termine stets am Abend fest und stellte den Firmenchef am nächsten Morgen vor vollendete Tatsachen. Auf diese Weise nahm Coltrane statt der vorgesehenen zwei LPs durchschnittlich vier pro Jahr auf. Impulse erhielt dadurch umfangreiches Material, das nach Coltranes Ableben systematisch veröffentlicht werden konnte.

Als Thiele die Firma verließ, machte er Kopien von allen Coltrane-Bändern und gab diese der Witwe des Saxofonisten. Da Alice Coltrane über die entsprechende Studioeinrichtung verfügt, konnte sie sich das gesamte Material sorgfältig anhören und dann entscheiden, was davon an die Öffentlichkeit gelangen sollte. *Cosmic Music* erschien ursprünglich bei der von ihr gegründeten Firma Coltrane Records. Weitere Neuerscheinungen ließen jedoch darauf schließen, dass diese Firma wieder teilweise von Impulse geschluckt worden ist. Die anderen beteiligten Musiker waren mit Alice Coltranes Entscheidungen nicht immer einverstanden. Als Rashied Ali hörte, dass bei *Infinity* nicht nur der Bass von Charlie Haden, sondern auch Streicher hinzugefügt worden waren, meinte er: „Das ist gerade so, als schriebe man die Bibel neu!"

Coltranes Einfluss ist es jedoch zuzuschreiben, dass Albert Ayler, Marion Brown, Pharoah Sanders und Archie Shepp bei Impulse ihre Schallplattenkarriere starten konnten. *Four for Trane,* der Titel von Shepps erstem Album unter diesem Label, bringt die Dankbarkeit zum Ausdruck. Thiele war übrigens bei der nächtlichen Aufnahmesession so begeistert, dass er Coltrane anrief und ihn aufforderte, so schnell wie möglich ins Studio zu kommen und die Bänder anzuhören. Coltrane lag zu diesem Zeitpunkt schon im Bett. Das ist der Grund dafür, dass er auf dem Coverfoto Schuhe trägt, aber keine Socken.

Die Begeisterung, die Thiele bei der Zusammenarbeit mit Shepp hatte, war nicht von langer Dauer. Über Coltrane sagte Thiele: „Ich hatte nicht das Gefühl, dass er militant war oder dass er mich nicht ausstehen konnte. Ich hatte eher den gegenteiligen Eindruck – dass er gern mit mir zusammenarbeitete." Bei Archie Shepp und dessen militanter Haltung konnte er so etwas nicht behaupten. Trotz der zunehmenden Spannungen machten sie mehrere LPs, aber schließlich kam es dazu, dass Thiele eine Aufnahmesession abbrach und Shepp mitteilte, er könne nicht mehr mit ihm zusammenarbeiten. „Ich sagte zu ihm: ‚Du hast mit der Firma einen Vertrag, aber die muss jetzt einen anderen auftreiben, der mit dir zusammenarbeitet.' Ich schaffte es einfach nicht mehr. Aber das hatte mit persönlichen Dingen zu tun. Um die Musik ging es dabei nicht."

„Für die Musiker verkörpert die Schallplattenfirma die Weißen", meinte Thiele. „Die Produzenten sind für sie diejenigen, die schwarze Musiker über den Tisch ziehen wollen. Sie sprechen immer davon, dass die Schallplattenfirmen Schwarzen gehören sollten. Dazu mache ich dann die sarkastische Bemerkung: ‚Na gut, dann geht doch mal zu Motown.' Die einzige schwarze Firma im Schallplattengeschäft macht aber keine Aufnahmen mit schwarzen Jazzmusikern."

Wie Bernard Stollman wurde auch Bob Thiele zur Zielscheibe frustrierter und erboster Musiker. Er war jedoch der Repräsentant eines Konzerns, nämlich der gewaltigen American Broadcasting Corporation, die ABC-Impulse kontrollierte. Nicht nur bei schwarzen Musikern hatte er einen schlechten Ruf. Charlie Haden zerstritt sich mit ihm wegen des Umgangs mit den Liveaufnahmen seines *Liberation Music Orchestra*, eines Albums, das in Europa und in Japan Preise gewann und dem Bassisten zu einem Guggenheim-Stipendium verhalf.

Thiele, der seit dreißig Jahren im Schallplattengeschäft tätig ist und eine Zeit lang seine eigene Firma hatte, stellte die Sache von seiner Warte aus so dar: „Da haut mich ein Musiker in einem Klub oder auf der Straße an: ‚Ich muss Plattenaufnahmen machen, und du bist der richtige Mann dafür – du kennst meine Art von Musik.' Dann sage ich ihm, was Sache ist: ‚Hör zu, ich kann dir nicht viel bieten, du kriegst den Tarif oder ein paar Dollar mehr. Ist dir das recht?' Und der Typ antwortet dann: ‚Mann, mir ist alles recht. Los, machen wir die Platte.' Meist handelt es sich um einen nicht sehr bekannten Künstler. Ich mache das, weil ich daran glaube. Aber wenn die Platte fertig ist und sich nicht verkauft, weil ich die Mittel für eine entsprechende Promotion und Werbung nicht zur Verfügung habe, dann bin ich wieder mal der Bösewicht. Der Musiker stellt sich gegen mich und behauptet: ‚Der Kerl hat mich beschissen. Er ist ein Weißer, er hat mich übers Ohr gehauen.' So stellt sich das für mich dar, aber mir ist klar, dass die Musiker das anders sehen."

Bis vor kurzem ging die Plattenindustrie davon aus, dass die Künstler alle Aspekte der Herstellung und der Promotion der betreffenden Firma überlassen. Heutzutage befassen sich jedoch immer mehr Künstler aus allen Musikbereichen persönlich mit dem Abmischen und der Bearbeitung. Thieles Meinung nach hat der Produzent jedoch eine ganz besondere Funktion, die von der Künstlern oft übersehen wird. „Ein Musiker steckt manchmal so tief drin, dass er nicht mehr objektiv sein kann. Am Anfang unserer Zusammenarbeit war Coltrane stets unzufrieden. Er konnte es die ganze Nacht lang mit einem Stück versuchen und wurde dann allmählich immer niedergeschlagener. Ich meine, der Produzent muss auch dafür sorgen, dass eine gute Atmosphäre herrscht. Ich glaube, als ich die Sache mit Duke Ellington vorschlug, brachte das einen Wendepunkt in Coltranes Karriere. Als wir die Bandaufzeichnung von ‚In a Sentimental Mood' abspielten, wusste ich, dass Duke sehr zufrieden war, Coltrane jedoch nicht. Ich ging ins Studio, bevor er zu Ellington sagen konnte: ‚Machen wir's noch mal.' Ich sagte zu ihm: ‚John, das war wirklich eine großartige Leistung.' Und dann schaute ich Ellington an, und der sagte: ‚John, mach es nicht noch mal. Es ist gut so.' Als Johnny Hodges die Aufnahme hörte, meinte er, für ihn sei sie die beste Version des Stücks. Ellington teilte Coltrane mit: ‚Man muss ein Gespür dafür haben, wann es geklappt hat. Manchmal braucht man zehn Takes, aber wenn es schon nach einem in Ordnung ist, muss man es einfach merken.'"

Thiele meinte, wenn genügend Geld zur Verfügung stehe, könne eine Plattenfirma einen im Grunde nicht kommerziellen Künstler durch Promotion so weit voranbringen, dass dieser ein genauso großes Publikum habe wie beispielsweise Freddie Hubbard, dessen Platten in beachtlichen Stückzahlen verkauft werden. Die Voraussetzung sei, dass der betreffende Künstler genügend Talent habe, um ständig gutes Material liefern zu können. Thiele betonte, ein Künstler, der nur ein einziges Album zustande bringe, könne nicht darauf hoffen, nach oben zu kommen wie Shepp oder Sanders. Er fügte jedoch hinzu: „In vielen Fällen nimmt der Bekanntheitsgrad eines Künstlers schneller zu als seine Schallplattenumsätze. Das führt dazu, dass er seine Bedeutung und seine Akzeptanz überschätzt."

Die Plattenfirmen sind jedoch nicht bereit, für die Promotion der New Black Music Geld auszugeben. Sie interessieren sich nur für Schallplatten, die voraussichtlich in einer Stückzahl von einer Million abgesetzt werden können. Zusammen mit der rassistischen Einstellung, die in der Plattenindustrie bei vielen Entscheidungen zum Ausdruck kommt, hat dies dazu geführt, dass viele Musiker selbst verwaltete Projekte als die beste Möglichkeit betrachten, die Öffentlichkeit auf sich aufmerksam zu machen. Darüber hinaus haben die Musiker bis vor kurzem keine Eigentumsrechte an ihrem eigenen Produkt gehabt. Sie waren gezwungen, ihre Kompositionen in den Verlagseinrichtungen der Plattenfirmen herauszubringen. Coltrane, Shepp, Coleman und Sanders gehörten zu den Ersten, die ihre eigenen Verlage gründeten. Selbst Thiele hat eingeräumt, einer der Gründe dafür, dass wenige schwarze Musiker heutzutage Plattenaufnahmen machen, sei auch „ihr Argwohn, dass die Firmen sie schlecht behandeln".[2]

Dieser durch die Konditionierung von vierhundert Jahren Sklaverei herbeigeführte Argwohn ist verständlich. Im Zusammenhang mit der Plattenindustrie entstand er durch nachgewiesene Fälle von Betrügerei, außerdem durch Vorgehensweisen wie der, dass der Bandleader stets alle Aufnahme- und Produktionskosten selbst bezahlen muss. Selbst wenn die Firma eigene Studios hat, muss er diese mieten. All diese Unkosten werden von den Gewinnen abgezogen, die die Schallplatte einbringt. Wenn sich ein Künstler nach dem Stand seiner Tantiemen erkundigt, kommt es nicht selten vor, dass ihm mitgeteilt wird, er schulde der Firma noch Geld, weil sein Album nicht oft genug verkauft worden sei, um den ausgezahlten Vorschuss auszugleichen. Kreative Musiker finden diese Praktiken unerträglich. „Ich habe mich dagegen ausgesprochen", sagte Rashied Ali. „Ich fragte: ‚Wieso lässt du dir das gefallen?' Die Antwort lautete: ‚Ich möchte einfach, dass eine Schallplatte rauskommt.' Manche Kollegen fahren damit fort, aber ich habe festgestellt, dass ihnen das kein Geld einbringt und dass sie dadurch nicht bekannter werden als ich oder andere, die das nicht mitgemacht haben."

Während der Leiter einer Gruppe für alle Produktionskosten, wie Studiomiete, Bänder, Entgelt für die Sidemen, Covertext und Coverfotos, Plattenpressung und so weiter, aufkommen muss, beschränken sich die Ausgaben der Firma auf Werbungs-, Verwaltungs- und Vertriebskosten. Bis vor kurzem wurden die

Sidemen nach einem von der Gewerkschaft American Federation of Musicians festgelegten Tarif bezahlt. Gewinnanteile erhalten sie nach wie vor selten. Manchmal gelingt es einem „Star"-Sideman, einen Anteil zu bekommen. Nach Angaben von Rashied Ali gehörte Coltrane zu denen, die dies unterstützten. „Er sagte: ‚Ich möchte, dass er zehn Prozent bekommt.' Oder: ‚Er soll fünf Prozent kriegen.' Alle sechs Monate oder einmal jährlich kriege ich ein bisschen Geld von Impulse. Aber Trane bezahlte uns außerdem noch ein bisschen besser als die anderen." Zweifellos geschah dies, weil der Saxofonist gemerkt hatte, dass die Beiträge seiner Sidemen weit mehr wert waren als das Minimum von sechzig Dollar, das 1965 für eine dreistündige Session bezahlt wurde. Zehn Jahre später war der Tarif auf ein Minimum von fünfundneunzig Dollar gestiegen. Manche herausragenden Sidemen können jedoch mehr verlangen. (Richard Davis zum Beispiel kann für eine Session das Doppelte oder zusätzlich fünfzig Prozent verlangen, wenn er es für angebracht hält, aber er zählt zu den gefragtesten Bassisten.)

Im Jahr 1973 vereinbarte das Jazz Composers' Orchestra bei der Aufnahme von Don Cherrys *Relativity Suite* für jeden Musiker einen Gewinnanteil von 1,5 Prozent. Das JCOA, das sich aus der Jazz Composers Guild entwickelte und zum Teil aus öffentlichen Mitteln finanziert wird, hat diese Praxis bei späteren Gelegenheiten fortgeführt. Das JCOA hält Workshops ab unter der Leitung von Komponisten wie Cherry, Clifford Thornton, Roswell Rudd, Sam Rivers, Grachan Moncur III, Leroy Jenkins, Leo Smith und Dewey Redman. Bei Cherry und Thornton handelte es sich dabei um öffentliche Proben ihrer Plattenaufnahmen. Das JCOA hat nur ein einziges Konzert abgehalten, da es die entstehenden Kosten nicht aufbringen kann, wenn keine Tonaufzeichnungen stattfinden. Auf der ersten seiner eigenen LPs befanden sich Mike Mantlers Kompositionen „Preview" und „Communications – Nos. 8, 9, 10 and 11", die dieser selbst arrangiert hatte. Als Solisten traten Cecil Taylor, Pharoah Sanders, Gato Barbieri, Don Cherry, Roswell Rudd und Larry Coryell auf. Die zweite LP enthielt Carla Bleys Oper *Escalator Over the Hill*. Diese Produktion brachte ein hohes Defizit ein.

Das JCOA betreibt den Auslieferungsservice New Music Distribution Service, der Verluste einbringt. Dieser steht den meisten Musiker-Labels zur Verfügung. Mit ihnen hat er Vereinbarungen für die Auslieferung an Einzelkunden in Europa getroffen. Trotz dieser Möglichkeiten gibt es weiterhin Musiker, die ihre eigenen Aufnahmen herstellen und die Bänder an etablierte Firmen verkaufen, die auf ihre Preisvorstellungen eingehen. Dass Alternativlösungen existieren, kann sie jedoch vor der Erniedrigung und Ausbeutung bewahren, die schwarze Künstler im Umgang mit der etablierten Plattenindustrie oft erleben. Eine in Musikerkreisen bekannte Geschichte fasst die Situation gut zusammen: Einem weltberühmten Jazzmusiker wird eine Goldene Schallplatte zugesprochen, weil von einer seiner LPs über eine Million Exemplare verkauft wurden. Der bekannte Plattenproduzent lässt die Goldene Schallplatte in seinem Büro an die Wand hängen, weil er damit seine Besucher beeindrucken will. Der Jazzmusiker weiß aber gar nichts von der Goldenen Schallplatte, weil sie der Produzent bei jedem Besuch des Musikers abnimmt und versteckt. Eines Tages taucht der Musiker jedoch unangemeldet auf. Das schafft Verwirrung. Der Produzent stammelt schließlich: „Ach, das sollte eine Überraschung sein!"

Aber so lief das in dieser Industrie immer. Zu Lebzeiten von Rex Stewart fragte ein Journalist einen anderen bekannten Produzenten, wie viele Platten er von der Fletcher-Henderson-Memorial-Band des früheren Ellington-Trompetenstars Stewart in seinem Programm habe. „So wenig wie möglich", erwiderte dieser. Der Journalist bat dann Stewart, ihm das zu erklären. „Oh, er hat mich nie gemocht", sagte der Trompeter. „Er wollte, dass ich sein Nigger bin."

Selbst in den Dreißigerjahren war Rex Stewart nicht bereit gewesen, mit Vertretern des weißen Machtapparats zu fraternisieren. Doch wenn es um eine Schallplatte ging, war es für andere schwarze Musiker nicht immer möglich, auf ihren Stolz zu achten. Bill Dixon produzierte in den Sechzigerjahren eine Weile für Savoy. Er war entsetzt darüber, was da manchmal ablief. „Wenn ich Ihnen erzählte, wer da alles dem weißen Mann den Hintern geküsst hat, würden Sie mir's nicht glauben", sagte er.

Für schwarze Musiker ist es immer riskant gewesen, eindeutig Position zu beziehen. Rex Stewart und der Saxofonist Lucky Thompson mussten das zu ihrem Leidwesen erfahren. Wenn Leute in den Büros und am Fließband ihre Ansichten äußern und Meinungsverschiedenheiten austragen, wird dies toleriert. Die Musiker hingegen sind eingeschüchtert, weil sie sich in einer heiklen Lage befinden und Beschäftigung nur durch Beziehungen zu erreichen ist. Als Lucky Thompson die parasitären Beschäftigungsvermittler, mit denen er sich auseinander setzen musste, als „Geier" bezeichnete, wollte ihn von da an kein Nachtklub einstellen. Er war einer der führenden Saxofonisten der Prä-Coltrane-Ära, aber weil er seine Meinung zum Ausdruck gebracht hatte, musste er nach Europa gehen und dort Arbeit suchen.

Milford Graves spielte 1967 mit Albert Ayler beim Jazzfestival in Newport. Später erfuhr er aus verlässlichen Quellen, dass man Ayler aufgefordert habe, ihn wegen seiner politischen Ansichten nicht mehr einzusetzen. „Wenn du couragiert deine Meinung vertrittst, wird das nicht gewürdigt", sagte Graves. „Wenn die Leute merken, dass sie dich nicht manipulieren können, haben sie keine Verwendung für dich. Ich glaube, man mochte es nicht, dass ich politisch aktiv war, dass ich davon redete, die Musiker müssten Selbsthilfeeinrichtungen gründen und Tonaufnahmen selbst machen. Ich glaube, man erwartete von mir, dass ich ins Studio käme, den Herrschaften die Hand schüttelte und freundlich lächelte, wie es seit eh und je üblich war."

Der Wunsch, über das eigene Produkt auch selbst zu bestimmen, ist jetzt sehr stark ausgeprägt. Künstler, die vor zwei oder drei Jahren nie daran gedacht haben, zu all ihren Konzerten ein Tonbandgerät mitzunehmen, geben jetzt Geld für Studioausrüstungen aus. Center of the World Productions wurde von vier in Paris lebenden Musikern gegründet, von dem Saxofonisten Frank Wright, dem Drummer Muhammad Ali, dem Bassisten Alan Silva und dem Pianisten Bobby Few. Es ist dazu da, um deren Musik aufzuzeichnen und die Bänder in Lizenz an andere Firmen weiterzuleiten. Silva, der einst im Auftrag der Jazz Composers Guild einem Komitee vorsaß, das die Plattenindustrie unter die Lupe nahm, erledigt den Großteil der Verwaltungsarbeit. Er meint, Center of the World habe zu dokumentieren und brauche nicht Profite zu machen. Das ist eine tröstliche Betrachtungsweise, da die Musiker zurzeit für ihr Produkt ohnehin nicht viel Gewinn erwarten können. Den vier Musikern ist nicht daran gelegen, eine richtige Plattenfirma aufzubauen, weil dies viel Arbeit erfordern würde. Dass alle ihre Liveauftritte aufgenommen werden, halten sie für eine Art Investition. Darüber hinaus sind alle der Meinung, dass die emotionalen Auswirkungen ihrer kompromisslosen Musik bei Liveaufnahmen besser eingefangen werden. „Wir glauben, dass das Studio nicht das richtige Vehikel für unsere Arbeit ist", sagte Silva. „Da tauchen alle möglichen Leute auf, und das beeinflusst den Charakter der Musik." COTW schaffte es, innerhalb eines Jahres fünf LPs auf den Markt zu bringen: zwei vom Quartett, eine vom Trio von Bobby Few, eine von einem Soloauftritt von Silva sowie eine Platte des Ali/Wright-Duos.

Man glaubte nicht so recht, dass es die eigenen Labels der Musiker schaffen würden, beim Vertrieb mit den großen Firmen gleichzuziehen. Deren Potenzial wurde jedoch im Hinblick auf die kreative Black Music selten genutzt. Strata-East hingegen gelang es, sein Produkt gut zu vermarkten. Man gründete eine eigene Produktionsfirma sowie eigene Verlagseinrichtungen, befasste sich mit den einschlägigen Rechtsvorschriften, baute eigene Studios und machte sich mit allen Aspekten des Aufnahmeverfahrens vertraut. Die Musiker wussten dabei, dass jeder Penny Profit an sie ging.

Die verlegerische Tätigkeit ist im Plattengeschäft ein sehr bedeutsamer Faktor. Dass Plattenfirmen von Künstlern verlangen, sich vertraglich an die ihnen angegliederten Verlage zu binden, hat dazu geführt, dass sie neben den Gewinnen aus dem Verkauf von Platten auch noch Publikationstantiemen erzielen. Manche Musiker wussten lange nicht, wie sie ihren eigenen Verlag gründen sollten. Heutzutage ist es üblich, dass sie ihre eigenen Covertexte schreiben, ihre eigenen Coverfotos machen und die künstlerische Gestaltung übernehmen. Die Schallplatten sind ihre Werbung. Diese Vorgehensweise setzt den Erniedrigungen ein Ende, denen Künstler wie Rashied Ali einst ausgesetzt waren.

Im Jahr 1966 war *Coltrane Live at the Village Vanguard Again* eben auf Impulse herausgekommen. Rashied Ali war hocherfreut über sein Schlagzeugspiel auf dieser Platte und sein Foto auf dem Cover. Er vereinbarte mit einem namhaften Produzenten einen Termin. Bei seinem Eintreffen wurde ihm mitgeteilt, der Produzent sei nicht im Haus. Genau in diesem Moment tauchte der Betreffende aus seinem Büro auf. Es kam zu einer Auseinandersetzung, in deren Verlauf der Drummer von zwei uniformierten Wachen überwältigt wurde. Der erboste Produzent schrie: „Du selbst bekommst nie mehr einen Aufnahmetermin! Dafür werde ich sorgen!" Dann sagte er: „Als Sideman kannst du vielleicht mitmachen." Das konnte der Produzent nach Alis Meinung nicht verhindern, da der Drummer damals mit Coltrane zusammenarbeitete.

Art Blakey erwähnte dann bei einer anderen Firma anlässlich einer Besprechung, bei der es um eine „Drum Orgy" ging, Alis Namen. Daraufhin wurde ihm mitgeteilt: „Der kommt nicht infrage. Wenn Sie diesen Termin haben wollen, müssen Sie einen anderen finden." Bis heute ist Ali der einzige bedeutende Sideman Coltranes, der nie mit einer eigenen Gruppe für ein wichtiges Label Aufnahmen gemacht hat. Neben Alice Coltrane haben Pharoah Sanders, McCoy Tyner, Elvin Jones und Jimmy Garrison davon profitieren können, dass sich Coltrane für sie stark machte.

Ali nahm sein eigenes Material auf und schaffte die Bänder zu verschiedenen Plattenfirmen. „Sie zeigten mir die kalte Schulter. Aber nicht, weil die Musik nichts wert war. Ich stand bei allen auf der schwarzen Liste. Sie dachten wahrscheinlich, ich sei ein oberschlauer Nigger oder so was. Man lehnte mich nicht rundweg ab, sondern schob es auf die lange Bank. Da hieß es, der Zeitpunkt sei nicht gut – es sei denn, ich wollte was von dieser oder jener Art machen. Oder sie sagten: ‚Ach, das ist doch das Zeug, das Coltrane mal gemacht hat. Das ist nicht mehr zeitgemäß. Jetzt machen alle elektronische Musik.‘ So sind sie mit mir umgesprungen."

Nachdem er nahezu zehn Jahre lang als einer der führenden Perkussionisten gegolten hatte, meinte Rashied Ali, dass es nun wirklich an der Zeit sei, mit einer eigenen Schallplatte präsent zu sein. Zwei Jahre zuvor hätte er noch brav auf einen Anruf von Impulse oder Milestone gewartet. Gegen Ende des Jahres 1972 ging er jedoch ins Rathaus und meldete seine eigene Firma an. Er nannte sie Survival Records. Unter den gegebenen Umständen war diese Bezeichnung sehr zutreffend.

Quellen
1. Covertext zu *Nommo* (SRP LP-290).
2. Interview mit Bob Palmer in *Coda*, Juni 1971.

16

Hat diese Musik
eine Zukunft?

Wir müssen auftreten, das gehört zu unserem Handwerk.
Das unterscheidet uns von einem Maler. Der kann malen und
seine Bilder auf der ganzen Welt verkaufen lassen. Der dar-
stellende Künstler ist anders; er muss auftreten, um seine
Kunst zu vervollkommnen. Die Probleme der Musiker haben
damit zu tun, dass die Gesellschaft nicht alles, was das Musi-
kerhandwerk ausmacht, akzeptiert.

Alan Silva

„Wir verlieren unsere Spitzenleute. Ich sehe es kommen, dass wir in fünf Jahren keine Leader mehr haben werden." Sirone beklagte die Lücke, die in Musikerkreisen dadurch entstanden war, dass Kollegen Zuflucht bei den Universitäten gefunden hatten. Er saß in seiner Wohnung in der East 13th Street, schüttelte traurig den Kopf und betrachtete dabei die Hautfetzen an seinen Fingerspitzen. Sirone hatte an diesem Tag so lange und so intensiv gespielt, dass die Schwielen, die sich an den Fingern von Bassisten bilden, aufgegangen waren. Zum damaligen Zeitpunkt benutzte er im Gegensatz zu den meisten anderen Bassisten noch keinen Verstärker, weil er der natürlichen Resonanz seines Instruments den Vorzug gab. Genau deshalb hatte er sich sehr verausgaben müssen, und seine zerschundenen Finger machten ihm jetzt zu schaffen. Aber er konnte sich wenigstens damit trösten, dass er das gemacht hatte, was ein Jazzmusiker tun sollte – dass er Musik gemacht und keinen Unterricht erteilt hatte.

Seit der Einführung der Black Studies beschäftigen amerikanische Colleges eine Anzahl Musiker als Dozenten. Künstler, die durch die andauernde Ablehnung ihrer Hervorbringungen frustriert waren, fanden das feste Einkommen und die friedliche Atmosphäre beeindruckend, auch wenn sie ursprünglich gar nicht an eine akademische Tätigkeit gedacht hatten. Bill Dixon war der Erste gewesen, der dem unsicheren Musikerdasein den Rücken gekehrt hatte. Sein Schritt hatte jedoch nichts mit der Schaffung der Black-Studies-Institute zu tun. Dixon war bereits als Dozent für Kunstgeschichte tätig gewesen und fügte dann die Musik hinzu. Er übt seine Lehrtätigkeit an dem vorwiegend von Weißen besuchten Bennington College in Vermont aus.

Cecil Taylor ging 1970 an die Fakultät für Musik der University of Madison in Wisconsin. Er schied unter zweifelhaften Umständen aus dem Dienst, nachdem er eine beträchtliche Anzahl seiner im ersten Studienjahr befindlichen Studenten hatte durchfallen lassen. Dessen ungeachtet wurde Taylor sofort am Antioch College in Yellow Springs, Ohio, mit offenen Armen empfangen. Dort konnte er die anderen Mitglieder seiner Gruppe zwei akademische Jahre lang als „Artists in Residence" unterbringen. Für Jimmy Lyons, der einst in einer Chicagoer Kupferhütte geschuftet hatte, um seine Familie durchzubringen, war das die erste geruhsame Zeit seines Lebens. Im Alter von vierzig Jahren konnte er beginnen, seine eigenen musikalischen Vorstellungen zu entwickeln. Andrew Cyrille, der anpassungsfähige Perkussionist, der stets mit jedem brauchbaren Musiker zusammengearbeitet hatte, musste jetzt nicht mehr auf Anrufe warten. Für Taylor selbst, der lange genug hatte erleben müssen, dass andere Musiker es ablehnten, seine Musik zu spielen, ging mit der Gastprofessur ein Wunschtraum in Erfüllung. Er konnte nicht nur einer enthusiastischen Gruppe von Studenten seine eigenen Kompositionen näher bringen und mit ihnen unbeschränkt Proben abhalten. Er durfte außerdem die Zahl der Aufführungen dieser Werke auf ungefähr zwei pro Jahr beschränken. Gleichzeitig konnte er fortfahren, mit seiner eigenen Gruppe Konzerte zu geben.

Yusef Lateef, Charles Mingus, Archie Shepp, Milford Graves, Art Davis, Max Roach, Andrew Hill, Clifford Thornton, Jackie McLean, David Baker, Donald Byrd, Nathan Davis und Ken McIntyre zählen zu den Musikern, die ebenfalls an amerikanischen Colleges und Universitäten über unterschiedliche Zeiträume hinweg Stellen innehatten. 1973 hielt sich das Art Ensemble of Chicago an der Michigan State University als „Artists in Residence" auf. Taylor war jedoch der Erste gewesen, der für seine Gruppe eine längerfristige Anstellung im akademischen Bereich erreicht hatte.

Clifford Thornton hatte bereits an der Musikschule unterrichtet, die mit LeRoi Jones' Black Arts Repertory Theater in Verbindung stand. Als er am Institut für afroamerikanische Musik der Wesleyan University Fuß gefasst hatte, machte er seinen Einfluss geltend, um anderen Musikern zu helfen. Er sorgte dafür, dass Ed Blackwell, Jimmy Garrison, Sam Rivers sowie der Pianist Freddie Simmons als „Visiting Artists" in die Fakultät aufgenommen wurden, außerdem Leute wie der nigerianische Komponist Fela Sowande und der indische Musiker Ram Nayaran.

Blackwell, der nie eine Lehrtätigkeit ins Auge gefasst hatte, war der Aufgabe jedoch mehr als gewachsen. Er, der in Musikerkreisen verehrt wurde, brauchte allerdings zuerst einmal eine Empfehlung von einem Akademiker wie Thornton. Wenn Thornton nicht auf den Ernennungen bestanden hätte, wären die Entscheidungsträger an der Universität nie von sich aus auf den Gedanken gekommen, jemanden wie Ed Blackwell oder Jimmy Garrison zu verpflichten. Thornton bewies, dass ein verbündeter Insider das Establishment auf dreierlei Weise nutzen kann, wenn es darum geht, der Musik eine Zukunftsperspektive zu sichern: erstens dazu, dass der praktizierende Musiker ein anständiges Einkommen erhält; zweitens dazu, dass dessen Selbstachtung durch die Schaffung eines akademischen Postens gestärkt wird; drittens dazu, dass dessen einzigartiges Wissen Studenten zur Verfügung gestellt wird, die ihr musikalisches Erbe immer noch nicht genau kennen. Musiker, denen die Vorstellung, sich einem Haufen neugieriger Studenten stellen zu müssen, anfangs nicht behagt hatte, stellten überdies oft fest, dass sie ihre eigene Musik besser schätzen lernten, wenn sie diese analysieren mussten.

Dass ein Künstler, dessen Schaffen kommerziell nicht nutzbar ist, wissbegierige Studenten um sich schart, scheint der ideale Ausweg aus der gegenwärtigen Situation zu sein. Erstmals gibt es auch den Anreiz, ein anständiges Gehalt verdienen zu können. Für manche Musiker stellt jedoch die Flucht an die Universität das genaue Gegenteil dessen dar, was ein kreativer Künstler tun sollte. Bill Dixon selbst ist überzeugt, dass es die meisten Musiker vorziehen, in ihrem gewohnten Milieu weiterzumachen, obwohl es ihnen keine Sicherheit bietet. „Wenige von den Cats haben gemerkt, dass es sehr ehrenwert ist, im Lehrfach zu sein und Umgang mit jungen Menschen zu haben. Sie meinen, dass man kein richtiger Künstler oder Musiker sei, wenn man nicht in erstklassigen Klubs spielt oder bei erstklassigen Festivals auftritt."

Dixons Einschätzung geht auf die Zeit zurück, in der er ein Musikprogramm für die New-Yorker University of the Streets organisierte. Damals war es ihm hauptsächlich aufgrund der Verdienste seines eigenen Lehrprogramms gelungen, einen öffentlichen Zuschuss in Höhe von einer viertel Million Dollar zu erhalten. Als er jedoch andere Musiker zur Teilnahme aufgefordert hatte, war man ihm mit Misstrauen begegnet. „Sie wollten damit nichts zu schaffen haben."

Während Sirone den Weggang vieler erstklassiger Spieler beklagt, bezweifelt Dixon ihren Anspruch als „Leader". „Ich weiß nicht, ob es möglich ist, jemanden zum ‚Leader' zu überreden. Entweder erkennen wir jemanden als Leader an, der vorher durch die Zeitungen groß gemacht wurde, oder wir erkennen ihn an, bevor ihn jemand anderer dazu bestimmt. Dieser Typ redet über all diejenigen, die ‚Stars' genannt werden und denen nun überall Posten angeboten werden. Und jetzt sitzen auf diesen Posten Musiker, die nicht leiten, sondern kopiert werden."

Archie Shepp, auf den diese Bemerkung abgezielt haben mag, war der Meinung, dass es bei den Black Studies und ähnlichen universitären Neuerungen im Grunde darauf ankomme, dass bekannte Leute in Erscheinung treten. „Um sich einen Namen zu machen, müssen diese Abteilungen versuchen, eine Persönlichkeit zu verpflichten. Zum Beispiel LeRoi Jones, Ed Bullins, Charles Mingus – oder sogar mich. Und das hat für meine Begriffe eine kaum verhüllte Alibifunktion."

Wie Bullins und Jones war auch Shepp auf dem Gebiet des Theaters aktiv, nämlich mit seinen Stücken *Junebug Graduates Tonight* und *The Communist*. 1972 gab er an der University of Buffalo einen Kurs in Stückeschreiben und war gleichzeitig als Consultant in Music tätig. Im darauf folgenden Jahr lehrte er in Amherst in Massachusetts. „Hierzulande will offenbar niemand einsehen, dass Leute wie John Coltrane, Charlie Parker und Lester Young von herausragender Bedeutung sind, dass sie Gurus sind. Jeder von ihnen stellt eine eigene Schule dar. Wenn die jungen Leute den Jazz wirklich studieren wollen, müssen sie alle Denkrichtungen kennen lernen. Sie müssen sich mit Sidney Bechet befassen, mit Fletcher Henderson und Jimmy Lunceford – mit der gesamten Entwicklungsgeschichte."

Als Shepp auf Coltrane, Parker und Young verwies und von „Schulen" sprach, meinte er das nicht wortwörtlich. Er selbst ist jedoch wie Coltrane schon zu seinen Lebzeiten ein Guru. Bevor er mit seiner Lehrtätigkeit anfing, war sein Haus immer voll mit jungen und nicht ganz so jungen Musikern, die bei ihm Rat und Hilfe suchten. Sie hörten sich seine Ansichten und seine politischen Befunde an und nutzten seine praktischen Erfahrungen. An der Basis, wo sie eigentlich gebraucht werden, sind seine Klugheit und sein Erfahrungsschatz jetzt nicht mehr so ohne weiteres zugänglich.

Einmal hatte Shepp mit einer Gruppe Studenten zu tun, die mit Pharoah Sanders' Platten vertraut waren, aber nicht mit den Meisterwerken von John Coltrane. Er war verblüfft, als er sich vor Augen hielt, dass er selbst knapp vier Jahre älter als Sanders war und sein Beitrag somit auch bald in Vergessenheit geraten würde. Die Lücke, die Shepp im akademischen Bereich hinterließe, könnten die Studenten durch Lerneifer leicht schließen. Die Lücke, die er durch seinen Wegzug vom Cooper Square 27 in Musikerkreisen hinterließ, konnte nicht so leicht geschlossen werden. Zumindest in diesem Fall hatte Sirone Recht.

Die Universität ist nicht der einzige Ort, an dem die Fertigkeiten und die Erfahrung des Berufsmusikers genutzt werden können. Der Altsaxofonist Charles Tyler, der selbst und zusammen mit Albert Ayler bei ESP Schallplatten machte, und die beiden Ornette-Coleman-Sidemen Charles Moffett und Bobby Bradford haben ebenso wie einige andere an Highschools Unterricht erteilt. Das Fachwissen der Musiker ist bei verschiedenen anderen Einrichtungen ebenfalls von Nutzen. Seit Schwarze Unterricht erteilen, die sich in der New Music auskennen und die ihr Erbe in Ehren halten, betrachten junge Menschen die Black Music nicht mehr als Bar-Entertainment.

David Baker, der Leiter des Jazzprogramms an der Indiana University, betonte schon im Jahr 1969, dass sich schwarze Lehrer mehr mit ihrer eigenen Musik befassen und sich nicht „von dem Bestreben, etwas Respektables vorzuweisen",[1] ablenken lassen sollten. Baker setzte dies in Indiana mit vier Kursen in die Tat um. Sie befassten sich unter anderem mit der Geschichte des Jazz, der Folklore, dem Beitrag schwarzer Komponisten sowie dem Einfluss schwarzer Musiker und Komponisten auf die Musik von Kulturen in anderen Teilen von Amerika. Baker hatte als Posaunist mit Leuten wie Dizzy Gillespie zusammengespielt, bis er bei einem Verkehrsunfall einen Kieferbruch erlitt. Danach war er auf das Cello übergewechselt und hatte mit seiner Lehrtätigkeit angefangen. Als dann die Lehrer auftauchten, von denen er sprach, kamen viele von ihnen aus den Reihen der Berufsmusiker. Sie wussten viel besser als die Lehrer aus der Mittelschicht, wie schwer es die Künstler in den Nachtklubs gehabt hatten. Folglich sorgen sie auch dafür, dass diese Künstler endlich gewürdigt werden.

Andrew Cyrille, der schon verschiedentlich Vorträge über die Trommel gehalten hat, achtet beispielsweise darauf, dass sein Instrument nicht mehr als jene Nebensache betrachtet wird, wie es der Fall war, als Musikunterricht aus dem europäischen Blickwinkel erteilt wurde. Die neuen Lehrer müssen außerdem dafür sorgen, dass niemand mehr eine Gruppe von Instrumentalisten als „sechszehn Musiker und ein Drummer" bezeichnet oder die Trommelstöcke automatisch demjenigen Kind in der Klasse gibt, das Schwierigkeiten mit der Notation hat.

David Baker möchte seinen Studenten vermitteln, dass das Mitmachen wichtiger ist als der Erfolg. „Wir wollen erreichen, dass nicht jeder Schwarze meint, er müsse unbedingt der fetzigste Macker sein." Er zitierte den Schauspieler Bill Cosby: „Schwarze Künstler brauchen Chancen, selbst wenn sie ihr Ziel schließlich verfehlen."[2]

Ein junger Trompeter, der in Greenville, Mississippi, Station machte, wurde von einem älteren Musiker angesprochen: „Gib mir mal dein Horn. Ich zeige dir, wie man diesen tiefen Ton kriegt." Frank Lowe, der diese Geschichte weitererzählte, wies darauf hin, dass es im unteren Register der Trompete eine ganze Oktave gibt, die übersehen worden ist. „Die älteren Musiker haben sie anscheinend mal genutzt, aber dann haben sie irgendwann aufgehört damit. In der Schule wird einem das nicht beigebracht, und deshalb lernt das auch niemand mehr." Offensichtlich gibt es viele solcher Fertigkeiten, die einfach verschwunden sind. Da sich die Gegebenheiten ändern, kann es jedoch sehr wohl – wie Shepp angedeutet hat – dazu kommen, dass traditionelle Fertigkeiten und Techniken Teil des Lehrplans werden.

Am Unwillen der Plattenfirmen, die New Black Music mit gezielten Werbe-maßnahmen zu fördern und an der Ignoranz der Medien, von denen Teile der Jazzpresse keine Ausnahme darstellten, merkten die Musiker, dass sie selbst die Initiative ergreifen mussten. Die Zukunft dieser Musik hängt jetzt weitgehend von Selbsthilfeeinrichtungen ab sowie von Einzel- und Gruppenaktivitäten, die von außen durch Beihilfen und Stipendien gefördert werden. Sie ist außerdem auf die Unterstützung der schwarzen Bevölkerung angewiesen. Es stimmt zwar, dass die experimentelle Musik anfangs in Harlem und andernorts wenig Beifall fand. Aber Musiker und Aktivisten haben inzwischen mit ihrer bildungspoliti-schen Basisarbeit begonnen, die das kulturelle Erbe in den Mittelpunkt stellt. Dies hat dazu geführt, dass viele Leute, die zuvor die New Music ablehnten und sich mit dem zufrieden gaben, was im Radio verbreitet wurde, sich neuerdings lebhaft für das aktuelle Geschehen interessieren. Bei einem Spaziergang durch Harlem oder durch die Lower East Side sieht man, dass Wände und Hauseingänge mit zahlreichen Handzetteln beklebt sind. Sie weisen auf Veranstaltungen hin, bei denen die New Music eine Rolle spielt. Nicht selten bekommt man einen nam-haften Musiker zu Gesicht, der von einer Gruppe von Schülern umgeben ist.

Die Mitglieder des Art Ensemble of Chicago gaben an, sie hätten bei ihrem ausgedehnten Europaaufenthalt „die stimulierende Wirkung des Gettos" ver-misst. In den Innenstädten hört man tatsächlich auf Schritt und Tritt, dass musiziert wird. Für manche stellt der Konzertsaal nach wie vor das höchste Ziel dar. Viele möchten jedoch, dass die Musik die schwarze Bevölkerung nährt und dass sie wiederum von ihr genährt wird. Wenn es darum geht, die New Music der Bevölkerung nahe zu bringen, ist Milford Graves einer der Erfolgreichsten. Das kommt daher, dass er mit der Kunstgattung sehr sensibel umgeht. Wenn er beispielsweise in Harlem spielt, bringt sein Jugendfreund Sahumba seine Conga-trommeln mit. „Ich habe oft erlebt, dass Musiker Misserfolge einstecken müs-sen, wenn sie in Schwarzengegenden gehen, um dort zu spielen. Du musst dir vor allem eines merken: Dort ist die Musik was, bei dem man auf den Boden stampfen und mit den Fingern schnippen kann. Es gab da vier Möglichkeiten: Erstens kannst du dort hingehen und Kompromisse machen und das spielen, was sie mögen. Zweitens kannst du einfach spielen, ohne sich um sie zu küm-mern. Drittens kannst du von vornherein wegbleiben. Viertens kannst du hin-gehen und Verständnis aufbringen und etwas aufbauen und sie allmählich ein-beziehen. Oder man findet raus, worauf sie abfahren, und verwendet das ins-geheim als Statement, ohne es allzu sehr hervortreten zu lassen. Wenn man's so anpackt, sind sie schnell dabei!"

Zu den ersten Förderprojekten, die in New York gestartet wurden, gehörte die University of the Streets. Sie wurde 1967 von der puerto-ricanischen Gruppe Real Great Society ins Leben gerufen. Später, als ein radikales Umdenken statt-fand und sich einige Leute nicht mehr zu fein waren, um sich hinter ein Pult zu stellen, übernahm der Pianist Andrew Hill das Musikprogramm, das Bill Dixon eingeführt hatte. Da immer mehr Nachtklubs geschlossen wurden, waren Beschäftigungsmöglichkeiten begehrt. Jimmy Lyons und Jackie McLean zählten zu denen, die bei den Rehabilitationsmaßnahmen für Drogenabhängige mitmachten. Dazu gehörte der Musikunterricht für Drogenabhängige, unter denen sich auch Musiker befanden. Lyons, der übrigens seine Beschäftigung bei der Narcotics Addiction Control Commission Jackie McLean zu verdanken hatte, stellte fest, dass er mindestens genauso respektvoll behandelt wurde wie andere an dem Programm Beteiligte. „Abhängige scheinen für Musiker einen tiefen Respekt zu haben. Wenn sie wissen, dass du Musiker bist, tun sie dir nichts. Aber bei normalen Leuten machen sie das schon, wenn sie in übler Verfassung sind. Ich höre mir also an, was sie vorzubringen haben. Ich glaube, sie merken bald, dass ich als Musiker auch schon früher mit Abhängigen in Kontakt gekommen bin. Manche denken, ich sei selbst ein Drogenkonsument."

Im selben Zeitraum wurden auch Konzerte in verschiedenen Gefängnissen abgehalten, in denen vorwiegend Schwarze einsitzen. Archie Shepp spielte in Attica, kurz nachdem es dort zu dem Aufstand und dem Massaker gekommen war. Im darauf folgenden Jahr bildeten Andrew Hill und Art Lewis eine Band und tourten durch die Strafanstalten im Bundesstaat New York.

Die Lage der schwarzen Musiker wurde durch das Interesse, das der schwarzen Bevölkerung von außen entgegengebracht wurde, verbessert. Ganz gleich, ob dies aus Schuldgefühlen oder aus Furcht heraus geschah oder ob es allein auf schwarze Lobbytätigkeit zurückzuführen ist: Die Musik hat auf diese Weise über die relativ kleine Welt der Musiker, Kritiker und Fans hinaus als Kunstform eine gewisse Anerkennung gefunden. Einzelpersonen und Organisationen, die sich mit dem Jazz beschäftigen, konnten nun finanzielle Unterstützung in Form von Stipendien bekommen. Es gab die begehrten Fellowships der Guggenheim-Stiftung, die sich für Komponisten auf zehntausend Dollar belaufen. Ornette Coleman, Charles Mingus, Charlie Haden und George Russell hatten diese bereits erhalten. Bevor Jazzmusiker für solche Auszeichnungen in Betracht gezogen wurden, handelte es sich bei denjenigen schwarzen Musikern, die Stipendien erhielten, um Interpreten europäischer Musik. Cecil Taylor hatte einige Jahre zuvor Sunny Murray und Milford Graves als geeignete Stipendiaten empfohlen. „Können Sie sich vorstellen, was es für die jungen Kollegen bedeuten würde, wenn es dazu käme?", fragte er A. B. Spellman. „Sunny Murray ist zwar ein Innovator, aber er kann sich kein eigenes Schlagzeug leisten. Er hat kein Instrument, und ich habe auch keines."[3] Im Jahr 1973 erhielt Taylor jedoch selbst ein Guggenheim-Stipendium und brachte zwei Schallplatten unter seinem eigenen Label heraus.

Die US-Regierung entschloss sich schließlich, der einzigen in Amerika entstandenen Kunstform durch das National Endowment for the Arts Unterstützung zukommen zu lassen. Von 1970 an wurden auf dem Gebiet des Jazz Stipendien vergeben. Zu den Empfängern gehörten Komponisten und Arrangeure, die neue Werke planten oder bereits an Projekten arbeiteten. Zu den Ersten zählten Billy Harper, Lee Konitz, Grachan Moncur III, das JCOA und Kenny Dorham. Musiker, die bei professionellen Jazzmusikern Unterricht nehmen oder mit ihnen auf Tournee gehen wollten, konnten sich ebenfalls um ein Stipendium bewerben. In einer anderen Sparte wurden Mittel für einen Schlagzeuger bereitgestellt, damit dieser in New York City unterprivilegierte Kinder unterrichten und betreuen konnte. Die Stipendien des National Endowment sind recht bescheiden. Sie belaufen sich für Komponisten auf eintausend Dollar und sollen dazu dienen, dass eine Komposition geschrieben oder ein Lehrbuch verfasst werden kann. Letzteres war der Grund dafür, dass Ed Blackwell eine Zuwendung erhielt.

In den meisten Fällen kommt es jedoch nur darauf an, dass der Künstler etwas vorhat, das der Gemeinschaft dienlich ist. „Wenn ich die entsprechenden Unterlagen beisammen habe, kann ich mich um ein Stipendium bewerben", sagte Earl Cross. „Es soll sich um etwas handeln, das für die Gemeinschaft gedacht ist. Ich muss mich damit an die Bevölkerung wenden." Mitte der Siebzigerjahre waren fast alle Musiker eifrig dabei, entsprechende Unterlagen zusammenzustellen.

In der Vergangenheit hatten Stipendien nur für Komponisten zur Verfügung gestanden. Instrumentalisten kamen gar nicht auf den Gedanken, dass sie sich ebenfalls bewerben könnten. Die Mittel waren stets vorhanden, aber selbst zu Zeiten der Jazz Composers Guild ahnten die Musiker nicht, dass sie für eine Förderung infrage kommen könnten. Mike Mantler war einer der Ersten, die sich über eine Finanzierung von außen Gedanken machten. Er erkannte, dass es von Vorteil sein konnte, von Personen unterstützt zu werden, die die Musik nicht als Investition betrachteten und keine schnellen Profite erwarteten. Musiker, die die Nachtklubs stets als eine Überlebensmöglichkeit angesehen hatten, merkten allmählich: Wenn man ein Stipendium beantragte, erreichte man mehr, als wenn man von geizigen Klubbesitzern eine angemessene Bezahlung verlangte.

Die Bewerbungsprozedur bereitete den schwarzen Künstlern jedoch anfangs große Schwierigkeiten. Hakim Jami beschrieb die Probleme, die ein schwarzer Künstler hat, wenn er mit der von Weißen dominierten Gesellschaft in Verbindung tritt: „Die meisten Kollegen hatten sich so intensiv mit der Musik beschäftigt, dass sie keine Zeit hatten, sich kaufmännisch weiterzubilden. Heutzutage sind die Musiker besser geschult. Das versetzt uns in eine bessere Verhandlungsposition. Wir wissen, wovon die anderen reden, wir verstehen ihre Sprache besser. Ich glaube, wir verstehen ihre Ausdrucksweise sogar besser als sie die unsere. Es gibt nämlich weiterhin ein Problem mit der Sprachbarriere. Bei uns spricht man kein vornehmes Englisch. Sie merken, dass ich ihnen was mitteilen will, aber die Ausdrucksweise ist die von Avenue B oder von der Twelfth Street – oder von Watts. Und das ist eine ganz andere Sprache."

Seit improvisierende Musiker als Komponisten gelten, tragen sie ihre Unterlagen zusammen und verschicken diese an die einschlägigen Stellen. Da jedoch Millionen Dollar für Aktivitäten ausgegeben werden, die möglicherweise nicht so wichtig sind wie die Black Music, überrascht es kaum, dass eine Anzahl von Leuten mit Hakim Jami darin übereinstimmt, dass das Establishment die Black Music zwar anerkennen, aber nicht allzu ernst nehmen möchte. „Sie meinen, wenn sie ein paar Musiker rausgreifen und ihnen was zukommen lassen, dann sieht es aus, als handle es sich um nebensächliche Dinge. Sie sagen: ‚Also gut, wir nehmen ein paar von diesen Typen, die gerade experimentieren, und lassen ihnen ein bisschen Unterstützung zukommen.'" Anders ausgedrückt: Obwohl die Musik wichtig genug ist, um in jeder Touristenbroschüre als Amerikas eigene Kunstgattung herausgestellt zu werden, ist sie nach wie vor nicht wichtig genug, um im selben Umfang gefördert zu werden wie das Ballett oder die Oper.

Der Poet und Schlagzeuger Ajule Rutlin, Vorsitzender der Black Artists Group von St. Louis, hat über die kreativen schwarzen Künstler geschrieben, dass sie „den Großteil ihrer Zeit dem Broterwerb widmen mussten und deshalb ihre Experimente und ihre Suche einstellen mussten, bevor sie ihr Ziel erreicht hatten. Das Ziel war und ist, die natürliche Harmonie des spirituellen Bereichs wiederherzustellen, der im selben Maß vergiftet und durcheinander gebracht wurde wie unsere Umwelt."[4] Mit dieser Meinung steht Rutlin nicht allein. Viele Musiker, die sich ungehindert betätigen und die spirituellen und therapeutischen Wirkungen ihrer Musik erforschen möchten, sind durch die Notwendigkeit des Broterwerbs behindert worden.

„Das Geld hat alles kaputtgemacht", sagte Billy Higgins. „Geld und Musik haben eigentlich nichts miteinander zu tun. Musik wird im Grunde gemacht, weil sie so eine Art spirituelle Heilwirkung hat. Wenn man dafür bezahlt wird, dass man sich hinstellt und für bestimmte Leute spielt, dann muss man auch eine bestimmte Art von Musik spielen, und das ist dann wie eine Varietévorstellung."

Milford Graves hält bei sich zuhause Workshops ab, bei denen die jungen Musiker nicht nur die spirituellen Aspekte der Musik untersuchen, sondern deren Auswirkungen auch wissenschaftlich erforschen können. Graves ist der Meinung, dass Musik medizinisch eingesetzt werden kann, um einzelne Körperteile zu stimulieren und sogar zu heilen. Zu diesem Zweck hat er gemeinsam mit seinem langjährigen Partner Hugh Glover das Institute of Bio-Creative Intuitive Development ins Leben gerufen. Die beiden erforschen, wie Musik bei physiologischen Problemen als therapeutisches Hilfsmittel eingesetzt werden kann. Graves ist außerdem der Ansicht, dass Musik in der Landwirtschaft Anwendung finden könnte. In vielen Teilen Afrikas wird nämlich Musik gespielt, um die Pflanzen zum Blühen zu bringen.

Für Graves, der ein Mensch mit hohen moralischen Prinzipien ist, stellt ein Musiker mehr dar als jemand, der ein Instrument spielt. Ihm zufolge ist der Musiker vielmehr in der Lage, das Leben besser verstehen zu können. „Manche sprechen von Freiheit, aber sie spielen, was sie spielen zu müssen *glauben*. Man kann nicht unvorbereitet in die Freiheit hineingehen. Wenn man zwanzig Jahre auf eine bestimmte Weise gelebt hat und dann plötzlich rausgeht und frei sein will, funktioniert das nicht, weil man gegen sich selbst ankämpft. Es hat den Anschein, als würde man vom Unbewussten gesteuert. Wenn die Musiker zusammenkommen, die diese Art von Freiheit verstehen können, ist das sehr lohnend. Es hilft einem, im Leben besser zurechtzukommen."

Graves lehrt seit 1973 zusammen mit Bill Dixon am Bennington College. Sein beliebtester Kurs beschäftigt sich mit dem Einfluss der Musik. Seine Studenten, die die unterschiedlichsten Hauptfächer belegt haben, hören sich an, was Graves über die medizinische Anwendung der Musik in asiatischen und indischen Zivilisationen und die Anwendung des afrikanischen Körperrhythmus zu sagen hat. „Wenn du über Klänge und Rhythmen redest, musst du über Menschen reden. Das muss man entsprechend vermitteln", sagte Graves. „Wenn ich über bestimmte elementare rhythmische Entwicklungen rede, spreche ich über den Herzschlag. Und wenn ich über den Herzschlag gesprochen habe, bringt mich das automatisch zum Blutkreislauf und Ähnlichem. Und von da kommt man dann zu verschiedenen Krankheiten. Die Leute sehen dann ein, dass bei einem Musiker viel mehr dazugehört als das Spielen eines Instruments. Die meisten haben dann den Eindruck, dass sie ihr Fach – sei es nun Architektur oder bildende Kunst – viel besser studieren können, weil sie einen ganz anderen Sinn für Rhythmus haben."

Die Charakterstärke von Milford Graves ist nicht bei allen Musikern anzutreffen. Im Allgemeinen war es ihre vordringlichste Aufgabe, finanziell über die Runden zu kommen. Für eine Reihe von Musikern bestand die Lösung darin, zwischen Amerika und Europa hin- und herzupendeln. Dass amerikanische Musiker den Atlantik überquerten, war nichts Neues. Viele lebten bereits in Europa, und die namhaften Gruppen hatten seit Jahren ihre Tourneen unternommen. Zu einem regelrechten Exodus kam es jedoch im Jahr 1969, als es sich in New York herumsprach, dass die progressive französische Plattenfirma BYG das Actuel Festival of Jazz, Rock and New Music vorbereitete. Auf dem Programm standen Rockgrößen wie Frank Zappa, Soft Machine und Pink Floyd, aber gleichzeitig hieß es, dass Vertreter der New-Yorker Avantgarde beim Festival auftreten und möglicherweise einen Plattentermin bekommen könnten, wenn sie die Anreise selbst bezahlten. Die meisten Musiker, die das Geld für ein Flugticket zusammenkratzen konnten, hatten nichts zu verlieren.

In New York waren die Aussichten für die New Music nicht mehr gut. Noah Howard hatte zwar mit Konzerten in der Town Hall und zahlreichen Gigs bei

Slug's ein gutes Jahr hinter sich, merkte aber, dass die Lage sich änderte. „Damals erreichte der Rock im *Fillmore East* einen Höhepunkt. Ich wohnte um die Ecke und kam dort jeden Abend vorbei und sah zehntausend Kids draußen stehen. Es war sehr deprimierend." Howard war damals mit dem Tenorsaxofonisten Frank Wright zusammengetroffen, und sie hatten beschlossen, gemeinsame Sache zu machen. Sunny Murray hatte bereits im Jahr 1969 Aufnahmen bei BYG gemacht, als er, Archie Shepp, Grachan Moncur III, Clifford Thornton, Alan Silva und Earl Freeman beim Pan-African Festival in Algier gespielt hatten und über Paris zurückgereist waren. Als Murray dann Wright mitteilte, dass er zu dem Festival reisen wolle, holte dieser den Pianisten Bobby Few und den Drummer Muhammad Ali und fuhr mit ihnen zum Flughafen.

Das Festival hatte ursprünglich in *Les Halles* in Paris stattfinden sollen. Die Polizei war jedoch nach den Ereignissen des Jahres 1968 von diesem Vorhaben nicht sehr begeistert gewesen. Sie hatte Paris als Austragungsort abgelehnt. Das Actuel Festival fand dann in der Nähe der belgischen Grenzstadt Amougies in einem riesigen Zelt statt. Die Akustik war nicht besonders gut, aber die fünfundsiebzigtausend Besucher des fünftägigen Festivals, die von den großen Namen angelockt worden waren, begeisterten sich auch für die Musik von Howard, Wright, Murray, Shepp, Steve Lacy, Joseph Jarman, Sirone, Ted Daniel, Earl Freeman, Ray Draper, Clifford Thornton, Grachan Moncur III, Dave Burrell, Leroy Jenkins, Don Cherry und anderen. Trotz des kühlen Herbstwetters herrschte unter den Musikern große Spielfreude. Frank Zappa stieg bei einer der Jamsessions bei Shepp, Moncur und Freeman ein, außerdem der Schlagzeugveteran Philly Joe Jones sowie zwei in England wohnhafte Südafrikaner, der Bassist Johnny Dyani und der Schlagzeuger Louis Moholo.

Beim Ann Arbor Jazz and Blues Festival, das zwei Jahre später begann, bewies John Sinclair erneut, dass die New Music für Leute, die sie noch nie gehört haben, völlig akzeptabel ist, solange sie nicht als altmodisch geltender Jazz präsentiert oder als ein esoterisches Produkt des Konzertsaals dargeboten wird. Sinclair machte das Publikum, das wegen Otis Rush und Muddy Waters gekommen war, mit Marion Brown und Leo Smith bekannt, mit dem Art Ensemble of Chicago sowie mit Sanders, Shepp und Sun Ra. In Amougies feierten Frank Wright und Noah Howard bei Leuten Triumphe, die wegen Frank Zappa gekommen waren. Als die Musiker in Paris eintrafen, wurden sie von Fotografen und Journalisten umringt. „In Europa bekam ich in drei Tagen mehr Publicity als in New York im Zeitraum von fünf Jahren", sagte Howard.

Die schwarzen Musiker und ihre zornige Musik repräsentierten für die französische Jugend die in Amerika stattfindende Revolution. Dass die Musiker bald nach den Pariser Studentenrevolten eintrafen, trug zu ihrem heroischen Image bei. Wie immer entdeckten die französischen Kritiker in allem, was die Musiker taten, politische Motivationen. Sie stülpten den Musikern ihre eigenen

Interpretationen über, und diese ahnten manchmal gar nicht, was für ein Bild man im Gastland von ihnen verbreitete. Als Charlie Parker im Jahr 1949 nach Frankreich kam, hielt man ihn wegen seines ausschweifenden Lebenswandels für ein Musterbeispiel des Existenzialismus. Jean-Paul Sartre, der Hauptvertreter dieser Philosophie, interessierte sich für ein Zusammentreffen. Parker übernahm diese Rolle, die ihm wie auf den Leib geschrieben war. Zwanzig Jahre danach wurde den amerikanischen Musikern ebenfalls eine Rolle zugewiesen – die der schwarzen Nationalisten und Getto-Helden.

Dass Clifford Thornton wegen angeblicher politischer Aktivitäten die Einreise nach Frankreich verweigert wurde, fand in Teilen der französischen Presse große Beachtung und erinnerte fast an das Getöse beim Prozess gegen den Black-Panther-Aktivisten Bobby Seale. Im Gegensatz zu England und Deutschland, wo einheimische Musiker eine eigene Identität entwickelten, gab man in Frankreich meist schwarzen Interpreten den Vorzug. Die Neuankömmlinge wurden zwar nicht ganz so bejubelt wie der New-Orleans-Klarinettist Sidney Bechet, der in Frankreich eine landesweite Berühmtheit gewesen war und dem man nach seinem Tod ein Denkmal gesetzt hatte. Es gelang ihnen jedoch in kürzester Zeit, genauso viele Anhänger wie die Rockbands zu finden. Robin Kenyatta drückte es so aus: „Wenn ein Schwarzer Black Music spielt, ist das eben was anderes, als wenn ein Weißer Black Music spielt."

Anfangs fehlte es den Neuankömmlingen in Frankreich und anderen Teilen Europas nicht an Arbeit, und die Plattenfirma BYG hielt ihr Versprechen. In wenigen Tagen wurde eine ganze Reihe von LPs aufgenommen. Archie Shepp ließ sich dabei sogar überreden, seinen Vertrag mit Impulse zu brechen. Die Bezahlung war weiterhin alles andere als gut, aber die meisten Musiker ergriffen gern die Gelegenheit, ihre Musik unter die Leute zu bringen und außerdem ein bisschen Geld beiseite zu legen, während sie nach Arbeit Ausschau hielten. Noah Howard meinte sarkastisch: „Immerhin war der Deal besser als bei ESP."

Howard erzählte, was ihn in Frankreich stark beeindruckt hatte. Er habe in Rennes im Maison de la Culture gespielt und habe sich dort zum ersten Mal in seinem Leben wie ein Konzertkünstler gefühlt. „Es waren die kleinen Aufmerksamkeiten: Man servierte uns ein Abendessen, wir hatten Garderoben zur Verfügung. Das Soundsystem war unglaublich gut, und als wir nach dem Konzert von der Bühne kamen, wurden wir von jungen Leuten umringt, die uns um Autogramme baten. Es war genau so, wie sie es hier bei Filmstars machen, und ich fand das echt umwerfend." Howard und einige andere schafften es jetzt zum ersten Mal, mit der Musik ihren Lebensunterhalt zu bestreiten. „Einen Haufen Geld habe ich nicht verdient, aber die Miete konnte ich bezahlen."

Nicht alle Musiker zogen aus den Erfahrungen von Amougies die entsprechenden langfristigen Konsequenzen. Die umsichtigen unter ihnen machten sich jedoch daran, Kontakte zu pflegen, Werbebroschüren zusammenzustellen und New York zumindest zeitweilig abzuschreiben. Das Art Ensemble of Chicago mietete ein Haus in einer Vorstadt und zog dort mit einer Lkw-Ladung Instrumente ein. Die meisten Musiker ließen sich jedoch in Paris nieder, wo früher schon schwarze Exilamerikaner wie Sidney Bechet, James Baldwin und Richard Wright gelebt hatten.

Im Jahr 1975 hatte das Interesse der Franzosen an ihren amerikanischen Besuchern merklich nachgelassen. Diese wurden der politischen Rolle nicht mehr gerecht, die einer der Gründe dafür gewesen war, dass man sie so enthusiastisch empfangen hatte. Alan Silva war einer der wenigen, die dortblieben. Er erklärte: „Viele Leute kamen aus politischen Gründen zu der Musik und weil sie gerade ‚in‘ war. Als sie für die Musik keinen Aufhänger mehr hatten, konnten sie mit ihr nichts mehr anfangen. Jetzt haben wir nur noch das Publikum, das die Musik um ihrer selbst willen schätzt.“

„Das Umfeld, in dem die Musiker spielen, war natürlich von den Auseinandersetzungen jener Zeit geprägt. Politik hat aber nichts mit Musik zu tun. Wenn der Künstler Musik macht, ist diese rein. Und wenn sie dann von einer Kultur mit Assoziationen befrachtet wird, müssen *die* sich mit diesen Problemen auseinander setzen. Der Musiker ist der Kultur voraus, er ist den Emotionen voraus. Er ist derjenige, der die zukünftigen Menschen bewegen wird. Er kann Leute dazu bringen, dass sie das, was sie hören oder sehen, anders begreifen. Er ermutigt dazu, dass man das Bewusstsein erweitert.“

Für Künstler wie Silva ist es nicht einfach, ein geeignetes Publikum zu finden. Dass schwarze Musiker zu revolutionären Kultfiguren hochstilisiert wurden, könnte man aber auch als eine Fortsetzung der Minstrel-Rolle des schwarzen Künstlers betrachten. Für die Politik mag es, wie Silva meint, in der Kunst keinen Platz geben. Aber solange dem Künstler Aufgaben zugewiesen werden, die nichts mit dem Musizieren als ästhetischem Genuss zu tun haben, kann sein Schaffen auch nicht als Kunst betrachtet werden.

Die Wertschätzung, die ihrer Musik in Europa entgegengebracht wurde, war für die Mehrzahl der jungen Amerikaner der Grund, dorthin zu gehen. Bei schwarzen Exilamerikanern der älteren Generation hatte oft das Bestreben, der Rassendiskriminierung zu entgehen, eine Rolle gespielt. Leroy Jenkins sagte: „Dort erkennen die Menschen wenigstens an, dass man diese Art von Musik und deren Weiterentwicklung den Schwarzen verdankt. Wir verdienen zwar nicht viel Geld, aber das, worauf es ankommt, ist die Akzeptanz. Es ist dort genauso schwierig, wir werden finanziell genauso übers Ohr gehauen, über zumindest gibt es in künstlerischer Hinsicht keine Vorurteile. Als Schwarzer hat man in einer weißen Gesellschaft immer ein komisches Gefühl, aber in Europa wird das, was wir geleistet haben, wenigstens anerkannt.“

Das Frank-Wright-Quartett war die einzige Formation, die im Ausland intakt fortbestand. Dass dies trotz aller Schwierigkeiten gelang, ist beeindruckend. Als Wright eines Abends bei Coltrane einstieg, erzählte er Rashied Ali, er suche einen Drummer. Am nächsten Tag stand Alis Bruder Muhammad vor Wrights Tür. Bobby Few, der mit Booker Ervin zusammengespielt hatte, einem weiteren bedeutenden Tenorsaxofonisten, schloss sich dem dynamischen Duo 1970 an. Auch Alan Silva spielte immer wieder mal mit. 1971 kehrten die Musiker nach New York zurück, um dort Weihnachten zu feiern und das Wochenende über Konzerte zu geben. Sie mussten feststellen, dass es den dortigen Musikern so schlecht ging, dass sie nicht verreisen konnten. Silva erzählte: „Wenn ich Kollegen traf, fragte ich sie, was sie denn so gemacht hätten. ‚Ich hab in der Bibliothek für fünfundzwanzig Dollar gearbeitet‘, bekam ich dann zu hören. Und da dachte ich: Verdammt noch mal, wie soll man damit zurechtkommen?"

In Europa hatten sich die vier Musiker Reisen leisten können, auch wenn ihnen ihre Gagen nicht ganz angemessen erschienen waren. Angesichts der Situation in New York machten sie sich bald wieder auf die Rückreise.

Als Alan Silva in einer geschichtsträchtigen Gesellschaft lebte, in der die Kultur eine bedeutendere Rolle spielt als in den USA, verspürte er einen stärkeren Drang, sein Instrument perfekt zu beherrschen. Ungeachtet der Bemühungen der Kulturverantwortlichen ist das, was ein ambitionierter Künstler anstrebt, nicht ohne weiteres mit dem zu vereinbaren, was das Publikum erwartet. Silva ist nur einer von vielen versierten Musikern, die verblüfft darüber sind, wie bereitwillig die auf dem Gebiet des Jazz-Rock tätigen Kollegen die Mittelmäßigkeit akzeptiert haben. „Früher dachte ich mal, es gebe nichts Großartigeres, als Musiker zu sein. Es bedeutete, dass man nach Perfektion strebte. Mit diesen Vorstellungen bin ich aufgewachsen, und ich komme aus dem Getto. In meinem Kulturkreis war Charlie Parker mein Vorbild. Und John Coltrane. Ich begreife nicht, wieso sich die Leute nicht mehr künstlerisch vervollkommnen wollen."

„Zuerst sind die Anforderungen hoch gewesen, und auf einmal sind sie ganz niedrig. Mancher meint dann, er brauche sich nicht anzustrengen. Er gibt sich mit dem Minimum zufrieden, statt der Tradition zu folgen und nach Perfektion zu streben. Auf diese Weise entsteht dann zwischen dem Publikum und den Spitzenkönnern eine unüberbrückbare Distanz."

Dass Musiker ihr vertrautes Umfeld verließen, lag meist daran, dass sie Geld verdienen oder überhaupt eine Gelegenheit zum Spielen bekommen wollten. Es gibt aber auch andere Gründe. „Es ist einfach unerlässlich, dass die Musiker mal aus diesem Land rauskommen", meinte Sirone. „Wer das nicht tut, macht einfach so weiter und stirbt schließlich, ohne zu wissen, dass die Musik anderen Leuten, die tausend Meilen von hier entfernt sind, so viel bedeutet."

In Europa (und neuerdings auch in Japan) ist es Musikern gelungen, vorübergehend einen Ausweg aus ihrer Notlage zu finden. Die meisten mussten dabei ihre familiären Bindungen aufgeben. Roger Blank gehört zu denjenigen, die es vorzogen, zuhause bei ihrer Familie zu bleiben. Er bemüht sich, in seiner Umgebung ein Publikum für die New Music zu finden. In der Kooperative Melodic Art-tet spielt Blank Schlagzeug, Ahmed Abdullah Trompete und Charles Brackeen Saxofon. Am Bass war zuerst Ronnie Boykins, der wie Blank ein ehemaliger Mitkämpfer von Sun Ra ist, dann William Parker oder Hakim Jami. Blank strebt danach, den geheimnisvollen Nimbus zu entfernen, der die Musik zu einer elitären Angelegenheit machte. Er wirft den Musikern vor, dass sie die Musik nicht unter die Leute gebracht haben. Da die Gemeinschaftsprojekte immer weiter ausgebaut werden, sieht es jedoch so aus, als würde sich dies bald ändern.

Beim Melodic Art-tet merkt man, dass die Mitglieder viel Zeit in ihre Musik investiert haben. Sie sind eine von den jüngeren Bands in New York, bei denen das Zuhören Spaß macht. Blank ist stolz darauf, dass diese genauso häufig probt, wie es in der Zeit vor der Wirtschaftskrise üblich war. Er ist überzeugt davon, dass er über die Runden kommen wird. „Ich muss durchhalten, und ich werde es auch schaffen. Ich arbeite ein bisschen nebenher. Ich habe sogar Sozialhilfe bezogen, aber ich schäme mich dessen nicht. Das gehört zum Erwachsenwerden. Es war besser, als zu stehlen oder jemanden auszurauben. Ich glaube jetzt, dass der Schöpfer den Leuten Verantwortung zuweist – dem Maurer, dem Polizisten, dem Musiker, dem Politiker. Jeder hat seine Aufgabe, damit der ganze Planet in Bewegung bleibt. Und wenn die Musiker merken, dass sie der Menschheit gegenüber eine Verantwortung haben, können sie die Schwierigkeiten leichter ertragen.

Ich habe Achtung vor dem, was die älteren Musiker geleistet haben. Ich behaupte nach wie vor, dass diese fünf oder sechs Leute, die auf der Bühne zusammenkommen, einen Pulsschlag haben müssen, auch wenn sie noch so herrlich spielen. Sie müssen trotzdem atmen und einen Bezug finden. Das gilt auch für manche Bereiche der so genannten New Music, die in gewisser Weise an einen Affen erinnert, der Farbe auf die Leinwand schmiert. Sie ist jedoch entwicklungsfähig. Wir müssen unterscheiden lernen, was einen Pulsschlag hat und was nur zuckt."

Die Frage ist jedoch: Werden zukünftige Musikergenerationen genügend Interesse haben, diese Musik zu spielen, wenn die finanziellen Anreize weiterhin so klein sind? Manche jungen Musiker sind in die lukrativere Rockmusik abgewandert. Die New Music übt jedoch eine so starke Anziehungskraft aus, dass viele bereit sind, sie zu spielen, auch wenn sie Opfer auf sich nehmen müssen.

Eines ist sicher: Auch wenn es für die Musiker noch so schwierig wird, ihren Lebensunterhalt zu verdienen, und selbst wenn die Zuschüsse aus irgendeinem Grund ausbleiben sollten, wird es dennoch immer wieder neue Talente geben. Ellis Marsailis ist ein Altersgenosse von Ed Blackwell. Er zog es vor, zuhause zu bleiben und seine Familie durch Klavierunterricht und Klavierspielen zu ernähren, als Blackwell mit Ornette Coleman auf Tour ging. Da er aus New Orleans stammt, das so viele talentierte Musiker hervorbrachte, hat er es satt, dass in der Musikpresse ständig Nachahmer als neue „Wunderkinder" auftauchen. „Da ist davon die Rede, dass sie die große Hoffnung der Weißen darstellen", schnaubte er. „Wir konnten uns keinerlei Hoffnungen machen. Wir hatten einfach zu viele Leute, die Musik machten."

Für Milford Graves und andere hängt das Überleben nicht vom Publikum und vom Geld ab. „Ich glaube, das war der Fehler, den viele Musiker gemacht haben. Ich habe oft erlebt, dass Leute ganz erpicht darauf waren, Schallplatten aufzunehmen, zu reisen und vom Publikum bewundert zu werden. Und wenn das nicht in Erfüllung ging, waren sie ganz erledigt. Das ist sehr schwer auszufüllen, wenn du nicht für Veränderungen bereit bist. Ich glaube, viele Musiker waren darauf nicht vorbereitet. Sie waren so wild darauf, ihre Musik zu verbreiten, dass sie deren Wert gar nicht erkannten. Wir machen das anders. Wir ziehen unseren Nutzen aus der Musik."

Wie schwer es ist, mit der New Music zu überleben, sieht man, wenn man die Zahl der Künstler betrachtet, die etwas Lukrativeres gesucht oder aufgegeben haben oder auf tragische Weise umgekommen sind. Schallplatten- und Konzertaktivitäten gibt es nur ab und zu, und sie sind nicht so bedeutend, wie es nach außen hin erscheinen mag. Aber die Musiker machen dennoch weiter. Im Alter von zweiunddreißig Jahren meinte Hakim Jami: „Ich sage mir immer wieder: Wow, in zehn Jahren wird man behaupten, ich sei altmodisch! Es ändert sich doch alles, und irgendjemand muss es anpacken. Ich weiß nicht, wie man's nennen wird, aber als ‚Jazz' wird man's nicht bezeichnen, weil niemand das hören will. Wenn wir es nicht machen, werden es die Jüngeren machen, aber wir pflanzen es jetzt bei ihnen ein. Ich bin über dreißig, aber es gibt Cats, die Anfang zwanzig sind. Ich habe sogar elf- oder zwölfjährige Kids spielen hören, und die hatten wirklich was drauf. Was wird passieren, wenn die auf den Schauplatz treten und wenn die dreißig werden? Die haben *andere* Ideen, und wir können uns zurücklehnen und von ihnen lernen."

Als Wallace D. Muhammad 1975 die Nachfolge seines Vaters Elijah Muhammad antrat und Anführer der Nation of Islam wurde, versetzte er Schwarze und Weiße gleichermaßen in Erstaunen. Er kündigte nämlich an, Weiße könnten von nun an ebenfalls Mitglieder der Nation of Islam werden. Amiri Baraka gab bekannt, er wolle seine separatistischen, auf afrikanischen Vorstellungen basierenden Lehren aufgeben und in Zukunft einen maoistischen Kurs verfolgen. Beides war symptomatisch für die Veränderungen, die sich in der schwarzen Bevölkerungsgruppe vollzogen.

Fraglich ist, ob es aufgrund der verbesserten Lebensbedingungen zu solchen Kehrtwendungen kam. Mit ihren Strafaktionen war es FBI und CIA gelungen, der Bedrohung vonseiten radikaler Gruppen wie den Black Panthers ein Ende zu setzen. Die Mitglieder der Black Panthers waren umgebracht oder hinter Gitter gesteckt worden. Nun war das Lager der Schwarzen bereit für die Übernahme durch Liberale, die allen revolutionären Bewegungen zu schaffen machen, sobald sie einen bestimmten Punkt erreicht haben. Bei den Musikern kam dieser Liberalismus dadurch zum Ausdruck, dass sie den nationalistischen Inhalt der Musik nicht mehr so stark betonten und separatistische Bestrebungen bremsten. Gegen Ende der Siebzigerjahre durften mehr weiße Musiker mit Schwarzen zusammenspielen als zu Beginn des Jahrzehnts.

Dass Milford Graves 1974 am Bennington College lehrte, einer Akademie der weißen oberen Mittelschicht, war dennoch eine Überraschung. Die separatistische Linie war jedoch aus seiner Sicht etwas, das die Schwarzen brauchten, um untereinander und als Gemeinschaft ihre Identität zu finden. Die sozialistische und feministische Historikerin Sheila Rowbotham schrieb: „Um eine Alternative zu schaffen, muss eine unterdrückte Gruppe die Welt der Selbstbespiegelungen zerschlagen, die sie umgibt, und gleichzeitig ihr eigenes Image auf die Geschichte projizieren. Um ihre eigene Identität entdecken zu können, die sich von der des Unterdrückers unterscheidet, muss diese sichtbar werden. Alle revolutionären Bewegungen schaffen ihre eigenen Betrachtungsweisen. Dies ist jedoch das Ergebnis großer Anstrengungen. Menschen, die namenlos sind, die sich selbst nicht kennen, die keine Kultur haben, erleben eine Art Bewusstseinslähmung. Der erste Schritt besteht darin, miteinander Verbindung aufzunehmen und zu lernen, einander zu vertrauen."[5] Milford Graves war der Meinung, dass er diesen Schritt bereits unternommen hatte und dass er und seinesgleichen sich jetzt zurückziehen und eine Neubewertung der Lage vornehmen konnten.

Im Lager der Schwarzen gab es einige Kritik an Graves' Vorgehen. Da er in seinem Selbstverständnis sowohl Erzieher als auch kreativer Künstler ist, sieht er keinen Konflikt, wenn er lehrt und für Menschen seiner eigenen Hautfarbe wie auch für andere spielt. Er betrachtet diese Entwicklung vielmehr als Reifungsprozess. „Manche behaupten: ‚Die weißen Studenten werden dich, den schwarzen Musiker, beklauen. Sie werden dein ganzes Wissen stehlen.' Denen antworte ich: ‚Nein, das stimmt nicht.' Ich mache mir deswegen keine Gedanken. Es steht den Studenten frei, sich damit zu beschäftigen. Ich könnte ja genauso gut ans Carnegie oder ans Cal Tech gehen und Nuklearphysik studieren und eine H-Bombe oder so was bauen. So sollte es sein: Es sollte allen offen stehen. Von überall sollte eine Herausforderung kommen, insbesondere für Musiker."

Als die Siebzigerjahre ihrem Ende zu gingen, war Jazz in New York wieder Big Business. Aber davon profitierte nur eine Hand voll Musiker. Deren Situation war keineswegs repräsentativ für die Lage der Schwarzen im Land. Obwohl es im Erziehungswesen und bei den Beschäftigungsmöglichkeiten Fortschritte gab, befanden sich die Schwarzen im Jahr 1980 im Hinblick auf das Wohnungswesen, die Schulbildung, das Gesundheitswesen und die Einkommensverhältnisse immer noch am unteren Ende der Tabelle. Die Musiker werden weiterhin durch wirtschaftliche Verhältnisse beeinträchtigt, die oft darauf abzielen, sie in ihre Schranken zu weisen. Als es im Plattengeschäft für einige Künstler aufwärts ging, wurden die Zuwendungen durchgehend gekürzt. Am Ende des Jahrzehnts waren die meisten der Lofts, in denen der kommerzfreie „Loft-Jazz" entstanden war, längst geschlossen. Trotz solcher Rückschläge gibt es bei den Menschen genauso wenig wie in der Musik selbst einen Stillstand. Marcuse hat gesagt, dass keine Innovation, die darauf angelegt ist, die Struktur der postkapitalistischen Gesellschaft zu untergraben, der Fähigkeit dieser Gesellschaft entgehen kann, diese zu absorbieren. Was die afroamerikanische Musik betrifft, hat sich gezeigt, dass Marcuse nur teilweise Recht hat. Das tägliche Ringen geht weiter, und jeden Tag tauchen neue Formen und neue Ideen auf. Jerome Cooper ist bereits zitiert worden: „Schwarze Musik ist so wie unser Leben und so, wie wir die Umwelt sehen und mit ihr umgehen."

―――――――――――――

Auch wenn sich die Zielsetzungen und Ansichten der Musiker unterscheiden, lässt sich eine Gemeinsamkeit leicht erkennen: das nahezu unwiderstehliche Bedürfnis, tatsächlich zu spielen. Dieses Bedürfnis ist für diejenigen, die nach überkommenen materialistischen Prinzipien handeln, schwer nachvollziehbar.

Ein Mann, der sich bei den Musikern auskennt, saß in New York an der Lower East Side in einem Zimmer und ließ sich ein Brathähnchen schmecken. „Diese Avantgarde erreichte einen Punkt, an dem sie zur Religion wurde", sagte er. „So waren die Typen noch nie mit der Musik umgegangen. Es kam so weit, dass ihnen ihr Instrument wichtiger war als alles andere. Es war ihr Gefährte und ihre Erfüllung. Sie schliefen sogar mit ihrem Instrument. Manchmal ließen sie ihre Kinder hungern, weil die Musik ihre Religion war." Fat Bobby leckte sich genüsslich die Finger. Dann schüttelte er den Kopf. Durchschnittsmenschen fanden die extreme Einseitigkeit der „jungen Wilden" oft unverständlich.

Genau diese Musik und das gesellschaftspolitische Aufbegehren, das sie verkörperte, bringen einen Mann wie Mustafa Abdul Rahim dazu, zwischen New York und seiner Familie in Cleveland hin- und herzupendeln. Um spielen zu können, nimmt er es in Kauf, dass er auf dem Fußboden schlafen muss und keine geregelten Mahlzeiten bekommt. Zuvor hatte er als Diskjockey ein ausreichendes Einkommen. Aber dann fand er ein Ziel, das ihm wichtiger ist. Er hatte das Gefühl, dass er dafür geschaffen war, die New Music zu spielen. „Diese Musik hat mich auf eine höhere Bewusstseinsebene gebracht", sagte er. „Und das ist der Unterschied zwischen ihr und ‚I love you, baby, let me do it to you'."

Es sei McCoy Tyner überlassen, zu dieser Engagiertheit, die vielen unbegreiflich ist, ein klärendes Wort zu sprechen: „Die Allgemeinheit bekommt die unterschiedlichsten Dinge zu hören. Sie lässt sich von Begleiterscheinungen beeindrucken, versteht aber im Grunde nicht, was die Musik darstellt. Sie ist etwas Persönliches, etwas sehr Bedeutungsvolles. Die Musik ist kein Spielzeug – sie ist so ernst wie das richtige Leben."

Quellen:
1. Interview von Mike Bourne, „Defining Black Music", *Down Beat,* 18. September 1969.
2. Ebenda.
3. A. B. Spellman, *Four Lives in the Bebop Business,* New York 1966.
4. Covertext zu *Ofamfa* von Children of the Sun (Universal Justice Records, University City, Missouri).
5. Sheila Rowbotham, *Woman's Consciousness, Man's World,* London 1973.

Nachwort

Ernsthaft:
Musik ist was fürs Leben

*Anmerkungen zur Aktualität von Valerie Wilmers Klassiker
der Jazz-Geschichtsschreibung* As serious as your life.

Wie zeitgemäß ist sie noch, die deutsche Übersetzung eines Buchs, das
1977 im englischsprachigen Original erschien und dessen Wert sogleich begriffen wurde? Neben Ekkehard Josts *Free Jazz* (Mainz 1975), *Fire Music* von Rob
Backus (Chicago 1976) und *Free Jazz/Black Power* von Philippe Carles und
Jean-Louis Comolli (Paris 1971) stellt Valerie Wilmers *Coltrane und die jungen
Wilden* eines der frühesten und informativsten, aus der direkten Augen-
zeugenschaft entstandenen Bücher über die Musikszene des *New Thing* dar.
Wilmers Buch wurde längst als Klassiker der Jazz-Geschichtsschreibung nobi-
litiert, und ernsthafte Jazzfans dürften dieses Buch längst im Original oder
zumindest eine der Neuauflagen besitzen. Ist *As serious as your life,* so der Ori-
ginaltitel, insofern nicht längst eine obligatorische Pflichtlektüre für alle gewesen, die sich für die Jazzhistorie interessieren? Was soll also noch eine deutsche
Übersetzung? Was kann ein Buch leisten, wenn ein Großteil der porträtierten Musiker längst verstorben ist, das einstige *New Thing* längst ein alter Hut
geworden ist? Wem überhaupt hat die Musik von einst etwas zu sagen? Hört
noch jemand die Musik von Toten wie Sun Ra, John Coltrane, Lester Bowie
oder Don Cherry? Ist das *New Thing* nicht ebenso tot? Findet es nicht außerhalb eines sehr kleinen Kreises ewig gestriger Jazzfans nirgendwo mehr statt?
Außer möglicherweise zwischen zwei Buchdeckeln? Und gibt es nicht mittlerweile bereits genug neuere Bücher über diese Zeit des musikalischen und
gesellschaftlichen Aufbruchs?

Kurze Bedenkzeit.

Als ich kürzlich für ein Buchprojekt (Jenrich, Hrsg.: *Meine erste Platte,* Frankfurt/M. 2000) gebeten wurde, über meine erste Langspielplatte zu schreiben, geriet das Erinnern zu einem Wiederhören mit John Coltranes Platten. Und das Aufschreiben auf der Spur des autobiografischen Hörens geriet zu einer Erinnerung an die Sechziger- und Siebzigerjahre. Damals erschien mir Coltrane als Lichtgestalt, der nicht zuletzt Jazz-Autoren wie der mittlerweile verstorbene Joachim Ernst Berendt weitere Glanzlichter aufsetzten. Denn noch bevor in den damaligen Zeiten die Musik des *New Thing,* der Free Jazz, in Deutschland zumindest in Form von Langspielplatten ankam, war es das gedruckte Wort, das der Musik zu einem Ankommen in den Herzen und Hirnen verhalf. Berendt schrieb 1968 in einem der wenigen damals leicht erhältlichen deutschsprachigen Jazzbücher Sätze, die alles zusammenbrachten. Den Jazz, die Gesellschaft, den Protest. Im Jahr 2000 zitierte ich ausführlich Berendt '68: „Trane ist orientalisch-östlich – eine Friedenssprache. Dies ist Musik der zeitgenössischen schwarzen Kultur. Die Leute, die diese Musik machen, sind Intellektuelle oder Mystiker oder beides. Schwarze rhythmische Energie, Blues-Feeling und schwarze Sensibilität werden auf die Ebene der Reflexion projiziert." Und: „Wir mögen diese Musiker, die sich ‚Die wunderschönen Kämpfer' oder Zauber-Männer oder Ju-Ju-Leute nennen … Magier der Seele. Wenn sie spielen, führen sie eine Geisterbeschwörung von Seelen und Imaginationen auf. Wenn du nicht innerlich bereit bist für die Länder des surrealen Dadas à la Harlem, für South Philadelphia oder schwarze Georgia-Nächte und nächtliche Mau-Mau-Attacken, für dunkle Schatten auf fliegenden Untertassen, dann magst du die Erfahrung, John Coltrane, Archie Shepp oder Albert Ayler zuzuhören, nicht überleben. Diese Leute sind gefährlich, und eines Tages mögen sie töten, indem sie schwache Herzen und korrupte Gewissen dazu bringen, zum Fenster herauszuspringen oder schreiend durch ihre zerstörte Traumwelt zu fliehen … die Musik enthält Schmerz und Zorn und Hoffnung … die Vision einer besseren Welt jenseits der gegenwärtigen." An Berendt schloss ich mich, erinnernd an mein damaliges Jazz- und Weltverständnis, mit den Worten an: „Eigentlich verstand ich von diesen Worten wenig, aber, ja, ich war trotzdem bereit für surrealen Dada, fliegende Untertassen, für Schmerz und Hoffnung und Liebe. All das wollte ich auch. Wer konnte das nicht wollen, wer wollte kein ‚wunderschöner Kämpfer' werden, zumindest hörenderweise?" Ja, diese Hörspuren legte der Jazz in den „wilden Sechzigerjahren", und Valerie Wilmers Buch ist durchweht vom Zeitgeist der Aufbruchstimmung jener Jahre. Sie dachte zusammen, was zusammengehört: der Jazz, die Gesellschaft, der Protest. Nicht dass das heute eine Selbstverständlichkeit in der Jazz-Publizistik ist. Eher ein Selbstverständnis, das es immer noch einzufordern gilt.

Wo Valerie Wilmer die publizistische Verstärkung für ein Aufbegehren lieferte, das im Jazz (und anderswo) zu hören war, da ist ihre Parteilichkeit längst ebenso wie die Musik von einst zu einem Zeitdokument geworden. Ihre Parteilichkeit ist eine des Hörens; Valerie Wilmer hörte mit dem Herzen. Dort, wo das Herz schlägt, liegen ihre Sympathien. Sie liebt die Musiker, die Menschen, die menschlich geblieben sind.

Darüber lässt sich leicht vergessen, dass sie weder eine Theoretikerin des Jazz noch eine begnadete Stilistin ist. Sie war eine Ohrenzeugin, die auf der Seite der Neuerer stand. Jazzhistoriker mögen insofern Nachsicht bei einigen (Fehl-)Einschätzungen und kleineren Fehlern walten lassen. Lektor und Übersetzer haben sich bemüht, größere Fehler und Ungereimtheiten stillschweigend zu korrigieren oder als Eigenwilligkeit der Autorin eben gerade im Text zu belassen. Denn es geht auch um die Gewährung von Authentizität, um das Bewahren einer Stimme der Jazz-Publizistik, die so originär wie eine alte Schallplatte aus längst vergangenen Jahrzehnten zu uns in die Gegenwart dringt. Zeugen nicht die langen, oftmals verschachtelten Sätze, ihre Diktion, der Sprachgestus von der Aufgeregtheit einer Umbruchzeit und einem offensichtlichen Bruch in der Wahrnehmung von Musikgeschichte, dem sich die Autorin nur in einem Ringen mit den Worten nähern konnte? Als anerkannter Klassiker der Jazz-Geschichtsschreibung ist ihr Buch eben selbst längst zu einem Dokument einer Umbruchsituation geworden. Diesen Dokumentcharakter gilt es ebenso zu wahren, wie es historischen Schallplattenaufnahmen schlecht bekommt, wenn sie auf ein jeweils aktuelles Hörvermögen umgemischt werden.

Dementsprechend wurden auch die Musikerbiografien in ihrem alten Zustand belassen und nicht etwa aktualisiert. Wo, wenn nicht an ihnen lässt sich die historische Distanz besser ablesen, die mittlerweile das gegenwärtige Verhältnis zwischen uns Gegenwärtigen und den teilweise vergessenen Akteuren von einst beherrscht? Diese Musikerbiografien sollten als Beleg dafür gelesen werden, wie es damals war: Wer war berühmt, bekannt – und an wen erinnert sich heute niemand mehr? Wo und wann brachen einige Musikerkarrieren einfach ab und versandeten im Nichts der Überlieferung? Eine Aktualität vorgaukelnde Überarbeitung hätte einer Schein-Authentizität Vorschub geleistet, die den Gesamtcharakter des Buchs als historisches Dokument verändert hätte. Denn dieses Buch ist eben kein Nachschlagewerk zu den aktuellen Problemen des Jazz im Jahr 2001.

Es gibt allemal mehr als genug Gründe, um sich weiter gehende Eingriffe in einen historischen Text zu versagen. Damit ist aber längst noch nicht die Frage beantwortet, warum Valerie Wilmers Buch heute eine Aktualität beizumessen ist, die eine Neuauflage und Übersetzung rechtfertigt.

Tatsächlich geht es um mehr als Authentizität und Treue zur Historie. Gefragt wird nach der Aktualität des Schreibens und Hörens. Im Jazz hat die Antwort auf diese Frage mit mehreren Widersprüchlichkeiten zu rechnen. Genannt sei erst einmal eine: Seit seinem Anbeginn, von Jelly Roll Morton hin zu Charles Mingus und den jungen Wilden des *New Thing*, gibt es Musiker, die sich als Künstler geehrt und den Jazz liebend gern als Kunstform etabliert sehen würden. Dabei lag es nicht nur am Rassismus, dass dem Jazz die Kunstweihen so schnell nicht gewährt wurden.

Denn den Jazz zeichnet eine innere Widersprüchlichkeit aus, die ihn schwer verortbar macht. Nicht nur, dass er kunstvoll oder dilettantisch gespielt werden kann. Nein, der Widerspruch gründet tiefer, und er durchzieht Valerie Wilmers Argumentation wie auch die jüngere Jazz-Publizistik und die Jazz-Geschichte bis heute wie ein roter Faden.

Jazz begann als laute Populärmusik schwarzer Afroamerikaner, und es gibt Jazzer, Blueser, Soulisten und Rapper, die bis heute um diesen Ursprung afroamerikanischer Musik kreisen.

Wo einige Jazzer sich andererseits darum bemüht haben, aus ihrer Musik eine Kunstform zu machen, haben sie dieses Bemühen mit dem Preis der Popularität bezahlen müssen: Seit die Bebopper aus dem Jazz eine – wie Michael Ventura schreibt – Reflexionsmusik gemacht haben, haben sie der Reflexion über Musik zuliebe den Tanz und damit ihr Publikum geopfert. Die von Valerie Wilmer porträtierten Musiker, die oftmals nur mit wenigen Zuhörern auskommen mussten, legten von diesem Opfer mehr als einmal wortreich wie auch musikalisch Zeugnis ab. Sie machten experimentelle Minoritätenmusik, die für kurze Zeit in Europa auf offene Ohren stieß, über die ansonsten die Jazz-Geschichte aber hinweggegangen ist. Und das in mehr als einer Hinsicht: Die Erneuerungen im Jazz beispielsweise der Neunzigerjahre stammten nicht von den Ahnherren der Revolte in den Sechzigern ab, eher von ihren damaligen Gegenspielern, den als Populisten belächelten, von Valerie Wilmer und ihren Gewährsmännern nicht beachteten, sogar missachteten Funk- und Souljazzern wie Cannonball Adderley oder Donald Byrd. Funk- und Souljazz mit starken World-Music-Einflüssen jedoch bestimmen den Jazz-Groove zur Jahrtausendwende, der auf dem Weg zu seinen Ursprüngen zurück wieder die Tanzbarkeit beschwört. Dementsprechend fließt von den experimentellen Spielarten wenig ein in das Spiel des heutigen Jazz.

Der Free Jazz, das *New Thing,* die Improvisierer-Szene, sie alle haben eine feste Nische gefunden, neben anderen historischen Spielweisen wie Dixieland, Swing, Bebop und Fusion. Gewiss, Cecil Taylor spielt, ob mit oder ohne großes Publikum, immer noch so kompromisslos wie einst. Aber die Zeiten, die haben sich geändert. Und Ornette Coleman genießt Kultstatus und trifft, wo immer er spielt, auf eine treue Fangemeinde und auf ein Publikum, das für seine heutigen Experimente mit Opernsängerinnen und für seine World-Music-Experimente aufgeschlossen genug ist, um seinen Konzerten und Alben sogar durch Jubelkritiken in populären Rockmagazinen Rechnung zu tragen. Andererseits klingt Archie Shepp mehr nach Mainstream-Bop als vor dreißig Jahren. Impulsgebend für den aktuellen Jazz sind sie alle nicht mehr.

So gehört, ließe sich die einst so revolutionäre und zum Erschrecken auch schöne Musik dem Archiv überantworten; so gelesen, ließen sich Valerie Wilmers passionierte und auskunftsreiche Innenansichten einer musikalischen Revolution ad acta legen. Von dort aus ließe sich dann überprüfen, wie weit sich sogar die in ihrem Buch skizzierte Problemlage verschoben hat. So scheinen heutige Künstler/Musiker seltener einen Widerspruch zwischen Kunst und Kommerz zu sehen als damals. Ist nicht das naive Erstaunen über die Schallplattenindustrie, die Musik wie eine Ware handelt, längst Versuchen des Mithandelns vonseiten der Künstler/Musiker gewichen? Kein Zweifel, dass dieses Mithandeln bewusst oder unbewusst dem wütenden damaligen Aufbegehren geschuldet ist; kein Zweifel auch, dass gewisse Situationen heute nicht mehr vorstellbar sind: Ein Drummer, der – wie von Wilmer am Beispiel der Begegnung von Andrew Cyrille mit John Hammond geschildert – einen Schallplattengroßkonzern für eine Solo-Drum-Aufnahme begeistern will, könnte sich heutzutage von vornherein eigenhändig in das große Musikerwitzbuch eintragen, so irreal und irrwitzig klingt sein Vorhaben. Nein, moderne Jazzmusiker, von Miles Davis hin zu Klaus Doldinger, Til Brönner oder Joe Zawinul, machen Werbung für Stereoanlagen, schicke Anzüge und Gesundheitsgetränke. Von der Begeisterung für das Letztgenannte einmal abgesehen, setzen heutige Jazzstars das Erbe jener Jazz-Entwicklung fort, für das Duke Ellington, Cab Calloway oder auch Dizzy Gillespie mit ihren Namen und ihren Personen einstanden, wenn sie für Hosenträger, Hüte und Anzüge Werbung machten. Ob das Künstlertum dabei außen vor bleibt, liegt im Ohr des Hörers.

Möglicherweise haben die jungen Wilden des *New Thing* das Lehrgeld für das gewandelte Verhältnis zwischen Musikern, Kommerz, Publikum und Schallplattenindustrie bezahlt. Insofern dokumentiert Valerie Wilmer einen historischen Bruch in der Wahrnehmung von Musik. Probleme wie schlechte Bezahlung, keine Rechte am Songmaterial, ausbeuterische Praktiken der Klubbesitzer und der Schallplattenindustrie wurden als wahr anerkannt und kursierten nicht mehr hinter vorgehaltener Hand allein unter Kritikern und Musikern; das Verhältnis von Tradition und Moderne im Jazz wurde neu zu definieren versucht. Als Ohrenzeugin legte Valerie Wilmer Zeugnis für diese fundamentale Neuorientierung ab. Diese ist nicht mehr wiederholbar. Sie gehört zur Historie.

Nicht ins Jazzarchiv gehört die biografische Erschütterung, die nicht abgegoltene Aktualität von Schreiben, Musikmachen und Hören. Hier gibt es immer noch eine Menge von Valerie Wilmer zu lernen. Es war die pure Neugier, nein, die Begeisterung für die schwarze Musik, die die junge Britin bereits Mitte der Fünfzigerjahre in die Konzerte afroamerikanischer Bluesmusiker trieb. Ob Muddy Waters, Memphis Slim, James Cotton, Lonnie Johnson, Otis Spann, sie schüttelte ihnen die Hand, traf sich nach den Konzerten mit ihnen, begleitete sie zu Bekannten, tourte mit ihnen durch England. Als Fünfzehnjährige lernte sie 1957 Big Bill Broonzy kennen, einen Musiker, der eine Vatergestalt des Chicago-Blues darstellte und (fälschlicherweise) als einer der letzten authentischen Country-Blues-Sänger einen legendären Ruf genoss. Noch als Schülerin begann sie eine Brieffreundschaft zu dem afroamerikanischen Bluesmusiker Jesse Fuller, und diese Korrespondenz führte nicht nur zu ihrer ersten journalistischen Arbeit, sondern sogar dazu, dass Fuller bei einem Besuch in England im Haus ihrer Mutter endlich das selbst gekochte Essen kochen konnte, das er bei seiner Tour durch Deutschland und England schmerzhaft vermisst hatte. Soulfood war das alles, zumindest für die junge Britin.

Auf der Suche nach Soulfood, nach Intensität und Authentizität, nach Wahrhaftigkeit, traf sie eines Tages auf den Jazz-Schlagzeuger Herbie Lovelle. Als sie ihm erzählte, dass sie eines fernen Tages plane, ein Buch über den Jazz zu schreiben, da sagte er nur: „Why don't you start now?" Das Anfangen im Hier und Jetzt im Moment des Berührtseins, das ist eine Qualität, die sich Valerie Wilmer bis zum heutigen Tag in ihren Berichten und Bildern zu erhalten gewusst hat. Sie schreibt einmal, dass es sie Jahre gekostet habe, sich einen Zugang zu den Herzen der von ihr bewunderten Musiker zu bahnen, aber dieser Preis sei es ihr wert gewesen. Denn dadurch habe sie ein unglaubliches Maß an Lebensfreude gewonnen.

An diesem Punkt treffen sich alle, die Jesse Fuller, Big Bill Broonzy, John Coltrane oder Albert Ayler gehört und gesehen und möglicherweise gar ein Buch von Joachim-Ernst Berendt gelesen haben. Sie treffen sich im Hier und Jetzt eines autobiografischen Hörens. Es notiert die Erregungsspur, mit der sich Musik in die jeweils eigene Lebensgeschichte einschreibt. Das autobiografische Hören verzeichnet die Verlebendigung der Musik am eigenen Leib, spürt den autobiografischen Erschütterungen nach, die Musik im eigenen Leben hinterlassen hat. Da muss man nachhören, das kann man aufschreiben, nachlesen.

So gelesen, zielt Valerie Wilmers Klassiker recht direkt ins Zentrum des Koordinatenkreuzes der eigenen Befindlichkeit. *As serious as your life* ist folglich aktuell, weil die Autorin den Leserinnen und Lesern an ihrer Person ein Beispiel vorlebt, wie man sich Musik nähern sollte: mit Leidenschaft und Neugier, mit Begeisterung und mit Bewunderung. Ernsthaft auf alle Fälle. Musik für die Spaßgesellschaft, nein, das funktioniert nicht mit Leuten, die wie „wunderschöne Kämpfer, schwarze Magier und Ju-Ju-Leute" sein wollen.

Ob jeder Mensch diese Hingabe an das Faszinosum Musik als Aufgabe und als lustvolle Verpflichtung für sich selbst wahr machen möchte oder kann, sei dahingestellt. Mit Valerie Wilmer als Vorbild aber stellt sich jedem, der ihr Buch liest, immerhin eine Frage: Wie höre ich eigentlich Musik? Welche Musik? Wann, wieso, warum? So tauchen bei allen Tönen, die beim Weg durch die Ohrmuscheln den Körper beseelen, immer wieder ganz aktuelle, persönliche Fragen auf der Suche nach der verlorenen Zeit der eigenen Geschichte zur Beantwortung auf. Sie durchziehen Klassiker der Jazz-Geschichtsschreibung ebenso wie das eigene Denken und Fühlen. Zu guter Letzt halten sie Bücher und Menschen jung.

Harald Justin

Danksagung

Auf die Idee, dieses Buch zu schreiben, kam ich, als ich in dem bekannten New-Yorker Eighth Street Bookstore einen Band mit dem Titel *The New Music* in die Hand nahm und darin nichts über Cecil Taylor und Sun Ra fand, dafür aber eine Abhandlung über Cage und Stockhausen. Ich sprach dann mit Chris Albertson darüber, ob man nicht versuchen sollte, für Ausgewogenheit zu sorgen. Albertson gab mir zahlreiche Anregungen und unterstützte mich später tatkräftig.

Bei der Entstehung dieses Buchs haben viele geholfen. Meine Ideen und Einstellungen entstanden nicht nur durch eigene Erlebnisse, sondern auch durch eine Vielzahl intensiver Gespräche. Den Musikern bin ich für ihre Musik und die Einblicke, die sie mir gewährten, unendlich dankbar. Die meisten der nachfolgend genannten Personen wurden im direkten Zusammenhang mit diesem Projekt interviewt. In einigen Fällen wertete ich Informationen aus, die ich bei Recherchen für Zeitungs- oder Zeitschriftenartikel gesammelt hatte. Bekannte und weniger bekannte Musiker nahmen sich die Zeit, mit mir zu reden: Rashied Ali, Donald Ayler, Alvin Batiste, James Black, Edward Blackwell, Roger Blank, Carla Bley, Lester Bowie, Anthony Braxton, Marion Brown, Frank Butler, Dennis Charles, Don Cherry, James Clay, Frank Clayton, Ornette Coleman, Jerome Cooper, Leroy Cooper, Pee Wee Crayton, Earl Cross, Andrew Cyrille, Ted Daniel, Art Davis, Richard Davis, Bill Dixon, Malachi Favors, Earl Freeman, Alvin Fielder Jr., Rafael Garrett, Milford Graves, Charlie Haden, Chico Hamilton, Billy Harper, Beaver Harris, Billy Higgins, Andrew Hill, Red Holloway, Noah Howard, Hakim Jami, Nancy Janoson, Joseph Jarman, Keith Jarrett, Clifford Jarvis, Leroy Jenkins, Plas Johnson, Elvin Jones, Robin Kenyatta, Steve Lacy, Oliver Lake, Byard Lancaster, Prince Lasha, Art Lewis, Giuseppi Logan, Frank Lowe, Jimmy Lyons, Mike Mantler, Ellis Marsailis, Roscoe Mitchell, Grachan Moncur III, Don Moye, Sunny Murray, Charles McGee, Mary Maria Parks, Lloyd Pearson, Barre Phillips, Sun Ra, Mustafa Abdul Rahim, Dewey Redman, Bob Reid, Sam Rivers, Jane Robertson, Roswell Rudd, Lynda Sharrock, Sonny Sharrock, Archie Shepp, Alan Silva, Sirone, Leo Smith, Cecil Taylor, Clifford Thornton, Charles Tolliver,

Charles Tyler, McCoy Tyner, Chris White und Frank Wright. Das Zitat von Pat Patrick, das dem Buch vorangestellt ist, stammt aus einem Interview mit Tam Fiofori, das am 10. März 1971 im *Melody Maker* (London) erschien. Ich möchte mich auch für die Interviews bedanken, die mir folgende inzwischen verstorbene Personen gewährten: Albert Ayler, Call Cobbs Jr., John Coltrane, Eric Dolphy, Jimmy Garrison und Lee Morgan.

Tatsachenbehauptungen wurden zusammen mit interessierten Personen überprüft. Andere haben weitere Einzelinformationen beigetragen. Zu ihnen gehören: John Broven, John Chilton, Martin Davidson, Charles Majeed Greenlee, Bill Greensmith, Errol Henderson, John Shenoy Jackson (AACM), Khan Jamal, Carol Marshall (BAG), Barry McRae, Bob Palmer, Evan Parker, Bernard Stollman, Bob Thiele, Helen Ware, Trevor Watts, Mary Lou Webb, Jane Welch, Roberta Garrison, Mike Hames und der (inzwischen verstorbene) J. C. Moses.

John Stevens bin ich zu Dank verpflichtet für einige Erläuterungen, die mir bei den Kapiteln über das Schlagzeug von Nutzen waren, und Terri Quaye für Gespräche über verschiedene Punkte. Max Harrison und Victor Schonfield überprüften einige meiner Angaben zur Musik. Schonfield und Michael Schlesinger veranlassten mich dazu, verschiedene Erkundigungen einziehen, die sich als nützlich erwiesen.

Mein Dank geht auch an Richard Williams, der seit unserer Jugendzeit mit mir darin übereinstimmt, dass die Geschichten der weniger bekannten Musiker genauso interessant sind wie die der Stars. Williams ermutigte mich während seiner redaktionellen Tätigkeit als Assistant Editor des *Melody Maker* zu meinen Interviews mit Instrumentalisten, die bis dahin von der Presse kaum wahrgenommen worden waren. Diese im *Melody Maker* erschienenen Interviews wurden hier nicht einfach übernommen, aber ich bin Ray Coleman für die Erlaubnis dankbar, sie auszugsweise zu verwenden.

Für ihre Abdruckerlaubnis möchte ich auch John Norris und Bill Smith von *Coda* (Toronto), Kiyoshi Koyama vom *Swing Journal* (Tokio) und Philippe Carles vom *Jazz Magazine* (Paris) danken. Carles erlaubte mir außerdem, den biografischen Teil des Buches *Free Jazz/Black Power* zu nutzen, das er zusammen mit Jean-Louis Comolli geschrieben hat. Die ausgezeichnete Übersetzung von Connie Garbutt Ostmann konnte schließlich aus Platzgründen nicht in vollem Umfang verwendet werden, aber ich möchte ihr dennoch meinen Dank abstatten. Mein Dank geht auch an meine Nachbarin Sandra Stimpson, die mir Schnellübersetzungen aus dem Französischen lieferte, während sie Hausarbeiten erledigte, sowie an Bayo Martins und Joe Ola Ogidan, die mir von Zeit zu Zeit Informationen über die Sprache und Kultur der Yoruba lieferten.

Halina und Mikolaj Trezciak-Seginer sowie Elizabeth Spiro haben mir immer wieder ein ruhiges Plätzchen zur Verfügung gestellt, an dem ich nicht durch das Telefon gestört werden konnte. Lyn Allison, Cathy Bearfield, Chris

Goodey und Angela Phillips haben Teile des Manuskripts gelesen und nützliche Anregungen gegeben. John „Hoppy" Hopkins und Elisabeth van der Mei machten mich in den Sechzigerjahren in New York mit der New Music und den „jungen Wilden" bekannt. Sie haben ebenso zur Entstehung dieses Buchs beigetragen wie die folgenden Personen, die mich unterstützten, als ich in New York meine Recherchen durchführte: Chris Albertson, Bob Amussen, Ed und Frances Blackwell, Carol und Roger Blank, Edgar und Barbara Blakeney, Jill Christopher, Ornette Coleman, Art und Aura Lewis, Barbara Malone, Leslie Moëd, Kunle Mwanga, Lynda und Sonny Sharrock, Jean und Earl Warren, Helen Ware, Jane Welch, Joe Lee Wilson und Abdul Razaq Yunusa. Mein Dank geht auch an Fatima und Mustafa Abdul Rahim für ihre Gastfreundschaft in Cleveland sowie an Edward und Myrtle Ayler für ihr Entgegenkommen.

Der Saxofonist James Marshall vom Human Arts Ensemble in St. Louis half mir, dieses Buch zu vollenden, indem er mir in seinem Brief wieder Mut machte und mich an den Respekt erinnerte, den alle großen Musiker ihren Vorgängern entgegengebracht hatten. Unterstützung bekam ich außerdem von Clive Allison und Margaret Busby, meinen Verlegern. Allen Genannten, aber auch den Frauen, die das Leben der Musiker teilen, gebührt mein Dank.

Valerie Wilmer

Biografische Angaben

Diese Auflistung erhebt keinen Anspruch auf Vollständigkeit. Aus Platzgründen musste die Zahl der Eintragungen begrenzt werden. Es wurden vorzugsweise biografische Informationen geliefert, die anderswo nicht verfügbar sind.

AACM (Association for the Advancement of Creative Musicians). 1965 von R. Abrams und anderen in Chicago gegründet. Kooperative für die Bereiche Musik und Spiritualität. Ziele: Förderung der Selbstachtung und Schaffung von Arbeitsmöglichkeiten für kreative schwarze Künstler. Zu den Mitgliedern zählen A. Braxton, L. Jenkins, A. Fielder, L. Smith, Kalaparusha, Robert Crowder, L. Bowie, J. Jarman, R. Mitchell, M. Favors, Jodie Christian.

ABDULLAH, Ahmed (Leroy Bland). Trompete. Geboren am 10. Mai 1946 in New York City. Spielte mit Calvin Massey, King Rubin an the Counts, der Master Brotherhood, Earl Coleman, Lynn Oliver, Brotherhood of Sound. In den Siebzigerjahren beim Melodic Art-tet, mit eigener Gruppe Abdullah. Solist beim New York Dance-mobile. 1976 zu Sun Ra. Aufnahmen mit S. Reid und Master Brotherhood.

ABRAMS, Richard „Muhal". Piano, Klarinette, Saxofone; Komponist, Arrangeur. Geboren am 21. September 1930. Studierte als Siebzehnjähriger am Chicago Musical College Klavier. Berufsmusiker seit 1948. Schrieb 1950 Beiträge für King Fleming. Hauspianist für gastierende und einheimische Musiker, zum Beispiel Miles Davis, Sonny Rollins, Gene Ammons, Johnny Griffin, Dexter Gordon, Art Farmer. Bildete 1955 MJT +3. Arbeitete mit Eddie Harris zusammen. Studierte bei D. R. Garrett und spielte mit ihm zusammen. Stellte 1961 mit Garrett die Experimental Band zusammen, der praktisch alle neuen Musiker Chicagos angehörten. Schuf 1965 die AACM und wurde deren Vorsitzender. Spielte mit Woody Herman, Ruth Brown, Lambert, Hendricks & Ross. 1973 mit eigener Gruppe nach Europa. Aufnahmen mit dem Art Ensemble of Chicago sowie unter eigenem Namen.

ALI, Muhammad (Raymond Patterson). Schlagzeug. 1936 in Philadelphia geboren. Spielte mit seinem Bruder Rashied zusammen sowie mit F. Wright, mit dem er 1969 nach Europa übersiedelte. Aufnahmen mit Wright (darunter Duo-Album), Alan Shorter, D. Ayler, A. Ayler.

ALI, Rashied (Robert Patterson). Schlagzeug, Congas, Trompete. Am 1. Juli 1935 in Philadelphia geboren. Musikalische Familie; Mutter sang bei Jimmy Lunceford. Besuchte die Granoff School. Zusammenarbeit mit Big Maybelle, Jimmy Smith, Jimmy Oliver. 1963 Begegnung mit P. Sanders, Zusammenarbeit mit ihm und D. Cherry. Schloss sich mit Sanders P. Bley an, dann bei

B. Dixon, A. Shepp, Earl Hines, M. Brown, Sun Ra. Zweiter Perkussionist bei John Coltrane von 1965 bis zu dessen Tod. Dann beim A.-Coltrane-Trio. Seit Ende der Sechzigerjahre eigene Gruppen. Gründete 1972 Survival Records. 1973 Eröffnung eines eigenen Lofts *Ali's Alley/Studio77*. Aufnahmen mit J. Coltrane, Shepp, Bud Powell, A. Coltrane, J. L. Wilson, L. Jenkins sowie unter eigenem Namen.

ALLEN, Paul Byron. Altsaxofon. 1940 in Omaha, Nebraska, geboren. Begann 1948 mit dem Musikstudium. Einflüsse von Bartók, Ravel und Thelonious Monk. 1965 Aufnahmen bei ESP mit dem Bassisten Maceo Gilchrist und dem Drummer Ted Robinson.

ALLEN, Marshall. Altsaxofon, Flöte, Oboe, Piccoloflöte, Schlagzeug. Geboren am 25. Mai 1924 in Louisville, Kentucky. In der Schule Klarinette und C-Melody-Saxofon. Studierte am Nationalen Musikkonservatorium in Paris. Spielte mit dem Pianisten Art Simmons. Europatournee mit James Moody. 1956 nach der Rückkehr nach Chicago Zusammentreffen mit Sun Ra. Seither Mitglied des Arkestra.

ANDERSON, Fred Jr. Rohrblattinstrumente. Am 22. März 1929 in Monroe, Louisiana geboren. Gründungsmitglied der AACM. Stellte 1965 das Creative Jazz Ensemble zusammen.

AYLER, Albert. Tenorsaxofon. Am 13. Juli 1936 in Cleveland, Ohio, geboren. Am 25. November 1970 in New York gestorben. Vom siebten Lebensjahr an Altsaxofon. Bei verschiedenen R&B-Gruppen, so bei Lloyd Pearsons Counts of Rhythm und 1952 bei Little Walter Jacobs. Wechselte 1956 während des Militärdiensts zum Tenorsaxofon über. Ließ sich 1962 in New York nieder. Aufnahmen in Schweden und Dänemark. In Stockholm Begegnung mit C. Taylor. Spielte dort sowie in New York mit ihm zusammen. Bildete mit dem Bassisten Gary Peacock und dem Drummer S. Murray ein Trio. Aufnahmen bei ESP. Mit diesen und D. Cherry Skandinavientournee. 1965 mit seinem Bruder Donald, C. Tyler, Murray und dem Bassisten Lewis Worrell Konzert in der New-Yorker Town Hall. 1966 und 1970 Europatourneen. Bei der zweiten Tournee entstandene Aufnahmen wurden nach seinem Tod veröffentlicht.

AYLER, Donald. Trompete. Am 5. Oktober 1942 in Cleveland, Ohio, geboren. Dort Studium. Zusammenarbeit mit seinem Bruder Albert. Eigene Gruppen mit C. Tyler, M. Ali. Spielte auch mit P. Bley, Elvin Jones, J. Coltrane. Aufnahmen mit A. Ayler auf ESP und ABC-Impulse. Eigenes Album bei Jihad unveröffentlicht. Nach dem Tod seines Bruders als Musiker nicht mehr aktiv. Von 1973 an gelegentlich Sessions in Cleveland.

BAG (Black Artists Group). Ein Musikerkollektiv, das Ende der Sechzigerjahre von dem Drummer Charles Shaw und dem Poeten, Perkussionisten, Schauspieler und Theaterdirektor Ajule Rutlin gegründet wurde. Wie bei der AACM war es das Ziel, die Selbstachtung der Musiker zu stärken und kreative

Bemühungen in der Black Community zu fördern. Als Organisation inzwischen praktisch erloschen. Zu den Mitgliedern zählten Joseph Bowie, Baikida Carrol, Marty Ehrlich, Julius Hemphill, Oliver Lake, Floyd LeFlore, Carol Marshall, James Marshall, J. D. Parran, Ajule Rutlin, Charles „Bobo" Shaw, Luther Thomas und Abdallah Yakub.

BARBIERI, Leandro „Gato". Tenorsaxofon. 1935 in Buenos Aires, Argentinien, geboren. Musikalische Familie. Studierte Klarinette, Altsaxofon und Komposition. Spielte als Achtzehnjähriger mit dem Pianisten Lalo Schifrin. Wechselte zum Tenorsaxofon über. 1962 nach Europa. Auftritte in Italien. Traf D. Cherry in Paris. Ihre Zusammenarbeit erstreckte sich über mehrere Jahre. Ließ sich in New York City nieder. Aufnahmen mit Cherry, P. Sanders, S. Lacy, Dollar Brand, Jazz Composers' Orchestra sowie unter eigenem Namen.

BARKER, Thurman. Schlagzeug. Geboren am 8. Januar 1948 in Chicago, Illinois. Gründungsmitglied der AACM. Studierte Klavier und Perkussion. Zusammenarbeit und Aufnahmen mit J. Jarman, R. Abrams, Kalaparusha. Spielte bei Musicals in Hausorchestern.

BERGER, Karlhans. Vibrafon. Am 30. März 1935 in Heidelberg geboren. Studierte Klavier, Philosophie und Musikwissenschaft. Spielte beim ersten Jazz-Festival in Antibes. 1961 Wechsel zum Vibrafon. In Deutschland Begleitung amerikanischer Solisten. Begegnung mit E. Dolphy. Spielte 1964 mit D. Cherry, in Paris mit S. Lacy. Dann Übersiedlung nach New York City mit D. Cherry. Gründete in Woodstock die Creative Music Foundation, an der unter anderen der Perkussionist E. Blackwell und der Saxofonist O. Lake unterrichten.

BLACK, James. Schlagzeug. Geboren am 1. Februar 1940 in New Orleans, Louisiana. Studierte Musik an der Southern University, spielte in einer Marching Band. Von Parade-Drummern, E. Blackwell, June Gardner und Earl Palmer beeinflusst. 1958 erster Profi-Job bei R&B-Band. Bei Ellis Marsailis Nachfolger von Blackwell. Mit dem Pianisten Joe Jones nach New York. Tournee mit Lionel Hampton. Spielte 1962 bei Cannonball Adderley, Yusef Lateef, Horace Silver. Kehrte nach New Orleans zurück, Zusammenarbeit mit dem Saxofonisten James Rivers, Fats Domino, Professor Longhair. Aufnahmen mit Adderley, Lateef, Marsailis, Lee Dorsey, Irma Thomas, The Meters.

BLACKWELL, Edward Joseph. Schlagzeug. 1929 in New Orleans, Louisiana geboren. Von Street-Dancing, Parade-Drummern und Paul Barbarin beeinflusst. Erster Profi-Job bei Plas Johnson, Roy Brown. Leitete zusammen mit Ellis Marsailis das American Jazz Quintet. 1951 nach Los Angeles. Dort Begegnung und Zusammenarbeit mit O. Coleman. Rückkehr nach New Orleans. Spielte dort mit Earl King, Huey „Piano" Smith, Edward Frank, Snookum Russell. 1957 Tournee mit Ray Charles. 1960 nach New York City. Spielte mit Coleman im *Five Spot*. Zusammenarbeit mit J. Coltrane und der Gruppe von Booker Little/E. Dolphy. Loft-Gigs mit D. Cherry und anderen. Verschiedene Aufnahmen, so *The Avant Garde* mit Cherry und Coltrane. 1965 Beginn der Zusammenarbeit mit R. Weston einschließlich dreier Afrikatourneen. 1968 Aufenthalt in Marokko. Kurze Zeit bei Th. Monk, A. Coltrane. Schloss sich bis 1973 erneut O. Coleman an. Seit 1972 Lehrtätigkeit im African-American Music Program der Wesleyan University in Connecticut. Zusammenarbeit mit Cherry und K. Berger. Aufnahmen mit Coleman, Coltrane, Shepp, Berger, Clifford Jordan. Stanley Cowell, C. Brackeen, M. Brown, Cherry (darunter zweiteiliges Duo *Mu*).

BLANK, Roger. Schlagzeug. Am 19. Dezember 1930 in New York City geboren. Musikalische Familie, Vater spielte mit Cootie Williams Trompete. Unterricht bei Charli Persip. Anfang der Sechzigerjahre Hausdrummer im *Hotel Theresa* in Harlem. 1964 Begegnung mit Sun Ra. Nahm Unterricht bei Sun Ra, spielte bei ihm und machte Aufnahmen mit ihm. Wohnte in einem Musiker-Loft. Sessions mit John Hicks, Charles Tolliver, O. Coleman, J. Coltrane, D. Cherry, D. Charles, Charles „Majeed" Greenlee. Nahm Unterricht bei E. Blackwell und arbeitete mit ihm an einem Buch über Perkussion. Spielte mit Shepp, Sanders, Bill Barron, K. McIntyre, Walt Dickerson, Frank Foster, Tyrone Washington. Gründete das Melodic Art-tet. Aufnahmen mit Shepp, Sanders, Dickerson, Sun Ra, L. Jenkins.

BLEY, Carla (Carla Borg). Piano, Komponistin, Arrangeurin. Am 11. Mai 1938 in Oakland, Kalifornien, geboren. Studierte Piano. Kam mit kreativer Musik in Berührung, als sie in einem New-Yorker Jazzklub Zigaretten verkaufte. Heiratete 1957 den Pianisten P. Bley, begann für ihn und andere zu komponieren, so für D. Ellis, Attila Zoller, Steve Kuhn, Gary Burton, Art Farmer, Jimmy Giuffre, C. Haden. Mitbegründerin der Jazz Composers Guild. Dezember 1964 Co-Leader des Jazz Composers' Orchestra in der Judson Hall, New York. Anschließend Europatournee mit dem Quintett „Jazz Realities". 1966 Ehe und musikalische Verbindung mit M. Mantler, gemeinsame Gründung der Jazz Composers' Orchestra Association. Aufnahmen mit JCOA, D. Cherry, C. Thornton, G. Barbieri, R. Rudd. Eigene LP *Escalator Over the Hill*.

BLEY, Paul. Piano. 1932 in Montreal, Kanada, geboren. Studierte Violine und Piano. Leitete schon 1945 ein eigenes Quartett mit Oscar Petersons Rhythmusgruppe, das in Montreal in Jazzklubs spielte. Nach New York City. Studium an der Juilliard School. Spielte und machte Aufnahmen mit Charles Mingus, Art Blakey. Nach Kalifornien, wo er mit Chet Baker spielte. Bildete dann mit dem Bassisten C. Haden und dem Drummer Billy Higgins ein Trio. Während eines Engagements im *Hillcrest* in Los Angeles schlossen sich D. Cherry und O. Coleman an. Zusammenarbeit mit George Russell, Jimmy Giuffre, D. Ellis. Wandte sich in New York der New Music zu. Mitbegründer der Jazz Composers Guild. Zahlreiche Aufnahmen, darunter bei ESP mit dem Trompeter D. Johnson, mit M. Allen, E. Gomez, M. Graves. In den Siebzigerjahren Zusammenarbeit mit der Sängerin/Pianistin Annette Peacock.

BOWIE, Joseph. Posaune, Congas, verschiedene Instrumente. Studierte Piano. Zusammenarbeit mit Paramounts, Lamontes und Oliver Sain. Musikalischer Leiter der Band von Fontella Bass. Miglied der BAG. Bruder des Trompeters L. Bowie.

BOWIE, Lester. Trompete, verschiedene Instrumente. Am 11. Oktober 1941 in Frederick, Maryland, geboren. 1943 nach Little Rock, dann nach St. Louis. Vater Berufsmusiker. Begann mit fünf Jahren Trompete zu spielen, trat als Zehnjähriger bei religiösen Zusammenkünften und Schulfeiern auf. 1957 eigene Band, die in Theatern und im Radio spielte. Auftritte mit Bluesbands. Studierte an der Lincoln University. Aufenthalt in Texas, Sessions mit den Saxofonisten James Clay, David „Fathead" Newman. Spielte mit Little Milton und als Begleiter von Bluesinterpreten wie Oliver Sain. Heiratete die Sängerin/Pianistin Fontella Bass. Nach Chicago, dort Beitritt zur AACM. Wurde Mitglied des Art Ensemble of Chicago. Gleichzeitig musikalischer Leiter bei Fontella Bass. Mit dem AEC nach Europa. Lebte in Frankreich und machte ausgedehnte Tourneen. Aufnahmen mit AEC, A. Shepp, S. Murray, J. Lyons sowie unter eigenem Namen.

BOYKINS, Ronnie. Bass. In Chicago geboren. Besuchte mit Ernie Shepard die Du Sable High School. Spielte bei Muddy Waters, Johnny Griffin, Jimmy Witherspoon. Eröffnete das „House of Culture". 1958–66 bei Sun Ra, zahlreiche Aufnahmen. Gründete die Free Jazz Society. Eigene Gruppe mit F. LeFlore (tp), Frank Haynes (ts), John Hicks (p). Spielte mit Sarah Vaughan, Rahsaan Roland Kirk, Mary Lou Williams, Melodic Art-tet. Aufnahmen mit Sun Ra, A. Shepp, C. Tyler, J. L. Wilson, Elmo Hope. Am 20. April 1980 in New York gestorben.

BRACKEEN, Charles. Rohrblattinstrumente. Am 13. März 1940 in Oklahoma geboren. Dort und in Texas Piano- und Violinunterricht. 1956 nach Kalifornien, dort Zusammenarbeit mit Dave Pike, Art Farmer, Joe Gordon. Sessions mit D. Cherry, Billy Higgins, C. Haden. 1966 nach New York. Spielte mit Cherry, D. Moore, D. Izenzon, E. Blackwell und seiner Ehefrau Joanne (p). In den Siebzigerjahren bei F. Lowe, eigene Gruppe und Mitglied des Melodic Art-tet.

BRADFORD, Bobby Lee. Trompete. Am 19. Juli 1934 in Cleveland, Mississippi, geboren. 1946 nach Dallas. Begann 1949 mit dem Kornettspiel. Mit James Clay, Cedar Walton und David Newman an der Highschool. 1952 Sam Houston College. Spielte mit Leo Wright in Tanzorchestern. Mit Buster Smith und John Hardee Auftritte in der Gegend von Dallas. 1953 nach Los Angeles. Beginn der Zusammenarbeit mit O. Coleman. Spielte außerdem mit Wardell Gray, Gerald Wilson, Dolphy. Militärdienst und Studium. 1961–63 in New York wieder bei Coleman. In Los Angeles gemeinsame Gruppe mit dem Altsaxofonisten John Carter. 1971 nach Europa. Aufnahmen mit John Stevens und dem Spontaneous Music Ensemble. 1972 Aufnahmen mit Coleman in New York. Längerer Europaaufenthalt, danach Lehrtätigkeit in Kalifornien.

BRAXTON, Anthony. Rohrblattinstrumente. Am 6. April 1945 in Chicago, Illinois, geboren. Studierte 1959–63 an der Chicago School of Music, dann an der Roosevelt University Harmonielehre, Komposition und Philosophie. Schloss sich 1966 der AACM an, unterrichtete Harmonielehre. Gründete mit L. Smith und L. Jenkins die Creative Construction Company. Schloss sich mit ihnen in Paris S. McCall zu Konzerten und Aufnahmen an. Gründete 1970 mit dem Pianisten Chick Corea, dem Bassisten Dave Holland und dem Drummer Barry Altschul die Gruppe Circle. Solo- und Duoauftritte, zahlreiche Aufnahmen.

BRIMFIELD, William. Trompete. Am 8. April 1938 in Chicago geboren. Lernte Klavier und Violine. 1957 Unterricht bei Fred Anderson. 1961 in der Armee, nach der Entlassung Begegnung mit R. Abrams. Mit Anderson zum J. Jarman Sextet. Spielte mit George Hunter, Red Saunders, Lionel Hampton, Abrams Big Band, Edwin Daughertys Third World. Mitglied der AACM.

BROWN, Marion. Altsaxofon, Perkussion. Am 8. September 1935 in Atlanta, Georgia, geboren. Studierte Saxofon, Klarinette und Oboe, dann Musikerziehung, politische Wissenschaften, Wirtschaftswissenschaften und Geschichte am Clark College und an der Howard University. Erster Job bei Archie Shepp. Mitglied der Jazz Composers Guild. Aufnahmen mit B. Dixon, J. Coltrane. Bei Sun Ra, dann Europatournee, bei der er mit dem deutschen Multiinstrumentalisten Gunter Hampel und der Sängerin Jeanne Lee auftrat. Nach seiner Rückkehr erzieherisch tätig. Bildete mit dem Trompeter L. Smith ein Duo. Auf verschiedenen Gebieten aktiv, auch Soloauftritte.

BURRELL, David „Dave". Piano. Geboren am 10. September 1940 in Middletown, Ohio. Studierte an der Berklee School of Music, Boston Conservatory, dann an der University of Hawaii. Zog nach Cleveland, dann nach New York. Zusammenarbeit mit G. Logan, M. Brown, P. Sanders, S. Murray, Shepp, S. Sharrock. 1969 beim Pan-African Festival in Algier. Aufnahmen unter eigenem Namen, mit Brown, Sanders, B. Harris.

CARROL, Baikida. Trompete, Flügelhorn, Komponist, Arrangeur. Mitglied der BAG. Studierte in den USA und Deutschland. Leitete das Third Infantry Division Ensemble und die BAG Big Band. Spielte mit Little Milton, Oliver Sain, Julius Hemphill, Fontella Bass, Albert King, Sam and Dave, Oliver Nelson, Ron Carter und eigenen Gruppen. 1973 mit BAG-Musikern nach Europa. Aufnahmen unter eigenem Namen und mit dem Human Arts Ensemble.

CARTER, John. Altsaxofon. 1930 in Fort Worth, Texas, geboren. Ende der Vierzigerjahre in Fort Worth Sessions mit O. Coleman und C. Moffett. B. A. in Musik an der Lincoln University, Missouri; 1956 M. A. an der University of Colorado. Zog 1961 nach Los Angeles und war als Lehrer tätig. Arbeitete mit B. Bradford zusammen und machte Aufnahmen mit ihm. Leitete 1967 beim Konzert an der UCLA das Sinfonieorchester für Coleman.

CARTER, Kent. Bass. 1939 in Hanover, New Hamsphire, geboren. Spielte in Country&Western-Bands, dann mit dem Pianisten Lowell Davidson. Studierte an der Berklee School of Music. Spielte bei *Lennie's on the Turnpike* in der Hausband, unter anderen mit Booker Ervin, Phil Woods, Lucky Thompson, Sonny Stitt. 1964 beim Jazz Composers' Orchestra. 1965 mit P. Bley nach Europa. Setzte sein Studium in Boston fort. Reiste häufig nach Europa, um mit S. Lacy zusammenzuspielen. Außerdem bei Steve Potts, A. Silva, Mal Waldron, B. Bradford, John Stevens, Trevor Watts' Amalgam.

CHAMBERS, Joe. Schlagzeug. 1942 in Virginia geboren. Begann 1951 zu spielen, professionell seit 1954. Trat häufig in Philadelphia auf. Studierte Komposition und spielte mit Jimmy Giuffre, B. Hutcherson, James Brown, The Shirelles, E. Dolphy, Donald Byrd, Freddie Hubbard, Andrew Hill, Herbie Hancock, Charles Lloyd, A. Shepp, Joe Henderson. Aufnahmen mit Shepp und M'Boom.

CHARLES, Dennis „Jazz". Schlagzeug, Congas, Perkussion. Geboren am 4. Dezember 1933 in St. Croix, Jungferninseln. Vater spielte Congas, Gitarre und Banjo. Spielte als Kind Congas. 1945 nach New York City. Brachte sich 1954 das Schlagzeugspiel bei, indem er Schallplatten von Art Blakey und Roy Haynes anhörte. Spielte in den späten Fünfzigerjahren in Harlem mit Calypso- und Mambobands bei karibischen Partys und Tanzveranstaltung. In *Connie's Inn* Begegnung mit C. Taylor. War einer der wenigen Drummer, die mit ihm zusammenarbeiteten. Drei Monate Bühnenauftritt in Taylors Gruppe mit A. Shepp (ts) in Jack Gelbers Stück *The Connection.* Spielte mit G. Evans, Jimmy Giuffre, Wilbur Ware, Shepp und D. Cherry. Nahm mit seinem Bruder Frank und Sonny Rollins westindische Volksweisen auf.

CHERRY, Donald „Don". Trompete, Flöten, Perkussion. Am 18. November 1936 in Oklahoma City geboren. 1940 nach Los Angeles. Studierte am College Trompete. 1951 Zusammenarbeit mit dem Bassisten Red Mitchell und den Saxofonisten Wardell Gray und Dexter Gordon. Traf mit O. Coleman zusammen, machte seine ersten Aufnahmen und arbeitete mit ihm in New York zusammen. 1959 gemeinsam an die School of Jazz in Lenox, Massachusetts. Spielte mit Sonny Rollins, J. Coltrane. Mit Shepp und den New York Contemporary Five nach Europa, dann bei A. Ayler. Ließ sich in Schweden nieder, spielte jedoch bei seinen häufigen Besuchen in New York unter anderen mit Coleman, E. Blackwell, C. Haden und F. Lowe zusammen. Aufnahmen mit Coleman, Sanders, Ayler, Murray, Shepp, R. Rudd, George Russell sowie unter eigenem Namen.

CLARK, Charles E. Bass, Cello. Am 11. März 1945 in Chicago geboren. Unterricht bei Wilbur Ware. Seit 1963 Berufsmusiker. Spielte mit R. Abrams' Experimental Band, zahlreichen AACM-Gruppen, insbesondere der Gruppe von J. Jarman. Studierte bei David Bethe und Joseph Guastefeste. Erster Bassist der Chicago Symphony. Als Stipendiat Mitglied des Chicago Civic Orchestra, des offiziellen Trainingsorchesters der Symphony. Nachdem Clark an einer

Gehirnblutung gestorben war, richtete das Orchester ein nach ihm benanntes Stipendium ein, das an talentierte schwarze Jugendliche vergeben wird.

COLEMAN, Ornette. Altsaxofon, Trompete, Violine. Am 19. März 1936 in Fort Worth, Texas, geboren. Lernte 1944 Altsaxofon, spielte in der Marschkapelle der Schule mit seinem Cousin James Jordan sowie mit P. Lasha und C. Moffett. R & B in örtlichen Bars, Zusammenarbeit mit Thomas „Red" Connors. Mit Minstrel-Show auf Tournee, in New Orleans gestrandet. Mit Pee Wee Crayton nach Los Angeles. Ging verschiedenen Jobs nach und studierte Theorie und Harmonielehre. Begann Zusammenarbeit mit E. Blackwell und B. Bradford, dann mit George Newman, Billy Higgins, D. Cherry, James Clay. Der Bassist Red Mitchell verhalf ihm 1958 zu seinem ersten Aufnahmetermin bei Contemporary. Spielte kurzzeitig mit P. Bley, bildete den Kern des Iconoclastic Quartet (Cherry, Higgins, C. Haden). Studierte mit D. Cherry an der School of Jazz in Lenox, Massachusetts. 1959 nach New York City, Aufnahmen mit Quartett für Atlantic. Nach Perioden der Inaktivität 1964 Trio mit D. Izenzon und C. Moffett. Trat in den USA und in Europa auf, komponierte auch für Sinfonieorchester und kleine Streicher- und Holzbläserensembles. Setzte den Saxofonisten D. Redman und seinen eigenen zwölfjährigen Sohn Denardo ein. Erneute Zusammenarbeit mit Haden und Blackwell. Weitere Perioden der Inaktivität. Eröffnete 1971 den Loft *Artist House* als Zentrum für Ausstellungen und Konzerte. Fügte 1975 Elektrogitarre, Bass und Congas hinzu.

COLTRANE, Alice/Turiya Aparna (Alice McLeod). Piano, Orgel, Harfe. Am 27. August 1937 in Detroit, Michigan, geboren. Musikalische Familie; ein Bruder, Ernie Farrow, war Bassist. Studierte in Detroit, spielte in einem Trio. 1960 nach Europa. Von Bud Powell beeinflusst. Zusammenarbeit mit dem Vibrafonisten Terry Gibbs. 1963 Begegnung mit J. Coltrane und Heirat. Aus der Ehe gingen drei Kinder hervor. Ersetzte 1966 M. Tyner im Coltrane-Quartett und pflegte die Musik ihres Mannes nach dessen Tod weiter. Leitung von Konzerten mit R. Ali, P. Sanders, J. Garrison, später Ben Riley, V. Wood oder Reggie Workman, F. Lowe. Aufnahmen bei Impulse. Betreute die unveröffentlichten Aufnahmen ihres Mannes. Außerdem Zusammenarbeit mit A. Shepp und O. Coleman, der für die Transkription der Musik auf *Universal Consciousness* verantwortlich war. 1970 Zusammentreffen mit Swami Satchidananda, Bekehrung zum Hinduismus, Besuch heiliger Stätten in Indien und Sri Lanka. Arbeitet oft mit Streicherensembles zusammen, denen die Geiger L. Jenkins und John Blair sowie der Cellist Calo Scott angehören.

COLTRANE, John William. Tenorsaxofon, Sopransaxofon. Am 23. September 1926 in Hamlet, North Carolina, geboren, am 17. Juli 1967 in New York City gestorben. Eltern musikalisch. Erstes Instrument war ein Althorn. Studierte an der Ornstein Music School/Granoff Studios in Philadelphia. Spielte 1945 in örtlichem Trio, dann in der US-Navy-Band in Hawaii. Zusammenarbeit mit

Eddie „Cleanhead" Vinson, Dizzy Gillespie Big Band, Johnny Hodges, Miles Davis, Thelonious Monk, Red Garland. Schloss sich Davis 1957 erneut an, der sich damals in einer besonders kreativen Periode befand. Stellte eigene Gruppe zusammen und machte auf dem Sopransaxofon erste eigene Aufnahmen. Zusammenarbeit und Aufnahmen mit D. Cherry. 1961 ging das innovative Coltrane-Quartett (M. Tyner, J. Garrison, E. Jones), um E. Dolphy erweitert, auf Europatournee. Perkussionisten und andere kamen hinzu, so auch R. Ali. Tyner wurde schließlich durch A. Coltrane ersetzt, Jones durch Ali. P. Sanders kam hinzu, und die Musik wurde experimenteller und offener. Im Mai 1967 stellte Coltrane alle musikalischen Aktivitäten ein. Er wurde am 16. Juli ins Krankenhaus eingeliefert und starb am folgenden Tag an Leberkrebs. A. Ayler und O. Coleman spielten auf seinen Wunsch bei der Beisetzung, an der eintausend Trauergäste teilnahmen.

COOPER, Jerome D. Schlagzeug. Am 14. Dezember 1946 in Chicago geboren. Studierte bei Oliver Coleman, bei Walter Dyett an der Du Sable High, am American Conservatory in Chicago sowie am Loop College. Arbeitete in Chicago mit verschiedenen Bandleadern zusammen, so mit Tommy Hunt und seiner Bluesband. Europaaufenthalt und Zusammenarbeit mit dem Art Ensemble of Chicago, A. Silva, F. Wright, N. Howard, S. Lacy, Sonny Grey. Besuchte mit dem Organisten Lou Bennett Gambia und den Senegal. Seit 1970 Mitglied des Revolutionary Ensemble mit L. Jenkins (Violine), Sirone (Bass). Organisierte 1976 in New York Konzerte in seinem eigenen Loft. Aufnahmen mit Lacy, R. Kenyatta, Silva, C. Thornton, Revolutionary Ensemble.

CORYELL, Larry. Gitarre. 1943 in Richland, Washington, geboren. Begann als Zwölfjähriger Country & Western zu spielen. Studium an der Washington University, Beschäftigung mit Rock und Jazz. Spielte mit Chico Hamilton, A. Shepp. An den ersten Jazz-Rock-Experimenten beteiligt. Später bei Free Spirits und dem Vibrafonisten Gary Burton. Solist auf M. Mantlers 1968 entstandenen Album *Communications* der Jazz Composers' Orchestra. Leitete eigene Gruppe Eleventh House mit A. Mouzon am Schlagzeug.

COURSIL, Jacques. Trompete. 1939 in Paris geboren. Begann als Sechzehnjähriger mit dem Kornettspiel. 1959 dreijähriger Aufenthalt im Senegal, davon zwei Jahre bei der Armee. 1965 nach New York City. Spielte mit Rockbands. Unterricht bei dem Pianisten Jaki Byard. Zusammenarbeit mit F. Wright, A. Jones, M. Ali, H. Grimes. Sun Ra, R. Ali, M. Brown, S. Murray. Aufnahmen mit Murray, Wright, Burton Greene sowie unter eigenem Namen.

CROSS, Earl. Trompete, Flügelhorn. Am 8. Dezember 1933 in St. Louis, Missouri, geboren. Studierte Musik an der Highschool. Bei der Air Force Zusammenarbeit mit den Pianisten Freddie Redd und Boo Pleasants, dem Saxofonisten Frank Haynes und dem Trompeter Richard Williams. In Kalifornien Besuch einer Musikschule. Spielte in San Francisco und Oakland in Rock-and-Roll-

Bands, so bei Larry Williams. Beginn der Zusammenarbeit mit Monty Waters. Leitete Mitte der Sechzigerjahre eine eigene Band, das Bay Area Quintet, dem unter anderen die Saxofonisten Waters und D. Redman, die Trompeter Norman Spiller und Alden Griggs, der Pianist Sonny Donaldson, der Bassist Benny Wilson und der Schlagzeuger A. Lewis angehörten. 1967 nach New York. Arbeitete bei Sun Ra, spielte und unterrichtete mit S. Murray in Woodstock. Spielte mit N. Howard, A. Shepp, R. Kenyatta, S. Simmons/Barbara Donald, R. Ali, Monty Waters und eigenen Gruppen. Aufnahmen mit Ali, Howard, C. Tyler.

CYRILLE, Andrew C. Schlagzeug. Am 10. November 1939 in Brooklyn, New York, geboren. Spielte als Elfjähriger in der St. Peter Claver Church, Brooklyn, als Fünfzehnjähriger in örtlichem Trio. Wusste zuerst nicht, ob er Chemiker oder Musiker werden sollte. Spielte mit Freddie Hubbard zusammen. Debüt als Profi mit der Pianistin und Sängerin Nellie Lutcher, dann bei Mary Lou Williams. Begleitete Tänzer, spielte mit Jimmy Giuffre in einem TV-Commercial. Aufnahmen mit Coleman Hawkins, dem Bassisten Ahmed Abdul-Malik, dem Saxofonisten Bill Barron und C. Haden. Zusammenarbeit mit Illinois Jacquet, Junior Mance, G. Moncur III, Walt Dickerson, Howard McGhee. 1965 bei C. Taylor Nachfolger von S. Murray. Die Zusammenarbeit dauerte bis 1975 an. Zwischenzeitlich auch Artist in Residence am Antioch College in Ohio. Perkussionistenauftritte *Dialogue of the Drums* mit M. Graves und R. Ali. Aufnahmen mit diesen sowie mit Taylor und M. Brown, eigenes Soloalbum bei BYG (Paris). Unterrichtstätigkeit sowie 1976 Leitung der eigenen Gruppe Maono.

DANIEL, Ted. Trompete. Am 4. Juni 1943 in Ossining, New York, geboren. Musikalische Familie. Begann als Zehnjähriger mit dem Trompetenspiel. Als Teenager Tanzorchester-Gigs mit dem Gitarristen S. Sharrock. Berklee School, dann zwei Jahre an der Southern Illinois University. Militärdienst in Vietnam. Ein Jahr Central State University. 1968 wieder in New York City, Zusammenarbeit mit S. Murray. Aufnahmedebüt mit Sharrock. Spielte dann mit eigenen Gruppen sowie mit S. Rivers, A. Shepp, M. Graves, D. Burrell, G. Moncur III, N. Howard, D. Redman, A. Cyrille. Aufnahmen mit Redman, Shepp, C. Thornton, Cyrille, seinem eigenen Sextett sowie mit seinem Bruder Richard.

DAVIS, Arthur D. „Art". Bass. Am 5. Dezember 1934 in Harrisburg, Pennsylvania, geboren. Ausbildung bei Anselme Fortier, als Zuhörer Oscar Pettifords, an der Manhattan School of Music und an der Juilliard School. In Harrisburg und New York City Beschäftigung mit sinfonischer Musik. Längere Tätigkeit in Theatern und Studios, mit Sängern und Jazzgruppen. Erster professionaler Job bei Max Roach, dann unter anderen bei O. Coleman, Dizzy Gillespie, Art Blakey, Count Basie, Duke Ellington, Clark Terry/Bob Brookmeyer, Freddie Hubbard, Gene Ammons, Lee Morgan, Aretha Franklin. Anfang der Sechzigerjahre mit J. Coltrane Pionierarbeit beim Einsatz von zwei Bässen. Aufnahmen mit Coltrane *(Olé, Ascension, A Love Supreme)*. Außerdem Zusammenarbeit und

Aufnahmen mit B. Little, Hassan Ibn Ali, Leo Wright, Abbey Lincoln, Al Grey/ Billy Mitchell. Seit Coltranes Tod nicht mehr aktiv. Unterrichtstätigkeit und Beschäftigung mit dem Theater.

DAVIS, Charles. Baritonsaxofon. 1933 in Goodman, Mississippi, geboren. Spielte 1952 in Chicago bei Sun Ra. P. Patrick verkaufte ihm sein erstes Baritonsaxofon. Zusammenarbeit mit dem Organisten Jack MacDuff, den Sängerinnen Billie Holiday und Dinah Washington sowie dem Trompeter Kenny Dorham. 1961–65 in New York City bei J. Coltrane, J. Tchicai und der Jazz Composers Guild aktiv. 1977 bei der Clark Terry Big Band.

DICKERSON, Walt. Vibrafon. 1931 in Philadelphia geboren. Musikalische Familie. Graduierte am Morgan State College, Baltimore. Zwei Jahre Militärdienst, dann Grundstücksmakler in Kalifornien. 1960 nach New York City. Zusammenarbeit und Aufnahmen mit Andrew Hill, H. Grimes, Sun Ra, A. Cyrille. 1961–65 vier LPs unter eigenem Namen. Bis Mitte der Siebzigerjahre nicht mehr aktiv, dann wieder Aufnahmen mit den Sidemen Cyrille, Lisle Atkinson, Wilbur Ware.

DIXON, William Robert „Bill". Trompete, Komponist. 1925 auf Nantucket Island, Massachusetts, geboren. Leitete eigene Band in New York City. 1959 Begegnung mit C. Taylor. Einige Monate lang Zusammenarbeit. Begann 1960, sich auf das Komponieren zu beschränken. Arbeitete gelegentlich mit A. Shepp zusammen. Gründete mit Shepp, J. Tchicai, D. Moore und J. C. Moses die New York Contemporary Five. Cherry nahm später seinen Platz ein. Als künstlerischer Direktor der Sparte Jazz bei Savoy gab Dixon vielen jüngeren Künstlern eine Chance. 1964 Gründer der Jazz Composers Guild. Begann 1967 an der New-Yorker University of the Streets mit Musikerziehung und unterrichtete andernorts Kunstgeschichte. Ab 1968 voller Lehrauftrag in Madison, Wisconsin, dann in Bennington, Vermont, wo Studenten seine Kompositionen zur Aufführung brachten. Holte M. Graves und J. Garrison in den Lehrkörper. Arbeitete an einer zwanzig LPs umfassenden Dokumentation seiner eigenen Tätigkeit und sammelte Material für mehrere Bücher. 1976 zu einer Konzertwoche nach Paris. Aufnahmen mit eigenem Septett, mit Shepp und Taylor.

DOLPHY, Eric Allan. Altsaxofon, Flöte, Bassklarinette. Am 20. Juni 1928 in Los Angeles, Kalifornien, geboren. Am 29. Juni 1964 in Westberlin gestorben. Befasste sich ab 1937 mit der Klarinette, spielte in örtlichen Bands, so bei dem Drummer Roy Porter. 1958 bei Chico Hamilton. 1959 nach New York City zu Charles Mingus. 1961 beim George Russell Sextet und bei J. Coltrane; Teilnahme an dessen Europatournee. 1964 nach Europa, wo er bis zu seiner Erkrankung mit einheimischen Musikern spielte und Aufnahmen machte. Starb an Urämie. Aufnahmen mit Hamilton, Mingus, John Lewis, Gil Evans, K. McIntyre, Russell, Coltrane, Max Roach, Oliver Nelson, Freddie Hubbard, Booker Little, *Free Jazz* von O. Colemans Double Quartet.

DOYLE, Arthur. Tenorsaxofon, Bassklarinette, Flöte. Geboren am 26. Juni 1944 in Birmingham, Alabama. Musizierte schon als Dreizehnjähriger. Besuchte die Parker High School in Birmingham und die Tennessee State University in Nashville, wo er bei Dr. T. J. Anderson Komposition studierte. Engagements in Nashville mit dem früheren Sun-Ra-Trompeter Walter Miller und dem Trompeter Louis Smith. 1967 nach New York City. Zusammenarbeit mit N. Howard. B. Dixon. D. Burrell, M. Graves. Aufnahmen mit Howard, mit Graves (unveröffentlicht).

ELLIS, Donald Johnson „Don". Trompete. Geboren 1934 in Los Angeles, Kalifornien. 1959 Aufnahmen mit dem Komponisten George Russell, unter eigenem Namen mit P. Bley und G. Peacock. Stellte Ende der Sechzigerjahre eine Bigband zusammen. 1978 gestorben.

EWART, Douglas Randolph. Rohrblattinstrumente, Perkussion, Piccoloflöte, Fagott. Geboren am 13. September 1946 in Kingston, Jamaika. Im Juni 1963 nach Chicago, musikalische Ausbildung bei der AACM. Spielte mit The Cosmic Musicians, F. Anderson, R. Abrams Bigband, H. Threadgill. Duettauftritte mit dem Posaunisten George Lewis. Handwerker, der sich auf Bambusflöten und Perkussionszubehör spezialisierte.

FAVORS, Malachi. Bass, Banjo, Zither, Balafon, Perkussion. Geboren am 27. August 1937 in Lexington, Mississippi. Vater Prediger. Begann als Fünfzehnjähriger Bass zu spielen, wurde nach Abschluss der Highschool Berufsmusiker. In Chicago von Wilbur Ware beeinflusst. Sessions im *Beehive* mit P. Patrick, Norman Simmons und anderen. Zusammenarbeit mit F. Hubbard, D. Gillespie. Aufnahmen mit dem Pianisten Andrew Hill. Gründungsmitglied der AACM. Zusammenarbeit mit F. Anderson, R. Abrams, R. Mitchell, L. Bowie. Mit dem Art Ensemble of Chicago nach Europa. Mit ihm zahlreiche Aufnahmen, außerdem mit J. Lyons, A. Shepp, Murray, Silva.

FEW, Robert „Bobby". Klavier. Geboren am 21. Oktober 1935 in Cleveland, Ohio. Begleitete den Sänger Brook Benton, spielte mit den Saxofonisten Jackie McLean, Booker Ervin und Ayler. 1958 eigenes Trio in New York City. 1956 Beginn der Zusammenarbeit mit F. Wright, mit ihm und N. Howard 1969 nach Europa. Aufnahmen mit Ayler und Wright sowie unter eigenem Namen bei dem Label Center of the World Records, das Few, Wright, M. Ali und A. Silva gehörte.

FIELDER, Alvin Jr. Perkussion. Geboren am 23. November 1935 in Meridian, Mississippi. Fing 1948 an zu spielen. Drei Jahre danach örtliche Gigs mit Duke Otis. 1951 nach New Orleans, um Pharmazie zu studieren. Begegnung mit Earl Palmer, E. Blackwell. Unterricht bei Blackwell. Setzte sein Studium 1953 an der Texas Southern fort. Zusammenarbeit mit den Bobby-Bland-Sidemen Pluma Davis und Joe Scott. Studiotätigkeit für Duke Records als Begleiter von Gospel- und Bluessängern. Gelegentlich Gigs mit Bland. Zwei Jahre mit P. Davis im *Eldorado* in Houston als Begleiter von Big Joe Turner, Ivory Joe

Hunter, Amos Milburn und anderen. 1955 zum Eddie Vinson Sextet. 1957 nach Chicago zur Fortsetzung des Studiums. Zwei Jahre lang bei Sun Ra. Zusammenarbeit mit R. Abrams, Kalaparusha. Gründungsmitglied der AACM. Spielte mit der Gruppe von L. Lashley/F. Anderson und dem R. Mitchell Sextet. Kehrte 1968 nach Mississippi zurück, um die in Familienbesitz befindliche Apotheke zu übernehmen. Brachte Vertreter der New Music mithilfe von Stipendien nach Mississippi, so Mitchell, J. Stubblefield, Favors. 1975 mit Kalaparusha nach New York City. 1976 eigene Gruppe in New Orleans.

FOLWELL, William Sheldon „Bill". Bass. Hat sich sowohl der Musik als auch dem Theater gewidmet. Spielte in Rockgruppen sowie mit M. Brown, S. Murray, S. Simmons, P. und C. Bley. Gehörte 1966 A. Aylers Gruppe an, machte mit ihr Aufnahmen und Europatournee.

FORTUNE, Cornelius „Sonny". Saxofon, Flöte. Geboren am 19. Mai 1939 in Philadelphia, Pennsylvania. Studierte an der Granoff School of Music, nahm Privatunterricht bei Roland Wiggins. Spielte mit Leon Thomas, Roy Brooks. Zusammenarbeit und Aufnahmen mit Miles Davis, M. Tyner, Mongo Santamaria, Buddy Rich, Roy Ayers. Aufnahmen auch mit George Benson, Horace Arnold, Oliver Nelson sowie unter eigenem Namen.

FREEMAN, Earl. Bass, Harfe, Flöte. Geboren am 11. März 1939 in Oakland, Kalifornien. Erhielt als Kind Klavierunterricht. Studierte Grafikdesign, fing mit dem Bass an. Spielte in Chicago als Neunzehnjähriger bei Sun Ra, an der Westküste mit dem Saxofonisten Frank Haynes. Sammelte 1969 in Europa Berufserfahrung bei Shepp, S. Murray, B. Greene, F. Wright, C. Thornton, A. Silva, K. Terroade, Ambrose Jackson, M. Brown, N. Howard. Besuchte mit Shepp, Cal Massey, Don Byas und McCall Algerien, um einen Film zu machen. Aufnahmen mit Thornton, Murray, Terroade, Silva, Shepp, Howard.

GADDY, Christopher Leon Jr. Klavier, Marimba. Am 8. April 1943 in Chicago, Illinois, geboren. Am 12. März 1968 gestorben. Fing als Siebenjähriger an, in der Holy Angel Church Klavier zu spielen. 1952–60 American Conservatory of Music, auch Orgel. Spielte bis zum Alter von achtzehn Jahren in Kirchen, beteiligte sich dann an R. Abrams' Experimental Band und später an der AACM. Zusammenarbeit und Aufnahmen mit J. Jarman.

GARRETT, Donald Rafael. Bass, Bassklarinette, Flöte, Klarinette, Perkussion. Geboren in El Dorado, Arkansas. Studium an der Du Sable High School in Chicago, wo er mit Sun Ra, R. Abrams, Johnny Griffin, Rahsaan Roland Kirk, Eddie Harris und J. Gilmore zusammenkam. Fing 1955 Klarinette, Bass und Saxofon an. Gründete mit Abrams The Experimental Band, den Vorläufer der AACM. Spielte Ende der Fünfzigerjahre in Chicago mit Coltrane. 1964 nach San Francisco. Orgelkonzerte, Unterricht, Instrumentenbau. Während eines SF-Gigs Aufnahmen mit A. Shepp. Trat 1965 mit Coltrane bei Konzerten auf und war bei drei LPs beteiligt. Später bei A. Coltrane, S. Simmons/Barbara Donald. 1971 in

Paris Zusammenarbeit mit F. Wright, Jean-Luc Ponty, Oliver Johnson, N. Howard. Anfang der musikalischen und privaten Verbindung mit der Sängerin und Multiinstrumentalistin Zuzaan Fasteau. Sie arbeiteten als Sea Ensemble zusammen, machten Aufnahmen bei ESP und unternahmen zahlreichen Reisen, so nach Zaire, Senegal, Marokko, Jugoslawien, Haiti und Indien.

GARRISON, James Emory „Jimmy". Bass. Geboren am 3. März 1934 in Miami, Florida. Gestorben am 7. April 1976 in New York City. Als Kind nach Philadelphia. Lernte Klarinette. 1958 nach New York City, spielte dort Bass bei Philly Joe Jones, Tony Scott, Kenny Dorham, Curtis Fuller, Benny Golson, Lennie Tristano, Bill Evans, O. Coleman. 1962–66 Mitglied des J. Coltrane Quartet, an den wichtigen Aufnahmen beteiligt. Trio mit dem Pianisten Hampton Hawes, dann mit E. Jones. Spielte häufig mit A. Shepp. Auch Unterrichtstätigkeit. Aufnahmen mit Walter Bishop Jr., Jackie McLean, B. Dixon, E. Jones, A. Coltrane, Ted Curson, J. R. Monterose, Philly Joe Jones, Coleman.

GILMORE, John E. Tenorsaxofon, Schlagzeug. Geboren am 28. September 1931 in Summit, Mississippi. Ausbildung bei dem Chicagoer Gitarristen George Eskridge. Spielte in der Earl-Hines-Bigband, seit 1953 bei Sun Ra. In den späten Fünfzigerjahren häufig Proben mit Miles Davis. Europatournee mit Art Blakey, US-Tournee mit Freddie Hubbard. Aufnahmen mit Sun Ra und unter eigenem Namen.

GOMEZ, Edgar „Eddie". Bass. Geboren 1944 in Santurce, Puerto Rico. Studierte 1963 an der Juilliard School, spielte mit dem Schlagzeuger Rufus Jones und verschiedenen Dixieland-Gruppen. Anfang der Sechzigerjahre Zusammenarbeit mit P. Bley, M. Graves. Aufnahmen bei ESP unter der Leitung von G. Logan (mit Graves/D. Pullen) und P. Bley (Graves, M. Allen, D. Johnson). Seit 1966 mit dem Pianisten Bill Evans. Aufnahmen mit Evans sowie mit dem Jazz Composers' Orchestra.

GRAVES, Milford Robert. Schlagzeug, Perkussion. Am 20. August 1941 in Jamaica, New York, geboren. Anfangs Autodidakt, spielte schon als Dreijähriger. Erlernte formale Spieltechniken erst als Siebzehnjähriger. Congas mit acht, an der Schule eigene Perkussionsgruppe, die sich zu einem Perkussions-Workshop entwickelte. Befasste sich unter Anleitung des Musikologen Washantha Singh mit indischen Handtrommeln, in Boston bei George Stone mit anderen Techniken. Spielte 1960–63 in New York City Tanzmusik und begleitete die Sängerin Miriam Makeba. Spielte im New York Art Quartet, bei G. Logan, P. Bley, A. Ayler, Lowell Davidson, S. Sharrock, Jazz Composers' Orchestra, D. Pullen. Ab 1965 enge Zusammenarbeit mit dem Saxofonisten Hugh Glover bei Forschungen über medizinische/psychotherapeutische Anwendungsmöglichkeiten von Musik. Perkussionskonzerte als Duo mit A. Cyrille und als Trio mit Cyrille und R. Ali. Lehrtätigkeit am Bennington College in Vermont. Aufnahmen unter eigenem Namen, mit Ayler, Bley, Logan, NYAQ.

GREENE, Burton. Klavier. Geboren 1937 in New York City. Gründungs-mitglied der Jazz Composers Guild. Spielte mit M. Brown, R. Ali, H. Grimes. Begleitete die Sängerin Patty Waters. Spielt außerdem Synthesizer sowie „prä-pariertes" Piano. Aufnahmen bei ESP und BYG.

GRIMES, Henry Alonzo. Bass. Geboren 1935 in Philadelphia, Pennsylva-nia. Studierte Violine und Tuba, ging 1953 an die Juilliard School. Begleitete die R&B-Saxofonisten Arnett Cobb und Willis „Gator-tail" Jackson. Zusammen-arbeit mit Anita O'Day, Tony Scott, Gerry Mulligan, Sonny Rollins. Ab Mitte der Sechzigerjahre in der New-Yorker Avantgarde. Spielte und machte Aufnah-men mit dem Klarinettisten Perry Robinson, mit D. Cherry, A. Ayler , P. San-ders, B. Greene, A. Shepp. Außerdem eigenes Trio. Zusammenarbeit und Auf-nahmen mit C. Taylor einschließlich Newport Festival 1965.

HADEN, Charles Edward „Charlie". Bass. Geboren 1937 in Shenan-doah, Iowa. Musikalische Familie. Trat täglich in örtlichen Radiosendungen mit Countrymusic auf. Studierte Musik. Nach Los Angeles, dort Zusammenspiel mit örtlichen Musikern. Erste Jobs bei Hampton Hawes, Art Pepper, P. Bley. Spielte außerdem bei Elmo Hope. Drei Jahre mit P. Bley im *Hillcrest Club* (mit Billy Higgins am Schlagzeug). O. Coleman und D. Cherry schlossen sich für kurze Zeit dieser Gruppe an. Als reguläres Mitglied der Gruppe mit Coleman nach New York City. Eine Zeit lang nicht aktiv, dann Zusammenarbeit mit Denny Zeitlin, Tony Scott. 1966 erneut zu Coleman, Zusammenarbeit mit Coleman und Keith Jarrett. Aufnahmen mit Coleman, Cherry, Jarrett, A. Shepp, G. Moncur III sowie mit dem eigenen Liberation Music Orchestra.

HANNIBAL (Marvin Peterson). Trompete. Geboren 1948 in Texas. 1971 nach New York City. Spielte mit Rahsaan Roland Kirk, P. Sanders, Roy Haynes, Richard Davis, Gil Evans. Leitet eigene Gruppe. Aufnahmen mit Sanders, Hay-nes, Evans, G. Moncur, C. Thornton.

HARPER, Billy. Tenorsaxofon. Geboren am 17. Januar 1943 in Houston, Texas. Studierte an der North Texas State University und arbeitete gleichzeitig professionell als Saxofonist und Sänger. Spielte in R&B-Bands sowie mit den Saxofonisten James Clay und Fred Smith. 1966 nach New York City. Zusam-menarbeit mit Gil Evans. Zwei Jahre bei Art Blakey, dann bei E. Jones, Max Roach, Lee Morgan, Thad Jones/Mel Lewis Orchestra, außerdem eigene Gruppe. Auf-nahmen mit Gil Evans und unter eigenem Namen.

HARRIS, William Godvin „Beaver". Schlagzeug. Geboren 1936 in Pittsburgh, Pennsylvania. Spielte als Teenager Klarinette und Altsaxofon. Bedeu-tender Baseballspieler. Angeregt durch Max Roach, während des Militärdiensts Schlagzeugspiel. Spielte bei Sonny Rollins, dann nach New York City. Dort Begegnung mit Avantgardemusikern einschließlich A. Shepp, mit dem Harris seit 1966 in Verbindung steht. Mit Ayler nach Europa. Spielte mit Max Roach und Kenny Clarke auf Drums-Seminaren. Zusammenarbeit mit Sonny Stitt,

Dexter Gordon, Clifford Jordan, Joe Henderson, Clark Terry, Freddie Hubbard. Gründete mit G. Moncur III die Gruppe 360 Degree Experience. 1970 mit Shepp Begleitung des Theaterstücks *Slave Ship* von LeRoi Jones, 1973 des Stücks *Lady Day: A Musical Tragedy* von Aishah Rahman. In den Siebzigerjahren weitere Zusammenarbeit mit Shepp, auch mit Thelonious Monk und Chet Baker sowie gelegentlich mit Dixieland-Gruppen. Aufnahmen mit Moncur, Shepp, Charles Bell, M. Brown, R. Rudd, Ayler, S. Lacy, P. Sanders. G. Barbieri, JCOA, Sheila Jordan sowie unter eigenem Namen.

HEMPHILL, Julius. Altsaxofon, Komponist. Geboren 1940 in Fort Worth, Texas. Bei J. Carter Klarinettenunterricht. 1964 bei US-Army-Band, verschiedenen texanischen Bands, Ike Turner. 1968 nach St. Louis zur BAG. Studierte an der North Texas State und an der Lincoln University. Gruppe mit dem Pianisten John Hicks. Spielte in Chicago mit A. Braxton, trat 1973 in Paris und in Schweden auf. Gründete 1972 eigene Plattenfirma Mbari. Aufnahmen mit Braxton, L. Bowie, Kool and the Gang sowie unter eigenem Namen.

HENDERSON, Errol (Earle Henderson). Bass, Klavier. Geboren am 21. Oktober 1941 in Dallas, Texas. Mutter Pianistin und Sängerin, Vater Lyriker. Als Pianist Autodidakt. Spielte 1961 in Cleveland mit dem Trompeter Norman Howard. Begegnung mit A. Ayler nach dessen Rückkehr aus Europa. Zusammenarbeit mit Ayler und Howard. 1963 nach New York City. Studierte Bass. Spielte mit Ayler, C. Tyler. Sessions mit O. Coleman. 1964 mit Ayler Einspielung von *Witches & Devils* für das dänische Label Debut. Nach Kalifornien, Studium bei den Bassisten Vic Malone und Richard Taylor. In den Siebzigerjahren gelegentlich Gigs in New York City zusammen mit C. Tyler (Tanzensembles, Lyriklesungen).

HOWARD, Noah. Altsaxofon. Geboren am 6. April 1943 in New Orleans, Louisiana. Sang als Kind in einem Chor. 1960 zwei Jahre Militärdienst, dann nach Kalifornien. Zusammentreffen mit D. Johnson, B. Allen, S. Simmons. Lernte Trompete und Saxofon. 1965 nach New York City, wurde Teil der New-Music-Bewegung. Nahm bei ESP zwei LPs auf, spielte mit B. Dixon. S. Murray, D. Ayler sowie mit eigener Gruppe. 1970 nach Europa mit F. Wright, B. Few, M. Ali, mit denen er über ein Jahr lang zusammenarbeitete und Aufnahmen machte. In New York City und in Europa aktiv, 1972–74 am New York Musicians Festival beteiligt. Aufnahmen mit Shepp, F. Wright, D. Ayler (unveröffentlicht) sowie unter eigenem Namen.

HUNTER, Jerome. Bass, Sänger, Komponist, Songwriter. Am 14. Januar 1942 in Spartanburg, South Carolina, geboren. Fing mit Gitarre an, wechselte 1954 zum Bass über. Studierte bei John Lamb (Orchester Duke Ellington), Dr. W. O. Smith (Tennessee State), Carl Suggie (erster Bassist des Nashville Symphony Orchestra) und Wendell Pritchett. Zusammenarbeit mit S. Sharrock, B. Lancaster, Grover Washington Jr., Dorothy Donegan, Johnny Hammond Smith, Philly Joe Jones, Roy Haynes, Ray Bryant. Aufnahmen mit Lancaster, Marzette Watts, B. Lancaster/J. R. Mitchell.

HUTCHERSON, Robert „Bobby". Vibrafon. Geboren 1941 in Los Angeles, Kalifornien. Fing mit dem Piano an, Vibrafonunterricht bei Dave Pike. Nach New York City. Nahm mit Jackie McLean und E. Dolphy *Out to Lunch* auf. 1965 mit A. Shepp beim Newport Jazz Festival. Schloss sich dem Saxofonisten John Handy an. 1967 Zusammenarbeit mit dem Saxofonisten Harold Land. Aufnahmen mit Shepp, Curtis Amy, Frank Butler, Ron Jefferson, Billy Mitchell/Al Grey, G. Moncur III, McLean, Dolphy, Dexter Gordon, Joe Henderson, Grant Green, Andrew Hill, Tony Williams, John Handy.

IZENZON, David. Bass. Geboren am 17. Mai 1932 in Pittsburgh, Pennsylvania. Sang in der örtlichen Synagoge, begann 1956 Bass zu studieren. Spielte mit B. Dixon, A. Shepp, P. Bley, Sonny Rollins. 1962–66 Mitglied des Ornette-Coleman-Trios, danach Aufgabenteilung mit C. Haden. In den Siebzigerjahren auf dem Gebiet der Psychiatrie tätig, gelegentlich Zusammenspiel mit K. Berger. Aufnahmen mit Shepp, Joseph Scianni, Dixon, Rollins, Coleman. Am 8. Oktober 1979 gestorben.

JACKSON, John Shenoy. Trompete. Geboren am 29. Oktober 1923 in Hot Springs, Arkansas. Geschäftsführer der AACM, Sozialarbeiter und Schriftsteller. Begann als Vierzigjähriger mit der Musikausbildung. Schloss sich 1966 der AACM an. Spielte in der AACM Big Band, mit M. R. Abrams, F. Anderson, Kalaparusha.

JAMAL, Khan (Warren Cheeseboro). Vibraharp, Marimba. Geboren am 23. Juli 1946 in Jacksonville, Florida. Als Kind nach Philadelphia. Studierte an der Granoff School of Music. Zwei Jahre Militärdienst in Europa. Stellte in Philadelphia Cosmic Forces Ensemble, Sounds of Liberation zusammen. Bei einigen Konzerten und Aufnahmen zusätzlich B. Lancaster (Saxofon). Spielte mit S. Murray, Sun Ra, A. Shepp, D. Burrell, G. Moncur III, F. Lowe, N. Howard, Norman Connors, S. Rivers, Stanley Clarke, Gary Bartz, Calvin Hill, T. Daniel. In Philadelphia im Black-Studies-Programm aktiv. 1973 zu Konzerten und Aufnahmen nach Paris.

JAMES, Stafford Louis. Bass, Cello, Komponist. Geboren am 24. April 1946 in Evanston, Illinois. Lernte als Kind Violine. Studierte in New Orleans Bass bei Richard Payne und Chuck Badie, am Chicago Conservatory bei Rudolf Fahsbender, außerdem bei Julius Levine. Zusammenarbeit mit Monty Alexander, P. Sanders, Sun Ra, R. Ali, J. L. Wilson, Lonnie Liston Smith, A. Shepp, A. Coltrane. Ein Jahr lang Begleiter der Sängerin Melba Moore. Außerdem bei Danny Mixon, Bobby Timmons, Charles Sullivan, John Hicks, Roy Ayers, Gary Bartz, Art Blakey, Betty Carter, Dee Dee und Cecil Bridgewater, Al Haig, Chico Hamilton, Hannibal, Barry Harris. Aufnahmen mit O. Lake, R. Kenyatta, Ali, Bartz, A. Cyrill, Ayler sowie unter eigenem Namen.

JAMI, Hakim. Bass, Tuba, Euphonium. Am 13. Januar 1940 in Detroit, Michigan, geboren. Cass Tech. High School, Teal Music Studios. Studierte Theorie,

Orchestrierung, Perkussion. U.S. Naval School of Music, Washington, D. C. 1952 bis 1957 eigene Gruppe in Detroit. 1957–61 bei US-Service-Bands. Spielte mit The Brothers, G. Logan, S. Rivers, Mae Arnette, Ali Yusef, Stony Nightingale. 1969 nach New York City. Spielte mit Roland Alexander, Kiane Zawadi, F. Hubbard, Don Byas, Duke Jordan, Philly Joe Jones, Kenny Barron, Cal Massey, Howard Johnson, Charles McGee, Dick Griffin, Frank Foster, Sun Ra, E. Jones, Ethno-Modes und mit eigener Gruppe Manifestation. Aufnahmen mit Shepp, T. Daniel, Cherry.

JARMAN, Joseph. Rohrblattinstrumente, Perkussion. Geboren am 14. September 1937 in Pine Bluff, Arkansas. In jungen Jahren nach Philadelphia. Dort Schulausbildung, dann bis 1961 umfangreiche Reisen. Schloss sich der AACM an, spielte ab 1965 mit anderen Mitgliedern zusammen, leitete mehrere große und kleine Ensembles, baute bisweilen Multimediashows ein. Einmal Zusammenarbeit mit John Cage. Aufnahmen mit eigener Gruppe und mit dem Art Ensemble of Chicago, mit dem er sich 1969–70 in Paris aufhielt.

JARVIS, Clifford. Schlagzeug. Geboren 1942 in Boston, Massachusetts. Begann mit Piano und Gitarre. Spielte als Zehnjähriger Schlagzeug, ermuntert von seinem Vater, einem Musiker. Studierte bei Alan Dawson und an der Berklee School of Music. Nach New York City. Spielte mit Randy Weston, Barry Harris, Yusef Lateef. 1962 Begegnung mit Sun Ra, 1965 Aufnahmen mit ihm. Spielte regelmäßig mit P. Sanders, Sun Ra und eigener Gruppe. Aufnahmen mit Sanders, Sun Ra, A. Coltrane, Freddie Hubbard.

JENKINS, Leroy. Violine, Komponist. Geboren am 11. März 1932 in Chicago, Illinois. Begann als Achtjähriger Violine zu lernen, zuerst in der Kirche, dann bei Capt. Walter Dyett an der Du Sable High. B. A. in Musik von der Florida A&M University in Tallahassee. Erteilte 1961–65 in Schulen in Mobile, Alabama, Kurse über Streichinstrumente. In Chicago Studium bei Bruce Hayden, dann Unterrichtstätigkeit im öffentlichen Schulsystem und ehrenamtliche Tätigkeit im Chicago Urban Poverty Corps. Schloss sich der AACM an. Zusammenarbeit und Aufnahmen mit A. Braxton, L. Smith. 1969 Europatournee mit der Creative Construction Company of Chicago (Braxton, Smith, S. McCall). Gründete 1970 Revolutionary Ensemble mit J. Cooper (Schlagzeug), Sirone (Bass). Spielte mit O. Coleman, A. Coltrane, Rahsaan Roland Kirk, C. Taylor, A. Ayler, A. Shepp, Eddie Gale, Cal Massey, JCOA. Aufnahmen mit Braxton, Revolutionary Ensemble, A. Silva, Shepp, R. Ali (Duo).

JOHNSON, Dewey. Trompete. Geboren am 6. November 1939 in Philadelphia, Pensylvania. Studierte an der North East Public High School und an der Granoff School of Music Trompete. Anfang der Sechzigerjahre nach New York City. Zusammenarbeit mit P.Bley, Sun Ra, Gregg Bonds. Aufnahmen mit Bley und J. Coltrane *(Ascension)*, 1977 mit R. Ali, David Murray.

JOHNSON, Reginald Volney „Reggie". Bass. Geboren 1940 in Owensboro, Kentucky. Am College und in Militärorchestern Trompete. 1961 mit dem Bassspiel begonnen. Zusammenarbeit mit A. Shepp, Rahsaan Roland Kirk. Mit B. Dixon Teilnahme an den Konzerten der „Oktoberrevolution". Zusammenarbeit mit Sun Ra, Bill Barron, Art Blakey, Ted Curson. Aufnahmen mit G. Logan, M. Brown, A. Shepp, Blakey, Booker Ervin, B. Hutcherson, Valdo Williams.

JONES, Arthur. Altsaxofon. Geboren in Cleveland, Ohio. Spielte zwei Jahre in Rock-and-Roll-Bands, lernte dann die Musik von Dolphy und Coleman kennen. Zusammenarbeit mit F. Wright, J. Coursil. 1969 in Paris Aufnahmen mit Coursil, B. Greene, A. Shepp.

JONES, Elvin Ray. Schlagzeug. Geboren am 9. September 1927 in Pontiac, Michigan. Autodidakt, spielte in Schulorchester, Army-Band. Spielte in Detroit mit seinem Bruder Thad und dem Saxofonisten Billy Mitchell. Zusammenarbeit mit Teddy Charles, Charles Mingus. 1956 nach New York City, Zusammenarbeit mit Bud Powell, Pepper Adams/Donald Byrd, Tyree Glenn, Harry Edison. 1961–65 bei J. Coltrane, dann zu Duke Ellington. Trio mit J. Garrison und dem Saxofonisten Joe Farrell, leitete weiter eigene Gruppen und machte zahlreiche Aufnahmen.

JONES, Leonard. Bass, Banjo, Zither, Gitarre, Perkussion. Auftritte bei der AACM, die auch seine Kompositionen gespielt hat. Zusammenarbeit mit Kalaparusha, J. Jarman, Paul Winter, R. Abrams sowie mit L. Smith als Duo New Dalta Ahkri. Aufnahmen mit Abrams.

KALAPARUSHA: siehe McINTYRE, Maurice.

KENYATTA, Robin (Prince Roland Haynes). Altsaxofon. Geboren am 6. März 1942 in Monk's Corner, South Carolina. Nahm 1964 in New York City an der „Oktoberrevolution" teil. Zusammenarbeit mit R. Rudd, K. Berger, Andrew Hill, S. Murray, A. Shepp, Sony Stitt, Jazz Composers Guild. Aufnahmen mit JCOA, Valerie Capers, Stitt, Barry Miles, B. Dixon, Shepp, Hill.

LACY, Steve (Steven Norman Lackritz). Sopransaxofon. Geboren am 23. Juli 1934 in New York City. Unterricht bei Cecil Scott und anderen. Ab 1952 in Dixieland-Bands. Studierte an der Schillinger School in Boston und an der Manhattan School of Music. 1956–57 Zusammenarbeit und Studium bei C. Taylor, Gil Evans. Eigene Band zusammen mit R. Rudd. Zusammenarbeit und Aufnahmen mit D. Cherry. Ab 1956 Reisen nach Frankreich, Italien, Skandinavien, Südamerika. Ließ sich 1969 in Paris nieder, gab unter anderem Soloauftritte sowie Konzerte mit seiner Frau, der Cellistin Irene Aebi. Aufnahmen mit Taylor und unter eigenem Namen.

LAKE, Oliver. Saxofon, Flöte, Perkussion. Geboren am 14. September 1942 in Marianna, Arkansas. 1943 nach St. Louis. An der Highschool Saxofon, beschäftigte sich aber erst als Zwanzigjähriger ernsthaft damit. Arbeitete mit dem Trompeter L. Bowie und dem Drummer Phillip Wilson in Backup-Bands für R&B-Künstler. Gründete mit dem Trompeter F. LeFlore und dem Drummer

Leonard Smith eigene Gruppe. 1968 B. A. in Musikerziehung an der Lincoln University, Jefferson City. Unterrichtete drei Jahre lang Musik an Schulen in St. Louis. Gründungsmitglied der BAG, koordinierte Konzertaustausch zwischen der AACM und der BAG. Studierte Arrangement und Komposition bei Oliver Nelson und Ron Carter. Zwei Jahre in Frankreich mit anderen BAG-Mitgliedern. Studierte in Paris elektronische Musik, spielte mit A. Braxton und anderen. 1974 nach New York City. Aufnahmen unter eigenem Namen sowie mit A. Braxton. Konzerte mit L. Smith, L. Bowie, T. Daniel und anderen.

LANCASTER, William Byard „The Thunderbird". Saxofon, Flöte, Bassklarinette, Perkussion. Geboren 1942 in Philadelphia, Pennsylvania. Studium an der Shaw University, am Berklee College of Music sowie am Boston Conservatory. Spielte mit Dave Burrell und P. Sanders. Mit J. Hunter (Bass) und Eric Gravatt (Schlagzeug) eigene Gruppe, die zweieinhalb Jahre zwischen New York City und Philadelphia spielte. 1965 Beginn der Zusammenarbeit mit S. Murray, an dessen ersten Aufnahmen für ESP beteiligt. Spielte mit Sun Ra, Wilson Pickett. Herbie Mann, R. Ali, Inez & Charlie Foxx, M. Tyner, A. Silva, Milt Jackson, The Sounds of Liberation, The Management. Spielte in Europa mit Murray und eigenen Gruppen. Aufnahmen mit Murray, B. Dixon, B. Greene, Larry Young, Marzette Watts sowie unter eigenem Namen.

LASHA, Prince (W. B. Lawsha). Saxofon, Flöte, Klarinette. Geboren am 10. September 1929 in Fort Worth, Texas. Ging mit O. Coleman zur Schule, spielte mit Coleman und dessen Cousin James Jordan in der Kirche und in der Marschkapelle der Highschool. Zusammenarbeit mit Buster Smith und Jimmy Liggins, in Fort Worth mit Coleman und C. Moffett (Trompete). Spielte 1954 in Kalifornien mit S. Simmons. In New York City Sessions und Aufnahmen mit Coltrane, Dolphy und eigenen Gruppen. 1965–66 in Europa, Aufnahmen in London. In Kalifornien Zusammenarbeit mit Harold Land, B. Hutcherson, Moffett. Aufnahmen mit Simmons, Dolphy, E. Jones/J. Garrison, Clifford Jordan sowie unter eigenem Namen.

LASHLEY, Lester Helmar. Posaune, Bass, Cello. Geboren am 23. August 1935 in Chicago, Illinois. Autodidakt. Spielte im College-Orchester sowie in Army-Bands. Gründungsmitglied der AACM. Zusammenarbeit und Aufnahmen mit R. Mitchell, J. Jarman. Betätigt sich als Grafiker, Bildhauer und Kunsthandwerker.

LeFLORE, Floyd. Trompete, Perkussion. Autodidakt. Studierte am St. Louis Institute of Music. Spielte mit Albert King, Little Milton, Rufus Thomas, Oliver Lake, Ronnie Boykins. Mitglied der St. Louis Black Artists Group, 1972 mit ihr zu Konzerten nach Europa. Aufnahmen mit der BAG, Children of the Sun.

LEWIS, Arthur „Art", „Shaki". Schlagzeug, Perkussion. Geboren 1938 in New Orleans, Louisiana. Musikalische Familie. 1943 Umzug nach Kalifornien. In San Francisco Zusammenarbeit mit Harold Land, Sessions mit Dexter

Gordon, Bud Powell. Leitete zusammen mit dem Saxofonisten Monty Waters eine Bigband. Zwei Jahre bei dem Sänger Jon Hendricks, 1966 mit ihm nach New York City. Spielte mit S. Murray, James Spaulding, Jackie McLean, N. Howard, E. Cross, J. L. Wilson, Andrew Hill. Begleiter der Sängerin Novella Nelson sowie von Tanz- und Theatergruppen. 1974 Reise nach Sierra Leone und Nigeria. Aufnahmen mit Murray, Hill, C. Thornton.

LOGAN, Giuseppi. Rohrblattinstrumente. Geboren 1935 in Norfolk, Virginia. Brachte sich als Zwölfjähriger selbst das Pianospiel bei, spielte in Schulbands Schlagzeug und sang im Kirchenchor. Studierte am New England Conservatory in Boston, dort Begegnung mit M. Graves und Zusammenarbeit mit Earl Bostic. 1964 nach New York City. Spielte mit B. Dixon, trat mit Graves, dem Pianisten D. Pullen, dem Bassisten E. Gomez und Streichern in der Judson Hall auf. Spielte mit Shepp, P. Sanders, R. Rudd, Patty Waters. Aufnahmen mit D. Burrell und Rudd sowie unter eigenem Namen.

LOWE, Frank. Tenorsaxofon, Flöte. Geboren am 24. Juni 1943 in Memphis, Tennessee. Befasste sich an der Junior High School mit Musik, sang im Chor. Saxofon mit zwölf. Arbeitete 1958 bei Stax Records und kam mit vielen einheimischen Musikern zusammen. Schloss sich 1968 Sun Ra an. 1971 bei A. Coltrane, R. Ali. Spielte mit eigener Gruppe, mit M. Graves, D. Cherry, Abdullah, Aboriginal Music Society. Aufnahmen mit A. Coltrane, Ali, Cherry sowie unter eigenem Namen.

LYONS, James Leroy „Jimmy". Altsaxofon. Geboren am 1. Dezember 1933 in Jersey City, New Jersey. Begann mit fünfzehn zu spielen, angeregt durch die Pianisten Elmo Hope, Thelonious Monk, Bud Powell und Kenny Drew. Traf 1960 nach seiner Rückkehr vom Wehrdienst in Korea mit C. Taylor zusammen und schloss sich ihm an. War einige Zeit Leiter des Black Music Ensemble am Antioch College. Aufnahmen mit Taylor und unter eigenem Namen.

McBEE, Cecil. Bass, Komponist. Geboren am 19. Mai 1935 in Tulsa, Oklahoma. In der Highschool Klarinette. Spielte in Marschkapellen. Mit siebzehn Bass, Auftritte in örtlichen Nachtklubs. Studierte am Central State in Wilberforce, Ohio, dann zwei Jahre bei der Armee als Dirigent einer Militärkapelle in Fort Knox, Kentucky. 1962 nach Detroit, Zusammenarbeit mit Paul Winter. 1964 nach New York City, Zusammenarbeit und Aufnahmen mit G. Moncur, Jackie McLean, Wayne Shorter, Freddie Hubbard, Miles Davis, Charles Lloyd, Yusef Lateef, B. Hutcherson, P. Sanders, A. Coltrane, Charles Tolliver, Lonnie Liston Smith, Sonny Rollins, Michael White sowie mit eigener Gruppe.

McCALL, Steve. Schlagzeug, Perkussion. Geboren in Chicago, Illinois. Dort Umgang mit Bluesgruppen und Showbands. Spielte mit Gene Ammons, Dexter Gordon, Eddie Harris, Terri Thornton, Arthur Prysock. Mitbegründer der AACM. Zusammenarbeit mit R. Abrams, J. Jarman. Längerer Europaaufenthalt. Zusammenarbeit und Aufnahmen mit A. Braxton, L. Smith, L. Jenkins, Gunter Hampel, M. Brown, Lancaster, Air.

McINTYRE, Ken. Altsaxofon, Flöte. Geboren 1931 in Boston, Massachusetts. Befasste sich 1940–45 mit dem Klavier, Saxofonunterricht bei Andrew McGhee, Gigi Gryce, Charlie Mariano. 1954 Boston Conservatory. Lehrte zwei Jahre lang an der Brandeis University. 1960 Begegnung mit E. Dolphy. Aufnahmen mit ihm und mit C. Taylor. Gelegentliche Konzertauftritte mit Taylor und mit eigenen Gruppen, überwiegend Lehrtätigkeit.

McINTYRE, Maurice Benford/Kalaparusha Ahrah Difda. Tenorsaxofon, Klarinette. Als Siebenjähriger Schlagzeug. Studierte am Chicago Music College. Spielte und studierte bei J. Gilmore, Dave Young, Nicky Hill, Ken Chaney, R. Mitchell, Ollie Mabin. Schloss sich R. Abrams' Experimental Band an. Zusammenarbeit mit A. Braxton, den Perkussionisten W. Smith und Ajamaru (Gerald Donovan), dem Gitarristen J. B. Hutto, Little Milton, R. Abrams. Leitete die Gruppe The Light. Aufnahmen mit Mitchell, Abrams, George Freeman sowie unter eigenem Namen.

MANTLER, Michael „Mike". Trompete, Komponist. Am 10. August 1943 in Wien, Österreich, geboren. Mit zwölf Trompete. Studierte an der Wiener Musikakademie. 1962 nach Amerika, in Boston Zusammenarbeit mit dem Pianisten Lowell Davidson. 1964 nach New York City, bei C. Taylor, P. Bley. Gründungsmitglied der Jazz Composers Guild. Schuf zusammen mit C. Bley das Jazz Composers' Orchestra. Organisierte mit ihr zusammen Konzerte und Sessions und betrieb eine Plattenfirma sowie den New Music Distribution Service. Aufnahmen unter eigenem Namen sowie mit C. Bley.

MARSHALL, James, Saxofon, Flöte, Komponist. Geboren am 8. Januar 1943 in St. Louis, Missouri. Autodidakt. Seit seiner Jugend als Musiker, Poet und Maler aktiv. Begann 1963 Zusammenarbeit mit Ajule Rutlin und anderen BAG-Mitgliedern. Spielte bei Alan Nichols' Improvisational Theatre Co. Mit seiner Frau Carol Mitbegründer von Human Arts Association, Human Arts Ensemble, Universal Justice Records. Reisen nach Indien und Nepal.

MITCHELL, J. R. (James R. Mitchell). Perkussion, Klavier, Komponist, Arrangeur, Pädagoge. Geboren am 13. April 1940 in Philadelphia, Pennsylvania. Mit A. Shepp und B. Lancaster an der Germantown High School, im Alter von siebzehn Zusammenarbeit. Spielte außerdem mit Lee Morgan, Jimmy McGriff, Reggie Workman. Mit neunzehn auf Tournee mit der Bigband von Red Prysock. B. A. in Perkussion am Combs College. Studierte an der Temple University, am Boston Conservatory, an der Boston University sowie an der Berklee School. Kompositionslehre bei Jaki Byard sowie bei George Russell am New England Conservatory of Music, Abschluss M. A. Lehrer in Philadelphia und Boston. Zusammenarbeit mit Al Grey/Billy Mitchell, Sonny Stitt, Betty Carter, Nina Simone, J. Byard, D. Redman, Lancaster. Leiter des J. R. Mitchell Universal Ensemble.

MITCHELL, Roscoe Edward Jr. Rohrblattinstrumente, Perkussion. Geboren am 3. August 1940 in Chicago, Illinois. An der Highschool Klarinette und

Baritonsaxofon, bei der Armee Altsaxofon. Mit Army-Band nach Europa. Spielte mit Byron Austin, Scotty Holt, Jack DeJohnette. Schloss sich 1961 R. Abrams' Experimental Band an und wurde Gründungsmitglied der AACM. Leitete eigenes Trio, nahm 1966 mit Sextett *Sound* auf, die erste Schallplatte, die den Beleg für eine „zweite Welle" der New Music lieferte. Arbeitete ab 1965 mit dem Art Ensemble of Chicago zusammen und hielt sich mit diesem zwei Jahre lang in Europa auf.

MOFFETT, Charles. Trompete, Schlagzeug. Geboren am 6. September 1929 in Fort Worth, Texas. Trompete in der Highschool-Band, mit O. Coleman Auftritte in Nachtklubs. Studierte 1945 Perkussion. Mit neunzehn Weltergewicht-Champion der Pazifikflotte der US-Navy. B. A. in Musikerziehung, unterrichtete acht Jahre lang an Highschools in Texas. 1961 nach New York City, schloss sich Coleman an, mit ihm 1965 und 1966 Europatourneen. 1967 Trennung von Coleman. Leitete eigene Gruppe, arbeitete mit A. Shepp zusammen. Musical Director für Schulen und Jugendorganisationen. In Kalifornien als Musikerzieher tätig, leitet dort eine Band, die aus Familienmitgliedern besteht. Aufnahmen mit Coleman, Shepp und seiner eigenen Familie.

MONCUR, Grachan III. Posaune, Komponist. Geboren am 30. Juni 1937 in New York City. Vater Grachan II war Bassist bei den Savoy Sultans, einer bekannten Swingband in Harlem. Studierte am Laurinburg Institute in North Carolina, an der Manhattan School of Music und an der Juilliard School of Music. Arbeitete als Teenager in Newark mit Nat Phipps zusammen (Wayne Shorter gehörte ebenfalls der Band an). Zweieinhalb Jahre mit Ray Charles auf Tournee, dann beim Art Farmer/Benny Golson Jazztet. Zurück zu Charles, dann mit einer Bühnenrolle in dem James-Baldwin-Stück *Blues for Mr. Charlie* nach Europa. Spielte mit eigenen Gruppen, mit Jackie McLean, Sonny Rollins. Leitete mit B. Harris 360 Degree Music Experience. Tourneen und Aufnahmen mit A. Shepp, 1969 mit ihm in Europa und Algerien. Zahlreiche Kompositionen, zum Beispiel *Echoes of Prayer,* Einspielung mit dem JCOA.

MOORE, Don. Bass. Geboren 1932 in New York City. Begann 1959 mit Piano- und Bassspiel. 1962 Europatournee mit A. Shepp. Mitglied der New York Contemporary Five. Zusammenarbeit mit Sonny Rollins, Jackie McLean, Frank Foster, Hank Mobley, Lee Morgan, Gil Evans, Thelonious Monk, E. Jones. Spielt nicht mehr. Aufnahmen mit NYC5, B. Dixon/A. Shepp, E. Jones, J. Tchicai, Roland Kirk.

MOSES, J. C. (John Curtis Moses). Schlagzeug. Geboren am 18. Oktober 1936 in Pittsburgh, Pennsylvania. 1977 gestorben. Autodidakt. Begann mit Congas und Bongos, spielte mit der Schlagzeugerin Paula Roberts. 1968–70 bei Walt Harper, dann nach New York City. Spielte mit Dolphy, Shepp, Richard Davis, Cedar Walton, Herbie Hancock, Kenny Dorham, Clifford Jordan. 1963 mit New York Contemporary Five nach Europa. Zusammenarbeit mit dem New

York Art Quartet. 1965–67 bei Roland Kirk. 1967–69 Freelance-Tätigkeit, dabei Zusammenarbeit mit J. Coltrane, Sonny Stitt, Walter Bishop Jr., Charles Lloyd, Chick Corea, Jackie McLean, Hubert Laws, Hal „Cornbread" Singer, Mongo Santamaria, Willie Bebo, Nancy Wilson. Für achtzehn Monate nach Europa, Hausdrummer im *Jazzhus Montmartre* in Kopenhagen. Spielte da mit Ben Webster, Ted Curson, Dexter Gordon, B. Greene, Coleman Hawkins, Booker Ervin, Jimmy Woode, Red Mitchell, Tete Monteliou. War wegen eines Nierenleidens nach 1970 nur noch sporadisch tätig. Gelegentlich Gigs in Pittsburgh mit Nathan Davis, Eric Kloss. Aufnahmen mit Dolphy, NYC5, Shepp, J. Tchicai, Marzette Watts, Kenny Dorham, S. Rivers, Andrew Hill, Gary Bartz, Bud Powell, Hancock.

MOUZON, Alphonze. Schlagzeug, Perkussion, Sänger, Komponist. Geboren 1949 in Charleston, South Carolina. Begann mit zwölf Jahren Schlagzeug zu spielen, seit 1962 Berufsmusiker. Mit siebzehn nach New York City. Spielte bei Chubby Checker. Zusammenarbeit und Aufnahmen mit Roy Ayers, M. Tyner, Weather Report, Eleventh House. Machte auch Aufnahmen mit Stevie Wonder, Tim Hardin, Sonny Rollins, Doug Carn und eigener Gruppe.

MOYE, Don. Schlagzeug, Perkussion, Sänger. Geboren am 23. Mai 1946 in Rochester, New York. Studierte an der Wayne State University in Detroit und bei dem Trompeter Charles Moore. Spielte mit Detroit Free Jazz. Beteiligung am Artists' Workshop, dort Begegnung mit J. Jarman. Mit Detroit Free Jazz elf Monate lang in Europa und Marokko. Spielte in Rom mit S. Lacy, schloss sich in Paris dem Art Ensemble of Chicago an.

MURRAY, James Marcellus Arthur „Sunny". Schlagzeug. Geboren am 21. September 1937 in Idabel, Oklahoma. Begann mit neun Jahren Schlagzeug zu spielen, ermutigt von seinem Stiefbruder. Kurz auch Posaune und Trompete. 1956 nach New York City. Spielte mit Henry „Red" Allen, Willie „The Lion" Smith, Jackie McLean, Rocky Boyd, Ted Curson. 1959 Begegnung mit C. Taylor und Zusammenarbeit. 1963 mit ihm und J. Lyons nach Europa. Begegnung mit A. Ayler, Trio zusammen mit dem Bassisten G. Peacock. Aufnahmen und Konzerte. Spielte mit O. Coleman, D. Cherry, J. Coltrane, R. Rudd, J. Tchicai. Leitete in New York City und Philadelphia eigene Gruppen mit jüngeren Musikern, die jetzt prominent sind. 1968 nach Frankreich, dann Pan-Afrikanisches Festival in Algier (mit A. Shepp, C. Thornton, G. Moncur III, A. Silva). Blieb mehrere Monate in Paris, dann nach Philadelphia, wo er mit Philly Joe Jones in Verbindung trat und mit eigenen Gruppen spielte. Aufnahmen mit Shepp, Taylor, Ayler, Burrell, Thornton, François Tusques, G. Hampel sowie unter eigenem Namen.

NEIDLINGER, Buell. Bass. Geboren am 2. März 1936 in Westport, Connecticut. Studierte Piano, Trompete, Cello und Bass. Leitete eine College-Band. Ging nach Yale, wurde Diskjockey. 1955 nach New York City, spielte mit Vic

Dickenson, Zoot Sims, Tony Scott, Coleman Hawkins, Tony Bennett. 1957 Begegnung mit C. Taylor, Zusammenarbeit einschließlich Bühnenauftritt in Jack Gelbers Stück *The Connection.* 1961 für Candid Label Aufnahme *NY R&B* mit Clark Terry, R. Rudd, A. Shepp. S. Lacy, Taylor, D. Charles. Zusammenarbeit mit Cherry und Jimmy Giuffre. Zum Boston Symphony Orchestra. Auf sinfonischem Gebiet aktiv, kurzzeitig mit eigener Rockband und Frank Zappa.

PARKER, Williams. Bass. Geboren am 10. Januar 1952 in New York City. Studierte bei Richard Davis, J. Garrison. Spielte mit C. Taylor, R. Ali, C. Tyler, Clifford Jordan, Melodic Art-tet. Aufnahmen mit F. Lowe.

PATRICK, Laurdine „Pat". Saxofon, Flöte, Bass, Schlagzeug. Im November 1929 im Mittleren Westen der USA geboren. Lernte als Kind Schlagzeug. Trompetenunterricht von seinem Vater und von Clark Terry. Studierte 1946 Saxofon und Klarinette. An der Du Sable High zusammen mit J. Gilmore, Clifford Jordan, Richard Davis. Zusammenarbeit mit Muddy Waters, Lil Armstrong, Cootie Williams, Nat „King" Cole, Cab Calloway, Earl Hines. Schloss sich 1954 Sun Ra an. Später bei James Moody, Quincy Jones, Mongo Santamaria, Thelonious Monk, Duke Ellington. Aufnahmen mit Sun Ra, J. Coltrane, G. Moncur III, C. Thornton.

PEACOCK, Gary. Bass. Geboren am 12. Mai 1935 in Barley, Idaho. 1952 nach Washington, dann Oregon. Studierte Piano, fing 1956 in der Army mit Bass an. Spielte in Deutschland mit Hans Koller, Attila Zoller und gastierenden US-Musikern. 1958 nach Kalifornien. Spielte 1962 in New York City mit P. Bley, Jimmy Giuffre, A. Ayler, R. Rudd, S. Lacy, A. Shepp, Sonny Rollins, George Russell, D. Ellis, Bill Evans. 1965 Europatournee mit Ayler, Cherry, S. Murray. Auch kurz bei Miles Davis und P. Bley. Bis in die Mitte der Siebzigerjahre nicht mehr aktiv. Ab 1976 Zusammenspiel mit P. Bley und Lehrtätigkeit. Aufnahmen mit Bley, Ayler, Lasha, Bill Evans, Gil Evans, Anthony Williams, J. DeJohnette und anderen.

PHILLIPS, Barre. Bass. Geboren am 27. Oktober 1934 in San Francisco, Kalifornien. Spielte von 1948 an. Studium in Berkeley, dann in New York City mit Fred Zimmerman. Zusammenarbeit mit Don Heckman, Shepp, D. Ellis, Jimmy Giuffre, George Russell. 1964 mit Russell, 1965 mit Giuffre nach Europa. Spielte mit New York Philharmonic, M. Brown und anderen. 1965 Beginn der Zusammenarbeit mit dem britischen Saxofonisten John Surman. Aufnahmen mit Shepp, Attila Zoller, Bob James, Brown, Siegfried Kessler, Michel Portal, Surman, Dave Holland sowie eigene Soloaufnahme.

PULLEN, Don Gabriel. Orgel, Klavier, Komponist, Arrangeur. Geboren am 25. Dezember 1944 in Roanoke, Virginia. Spielte schon als Zehnjähriger. Komponierte und arrangierte für King und andere Plattenfirmen, leitete eigene Orgelgruppe. 1970–71 bei Nina Simone, 1972 bei Charles Mingus, 1974 bei Art Blakey. Zusammenarbeit und Aufnahmen mit M. Graves als Duo und mit G. Logan.

RAHIM, Mustafa Abdul (Donald Strickland). Bassklarinette, Tenor-saxofon. Geboren am 21. September 1943 in Birmingham, Alabama. Lernte als Neunjähriger am Cleveland Music School Settlement Piano, studierte Gesang und trat im All-City Chorus auf. Schulfreund von D. Ayler. Spielte mit A. Ayler, C. Tyler, Norman Connors, D. Ayler und eigener Gruppe. Arbeitete als Disk-jockey in Cleveland, als Session-Musiker für Aufnahmen, Radio, TV. Aufnah-men mit Prof. John Cox vom Cleveland Orchestra, Tyler sowie unter eigenem Namen.

REDMAN, Dewey. Tenorsaxofon. Geboren am 17. Mai 1931 in Fort Worth, Texas. Begann als Dreizehnjähriger Klarinette zu spielen, trat in der Kirche und am Sam Houston College auf. In der Highschool Marschkapelle mit O. Cole-man, P. Lasha, weitere Gruppe mit C. Moffett, Richard Williams, Leo Wright. Studierte 1949–53 in Austin, Texas, spielte mit R&B-Gruppen und gab Unter-richt. 1960 nach Los Angeles. Spielte mit Joe Gordon, Jimmy Woods, Billy Hig-gins. Sieben Jahre in San Francisco. Eigene Jazzgruppen, Gigs mit T-Bone Wal-ker, The Five Royales, Pee Wee Crayton, Lowell Fulsom, Bay Area Quintet. Ses-sions mit E. Cross, D. Johnson, N. Howard, Coleman. 1967 nach New York City. Schloss sich Coleman an, machte Aufnahmen mit ihm sowie mit Keith Jarrett, C. Haden, JCOA, D. Cherry und eigener Gruppe.

REID, Robert „Bob". Bass, Tuba. Geboren in Birmingham, Alabama. Begann in Nashville Trompete zu spielen. Musikalische Ausbildung in der Schule, am College und in einer Kapelle der US-Navy. Zusammenarbeit mit Ray Charles und C. Taylor. Anfang der Siebzigerjahre mit F. Wright und S. Murray für eineinhalb Jahre nach Europa. Spielte auch mit Memphis Slim, Willie Mabon, A. Shepp. S. Lacy, N. Howard, L. Bowie, O. Lake, Steve Potts und eige-ner Gruppe The Emergency Sound. Koordinierte Sessions, unterrichtete am American Center in Paris. Komponierte 1974 für die Oper *Africa is Calling Me.* 1976 Rückkehr nach New York City. Aufnahmen mit Shepp, Howard, Wright/Howard, Murray/François Tusques sowie unter eigenem Namen.

REID, Steve. Schlagzeug. Geboren in New York City. Mit einundzwanzig Jahren Zusammenarbeit mit C. Tyler. Graduierte 1965 an der Adelphi Univer-sity. Bereiste ein Jahr lang Westafrika, spielte in Las Palmas, Ghana, Nigeria, Liberia, Sierra Leone, Senegal. Mit Sun Ra in New York City, dann als Kriegs-dienstverweigerer aus Gewissensgründen vierjährige Gefängnisstrafe. Gab sei-nen Mitgefangenen Unterricht in Black History und Musik. Nach zwei Jahren begnadigt. Gründete 1970 mit dem Saxofonisten Joe Rigby The Master Brother-hood. Zusammenarbeit mit Weldon Irvine, F. Lowe, Charles McPherson, Tyrone Washington, L. Bowie, Black Arthur Blythe, Cedar Walton, John Ore, Junie Booth, R. Boykins. Förderung vom National Endowment for the Arts ermöglichte es Reid, kostenlose Drum-Seminare in New-Yorker Gettos abzu-halten. Aufnahmen mit Lowe, Tyler, Master Brotherhood.

RIGBY, Joseph „Joe". Saxofone, Flöte, Piccoloflöte. Am 9. März 1940 in New York City geboren. Studierte an der Juilliard School, B. A. in Musikerziehung am Richmond College, New York City. Als Musiklehrer und in Kindergärten tätig. Spielte mit Latin-Bands, 360 Degree Music Experience, Norman Connors, Carlos Garnett, A. Cyrille, Ted Curson, Diane McIntyre Sounds and Motion Dance Company, M. Graves. Zusammenarbeit und Aufnahmen mit S. Reid und der legendären Master Brotherhood.

RIVERS, Samuel Carthorne „Sam". Saxofone, Flöte, Komponist, Arrangeur. Am 25. September 1930 in El Reno, Oklahoma, geboren. Musikalische Familie. Großvater Pfarrer und Musiker, veröffentlichte 1882 *A Collection of Revival Hymns and Plantation Melodies.* Der Vater, der an der Fisk University graduiert hatte, sang bei den Fisk Jubilee Singers und im Silverstone Quartet, wobei die Mutter auf dem Klavier begleitete. Lernte Violine und sang im Alter von fünf Jahren in der Kirche. Lernte Klavier, wechselte mit elf Jahren in North Little Rock, Arkansas, auf die Posaune über. Mit dreizehn Saxofon. Zog nach Texas, um seine Ausbildung fortzusetzen. Drei Jahre in der Navy. Erster professioneller Gig in Vallejo mit Jimmy Witherspoon. 1947 ans Boston Conservatory. Spielte mit Jaki Byard, Quincy Jones, Gigi Gryce, K. McIntyre, Joe Gordon, Paul Gonsalves, Nat Pierce, Serge Chaloff, Alan Dawson. 1955–57 in Florida, Kompositionen für Sänger und Tänzer. Leitete zusammen mit Don Wilkerson eine Band, begleitete Billie Holiday auf einer Tournee. 1958 bei der Herb Pomeroy Big Band in Boston, eigenes Quartett mit dem dreizehnjährigen Tony Williams am Schlagzeug. Musical Director der Begleitband für gastierende Künstler wie Maxine Brown, Wilson Pickett, Jerry Butler, B. B. King. Dann mit T-Bone Walker auf Tournee. Sechs Monate bei Miles Davis als Nachfolger von George Coleman, dabei auch Japanreise. Dann nach Kalifornien zu Andrew Hill. Sechs Jahre bei Cecil Taylor. Während dieser Zeit auch „Artist in Residence" am Antioch College in Ohio. Kurz bei M. Tyner. Arbeitete mit eigenen Gruppen Harlem Ensemble, Winds of Manhattan. „Composer in Residence" der Harlem Opera Society. Aufnahmen mit Larry Young, T. Williams, B. Hutcherson/A. Hill, Bill Evans/George Russell, M. Davis, C. Taylor, Dave Holland, D. Pullen sowie unter eigenem Namen.

RUDD, Roswell Hopkins Jr. Posaune. Am 17. November 1935 in Sharon, Connecticut geboren. Eltern Musiker. Lernte Gesang, am College Waldhorn. 1954–58 in Yale Musikstudium. Nach New York City. Spielte mit Dixieland-Bands und mit S. Lacy. Gründete mit J. Tchicai New York Art Quartet, spielte 1965 in Skandinavien. Ende der Sechziger-, Anfang der Siebzigerjahre bei A. Shepp. Aufnahmen mit C. Taylor, Shepp, JCOA, A. Ayler, NYAQ, Lacy, C. Hadens Liberation Music Orchestra, Barbieri, Kenyatta sowie unter eigenem Namen.

SANDERS, Farrell „Pharoah", „Little Rock". Tenorsaxofon, Flöte, Perkussion. Am 13. Oktober 1940 in North Little Rock, Arkansas, geboren.

Erhielt vom Großater Klavierunterricht, lernte Schlagzeug und Klarinette, mit sechzehn auch Saxofon und Flöte. Spielte in örtlichen R&B-Bands sowie mit einem Gitarristen und stieg bei gastierenden Künstlern ein, so bei Bobby „Blue" Bland. 1959 mit Musikstipendium nach Oakland, Kalifornien. Spielte mit S. Simmons, Monty Waters, D. Redman, Ed Kelly, Robert Porter, Jane Getz, Marvin Patillo, Philly Joe Jones, Vi Redd. 1962 nach New York City zu Sun Ra. Spielte bis 1967 bei J. Coltrane, leitete danach eigene Gruppen und spielte mit JCOA. Aufnahmen mit O. Coleman, J. Coltrane, A. Coltrane, D. Cherry, JCOA, Gary Bartz, Leon Thomas sowie unter eigenem Namen.

SHARROCK, Lynda (Linda Chambers). Sängerin. Am 3. April 1947 in Philadelphia, Pennsylvania, geboren. Sang mit sechzehn Folkmusic, dann Jazz. Heiratete 1966 den Gitarristen S. Sharrock und begann „free expression" zu singen. Zog nach New York City. Unterricht bei G. Logan. Erster professioneller Job bei P. Sanders, dann Zusammenarbeit mit S. Sharrock, Herbie Mann. Aufnahmen mit S. Sharrock, Mann, Joe Bonner.

SHARROCK, Warren Harding „Sonny". Gitarre. Am 27. August 1940 in Ossining, New York, geboren. Brachte sich das Gitarrespiel selbst bei. Ein Jahr an der Berklee School. Spielte in Kalifornien Bebop. 1965 nach New York City zu Sun Ra. Zusammenarbeit mit dem nigerianischen Drummer Olatunji, mit dem ihn P. Patrick bekannt gemacht hatte. 1966 bei B. Lancaster, P. Sanders, D. Burrell, F. Wright, S. Murray. Reiste mit Herbie Mann. Mit seiner Frau Lynda, Burrell, Sirone, T. Daniel und M. Graves eigene Gruppe. Aufnahmen mit D. Cherry, Miles Davis, Sanders, Lancaster, Marzette Watts, H. Mann sowie unter eigenem Namen.

SHAW, Charles „Bobo". Schlagzeug, Perkussion. Am 15. September 1947 in Pope, Mississippi, geboren. Schlagzeugunterricht bei Joe Charles, Ben Thigpen Sr., Lijah Shaw, Charles Payne, Rich O'Donnell. Spielte kurz Posaune, Bass bei Frank Mokuss. Schlagzeug bei Oliver Sain, Julius Hemphill, Ike & Tina Turner, O. Lake, Roland Hanna, Ron Carter, E. Jones, Albert King, Reggie Workman, Art Blakey, St. Louis Symphony Orchestra. Mitbegründer der BAG, mit ihr ein Jahr in Europa. Spielte mit A. Braxton, S. Lacy, F. Wright, A. Silva, Michel Portal. Aufnahmen mit BAG, Children of the Sun, Human Arts Ensemble, F. Lowe und eigener Gruppe Red, Black & Green Solidarity Unit.

SHEPP, Archie. Tenorsaxofon, Sopransaxofon. Am 24. Mai 1937 in Fort Lauderdale, Florida, geboren. Wuchs in Philadelphia auf, begann mit Klarinette und Altsaxofon, spielte in R&B-Bands Tenorsaxofon. Traf mit Lee Morgan, Cal Massey, Jimmy Heath und J. Coltrane zusammen. Studierte 1955–59 am Goddard College Theaterwissenschaften. Nach New York City. Spielte mit C. Taylor, dabei auch Bühnenauftritt in Jack Gelbers Stück *The Connection*. Leitete eine Gruppe zusammen mit B. Dixon, gründete New York Contemporary Five mit Dixon und J. Tchicai (später D. Cherry). Ende der Sechzigerjahre zahlreiche

Aufnahmen mit den jungen New-Yorker Musikern, insbesondere mit G. Moncur III, B. Harris, D. Burrell, R. Rudd. In den Siebzigerjahren ausgedehnte Europatourneen. Lehrtätigkeit am W. E. B. Dubois Department of African-American Music in Amherst, Massachusetts. Schrieb die Stücke *The Communist* und *Junebug Graduates Tonight* sowie zusammen mit Cal Massey die Musik zu *Lady Day: A Musical Tragedy* von Aishah Rahman.

SILVA, Alan. Bass. Geboren am 29. Januar 1939 auf Bermuda. Mit fünf Jahren nach Brooklyn, New York. Lernte Klavier, Violine und Schlagzeug. Drei Jahre lang Trompetenunterricht bei Donald Byrd, dann Bass am New York College of Musik, bei New York Symphony und Ollie Richardson. Spielte mit B. Greene, nahm an der „Oktoberrevolution" teil, studierte bei B. Dixon und spielte Duette mit ihm. 1965–69 bei C. Taylor, 1966 mit ihm nach Europa. Spielte mit Sun Ra, A. Ayler, S. Murray, A. Shepp. Gründete 1969 in Paris Celestial Communication Orchestra, Celestial Strings. Ab 1972 beim F. Wright Quartet. Gründete Produktionsfirma Center of the World. Aufnahmen mit Taylor, Wright, Shepp sowie unter eigenem Namen.

SIMMONS, Huey „Sonny". Altsaxofon, Englischhorn. Am 4. August 1933 auf Sicily Island, Louisiana, geboren. Kam als Kind mit Voodoo-Zeremonien und afrikanischer Musik in Berührung. Als Zehnjähriger nach Kalifornien. Spielte Anfang der Sechzigerjahre dort und in Texas. Zusammenarbeit und Aufnahmen mit P. Lasha. 1963 kurz nach New York City. Spielt mit seiner Frau, der Trompeterin Barbara Donald, zusammen. Aufnahmen mit Lasha und unter eigenem Namen.

SIRONE (Norris Jones). Bass, Cello, Posaune, Komponist. Am 28. September 1940 in Atlanta, Georgia, geboren. Studierte bei Dr. Raymond Carver, Ralph Mays, Alfred Wyatt, Dr. Thomas Howard. Zusammenarbeit mit Sam Cooke, Jerry Butler, A. Ayler, C. Taylor, O. Coleman, J. Coltrane, A. Shepp, Sun Ra, P. Sanders, S. Murray, R. Ali, D. Cherry, B. Dixon, N. Howard, S. Sharrock, D. Burrell, R. Rudd, G. Barbieri, Jackie McLean. Ab 1970 Mitglied des Revolutionary Ensemble. Aufnahmen mit Taylor, M. Brown, Sharrock, Burrell, Howard, Barbieri, Revolutionary Ensemble.

SMITH, Leo. Trompete, Perkussion. Am 18. Dezember 1941 in Leland, Mississippi, geboren. Stiefvater Bluesspieler. Lernte Piano, Gitarre, Schlagzeug. An der Highschool Waldhorn, im College Trompete. Spielte in örtlichen Bluesbands. Nach dem Wehrdienst nach Chicago, Studium an der Sherwood School of Music. Durch R. Mitchell zur AACM. Spielte mit A. Braxton, L. Jenkins, S. McCall in Chicago und in Europa. Mit M. Brown im Duo, dann in Europa mit dem Bassisten L. Jones Fortführung des in Chicago mit Jones und H. Threadgill begonnenen Konzepts New Dalta Ahkri. Ließ sich in Connecticut nieder, Arbeit an eigener Musik und Unterrichtstätigkeit. Aufnahmen mit R. Abrams, M. McIntyre, A. Braxton, M. Brown, L. Jenkins, New Dalta Ahkri.

SMITH, Warren. Schlagzeug, Perkussion. 1944 in Chicago geboren. Musikalische Familie. Unterrichtete an Schulen, Colleges, Universitäten. Arbeitete in New-Yorker Studios, mit Tony Williams' Lifetime, S. Rivers' Harlem Ensemble. Leiter des Composers Workshop Ensemble. Gründungsmitglied der von Max Roach initiierten Perkussionsgruppe M'Boom.

STUBBLEFIELD, John. Saxofone, Holzblasinstrumente. Am 4. Februar 1945 in Little Rock, Arkansas, geboren. Spielte während des Musikstudiums in R&B-Bands, so bei The Drifters, Little Jr. Parker, Jackie Wilson. In Chicago Beitritt zur AACM. Studierte bei R. Abrams, George Coleman. Zusammenarbeit und Aufnahmen mit J. Jarman, A. Braxton, Maurice McIntyre, Abrams. 1971 nach New York City, spielte mit Mary Lou Williams, Charles Mingus, Thad Jones/Mel Lewis, Frank Foster, George Russell. Mit Gil Evans, Dollar Brand nach Europa. Aufnahmen mit Miles Davis, M. Tyner, Roy Brooks, L. Bowie.

SUDLER, Monette. Gitarre, Sängerin. Am 5. Juni 1952 in Philadelphia, Pennsylvania, geboren. Mutter Sängerin, Pianistin. Erhielt vom Vater Gitarrenunterricht. Sang, spielte Folksongs, unterrichtete Jazzgitarre. Zusammenarbeit mit J. Jarman, B. Lancaster, S. Murray, Sounds of Liberation.

SULLIVAN, Charles. Trompete, Flügelhorn, Piano. Geboren am 8. November 1944 in New York City. Studierte an der Manhattan School of Music. Arbeitete bei Lionel Hampton, Roy Haynes, Count Basie, Norman Connors, S. Fortune sowie mit eigener Gruppe. Aufnahmen mit Carlos Garnett, Weldon Irvine, Fortune sowie unter eigenem Namen.

SULTAN, Juma. Bass, Congas. Geboren am 23. April 1942 in Monrovia, Kalifornien. Studierte an der UCLA Kunst, arbeitete als Maler, Bildhauer und Kunsthandwerker. Beschäftigte sich als Teenager mit Folkmusic, spielte Baritonsaxofon, Tuba, Gitarre, Trompete. Gründete die Aboriginal Music Society, ein Ensemble, das ursprünglich handgemachte, nicht westliche Instrumente favorisierte. Spielte in Kalifornien mit S. Simmons. Anfang der Sechzigerjahre nach New York City. Zusammenarbeit mit Jimi Hendrix. Gründete mit dem Trompeter James Dubois das Musikerzentrum Studio We. An der Organisation von Festivals New-Yorker Musiker beteiligt. Spielte mit N. Howard, S. Murray. Aufnahmen mit Simmons, Howard.

SUN RA „Le Sony'r Ra" (Herman Sonny Blount). Piano, Orgel, Synthesizer, Komponist, Arrangeur. Zirka 1910–1916 in Birmingham, Alabama, geboren. Unterricht bei Prof. John Tuggle Whatley, Lula Randolph. Ende der Dreißigerjahre nach Chicago, spielte bei Fletcher Henderson, Coleman Hawkins, Stuff Smith. Komponierte für Künstler, die im *Club DeLisa* gastierten. Aufnahmen mit dem Basisten Eugene Wright und seinen Dukes of Swing. Leitete eigenes Trio. Stellte den Kern eines größeren Ensembles zusammen mit den Saxofonisten J. Gilmore, C. Davis, M. Allen, P. Patrick, James Scales und dem Bassisten R. Boykins. Begann 1956 Aufnahmen mit ihnen zu machen. 1961 nach

New York City, übte dort auf junge Musiker einen ebenso starken Einfluss aus wie in Chicago. Spielte bei Konzerten und in Klubs, reiste nach Europa und Ägypten, machte weitere Aufnahmen.

TAYLOR, Cecil Percival. Piano, Komponist. Am 15. März 1933 in Long Island, New York, geboren. Lernte Klavier vom sechsten Lebensjahr an, Perkussion bei einem Mitglied des NBC Symphony Orchestra. Von Duke Ellington und Fats Waller beeinflusst. Gewann ersten Preis eines Amateur-Talentwettbewerbs und bekam daraufhin bei örtlicher Band Arbeit. Das Engagement war von kurzer Dauer; Taylor war der einzige Schwarze in der Band, und Nachtklubbesitzer wollten keine gemischten Ensembles verpflichten. Studierte am New York College of Music Komposition und Harmonielehre. Vier Jahre am New England Conservatory. Beschäftigte sich bei dem Saxofonisten Andrew McGhee mit dem Bebop. Begegnung mit Gigi Gryce, Serge Chaloff, Charlie Mariano, S. Rivers, Jaki Byard, Herb Pomeroy. Wurde von Bud Powell beeinflusst. Nach New York City, dort Zusammenarbeit mit Hot Lips Page, Johnny Hodges und Tanzorchestern. Stellte 1953 Quartett mit Saxofon, Vibrafon und Schlagzeug zusammen. 1956 im *Five Spot,* 1957 beim Newport Festival. Erste Aufnahmen mit dem Bassisten B. Neidlinger, dem Drummer D. Charles und dem Sopransaxofonisten S. Lacy. Ted Curson, A. Ayler, A. Shepp, J. Coltrane, R. Rudd spielten mit Taylor. Dann stellte er mit J. Lyons und S. Murray ein Trio zusammen. Nachfolgende Gruppen mit A. Cyrille, A. Silva, S. Rivers, H. Grimes, B. Dixon, Eddie Gale, Sirone.

TCHICAI, John. Altsaxofon. Am 28. April 1936 in Kopenhagen, Dänemark, geboren. Lernte Violine, widmete sich dem Altsaxofon und der Klarinette. Drei Jahre an der Musikakademie in Århus, dann Musikakademie Kopenhagen. Spielte mit einheimischen Musikern, traf mit Shepp und Bill Dixon beim Helsinki Festival zusammen. Übersiedelte auf deren Rat nach New York City, spielte mit D. Cherry, gründete mit Shepp, Dixon, Don Moore und J. C. Moses die New York Contemporary Five. Mit dieser Gruppe nach Europa, wobei Dixon von Cherry ersetzt wurde. In New York City mit R. Rudd, M. Graves und Steve Swallow oder E. Gomez am Bass als New York Art Quartet. Schloss sich der Jazz Composers Guild an, spielte mit C. Bley. Rückkehr nach Europa und Teilnahme an zahlreichen Sessions sowie Aufnahmen mit eigenen Gruppen und dem Multiinstrumentalisten Gunter Hampel.

TERROADE, Kenneth. Tenorsaxofon, Flöte. 1944 in Jamaika geboren. Spielte zuerst Flöte. 1962 nach London, spielte in Rockbands und setzte seine Ausbildung fort. Zusammenarbeit mit dem britischen Saxofonisten John Surman, dem Bassisten Dave Holland und den Südafrikanern Chris McGregor und Ronnie Beer. 1968 in Paris Zusammenarbeit und Aufnahmen mit S. Murray, Shepp, A. Silva, Claude Delcloo. Spielte mit Ray Draper, McGregors Brotherhood of Breath, eigener Gruppe in London. Kehrte 1970 nach Jamaika zurück.

THORNTON, Clifford. Trompete, Ventilposaune, Shenai. Am 6. September 1936 in Philadelphia geboren. 1983 in der Schweiz gestorben. Musikalische Familie (Drummer J. C. Moses ist ein Cousin). Fing mit sechs Jahren Klavierspiel an, dann Trompete. Studierte an der Temple University, am Morgan State College New York und bei Donald Byrd. Arbeitete mit afrokubanischen und R&B-Bands. Mit Army-Band nach Korea und Japan. Traf in San Francisco mit P. Sanders zusammen, in New York City Zusammenarbeit mit ihm und mit Ray Draper, Sun Ra, J. Tchicai, Marzette Watts, S. Murray. 1964 nach Europa. In Frankreich, Algerien und New York City Zusammenarbeit mit A. Shepp. Musikalische Aktivität auf das Komponieren und die Zusammenstellung größerer Ensembles verlegt. Tätigkeit an der New York School of Music, an LeRoi Jones' Black Arts Repertory Theatre School. Assistenzprofessor am African and African-American Music Department der Wesleyan University in Connecticut. Aufnahmen unter eigenem Namen und mit Murray.

THREADGILL, Henry Luther. Saxofone, Holzblasinstrumente. Geboren am 15. Februar 1944 in Chicago. Studierte am American Conservatoy of Music, Governor's State University. Spielte bei Marschkapellen, Theaterorchestern, Eugene Hunter, Richard Davis, Phil Cohran Heritage Ensemble, R. Abrams Sextet. Eigene Gruppe Air. Seit 1963 als Musiklehrer, Chorleiter etc. tätig. Mitglied der AACM. Zahlreiche Reisen. Aufnahmen unter anderem auch in Venezuela und Trinidad.

TYLER, Charles Lacy. Altsaxofon, Baritonsafon. 1941 in Cadiz, Kentucky, geboren. Begann mit dem Klavier, am College Klarinette. In Indiana, New York City und Cleveland aufgewachsen. Spielte in Cleveland mit A. Ayler. Anfang der Sechzigerjahre in New York City an der Entstehung der New Music beteiligt. Spielte 1965–66 mit Aylers Gruppe. Leitete eigene Gruppe, arbeitete mit D. Ayler, Norman Connors zusammen. Unterrichtstätigkeit in Kalifornien, 1976 Rückkehr nach New York City. Eigenes Quartett, Sextett und Bigband. Aufnahmen mit Ayler, S. Reid und unter eigenem Namen.

TYNER, McCoy/Salaimon Saud. Piano, Komponist. Am 11. Dezember 1938 in Philadelphia geboren. Als Kind Klavier. Studierte an der West Philadelphia Music School, Granoff School. Mit fünfzehn eigenes Septett, spielte als Siebzehnjähriger mit Cal Massey, traf mit J. Coltrane zusammen. 1959 bei Benny Golson, dann sechs Monate Jazztet. Schloss sich 1961 Coltrane an; zahlreiche Tourneen und Aufnahmen. Seit 1965 eigene Gruppe, unter anderen mit Sonny Fortune, Eric Gravatt, Azar Lawrence, Marvin Peterson, A. Mouzon, Gary Bartz.

WILSON, Joe Lee. Sänger, Komponist. Am 22. Dezember 1935 in Bristow, Oklahoma, geboren. Fing in Kalifornien als Berufsmusiker an, dann drei Jahre Mexiko. Nach Kanada und New York City, in Nachtklubs tätig. Zusammenarbeit und Aufnahmen mit A. Shepp, S. Murray, R. Ali. Sang auch bei M. Davis, S. Rollins, F. Hubbard, Lee Morgan, Jackie McLean, Roy Brooks, P. Sanders, Frank

Foster, Roy Haynes, Milt Jackson, Collective Black Artists Ensemble. Inhaber *Ladies' Fort,* New York. Leitet eigene Gruppe mit dem Saxofonisten Monty Waters. Direktor des Musikprogramms Hampshire College, Massachusetts. Aufnahmen mit Shepp, Mtume, Billy Gault sowie unter eigenem Namen.

WOOD, Vishnu (William C. Wood). Bass, Ud, Dil Rhuba, Tamboura; Komponist, Erzieher. Am 7. November 1937 in North Wilkesboro, North Carolina, geboren. Studierte am Detroit Institute of Musical Art Harmonielehre und Piano. Bass bei Gaston Brohan und John Matthews von Detroit Symphony. Spielte bei A. Coltrane, Max Roach, S. Rivers, A. Shepp, Terry Gibbs, Rahsaan Roland Kirk, P. Sanders, James Moody, mit Tanzgruppen und im Theater. Mit Randy Weston nach Afrika, dabei auch längerer Aufenthalt in Marokko. Leitete Vishnu & The Safari East Concert Workshop Ensemble und spielte dabei die Instrumente und die Musik verschiedener Kulturen. Direktor des Musikprogramms des Hampshire College, Massachusetts. Aufnahmen mit Weston, Shepp, A. Coltrane.

WORRELL, Lewis James. Bass. 1934 in Charlotte, North Carolina, geboren. Als Elfjähriger Tuba, mit siebzehn Bass. Mitglied des National Youth Orchestra, John Lewis' Orchestra USA, New York Art Quartet. Zusammenarbeit mit Bud Powell, A. Shepp, S. Lacy, Sun Ra, C. Taylor, A. Ayler. Aufnahmen mit NYAQ, Shepp.

WRIGHT, Frank. Tenorsaxofon, Bass. Am 9. Juli 1935 in Grenada, Mississippi, geboren. In Memphis und Cleveland aufgewachsen, spielte dort Bass bei dem einheimischen Bandleader Little Chickadee und begleitete R&B-Interpreten wie Rosco Gordon, Bobby „Blue" Bland und B. B. King. Unter dem Einfluss von A. Ayler Wechsel zum Tenorsaxofon. Nach New York City. Aufnahmen mit H. Grimes (1965), J. Coursil, A. Jones (1967). Spielte mit Ayler, Larry Young, S. Murray, kurz bei C. Taylor, J. Coltrane. 1969 mit N. Howard, B. Few, M. Ali nach Europa mit Wohnsitz in Paris. Howard wurde schließlich durch Silva ersetzt. Zu seinen Aufnahmen zählt *Adieu Little Man,* ein Duo mit Ali für das eigene Label Center of the World.

Zusätzliche biografische Angaben

ALTSCHUL, Barry. Schlagzeug. 1943 in New York City geboren. Unterricht bei Charli Persip, Sam Ulano, Lee Konitz. Beim Paul-Bley-Trio, Jazz Composers Guild Orchestra, Carmell Jones, Leo Wright, Sonny Criss, Hampton Hawes, Tony Scott. Gründete 1971 mit Chick Corea, Braxton, Dave Holland die Gruppe Circle. Später Zusammenarbeit mit Braxton, S. Rivers, K. Berger, G. Barbieri, A. Hill, R. Rudd, G. Peacock, R. Kenyatta. Aufnahmen mit Buddy Guy, A. Silva, Peter Warren, Dave Liebman sowie unter eigenem Namen.

BLUIETT, Hamiet. Saxofone. 1930 in Lovejoy, Illinois, geboren. Unterricht bei seiner Tante, einer Chorleiterin, begann mit Klarinette. Später Flöte, Baritonsaxofon und Bassklarinette. Wehrdienst bei den Marines. Schloss sich in St. Louis der BAG an. Nach New York City, spielte dort bei Sam Rivers, Tito Puente, Leon Thomas, Howard McGhee, Cal Massey, Mingus, Clark Terry, Thad Jones/Mel Lewis, Dollar Brand, Beaver Harris. 1977 Baritonsaxofon im World Saxophone Quartet (Hemphill, D. Murray, Lake).

BLYTHE, Arthur „Black Arthur". Altsaxofon, Sopransaxofon. 1940 in Los Angeles geboren. Unterricht bei David Jackson, Kirk Bradford (früher bei Jimmy Lunceford). Spielte mit Horace Tapscott, Owen Marshall, Stanley Crouch. 1974 nach New York City, bei Leon Thomas, Ted Daniel, J. Hemphill, Chico Hamilton, L. Bowie. Eigene Gruppe mit dem Gitarristen „Blood" Ulmer. Aufnahmen unter eigenem Namen und mit Ulmer.

FREEMAN, Earl Lavon Jr. „Chico". Saxofone. 1949 in Chicago geboren. Sohn des legendären Saxofonisten Von Freeman. Spielte bei R&B-Gruppen Chi-lites, Junior Wells. Studierte an der North Western University und bei R. Abrams. Schloss sich der AACM an, spielte mit E. Jones, C. McBee, J. Jarman, Abrams, Sun Ra, O. Lake, Mingus, C. Tyler, Braxton.

HOPKINS, Frederick J. „Fred". Bass. Geboren 1947 in Chicago. Studierte bei Walter Dyett an der Du Sable High School und Joseph Guastafeste. Spielte mit Kalaparusha, Reflection (Threadgill, McCall), Jarman, M. Brown/ AACM. 1975 nach New York City, bei D. Redman, Air (früher Reflection). Aufnahmen mit Abrams, James Moody, Kalaparusha, Brown, Lake, D. Murray, Bluiett, Pullen, Braxton, Marcello Melis.

JACKSON, Ronald Shannon. Schlagzeug, Perkussion, Flöte, Piano. Am 12. Januar 1940 in Fort Worth, Texas, geboren. Als Fünfjähriger Klavier, Klarinette und Schlagzeug in Marschkapelle der Schule. Sang im Chor, stellte Schul-Tanzorchester zusammen. 1958 an die Lincoln University, Jefferson City. Dort in einer Band mit Hemphill, L. Bowie, Oliver Nelson, Bassist Bill Davis, Pianist John Hicks. Fortsetzung des Studiums an verschiedenen Colleges. Mit fünfzehn erster professioneller Job bei James Clay and the Red Tops. 1966 nach New

York City, spielte bei Ayler, Tyler, Mingus, B. Carter, J. McLean, R. Bryant, S. Turrentine, J. Henderson, K. Dorham, Joe Williams, C. Lloyd, F. Foster, Tyner, Coleman, Taylor, „Blood" Ulmer. Aufnahmen mit Taylor, Coleman, Tyler, Weldon Irvine, Bryant, Teruo Nakamura und eigener Gruppe The Decoding Society.

LEE, Jeanne. Sängerin. 1939 in New York geboren. Anfang der Sechzigerjahre Duo mit dem Pianisten Ran Blake. 1968 Beginn einer langen Zusammenarbeit mit Gunter Hampel. Aufnahmen mit Blake, Hampel, M. Brown, A. Shepp, S. Murray, C. Bley, J. DeJohnette, Braxton, Bob Moses, F. Lowe, R. R. Kirk, A. Cyrille sowie unter eigenem Namen.

LEWIS, George. Posaune. 1952 in Chicago geboren. Begann 1961 Posaunenspiel, reproduzierte Soli von Lester Young. Schloss sich 1971 der AACM an, studierte bei W. Abrams, spielte mit D. Ewart. Philosophiestudium in Yale. Zusammenarbeit mit Fred Anderson, Abrams' Bigband, Basie. Trios und Duos mit Braxton, eigene Gruppe mit Ewart, Elektronik-Exponent Richard Tietelbaum. Aufnahmen mit R. Mitchell, Braxton, Altschul, Heiner Stadler, M. Melis, Gerry Hemingway sowie unter eigenem Namen.

MURRAY, David. Tenorsaxofon. 1955 in Berkeley, Kalifornien, geboren. Vater Gitarrist, Mutter Pianistin an der Sanctified Church. Dort begann Murray zu spielen. Als Zwölfjähriger eigene R&B-Gruppe. Begegnung mit dem Trompeter B. Bradford und Arthur Blythe, Zusammenarbeit mit dem Trompeter Butch Morris. 1975 nach New York City, spielte mit eigener Gruppe, mit S. Murray, als Duo mit Stanley Crouch und solo. Mitglied des World Saxophone Quartet (Lake, Hemphill, Bluiett). Reiste oft nach Europa, machte zahlreiche Aufnahmen unter eigenem Namen.

MYERS, Amina Claudine. Piano, Orgel, Sängerin. Am 21. März 1943 in Blackwell, Arkansas, geboren. Begann mit vier Jahren zu singen und zu spielen, Unterricht mit sieben Jahren. Bildete in Dallas Kinder-Gospelgruppe, begann Laufbahn als Chorleiterin und Kirchenpianistin, der sie auch während des Studiums am Philander-Smith College in Little Rock nachging. Gründete Gospelgruppen, spielte Jazz und Rock, setzte dabei Kirchenaktivitäten und Studium fort. Unterrichtete an öffentlichen Schulen in Chicago, spielte an den Wochenenden mit dem Vanguard Ensemble unter der Leitung des Drummers Ajaramu (Gerald Donovan). Schloss sich der AACM an, spielte ab 1970 bei Sonny Stitt und Gene Ammons. 1976 nach New York City, spielte mit L. Bowie, L. Jenkins, eigenen Gruppen. Nach Europa. Aufnahmen mit Gospelgruppen, Little Milton, Fontella Bass, Bowie, Abrams, Kalaparusha, Threadgill sowie unter eigenem Namen.

NEWTON, James. Flöte. 1954 in Los Angeles geboren. Studierte an der UCLA, spielte dort im Sinfonieorchester. Zusammenarbeit und Aufnahmen mit Stanley Crouch, D. Murray, S. Rivers, Anthony Davis.

WILSON, Phillip Sanford. Schlagzeug. 1941 in St. Louis, Missouri, geboren. Studierte Violine und Schlagzeug. Auf dem College Begegnung mit L. Bowie.

Mit sechzehn Jahren Berufsmusiker, spielte mit den Organisten Don James und Sam Lazar, mit Jackie Wilson, Solomon Burke, J. Hemphill, David Sanborn. 1965 nach Chicago, schloss sich der AACM an. Zusammenarbeit mit R. Mitchell Art Ensemble, Paul Butterfield. 1972 nach New York City, Zusammenarbeit mit Braxton, Chico Hamilton. Aufnahmen mit Hemphill, Bowie, AEC, Butterfield, Lazar. D. Murray, Bluiett, Lowe.

YANCY, Youseff. Trompete, Theremin, elektroakustische Perkussion, Komponist. In Kansas City, Missouri, geboren. Studierte bei Charlie Parkers Lehrer Leo H. Davis, später am K. C. Conservatory in Norfolk, Virginia, New York und Marokko. In Kansas City Zusammenarbeit mit Jay McShann, T-Bone Walker, Jimmy Witherspoon, Eddie Jefferson, Big Maybelle und anderen. Längere Tourneen mit Eddie Vinson, Fats Dennis, Chuck Jackson, Cab Calloway, Ink Spots und besonders mit James Brown. Musical Director für Dave Wiles, Little Willie John. Nach New York City, dort Zusammenarbeit mit Sun Ra, Shepp, Rivers, S. Murray, N. Howard, T. Daniel, Collective Black Artists, B. Lancaster, Garrett List, Ronald Shannon Jackson.

Bibliografie

Wenn möglich, sind sowohl die britische als auch die amerikanische Ausgabe angeführt.

BASISLITERATUR

Baraka, Imamu Amiri, *Raise, Race, Rays, Raze.* New York, Random House, 1971.

Brown, H. Rap, *Die, Nigger, Die!* New York, Dial Press, 1961; London, Allison & Busby, 1970.

Cleaver, Eldridge, *Soul on Ice.* New York, Dell, 1968; London, Jonathan Cape, 1969.

Cleaver, Eldridge, *Post-Prison Writing and Speeches.* New York, Random House, 1969; London, Jonathan Cape, 1969.

Dillard, J. L., *Black English – Its History and Usage in the United States.* New York, Random House, 1972.

Essien-Udom, E. U., *Black Nationalism: The Rise of the Black Muslims in the U.S.A.* Chicago, University of Chicago Press, 1962; London, Pelican, 1966.

Fanon, Frantz, *Black Skin, White Masks.* New York, Grove Press, 1967; London, MacGibbon & Kee; 1968.

Fanon, Frantz, *The Wretched of the Earth.* New York, Grove Press, 1964; London, MacGibbon & Kee, 1965, Penguin, 1967.

Herskovits, Melville J., *The Myth of the Negro Past.* Boston, Beacon Press, 1958.

Jackson, George, *Soledad Brother.* London, Cape and Penguin, 1971.

Jackson, George, *Blood in My Eye.* London, Jonathan Cape, 1972.

Joans, Ted, *A Black Manifesto in Jazz Poetry and Prose,* London, Calder and Boyars, 1971.

Keating, Edward M., *Free Huey!* New York, Dell, 1970.

Lester, Julius, *Look Out, Whitey! Black Power's Gon' Get Your Mama.* New York, Dial Press, 1968; London, Allison & Busby, 1970.

Malcolm X, *The Autobiography of Malcolm* X (with Alex Haley). New York, Grove Press, 1962; London, Penguin, 1970.

Malcolm X, *By Any Means Necessary.* New York, Pathfinder Press, 1970.

Newton, Huey P., *Revolutionary Suicide.* New York, London, Wildwood House, 1973.

New York 21 (Collective Autobiography), *Look For Me in the Whirlwind.* New York, Random House, 1971.

Rowbotham, Sheila, *Woman's Consciousness, Man's World.* London, Pelican, 1973.

Seale, Bobby, *Seize the Time.* New York, 1970; London, Hutchinson, 1970.

Williams, Maxine, und Newman, Pamela, *Black Women's Liberation.* New York, Pathfinder Press, 1970.

MUSIK

Baraka, Imamu; Neal, Larry, und Spellman, A. B. (Hrsg.), *The Cricket.* Newark, Jihad Productions, 1969.

Bebey, Francis, *African Music – A People's Art.* New York und Westport, Lawrence Hill, 1975; London, George Harrap, 1975.

Berendt, Joachim-Ernst, *The Jazz Book.* New York und Westport, Lawrence Hill, 1975; London, Paladin, 1976.

Broven, John, *Walking to New Orleans.* Bexhill-on-Sea, Blues Unlimited, 1974.

Brown, Marion (Hrsg.), *Afternoon of a Georgia Faun.* Marion Brown/NIA Music, 1973.

Carles, Philippe, und Comolli, Jean-Louis, *Free Jazz/Black Power.* Paris, Editions Champ Libre, 1971.

Davis, Brian, *John Coltrane Discography.* London, Brian Davis und Ray Smith, 1976.

Fahey, John, *Charley Patton.* London, Studio Vista, 1970.

Feather, Leonard, *Encyclopaedia of Jazz in the Seventies.* New York, Horizon Press, 1976.

Garland, Phyl, *The Sound of Soul.* Chicago, Henry Regnery Co., 1969.

Goldberg, Joe, *Jazz Masters of the Fifties.* New York, Macmillan, 1965; London, Collier-Macmillan, 1965.

Harrison, Max (Hrsg.), *Modern Jazz 1945–70 – The Essential Records.* London, Aquarius Books, 1975.

Hentoff, Nat, *The Jazz Life.* New York, Dial Press, 1961; London, Peter Davies, 1962.

Hentoff, Nat, und Shapiro, Nat (Hrsg.), *Hear Me Talkin' To Ya.* New York, Rinehart, 1955; London, Peter Davies, 1955, Penguin, 1962.

Jones LeRoi, *Blues People.* New York, William Morrow, 1963; London, MacGibbon & Kee, 1965.

Jones, LeRoi, *Black Music.* New York, William Morrow, 1967; London, MacGibbon & Kee, 1969.

Keil, Charles, *Urban Blues.* Chicago, Chicago University Press, 1966.

Kofsky, Frank, *Black Nationalism and the Revolution in Music.* New York, Pathfinder Press, 1970.

McRae, Barry, *The Jazz Cataclysm.* London, Dent, 1967; New York, A. S. Barnes, 1967.

Newton, Francis, *The Jazz Scene.* London, MacGibbon & Kee, 1959, Penguin, 1961; New York, Monthly Review Press, 1960, Da Capo Press, 1975.

Nketia, J. H. Kwabena, *The Music of Africa.* London, Victor Gollancz, 1975.

Raben, Erik, *A Discography of Free Jazz.* Copenhagen, Karl Emil Knudsen, 1969.

Reisner, Robert George, *Bird – The Legend of Charlie Parker.* New York, The Citadel Press, 1962; London, Quartet Books, 1974.

Rivelli, Pauline, und Levin, Robert (Hrsg.), *The Black Giants*. New York und Cleveland, The World Publishing Co., 1970.

Roberts, John Storm, *Black Musk of Two Worlds*. London, Allen Lane,1973.

Sidran, Ben, *Black Talk*. New York, Holt, Rinehart & Winston, 1971.

Simosko, Vladimir, und Tepperman, Barry, *Eric Dolphy – A Musical Biography and Discography*. Washington, Smithsonian Institution Press,1974.

Simpkins, Cuthbert 0., *Coltrane: a biography*. New York, Herndon House,1975.

Sinclair, John, und Levin, Robert, *Music and Politics*. New York und Cleveland, The World Publishing Co., 1971.

Smith, Leo, *notes (8 pieces) Source a new world music: creative music*. Connecticut, Leo Smith, 1973

Spellman, A. B., *Four Lives in the Bebop Business* (später umbenannt in *Black Music: Four Lives*). New York, Pantheon, 1966; London, MacGibbon& Kee, 1967.

Thomas, J. C., *Chasin' The Trane – The Music and Mystique of John Coltrane*. New York, Doubleday, 1975; London, Elm Tree Books, 1976.

Walton, Ortiz M., *Music: Black, White and Blue*. New York, William Morrow, 1972.

Wilmer, Valerie, *Jazz People*. London, Allison & Busby, 1970; New York, Bobbs-Merrill, 1971.

Index

H

I

Izenzon, David 77, 80, 95, 289, 292, 301

J

Jackson, Bull Moose 109
Jackson, John 9, 128, 138, 283, 301
Jackson, Laymon 152
Jackson, Mahalia 25
Jackson, Milt 190, 304, 317
Jacobs, Little Walter 108–109, 121, 286
Jacquet, Illinois 105, 108, 294
Jamal, Khan 150, 190, 283, 301
James, Stafford 120, 301
Jami, Hakim 26, 149, 159, 162, 230, 232, 239,
    264–265, 271–272, 282, 301
Jarman, Joseph 30, 129–130, 133–135, 191,
    221, 267, 282, 285, 287, 290–291, 297,
    302–305, 308, 314, 318
Jarvis, Clifford 84, 86–87, 89, 99, 101, 159, 187,
    282, 302
Jazz and People's Movement (J & PM) 230–233
Jazz Composers Guild 227–229, 232, 240, 253,
    255, 264, 288, 290, 295, 299, 303, 306, 315,
    318
Jazz Composers' Orchestra Association (JCOA)
    246, 253, 264, 287–288, 291, 293, 298,
    300, 302–303, 306–307, 310–312
Jefferson, Ron 230, 301
Jenkins, Leroy 30, 47, 96, 126–130, 136–137,
    147, 162, 237, 253, 267, 269, 282, 285–286,
    288, 290, 292–293, 302, 305, 313, 319
Jensen, Ole Vestergaard 115
Joans, Ted 105, 106, 123, 219, 224, 321
Johnson, Blind Willie 30
Johnson, Bunk 72
Johnson, Dewey 44, 153, 288, 298, 300, 302,
    310
Johnson, Jimhmi 99
Johnson, Plas 75, 282, 287
Johnson, Reggie 302
Johnson, Robert 28
Jolson, Al 16
Jones, Arthur 293, 303, 317
Jones, Elvin 35–36, 39–41, 43–47, 157, 160,
    171–173, 175, 179, 186, 192, 199–200, 256,
    282, 286, 293, 298–299, 302–304, 307,
    312, 318
Jones, Joe 153, 287
Jones, Leonard 126, 303, 313
Jones, LeRoi (Baraka, Imamu Amiri) 33–34, 116,
    122–123, 175–176, 192, 206, 218, 233, 258,
    260, 272, 300, 316, 321–322

Jones, Norris (siehe Sirone)
Jones, Philly Joe 186, 196, 267, 298, 300, 302,
    308, 312
Jones, Quincy 94, 309, 311
Jones, „Old Man" Jo 90
Jordan, Clifford 96, 151, 200, 288, 300, 304,
    307, 309
Jordan, James 74, 292, 304
Jordan, Louis 73

K

Kalaparusha Ahra Difda (siehe McIntyre, Maurice)
Kay, Connie 170
Kendricks, Eddie 11
Kenton, Stan 142
Kenyatta, Robin 189, 268, 282, 293–294, 301,
    303, 311, 318
King, Albert 133, 290, 304, 312
King, B. B. 29, 93, 124, 146, 311, 317
Kirk, Andy 165
Kirk, Edith 231
Kirk, Rahsaan Roland 14, 179, 230–232, 289,
    297, 299, 302–303, 307–308, 317, 319
Knight, Gladys 65
Koenigswarter, Baroness Nica de 91
Koester, Bob 132
Kofsky, Frank 43, 50, 322
Kolax, King 95
Konitz, Lee 264, 318
Krupa, Gene 188

L

Lacy, Steve 54, 60–62, 66, 105, 172, 180, 200,
    267, 282, 287, 291, 293, 300, 303, 308–312,
    315, 317
LaFaro, Scott 69, 77
Lake, Oliver 133–134, 282, 287, 301, 303–304,
    310, 312, 318–319
Lambert, Hendricks and Bavan 94
Lampkin, Chuck 110
Lancaster, Byard 32, 150, 152, 176–177, 190,
    222, 282, 300–301, 304–306, 312, 314, 320
Land, Harold 145, 301, 304
Landers, Jimmy 108
Landrum, Richie „Pablo" 182
La Roca, Pete 40
Lasha, Prince 74, 153, 282, 292, 304, 309–310,
    313
Lashley, Lester 130, 132, 297, 304
Lastie, Melvin 75
Lateef, Yusef 91, 153, 181, 258, 287, 302, 305
Lawrence, Baby 56
Leadbelly 50

Quincy Troupe

Mein Freund Miles

Aus dem Amerikanischen
von Paul Lukas
Gebunden mit Schutzumschlag,
ca. 200 Seiten.
ISBN 3-85445-199-7

Quincy Troupe verfasste zusammen mit dem legendären Trompeter Miles
Davis dessen umfangreiche Autobiografie. In diesem neuen Buch plaudert
er aus dem Nähkästchen: Er lässt die Stationen seiner Freundschaft mit
Miles Revue passieren und zeichnet dabei das differenzierte und
menschlich anrührende Porträt einer herausragenden und durchaus
widersprüchlichen Musikerpersönlichkeit. Davis war ein Künstler, der sich
unnahbar gab und eher andere verletzte, als sich selbst verletzlich zu zeigen.
Wie Troupe bald herausfand, verbarg sich hinter der rauen Schale eine
komplexe, manchmal einsame und oft sogar schüchterne Persönlichkeit.
Schritt für Schritt gelingt es Troupe, hinter die abweisenden Schichten der
Schutzmechanismen vorzustoßen und die tiefe Loyalität des Musikers zu
seinen Freunden ebenso wie seinen verqueren Humor zu entdecken. Mit
dem geschärften Blick des Poeten erkennt und vermittelt Troupe die
schreckliche Einsamkeit eines Genies.

**„Brillant, poetisch, provokativ – Quincy Troupe
holt den Menschen hinter den dunklen Gläsern
und der Legende ans Licht."** *Ishmael Reed*

Im Hannibal Verlag sind folgende Musikbücher erschienen:

FRANK SINATRA, Ein Mann und seine Musik
Von Will Friedwald. Gebunden, 450 Seiten,
50 S/W-Abbildungen, Diskografie.
ISBN 3-85445-121-0

GEORGE GERSHWIN
Von David Ewen. Gebunden mit
Schutzumschlag, 32 Seiten S/W-Fotos,
vollständiges Werkverzeichnis.
ISBN 3-85445-157-1

BLUE MONK
Der Prophet der Moderne im Jazz
Von Jacques Ponzio und François Postif.
Gebunden, 300 Seiten, 25 Seiten S/W-Fotos,
Diskografie, Bibliografie, Verzeichnis aller
Kompositionen. ISBN 3-85445-142-3

SWING UNTER DEN NAZIS
Von Mike Zwerin.
Übersetzt von Walter Richard Langer. Broschur,
212 Seiten, inkl. 45 bisher unveröffentlicher
S/W-Fotos.
ISBN 3-85445-039-7

RED & HOT, Jazz in Russland, 1917–1990
Von S. Frederick Starr. Gebunden, 301 Seiten,
24 Seiten S/W-Fotos, Index.
ISBN 3-85445-174-1

BLUES FELL THIS MORNING
Die klassische Studie über den Blues.
Von Paul Oliver. Broschur, 390 Seiten,
25 S/W-Fotos, mit 29 Seiten Diskografie.
ISBN 3-85445-065-6

TO BE OR NOT TO BOP
Von Dizzy Gillespie und Al Frazer.
Broschur, 450 Seiten, 106 S/W-Fotos,
Diskografie, Filmografie.
ISBN 3-85445-018-4

JOHN LEE HOOKER
Der Boogie Man
Von Charles Shaar Murray
Gebunden, 496 Seiten, 16 Seiten, Diskografie.
ISBN 3-85445-186-5

**DIE GOLDENEN ZEITEN DES WIENER
CABARETS**
Anekdoten, Texte, Erinnerungen.
Von Gerhard Bronner. Gebunden, 240 Seiten,
20 Seiten S/W-Fotos, durchgehend illustriert,
Diskografie. ISBN 3-85445-115-6

LEXIKON DES JAZZ
Von Jürgen Wölfer. Neue, vollständig
überarbeitete Ausgabe. Gebunden, 520 Seiten,
80 S/W-Abbildungen, inkl. chronologischer
Entwicklung der Schallplatte, ein Kapitel
Jazzsprache, Spitznamen, Grundlage einer
Jazzsammlung etc.
ISBN 3-85445-164-4

ENZYKLOPÄDIE DES BLUES
Von Mike Zwerin. Gebunden, 386 Seiten,
über 100 S/W-Fotos, durchgehend illustriert,
Bibliografie, Auswahldiskografie, ergänzt mit
einem Kapitel über den deutschsprachigen Blues.
ISBN 3-85445-132-6

JOHN COLTRANE
Chasin' The Trane
Von J.C. Thomas. Broschur,
250 Seiten, 20 Seiten S/W-Fotos.
ISBN 3-85445-081-8

CHET BAKER
Als hätte ich Flügel – Verlorene Erinnerungen
Von Chet Baker, mit einem Vorwort von Carol
Baker. Gebunden mit Schutzumschlag, 134 Seiten.
ISBN 3-85445-161-X

CHET BAKER – BLUE NOTES
Engel mit gebrochenen Flügeln. Eine Hommage.
Von Lothar Lewien. Gebunden, 208 Seiten,
16 Seiten S/W-Fotos.
ISBN 3-85445-068-0

ROBERT JOHNSON, CROSSROADS
Die Legende des Delta Blues
Von Peter Guralnick. Broschur, 112 Seiten,
25 Seiten S/W-Fotos, Bibliografie, Artikel,
Interviews und Plattentexte.
ISBN 3-85445-105-9

hannibal

Kataloge kostenlos im Buchhandel – oder direkt beim Verlag bestellen:
Verlagsgruppe Koch GmbH/Hannibal
Lochhamerstraße 9, D-82152 Planegg/München
www.hannibal-verlag.de